《楞严经》中的二十五圣悟道法门

释迦牟尼佛曾在楞严法会上，询问参加法会的诸菩萨和阿罗汉：当初修行，都各依什么方法入门，又因何而圆通悟道？当时有25位大菩萨与阿罗汉，各自列举了自己最初修行入门的方法，总共有25种，也就是六尘、六根、六识和七大。这二十五圆通法，即二十五圣悟道法，是《楞严经》中最具有特色的部分，也是对《楞严经》讲法的一个深入总结。下面以精美的《法界源流图》中的诸佛菩萨像，重点讲述二十五圣悟道法中比较典型的九种。

二十五圆通简表

1. 憍陈那：声尘圆通
2. 优波尼沙陀比丘：色尘圆通
3. 香严童子：香尘圆通
4. 药王、药上二法王子：味尘圆通
5. 跋陀婆罗等：触尘圆通
6. 迦叶尊者：法尘圆通
7. 阿那律陀：眼根圆通
8. 周利槃特迦：鼻根圆通
9. 憍梵钵提：舌根圆通
10. 毕陵伽婆蹉：身根圆通
11. 须菩提：意根圆通
12. 舍利弗：眼识圆通
13. 普贤菩萨：耳识圆通
14. 孙陀罗难陀：鼻识圆通
15. 富楼那：舌识圆通
16. 优波离：身识圆通
17. 大目犍连：意识圆通
18. 大力金刚：火大圆通
19. 持地菩萨：地大圆通
20. 月光童子：水大圆通
21. 琉璃光法王子：风大圆通
22. 虚空藏菩萨：空大圆通
23. 弥勒菩萨：识大圆通
24. 大势至菩萨等：根大圆通
25. 观音菩萨：耳根圆通

观音菩萨——

观音菩
佛陀八大菩
之声，循声
杨柳，具有

—观世音而悟道

，又作观世音菩萨、观自在菩萨、光世音菩萨等，为
弟子之一。观音菩萨发大菩提心，观世间民众的疾苦
救众生而悟道。观音相貌端庄慈祥，经常手持净瓶、
量的智慧和神通，以大慈悲普救人间疾苦。

文殊菩萨——因耳根圆通

佛陀八大菩萨弟子之一，为智慧
是观世音菩萨的耳根法门，在《楞严
是对《楞严经》前六卷内容的提纲挈
入理解楞严的一个善巧法门。

图说楞严经

史上经典的佛法百科全书

石见明/编著

敦煌文艺出版社

《楞严经》与释迦牟尼佛会 丁观鹏 绢本 水墨设色 清代

《楞严经》是我国禅宗、净土宗的一部重要经典，流传甚为广泛。当年，释迦牟尼在室罗筏城祇园精舍聚众讲法，参加者有大比丘250人、八大菩萨、十大弟子、天龙八部护法神等，讲法缘起为弟子阿难与摩登伽女的情欲故事，听法受益者无数。图中描绘的盛大佛会，从侧面再现了释迦牟尼佛讲法的庄严场面。

释迦牟尼
义为"释迦族的圣者"，佛教创始人。他正端坐在雕狮须弥座上为众生说法。

天女

华盖

众天神护法
聚集的都是正在聆听佛陀教诲的众神。

普贤菩萨
四大菩萨之一，骑一头六牙白象，代表"行"，义为"肩负一切重担，为众生挑起他们的苦难"。

阿难
佛祖十大弟子之一，号称"多闻第一"。《楞严经》以阿难与摩登伽女的情欲故事为开篇，讲述了一场气势恢宏的佛法盛会，阿难的修行因此更进一层。

《楞严经》与释迦牟尼佛会

此图名为《释迦牟尼佛会》,是《法界源流图·佛陀尊像卷》中的一部分。《法界源流图》临摹宋代张胜温的《大理国梵像卷》,画成于清乾隆三十二年(1767),作者是清代著名的宫廷画家丁观鹏。《法界源流图》长1635厘米,宽33厘米。其中人物众多、场景浩大,兼具艺术欣赏与佛学研究的宝贵价值。

结满金果的菩提树。

迦叶尊者

佛祖的十大弟子之一,因为擅长头陀行,故而有"头陀第一"之称。

文殊菩萨

四大菩萨之一,代表"智"。骑狮,表示智慧之威猛,手持宝剑代表智慧之锐利。

编者序

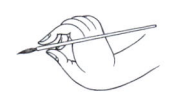

最绚烂的佛经

《楞严经》与《华严经》《金刚经》并尊为"经中之王",享有"自从一读《楞严》后,不看人间糟粕书"的美誉。它是佛教正法的代表之一,被历代高僧大德誉为统摄佛教经论的教诲指南和禅宗正眼,很久以前就有"《楞严》兴,正法兴;《楞严》灭,正法灭"的悬记。同时,它还是一部"佛法百科全书"。

开悟的利器,印心的圣典

佛教中素有"开悟在《楞严》,成佛在《法华》"之说,又说要有"七朝天子福,九代状元才"的人才有大彻大悟的可能。本经从明心见性开题,循循善诱,破解各种疑惑和歧见,楞严法会上包括阿难尊者在内的许多人在佛的砥砺之下开悟、证果。自中唐以后,《楞严经》盛行于禅、教之间,于晨钟暮鼓之中终生虔诚诵读、奉持、礼拜。依楞严法门而修行的佛子很多,其悟入者不计其数。禅门名僧大德,也多以此经接引后学,又每每以此经来印证禅者证悟的境界。

真修实证的指导手册

《楞严经》是禅修者可以带在身边随时参究的佛经。禅宗泰斗虚云老和尚说:"熟读一部《楞严经》,修行就有把握,就能保绥哀救,销息邪缘,令其身心入佛知见,从此成就,不遭歧路。"

最富文学价值的佛经

《楞严经》中有雍容裕如、浑灏流转的机锋,有对妙明真心而深邃的思索,有对了悟境界诗意而哲理的描绘,有在它影响下无穷无尽、孤拔峻峭的禅宗公案和睿智超妙的禅门诗偈,因而受到历朝历代士大夫以及文人墨客的倾慕赞许——许多士大夫的学佛因缘都可追溯于此。大文豪白居易、王安石、苏轼等对《楞严经》尤为推崇。苏轼说:"《楞严》者……其文雅丽,于书生学佛者为宜。"从文学性来说,《楞严经》也是标准的古典文学诵读范本,能使学习者收到事半功倍的效果。

本书的出版因缘及特色

让人感到遗憾的是，由于历史原因，至今中国内地各大寺庙和市面上流通的有关《楞严经》的书籍仍屈指可数，此经的读者群体始终被限制在少数专家学者的狭窄范围之内。由于《楞严经》的文字古奥、义理深邃，许多有心要精研《楞严经》的读者都不免望洋兴叹。为此，我们另辟蹊径出版了这本书。

本书的结构分为五章，第一章是讲述《楞严经》基础知识，包括地位、历史、争议、经题和译者等内容。其余四章遵照元代惟则禅师经宗分的五分法，分为见道分、修道分、证果分和助道分四个部分，略去了结经分。经文内容以圆瑛大师的《楞严经讲义》为蓝本，参考了憨山大师的《楞严通议》、蕅益大师的《楞严文句》、莲池大师的《楞严摸象记》、曾凤仪居士的《楞严宗通》等注疏，同时参考虚云老和尚、太虚大师、印光大师、程叔彪居士、海仁法师、宣化上人、元音老人、南怀瑾居士、王治平居士、文珠法师、慧律法师、成观法师等祖师大德的注疏和讲解，此外还在首楞严经资料网、佛教导航网、中华佛典宝库网等网站上受惠良多，还有诸多对本书出版有帮助者，在此一并感谢。本书的图解部分以台湾白圣长老编制、慧律法师校对的《楞严表解》，还有马来西亚吉隆坡双威学院佛学会师生共同努力完成的郑水吉居士编著的《大佛顶首楞严经新表解》为参考，绘制了精美的插图、系统结构表、严谨流程图、佛像等，以全新图解手法综合创意，试图赋予这本经典以特别的亲和力。

本书中多数观点都是在权衡了数家权威注解后才敢下笔，力求达到"无一字无来历"，不敢有一己之臆造。但《楞严经》义理深邃至极，论证细密，结构严谨，而编者佛学水平有限，恐有遗珠、讹误之憾，希望十方缁素大德慈悲鉴核，有心读者提出宝贵意见，以使本书精益求精，为读者朋友提供更美好的阅读享受。

编者谨识
2018 年 8 月

图说楞严经

本书阅读导航

节主标题
本节所要探讨的主题

书名与章节序号
本书每章节分别采用不同色块标识,以利于读者寻找识别。同时用醒目的序号提示该章在本书中的排列序号。

正文小标题
明确揭示正文中每一段文字的思想内容。

正文
通俗易懂的文字,让你轻松阅读。

图说楞严经 第1章

真修实证

《楞严经》持诵和修习的方法

佛法的要点,《楞严经》全部涵盖了。学佛的路上碰到的所有问题,从这部大经中几乎都可以找到标准答案。此经字字都有深义,唯有精研细读才能深入《楞严经》的义海,所以祖师大德的注疏必不可少。

■ 诵读《楞严经》

读《楞严经》,持"楞严咒",功德很大。受持功深可以出离生死,得到究竟解脱,从而获得三身四智,证菩提涅槃。受持功浅也可以消灾崇福、免除三灾八难和降魔等。《楞严经》是佛教的骨髓。以深心和恒心把经疏和"楞严咒"研习至能背诵,能研读至对每一个字都毫无疑义,以这种方法修习《楞严经》必能终身受用,甚至可能由此自明心地。

沩仰宗第九代祖师宣化上人也曾开示:"最好护持正法的方法,就是能把《楞严经》背出,'楞严咒'更要能背出,能诵读,能读念,滚瓜烂熟,尽量发挥经中妙旨,一一为人演说。各位为了护持佛法,一定要把《楞严经》读得熟之又熟,随时随地可背可讲,此才不愧为真佛弟子。"由此可见虔敬读诵和奉持《楞严经》的重要性。

■ 精研多家祖师大德的注疏

中国古代的人学一部佛经,不但经文要背,连注解都要背。以天台宗为例,天台宗的门人除了要背《法华经》的经文,还要背诵"三大部"——《法华经玄义释签》《法华经文句》这两部注疏,以及关于修行的一部《摩诃止观》。这是学天台宗的基本条件。不能背诵三大部,就没有能力领悟天台宗的精髓。这种教育很有道理,不肯精研经疏,就很难在真修实证上超过祖师。香港的海仁老法师专弘《楞严经》,被称为"首楞严王"。他要求学生不但要背《楞严经》,也要背祖师大德的注解。

研习注解应提倡以古人注疏为主,并且对于古人的注解,也要特别注意摒弃那些学者型的注解,推崇有真修实证的祖师型的注解。其中,圆瑛大师的《楞严经讲义》和憨山大师的《楞严通议》值得精读。

■ 不放过有疑义的地方

《楞严经》有一整套属于自己的严谨的词汇体系,其中很多词汇在现代词汇本中找不到对应,这个体系用现代白话文几乎没有办法代替,这

48

本书阅读导航

图解标题
针对内文所探讨的重点，进行图解分析，帮助读者深入领悟。

读诵《楞严经》的方法

读《楞严经》可以有两种方式，一种方式是研究型的读法，研究、背诵经文以及祖师大德的注疏，可以熟悉佛法义理；另一种方式是端身正坐，把佛经当作佛，看佛经或听佛经就像在听佛说话一样，恭敬志诚，不起妄念，随文入观地诵读下去，可以消除业障，增长福慧。

- 佛法典籍一定要放在书柜的高处或上层，以示尊重其无上地位。
- 可以只作为旁听者摄心谛听佛经，字字句句都要分明，不为一切声色所动，功德也很大。
- 必须端身正坐，好像面对着佛一样尊敬，不敢起一丝别的念头。
- 从首至尾，一直读去，注意一口气一口气地读，有助于深呼气和入定。
- 假如时间充足、精力旺盛，那就可以诵读祖师大德的注疏，以增加见识。
- 衣服要干净整洁，诵经前要清洁身体、手足和口腔，就像要出席庄重的场合一样。
- 案头可焚上等妙香，同时敲着木鱼，能集中注意力，并增加读经时的乐趣。

走进《楞严经》的世界
《楞严经》持诵和修习的方法

插图
将较难懂的抽象概念运用具象图画表示，让读者可以尽量理解原意。

读《楞严经》和诵"楞严咒"的功德

免饥馑、疾疫、刀兵三灾，除八难，增加福慧。	有助于习定。上等根器的人可以在诵经时明心见性，大彻大悟。	降伏天魔、鬼怪。

图表
将隐晦、生涩的叙述，以清楚的图表方式呈现。此是本书的精华所在。

49

7

目录

第1章 佛法正印：走进《楞严经》的世界

1. 经中之王：成佛作祖之正印 / 2
2. 《楞严经》的来历："拜经台"和"血渍经"的故事 / 4
3. 诸宗共尊之经：圆摄八宗的《楞严经》/ 8
4. 《楞严经》的注疏：唐代以来过百家 / 20
5. 开慧的楞严：依《楞严经》而悟道的高僧 / 24
6. 士大夫与《楞严》：以苏轼兄弟为例 / 32
7. 《楞严经》的地位：佛教历代祖师的推崇 / 34
8. 真伪之争：《楞严经》真伪决断论 / 42
9. 真修实证：《楞严经》持诵和修习的方法 / 48
10. 经题释义：体现全书精华的二十个字 / 52
11. 本经译题：房融在译经时担任什么职务 / 56
12. 《楞严经》的结构：惟则禅师对经宗分的五分法 / 58

第2章　见道分：《楞严经》的本心论

第一节　明心见性：七处征心，八还辨见 / 62

1. 楞严法会上的圣众：阿罗汉和菩萨的区别 / 62
2. 本经缘起：摩登伽女和阿难的欲海情天 / 66
3. 阿难悔悟：世尊审问阿难出家的最初发心 / 70
4. 七处征心破妄：我们的心到底在哪儿 / 72
5. 两种根本：众生不能脱离轮回和成佛的根本原因 / 76
6. 认贼为子："我思故我在"对吗 / 78
7. 六识虚妄，真心不妄：妄心和真心的区别 / 80
8. 十番显见：拨落见尘明见性 / 82
9. 两种妄见：别业妄见与同分妄见 / 88

第二节　四科七大：相妄性真，本然周遍 / 90

1. 什么是四科：会通四科，即性常住 / 90
2. 五阴虚妄：五阴本如来藏 / 92
3. 六入虚妄：会六入即如来藏 / 94
4. 十二处虚妄：色尘生眼见，还是眼根生色相 / 96
5. 十八界虚妄：见闻、觉知的功能是怎么产生的 / 98
6. 七大本真：圆彰七大，即性周遍 / 100
7. 赞佛偈：阿难尊者的悲心大愿 / 104

第三节 《楞严经》对宇宙起源和生命真相的揭示 / 106

1. 三细六粗：宇宙的诞生和生命的起源 / 106
2. 三种相续：中阴身投胎的现象 / 108
3. 销矿为金，不复为矿：成佛后会不会再变成有漏众生 / 110
4. 七大圆融：七大为何不会互相陵灭 / 112
5. 三藏一心：佛对实相的详尽开示 / 114
6. 无明之因：富楼那最为彻底穷源的一问 / 116
7. 真妄双绝：直斥耽着戏论，正劝勤修无漏 / 118

第3章 修道分：首楞严大定的修持原理

第一节 圆通门：佛法修持的入手处 / 122

1. 舍妄趣真：初发菩提心时应遵循的两个原则 / 122
2. 不以生灭心来求佛果：
   初发菩提心应遵守的第一个原则 / 124
3. 解结从根：初发菩提心应遵守的第二个原则 / 126
4. 妄尽还源：人为什么会有眼睛、鼻子等六根 / 128
5. 解一亡六：六根互用的神奇实例 / 130
6. 误疑断灭：击钟引梦验证闻性不断灭 / 132
7. 迷悟同源：让众生轮回或涅槃都在于六根 / 134
8. 解结之方：打结与解结的比喻 / 136

第二节　修持方法：二十五圣最初入手的圆通法门 / 138

1. 二十五圆通：六尘、六根、六识和七大的修持法门 / 138
2. 声尘色尘：优波尼沙陀修不净观而悟道 / 140
3. 香尘味尘：香严童子因闻香气而悟道 / 142
4. 触尘法尘：跋陀婆罗因为洗澡而悟道 / 144
5. 眼根鼻根：周利槃特迦尊者观察呼吸而悟道 / 146
6. 舌身意三根：毕陵伽婆蹉因毒刺伤足而悟道 / 148
7. 眼识耳识：普贤菩萨的耳识圆通法门 / 150
8. 鼻识舌识：观鼻端白的修持法门 / 152
9. 身识意识：优波离尊者的戒律成就法门 / 154
10. 火大地大：持地菩萨自平心地而悟道 / 156
11. 月光水大：月光童子修水观三昧而悟道 / 158
12. 风大空大：虚空藏菩萨观察空大而悟道 / 160
13. 弥勒菩萨：识心圆明，入圆成实 / 162
14. 大势至菩萨：净土宗念佛法门的最佳开示 / 164
15. 观世音菩萨：耳根法门精微的修证程序 / 166
16. 耳根圆通起用：千处祈求千处应，苦海常作渡人舟 / 168
17. 圆通比较：文殊菩萨选中观音菩萨的耳根圆通 / 176

第三节　持戒和持咒：摄心修定的清净明诲 / 178

1. 三无漏学：摄心为戒，因戒生定，因定发慧 / 178
2. 四重决定清净明诲：断淫，断杀，断盗，断妄 / 180
3. 设立楞严道场：坐道场修定慧的次第 / 184
4. 咒中之王：修习"楞严咒"带来广大殊胜的功德利益 / 188

第4章　证道分：修证圣位的次第

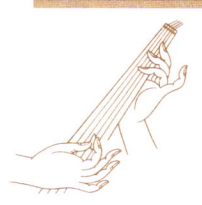

1. 两种颠倒：无明熏真如成染法 / 192
2. 十二类生：因妄想而有的众生轮回世界 / 194
3. 三种渐次：菩萨为顿悟所做的准备 / 196
4. 五十七圣位：由三种渐次进修而安立的圣位 / 198

第5章　助道分：七趣因果与五阴魔相

第一节　三界：七趣众生升堕的因果 / 208

1. 三界七趣：为何一真法界会出现六道轮回 / 208
2. 临终升坠：众生死后会投生到六道中的哪一道 / 210
3. 十习因：众生恶业所感召的地狱果报 / 212
4. 鬼趣的因果：地狱余业所感召的饿鬼道果报 / 220
5. 畜生趣的因果：偿还宿债而感召的畜生果报 / 222
6. 人趣的因果：佛法对人的心理的透视 / 224
7. 仙趣的因果：人类的妄念与十种神仙 / 226
8. 天趣的因果：三界之内最殊胜最尊贵的地方 / 228
9. 阿修罗趣：修正定以除尽杀、盗、淫三妄惑 / 236

第二节　五阴魔相：端正发心，防治魔障 / 238

1. 五十重阴境：修行证果前会发生的现象 / 238
2. 色阴区宇：色阴禅境中的十种魔事 / 242
3. 受阴区宇：受阴禅境中的十种魔事 / 248
4. 想阴区宇：想阴禅境中的十种魔事 / 256
5. 行阴区宇：行阴禅境中的十种心魔 / 270
6. 识阴区宇：识阴境界中的十种偏差 / 276

附录：

《大佛顶首楞严经》全文 / 284

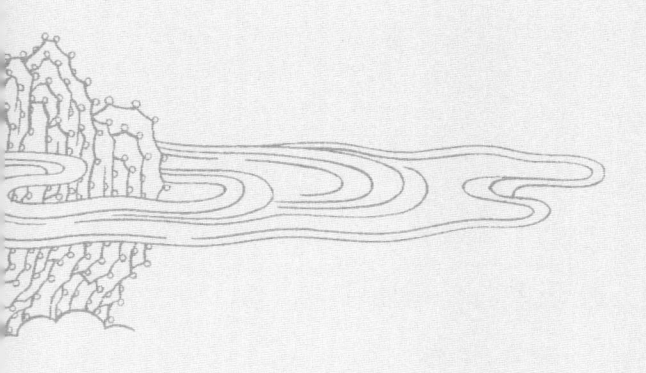

《楞严经》是汉传佛教中十分重要的一部经典，于唐朝时传入汉地，历来为禅宗、天台宗所仰重。由于此经详细地讲述了人们在修行佛法的过程中可能遇到的种种难关及其破解方法，因此被看作一本"佛法实修指南"；而对于人界、天界、修罗界，乃至地狱界等的状况，又一一详细说明，因此可说得上是一本"六道百科全书"。同时，《楞严经》讲述了密法的重要性，更有流传下来被后人持诵千年的"楞严咒"。

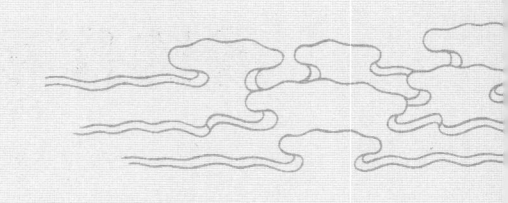

第1章

佛法正印：

走进《楞严经》的世界

本章图版目录

《楞严经》与佛教 / 3

《楞严经》与天台宗 / 5

中国古代的佛教译场 / 7

《楞严经》对禅宗的影响 / 9

天台宗的五时八教权实图 / 11

《楞严经》中的净土法门 / 13

《楞严经》中的华严境界 / 15

《楞严经》对士大夫的影响 / 17

《楞严经》与其他佛经 / 19

长水大师和《楞严经》的奇特因缘 / 21

憨山大师与《楞严经》/ 23

抱本参禅的玄沙师备禅师 / 25

生死自在的遇安禅师 / 27

禅净双修的楚石梵琦禅师 / 29

为参透《楞严》而云游的破山祖师 / 31

苏轼写在法云寺的钟铭 / 33

"百丈清规"与"十部疏主" / 35

明朝高僧与《楞严经》/ 37

民国佛门四大老与《楞严经》/ 39

两位大师与《楞严经》的因缘 / 41

《楞严经》中的戒定慧三学 / 43

奉持《楞严经》的理由 / 45

研究《楞严经》的两种方法 / 47

读诵《楞严经》的方法 / 49

智者大师的《观心诵经法》/ 51

表现全经总纲的经题 / 53

"菩萨万行"的深义 / 55

笔受《楞严经》的房融家世奉佛 / 57

体系完整严密的《楞严经》/ 59

经中之王
成佛作祖之正印

《楞严经》以其深邃、丰富和了义的佛教教义，以及在教理和实证两方面的精湛阐述，成为中唐以后中国佛教各宗各派、祖师大德共尊的经中之王。

《楞严经》的全称是《大佛顶如来密因修证了义诸菩萨万行首楞严经》，与《法华经》《华严经》并称为佛教三大经王。素有"自从一读楞严后，不看人间糟粕书""开悟在《楞严》，成佛在《法华》"等赞叹。

《楞严经》是一部"佛法百科全书"。在内容上，它融通了"显密性相"；在宗派上则横跨"禅、净、密、律"等宗派，对几乎所有宗派的内容均有发挥，各得其宜；在修行次第上，此经更是十分明了和圆满。本经从明心见性开题，循循善诱，破解各种疑惑和歧见，倡导悟后起修。以二十五圣的圆通法门为入手处，详细开示了一切凡圣境界，其中包括了三界七趣众生，也包括大乘菩提道六十位修证阶位，最后详细开示五阴魔境及其破除之法。

《楞严经》被历代高僧大德奉为无上圭臬，备受各宗推崇，注解不胜枚举。到清朝末年，有关《楞严经》的注疏已超过百家。此外，"楞严咒"在宋代以前就被收入丛林的《禅门日诵》中，成为僧众每日必做的早课；历代传统丛林在打禅七之前，都要先修七日到四十九日的"楞严法会"，以除魔障。

古往今来，研读《楞严经》并依之而证悟者不计其数。同时，禅门名僧大德，每每以《楞严经》来印证禅者证悟的境界。历代禅宗公案和偈颂中收入了大量吟诵《楞严经》原文及衍生机锋的诗偈。会通教禅的《宗镜录》对《楞严经》大量征引阐释，使楞严三昧与禅心交相辉映。明代憨山大师说："不知《法华》，则不知如来救世之苦心。不知《楞严》，则不知修心迷悟之关键。不知《楞伽》，则不辨知见邪正之是非。"明朝蕅益大师在《阅藏知津》中写道："此经（《楞严经》）为宗教司南，性相总要。一代法门之精髓，成佛作祖之正印。"禅宗泰斗虚云老和尚说："熟读一部《楞严经》，修行就有把握，就能保绥哀救，销息邪缘，令其身心入佛知见，从此成就，不遭歧路。"

《楞严经》与佛教

《楞严经》融通显密、性相，历来为中国佛教诸大宗派所共尊。它对中兴华严宗、天台宗起过极大的作用。《楞严经》的影响力甚至辐射到了儒家和道教，明末清初大儒钱谦益和北宋道教金丹派南宗五祖张伯端对《楞严经》均有较深研究。

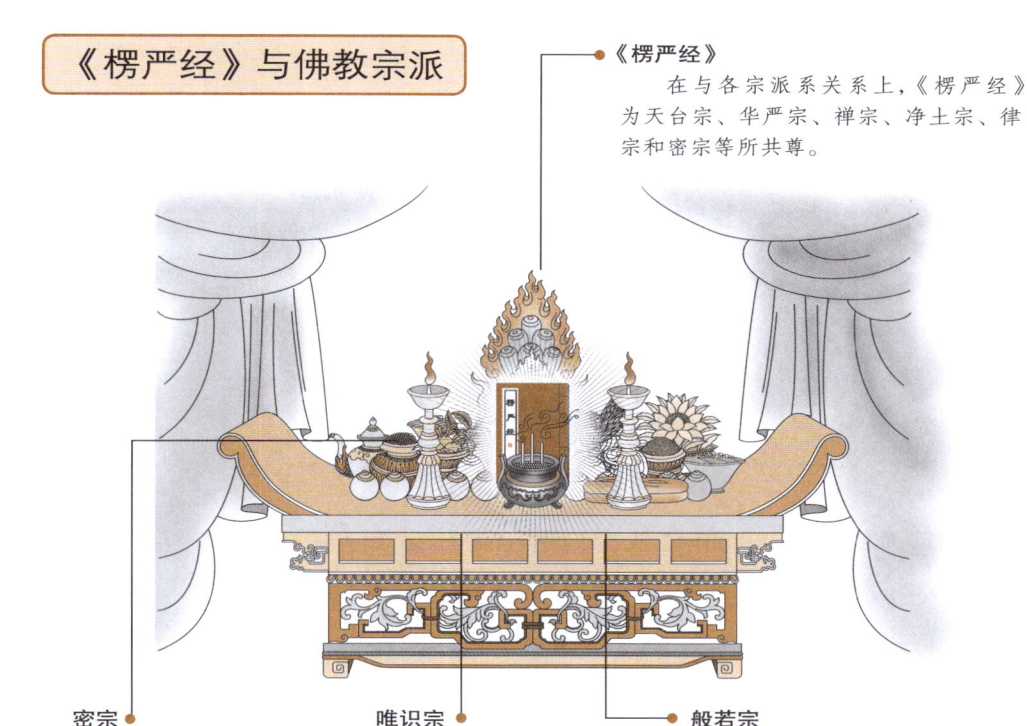

《楞严经》与佛教宗派

《楞严经》
在与各宗派系关系上，《楞严经》为天台宗、华严宗、禅宗、净土宗、律宗和密宗等所共尊。

密宗
《楞严经》本来是从密宗灌顶部录出，又称为《灌顶章句》。经中"道场建立"的坛仪与"佛顶神咒"都是密法。

唯识宗
唯识宗（法相宗）所讲的第八识（阿赖耶识）在《楞严经》中多有阐述，如识精元明、见精元明、陀那微细识等。

般若宗
般若宗（法性宗）诸法性空的思想和《楞严经》中佛所指的五蕴、六入、十二处、十八界、七大等，"因缘和合，虚妄有生；因缘别离，虚妄名灭"的道理相同。

《大佛顶如来密因修证了义诸菩萨万行首楞严经》

- 禅门名僧大德多以《楞严经》来验证禅者修持的境界。
- 历来注解《楞严经》的著作非常丰富。
- 汉传佛寺中，僧众每日早课都必须诵"楞严咒"。
- 打禅七之前，佛教丛林传统上都是要先修七日到四十九日的"楞严法会"，以除魔障。

走进《楞严经》的世界　成佛作祖之正印

《楞严经》的来历
"拜经台"和"血渍经"的故事

《楞严经》的弘传十分曲折：经文由龙树菩萨自龙宫传出，并被国王视为国宝，禁止外传；智者大师十八载虔诚拜请，最终感得印度高僧般剌密谛不惧生死，剖臂藏经闯关而来中国；佛学造诣颇深的唐朝房融亲自润饰经文，使经文十分古奥优美。

■ 《楞严经》自龙宫传出

《楞严经》的来历要从释迦牟尼佛一生的教化说起。佛具有"十力""四无畏""十八不共法"，天上、人间、龙宫都曾说法。据《海龙王经·请佛品》记载：有一次佛在灵鹫山说法，海龙王也参加听法。海龙王闻法欢喜，在佛说法之后，就请佛到龙宫讲法、受供。海龙王在从陆地到海底龙宫的路程中化现出三道宝阶，佛和大弟子们就沿着宝阶进入龙宫，佛在龙宫讲了《十善业道经》。根据历史记载，人间没有的许多大乘经典，龙宫均有储藏。

释迦牟尼佛涅槃七百年以后，印度的大乘论师龙树菩萨开始出世弘法，因其行解证悟的殊胜，受龙王的礼请进龙宫说法。在龙宫中，他见到卷册浩繁的"龙宫大藏经"。龙树菩萨说法之余披阅"龙宫大藏经"，发现了《楞严经》，叹为稀有。为了利益阎浮提众生，龙树菩萨以惊人的记忆力将全经默诵下来。回到人间后，龙树菩萨将此经诵出，记录下来，献给国王。国王把它视为无上法宝，珍藏在国库中，并且禁止外传。

■ 智者大师拜请《楞严经》

此后，《楞严经》虽没有传到中国，但其美名早已为大家所知晓。曾有一位梵僧，在中国见到天台宗创始人智者大师所立的天台三观，于是告诉他，他所说的义理与《楞严经》的宗旨相符合。智者大师求法心切，于是在公元576年来到天台山山巅筑台，不畏寒暑、精进不懈，向西虔诚拜经，这一拜就是十八年，直到圆寂也没有机缘见到《楞严经》。

智者大师为求阅《楞严经》的故事感动了印度的一位叫作般剌密谛的高僧，他觉得这部经和东土众生有着殊胜的法缘，于是他发誓要把《楞严经》传译到中国来。第一次，他带着抄录的《楞严经》过边境时，被驻守的官吏搜查出来了，传经行动宣告失败，法师只好返回。第二次，法师想

《楞严经》与天台宗

《楞严经》与天台教观

天台宗以龙树菩萨为初祖，以北齐慧文为二祖，以智者大师为三祖。《楞严经》与天台宗有着极为密切的关系。自中唐至清末，天台宗注疏《楞严经》者不下十九家，约占所有注疏的五分之一。从圆顿契理而言，《楞严经》与天台止观是不二的。两者互参，对于发挥经义和教义极有助益。

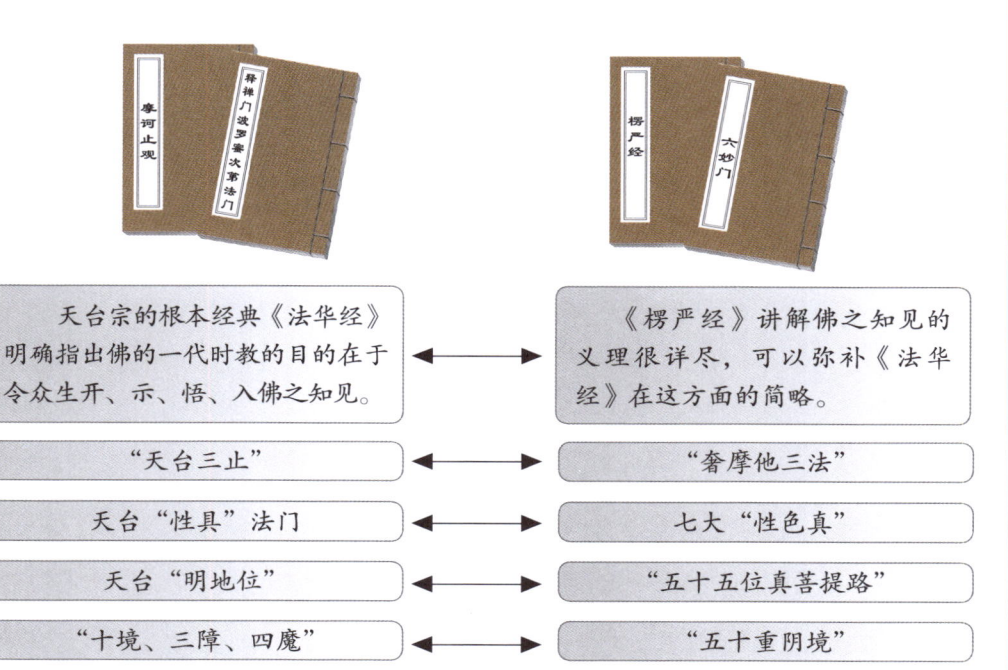

天台宗		《楞严经》
天台宗的根本经典《法华经》明确指出佛的一代时教的目的在于令众生开、示、悟、入佛之知见。	↔	《楞严经》讲解佛之知见的义理很详尽，可以弥补《法华经》在这方面的简略。
"天台三止"	↔	"奢摩他三法"
天台"性具"法门	↔	七大"性色真"
天台"明地位"	↔	"五十五位真菩提路"
"十境、三障、四魔"	↔	"五十重阴境"
"五时八教"的判教	↔	《楞严经》是"通方等时"的最胜"圆顿教"

《楞严经》与智者大师的悬记

《摩诃止观》是智者大师享誉最隆之作，西来梵僧曾认为《摩诃止观》与《楞严经》若合符契。智者大师在圆寂前留有预记："又数百年，当有肉身比丘，以吾教判此经归中道。"传灯大师是明朝中兴天台宗的始祖，他被认为就是智者大师所预记弘扬《楞严经》的肉身比丘。

到把《楞严经》背下来，这样就不会有被查收的危险。当他确信把《楞严经》背熟后，再次启程，好不容易到达中国的边境。但一路奔波跋涉后，疲劳至极的法师发现有一部分经文怎么也记不全了，只好重新返回。

■ 般剌密谛割臂传经

历经两次挫折，般剌密谛法师的弘法之志愈加坚定。他采用了一种现代人难以想象的方法：先将经文用很小的字抄写在很薄很薄的柔细的白毡上，用蜡封妥，再割开手臂，把经文藏在皮下。等到刀口平复后，法师再行出国。这一次，般剌密谛法师成功地渡海来到中国的广东省，时在武则天罢政、唐朝中宗皇帝继位的神龙元年，即公元705年。

般剌密谛法师到达广州后，对广州寺院的高僧大德们宣告了自己把《楞严经》带到中国来了的喜讯。大家听了，非常感动和振奋，因为《楞严经》的大名已因智者大师的拜经变得尽人皆知。他们找到了当时在广州负责政务的房融。房融是佛教居士，且受过菩萨戒，知道法师的经历后很重视，于是将般剌密谛法师奉请到制止寺住下。法师剖开了胳膊的肌肉，取出经文，但因时间太久，抄录的《楞严经》变成了血肉模糊的"血渍经"，经文难以辨识，更不要说翻译了。就在大家都无计可施时，房融的女儿建议用牛奶或人奶浸泡"血渍经"，以便清洗掉白布上的血肉，同时又不会损伤上面的字迹。大家试验之后，果然现出了经文，于是皆大欢喜。

■ 房融润饰译文

《楞严经》于公元705年5月23日起正式在广州制止寺开始翻译。般剌密谛法师任译主，北印度弥伽释迦法师翻音，怀迪法师证译，房融笔录、润饰文采。因房融学养渊博深厚，所以翻译出来的《楞严经》文字十分典雅优美，在中国古代文学史上也占有一席之地。般剌密谛法师是守法之人，《楞严经》翻译完之后，他匆匆赶回印度，对印度国王说《楞严经》已经被自己偷偷送到唐朝了，自己愿以一身承担所有罪责。

房融将这个感人的事迹和译出的《楞严经》以奏折形式送入朝廷。后来禅宗北宗的神秀大师进宫弘法之余将《楞严经》抄录了出来，又得到了房融的家藏原本，《楞严经》才开始流通。

中国古代的佛教译场

《楞严经》的译场

《楞严经》的译经道场设在广州制止寺，般剌密谛法师任译主，北印度弥伽释迦法师翻音，怀迪法师证译，房融笔录、润饰文采。

弥伽释迦
北印度人，兼通华文，负责把梵文翻译为华文。

般剌密谛
南印度人，兼通华文，担任译场之主。

怀迪
广东惠阳人，兼通梵语，担任翻译时的参详校正。

房融
唐代大臣，他的佛学造诣有很深的家学渊源，在译经中负责秉笔确定文字。

隋唐之后的佛经翻译程序

和现今许多个人的翻译形式相比，中国古代的佛经译场可以称为世界上最严谨、最彻底、最完美的翻译组织形式，译场的学术氛围极为浓厚。特别是在隋唐之后，佛经译场的组织形式发展极为完备，下面我们来看看当时译场的情形。

西序：证义
审查东序的译文能否表达原意，分"字学"和"证梵语梵文"等职。若发现译文与原文意思有出入，或有译错的地方，证义们便加以修改后送回东序。东、西序的工作是交互进行的。

中堂：研覆幽旨
主译和助手们专就梵文佛经的版本和佛经的难文奥义做深入的讨论，职称分"主译""译语"和"传语"等。中堂当日讲解和讨论的记录都送到东序。

东序：润文
东序对中堂的讨论和记录，由负责文笔的人整理成汉译的初稿，并送往西序。东序分"缀文"和"润文"，并负责对西序改动后的内容进行再润色。

走进《楞严经》的世界

"拜经台"和"血渍经"的故事

诸宗共尊之经
圆摄八宗的《楞严经》

《楞严经》内容丰富，义理深邃，历来被誉为统摄佛教经论的教诲指南和禅宗正眼，因而受到佛教各个宗派的极力推崇。中国佛教诸大宗派常常从各自的宗派理论来诠释此经，而儒家和道教也常从此经寻找三教同源的基点。

■《楞严经》与禅宗

自中唐以后，《楞严经》开始盛行于禅宗，注解此经的禅宗高僧大德很多，至今存在的重要注疏有：莲池袾宏的《楞严摸象记》、憨山德清的《楞严通议》、圆瑛大师的《楞严经讲义》等。

■ 提倡顿悟渐修

《楞严经》的正文内容结构可以分为见道、修道、证果、结经、助道五个部分，强调"理则顿悟，乘悟并销；事非顿除，因次第尽"，有很浓的顿悟和渐修的教风，暗合六祖慧能大师强调"不悟本心，学法无益"的禅宗宗旨。太虚大师曾评价说："若以全部脉络义理观察，明理、修行、证果，（《楞严经》）仍以属禅宗为确切。"因此，历代禅宗大师对《楞严经》都极为推崇，当代禅宗大师虚云老和尚在禅七中开示说："以我的愚见，最好能专读一部《楞严经》，只要熟读正文，不必看批注，读到能背，便能以前文解后文，以后文解前文。此经由凡夫直到成佛，由无情到有情，山河大地、四圣六凡、修证迷悟、理事、因果、戒律都详详细细地说尽了，所以熟读《楞严经》很有利益。"

■ 机锋泼辣，妙喻如珠

《楞严经》旨趣幽微，论证细密，犹如抽丝剥茧，佛理演绎层层推进，处处指归向上一着，其中隐伏了许多生动泼辣的机趣。禅宗著名公案集《碧岩录》《无门关》等收录了《楞严经》的经文及相关禅门机锋。禅宗著名偈颂集《禅宗颂古联珠通集》等收入了大量吟诵《楞严经》原文及衍生机锋的诗偈。有东土"小释迦"之称的永明延寿所著的《宗镜录》以会通教禅，其中对《楞严经》屡有征引阐释，使楞严大定与禅宗交相辉映。同时，《楞严经》中充满精彩绝伦的譬喻，如"认贼为子""捏目生花""怖头狂走""蒸沙成饭""味如嚼蜡"等，较之后世禅门某些公案，更显得雍容华贵、空灵隽永。明儒曾凤仪说："诸宗师出词

《楞严经》对禅宗的影响

《楞严经》自中唐以来与禅宗结下了不解之缘，被誉为"禅学第一书"。经中世尊擎拳咄喝，可视为禅家棒喝机锋的始祖。

《楞严经》对禅宗典籍的影响

《碧岩录》《无门关》等

为禅宗著名公案集，收入了《楞严经》的经文及相关禅门机锋，作为参禅悟道的入门。

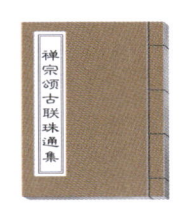

《禅宗颂古联珠通集》

收入了大量吟诵《楞严经》原文及衍生机锋的诗偈。

《宗镜录》

会通教禅，对《楞严经》屡屡征引阐释，使楞严三昧与禅心交相辉映。

吟咏《楞严经》的禅诗

天目礼禅师有一首描绘春天美景的诗，专门吟咏《楞严经》中的"八还辨见"：

不汝还兮复是谁，
残红落满钓鱼矶。
日斜风动无人扫，
燕子衔将水际飞。

宋朝郁山主禅师吟咏《楞严经》中"弃珠乞食"的比喻：

我有神珠一颗，
久被尘劳关锁。
今朝尘尽光生，
照破山河万朵。

白云端禅师吟咏《楞严经》中的经文"若能转物，即同如来"：

若能转物即如来，
春暖山花处处开。
自有一双穷相手，
不曾容易舞三台。

永嘉玄觉禅师在《证果歌》吟咏《楞严经》中经文"如净琉璃，内含宝月"：

但得本，
莫愁末，
如净琉璃含宝月。

吐气，接引初机，语意多似《楞严》。"因此，他专门著有《楞严经宗通》一书，"遍采宗语配合经文之后"，使经中的机锋与后世祖师的机锋相得益彰。

■ 《楞严经》与天台宗

天台宗与《楞严经》的因缘最早可追溯到隋朝时的智者大师。智者大师精通三藏，写成《摩诃止观》，被一位梵僧指出其义理与《楞严经》相近，使大师对《楞严经》极为渴仰。自中唐至清末，天台宗注疏《楞严经》者超过十九家，占此经全部注家的五分之一。现存重要注疏有天如惟则禅师的《楞严经会解》、传灯无尽大师的《楞严经前茅》、蕅益大师的《楞严经玄义》及《楞严经文句》等。

■ 教义相契

天台宗的立宗经典之一是《法华经》，此经明确指出佛陀出世的一大因缘是令众生开、示、悟、入佛之知见。不过，《法华经》对佛之知见的内容却较为简略，倒是《楞严经》把佛之知见显露得最为详尽。天台宗的止观学说，及三谛（真谛、俗谛、第一义谛）三观（空观、假观、中观）的内容和《楞严经》"三藏一心"的宗旨相契。《法华经·普门品》和《楞严经·观音菩萨圆通章》中观世音菩萨的三十二应、十四无畏交相辉映。因此，天台宗信众对《楞严经》的内容十分重视。基于天台宗"五时八教"的判教方法，《楞严经》被判为最殊胜的"圆顿教"，并认为其义理贯通五时。

■ 中兴天台宗

同时，《楞严经》有中兴天台宗之功。元代，由于北方落入蒙古人的统治之中，天台宗日渐衰微，其祖庭国清寺也变成了禅宗道场。到了明代末叶，天台宗第三十代祖师无尽传灯大师复兴了天台宗。大师解行相应，极力推崇《楞严经》，被认为是智者大师所预记弘扬《楞严经》的肉身比丘。他著有《楞严经玄义》一书，以"天台三止"配《楞严经》"奢摩他"，以"性具"配"七大"，以天台"明地位"配"五十五位"，以天台宗"十境、三障、四魔"配"五十重阴境"。他在精心营造幽溪道场时，依《楞严经》建成"楞严坛"，用细黄泥拌和十种香料铺底，中间安置巨莲，莲芯安放着储满秋露的钵盂，四周是八面大镜，最外面罗列着十六尊佛像和香炉，历时六年才竣工，为明朝佛教坛城一时的杰作。

天台宗的五时八教权实图

智者大师所创立的天台宗，其判教方式是五时八教。这种判教方式极为灵活又极为精密，一经设立就被称为"弥天高判"，后世依此能够深入整理浩瀚的佛教典籍。

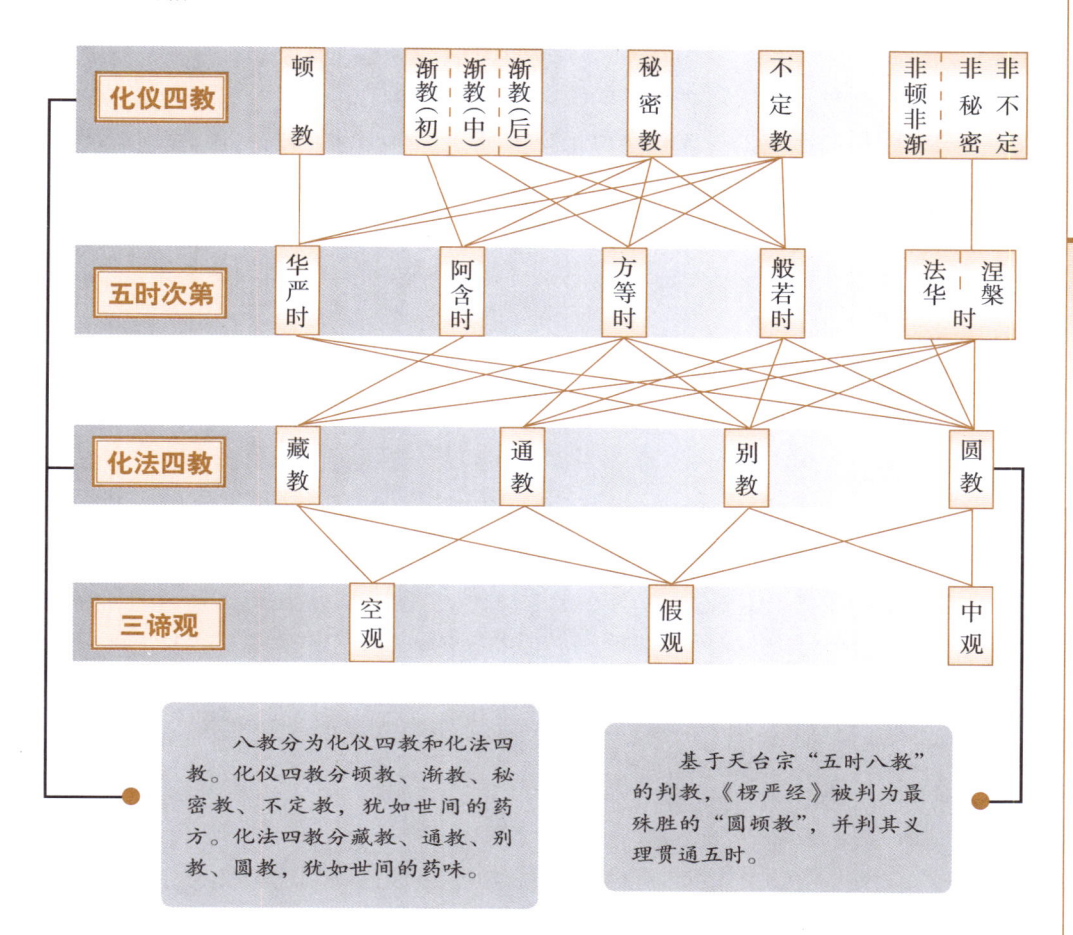

化仪四教：顿教、渐教（初）、渐教（中）、渐教（后）、秘密教、不定教、非顿非渐、非秘密、非不定

五时次第：华严时、阿含时、方等时、般若时、法华时、涅槃时

化法四教：藏教、通教、别教、圆教

三谛观：空观、假观、中观

八教分为化仪四教和化法四教。化仪四教分顿教、渐教、秘密教、不定教，犹如世间的药方。化法四教分藏教、通教、别教、圆教，犹如世间的药味。

基于天台宗"五时八教"的判教，《楞严经》被判为最殊胜的"圆顿教"，并判其义理贯通五时。

五时	日照的比喻	味道	教法
华严时	日出先照高山	如牛乳	圆顿法门
阿含时	如日轮升天，转照幽谷	如酪味	隐顿说渐
方等时	日轮次照平地	如生酥	引小向大
般若时	如中午11时的太阳	如熟酥	扫荡余执
涅槃时	正午日轮普照大地	如醍醐	一乘教法

■ 《楞严经》与净土宗

释迦牟尼佛住世之时，于耆阇崛山说《无量寿经》，于王舍城说《观无量寿经》，于祇园精舍说《阿弥陀经》，说明西方净土的情状及阿弥陀佛的大愿力，开阐此土众生念佛往生的方便法门。世尊灭度后，印度马鸣菩萨和世亲菩萨一起弘扬净土法门。我国净土宗的成立始自东晋慧远大师在庐山东林寺专倡净土法门，后世尊为莲宗初祖。其后净土法门为其他各宗所共尊，得到历代祖师大德的弘扬。

■ 《楞严经》与实相念佛

净土宗印光祖师把《楞严经》看成是念实相佛的最佳开示。印光祖师认为："《楞严》一经，实为念实相佛之最切要法。然又为持名念佛决志求生极乐无上大教。所示二十五圆通，除势至圆通正属持名，兼余三种念佛之外，余者总为念实相佛法门。以至七趣因果、四圣阶位、五阴魔境无非显示于实相理，顺背迷悟之所以耳。"

■ 阐明了净土法门的原理

经中把属于根大的念佛法门居于第二十四位，位于第二十五圆通的观音菩萨的耳根返闻法门之前，这透露出，若依于自力修持耳通法门而未能悟入的修持者，则应依于他力性强的念佛法门来了脱生死。可见经中对于自力他力、禅净、理事面面俱到，圆融无碍。永明延寿、袾宏、蕅益等净土祖师对《楞严经》多有注疏，此外《楞严经科解》《楞严经疏钞》《楞严经章解》等注疏，都专注经中的《楞严经·大势至菩萨念佛圆通章》。

■ 列入《净土五经》中

民国初年，印光祖师在净土宗原有的四经之后，增列《楞严经·大势至菩萨念佛圆通章》为净土宗第五经。印光大师认为《大势至菩萨念佛圆通章》是念佛的最妙开示，又说："《楞严·大势至》云：'都摄六根，净念相继，得三摩地，斯为第一。'文殊选圆通偈谓：'反闻闻自性，性成无上道。'今例之曰：'反念念自性，性成无上道。'"这表明念佛圆通与耳根圆通的修行结果并无二致，都是成就佛果的楞严大定。

■ 《楞严经》与华严宗

自中唐至清末，华严宗有关注疏《楞严经》的注家达十七家之多，共占此经注家近五分之一。华严宗注疏者有资中弘沇法师、长水子璇法师、鲁山普泰法师、交光真鉴法师、慈云续法法师、达天通理法师等。

《楞严经》中的净土法门

《楞严经》中的第二十四圆通的大势至菩萨与二十五圆通的观世音菩萨，均是净土宗西方三圣中的两圣，念佛圆通放在耳根圆通前面大有深意。近代净土宗的印光祖师认为，《楞严经·大势至菩萨念佛圆通章》为念佛法门的最妙开示。

大势至菩萨依念佛圆通而证悟

其修持方法为："都摄六根，净念相继，得三摩地，斯为第一。"主要依于他力了脱生死。

观世音菩萨依耳根圆通而证悟

其修持方法是："反闻闻自性，性成无上道。"主要依于自力而证果。

印光大师与《楞严经》

民国初年，印光祖师在净土宗原有的四经之后，增列《楞严经·大势至菩萨念佛圆通章》为净土宗第五经。

> 诸大乘经带说净土者，多不胜数。而《楞严经·大势至菩萨念佛圆通章》，实为念佛最妙开示，众生果能都摄六根，净念相继以念，岂有不现前当来，必定见佛，近证圆通，远成佛道乎哉！
> ——净土宗第十三祖印光大师

印光大师鉴定的净土宗"五经一论"
- 《观无量寿佛经》
- 《佛说无量寿经》
- 《阿弥陀经》
- 《华严经·普贤行愿品》
- 《楞严经·大势至圆通章》
- 《往生论》（世亲菩萨著）

走进《楞严经》的世界 圆摄八宗的《楞严经》

■ 已显华严境界的端倪

华严宗以《华严经》为立宗经典，对于事事无碍的十玄佛境探讨最为详尽。《楞严经》虽不具足十玄全义，但已经显出事事无碍的端倪，例如经文中说："是故于中，一为无量，无量为一；小中现大，大中现小；不动道场遍十方界，身含十方无尽虚空；于一毛端，现宝王刹；坐微尘里，转大法轮。"又说"现尘、现界不相留碍"，已经显露出华严事事无碍法界的端倪。

华严宗判教分小、始、终、顿、圆五教，子璇大师判此经为"正惟终教，兼于顿圆"，认为《楞严经》对华严境界的圆教已有兼带，经中"顿悟渐修"也具顿教风格，《楞严经》为引入《华严经》关键阶梯。这样的判教方式与天台宗判此经为最殊胜的圆顿教略有不同。同时，子璇以真如缘起中的染法生起次第的本末五重，参合此经。华严三观是华严宗的修行方法，钱谦益以真空绝相观、理事无碍观、周遍含容观来配解《楞严经》的心见真空、四科妙有、七大圆融。

■ 中兴华严宗

《楞严经》在华严宗的中兴过程中也发挥过重要的作用。在唐代的会昌禁佛中，华严宗遭受打击，典籍湮没殆尽。直到宋初，复兴华严宗的六祖长水子璇大为推崇《楞严经》，一生开讲此经多达三十遍，被称为"楞严大师"。子璇以《起信论》中的"三细六粗"配合《楞严经》中的宇宙发生论，使经论彼此得以彰显。之后，宋代的华严宗门人对《楞严经》多有注疏，以义理精湛的《楞严经》来弘扬华严宗教义也成为常例。

■ 《楞严经》与律宗

在中国佛教史上，律宗远不及天台宗、华严宗、禅宗、净土宗等宗派兴盛，似乎没有律宗大师专门注疏《楞严经》的。不过，戒律是所有宗派共同的基础，注疏此经的注家中不乏精研戒律之人。

"严净毗尼，宏范三界"，《楞严经》站在修证的立场来扶持律宗。它所阐明的戒学义理，以心戒为基础，提倡戒淫、戒杀、戒盗、戒妄四种"清净明诲"。《楞严经》上说："必使淫机，身心俱断，断性亦无，于佛菩提，斯可希冀"，特别以戒淫居首来警醒禅修，并在助道部分列出了七趣升堕广大精微的因果网。

《楞严经》中的华严境界

华严宗祖师澄观大师在法界观的基础上，创立了四法界之说。它从现象与本体的角度观察，把宇宙分成四种层次。其中最高的事事无碍法界在《楞严经》中多有体现。

一真法界

事法界
是指生灭纷纭、千差万别的现象界，为凡夫俗子的境界。

理法界
是指世出世间一切诸法的本体界，已超出凡夫的思虑和言筌。

理事无碍法界
是指差别事相与本体界之间相即相入的关系。

事事无碍法界
是指由本体界显现的诸法融通无碍，为华严的最高境界。

一为无量，无量为一
《楞严经》中，本体界能够变现出一切佛刹和十法界的全体，这是"一为无量"；十方无尽的虚空世界包含在法身之中，这是"无量为一"。

小中现大，大中现小
"于一毛端，现宝王刹，坐微尘里，转大法轮"，属于华严宗中的事事无碍法界和十玄门中的"广狭无碍自在门"。

> "一为无量，无量为一；小中现大，大中现小；不动道场遍十方界，身含十方无尽虚空；于一毛端，现宝王刹；坐微尘里，转大法轮。灭尘合觉，故发真如，妙觉明性。"
> ——《楞严经》卷四

■ 《楞严经》与密宗

《楞严经》本来是从密宗灌顶部录出，亦名《灌顶章句》，经中"道场建立"的坛仪与"佛顶神咒"都是密法。不过由于密宗在中国汉地仅于唐代昙花一现，所以没看到有密宗宗师注疏此经。一般来说，密咒是只音译不意译。《楞严经》的诸多注疏中，怀迪的《楞严经证译》对"楞严咒"的大义进行解说，此后的续法在《楞严经灌顶》中对经中咒语进行了译释。此外，日僧空海是中国唐密的传承者，曾著有《楞严经开题》一卷。

就密义来说，显密本无二体，也没有二宗，《楞严经》的第八卷中，佛说此经的全名有八十字，但本经的经名只略取十九字，表现出了"以显摄密"的意旨。同时，经中第三卷的"七大性具"与密宗"六大法身"之说有很密切的关系，经中七大比密宗六大多增添"根大"一项，因而形成独一无二的七大说。

■ 《楞严经》与儒家

《楞严经》与儒家的关系，经历了宋儒的批判和明儒的融通这两个典型的时期。

在宋朝，儒家受到佛教文化的影响，从而开拓出宋代理学这一学术领域。不过，宋代理学家对比天理观，发现《楞严经》的理论与之不尽相同，因此他们有人采取了批判的方式。例如，胡致堂以《易经》批判《楞严经》的世界观，朱熹以"性命之理"批评此经的"六用不行"的实践法。但宋儒辟佛大多都是从意识形态的角度出发，并没能深入佛理，所以他们的辟佛之见多流于表面。

到了明朝，明儒盛行的心学与佛学交流融和，《易经》与《楞严经》从对立关系至消融，《楞严经评林》引儒门宗师王龙溪的话说："佛氏所谓虚寂，本吾儒之故物。"陆西星《楞严经说约》也说"儒门宗旨，何异西来""三教圣人，曾二语哉"。可见，明朝儒家对《楞严经》的注疏反映了儒释道三教同源的倾向。

■ 《楞严经》与道教

宋代文学家苏辙将道家《老子》的"视之不见……故混而为一"与《楞严经》的"反流全一，六用不行……一切如来密圆净妙皆现其中"会通。不过，后世对这种看法并未完全认同，例如明代高僧德清在《憨山大师梦游全集》中认为老子的境界和佛家的悟境相比，尚差"临门一脚"。

《楞严经》对士大夫的影响

王安石和《楞严经》

宋朝大儒王安石对《楞严经》非常重视，曾写诗劝女儿奉持《楞严经》，诗曰："秋灯一点映笼纱，好读《楞严》莫忆家。能了诸缘如梦事，世间惟有妙莲花。"他不仅对《楞严经》进行了校正，还亲自注疏此经，著有《楞严经要旨》，其墨宝被人珍藏，流传至今。

王安石能取得伟大历史功绩，与他深研《楞严经》，以"出世的精神来做入世的事业"有关。所谓"知世如梦无所求，无所求心普空寂。还似梦中随梦境，成就河沙梦功德"。

王安石积极投身于世功，他富国强兵的变法运动影响深远：青苗法和市易法类似于近现代的银行；免役法与现今的个人所得税相同；保甲法则积极建立了宋代的警察系统。他的许多主张相当具有前瞻性。

秦观

《楞严经》作为一部广为宋代士大夫喜爱的佛教经典，秦观在吟诗中也经常提到。元祐六年（1091）他在《次韵王仲至侍郎会李观察席上》中写道："忽思归去焚香坐，静取《楞严》看八还。"这可以证明秦观对《楞严经》是相当喜爱和熟悉的。

马一浮

马一浮是在20世纪三四十年代与梁漱溟、熊十力等人齐名的儒家学者，他说："《楞严》刊本甚多，求之当不过难。古德多于此发明心地。"

钱谦益

钱谦益学识渊博，泛览子、史、文籍与佛藏，为清初"江左三大家"之一，是当时公认的诗坛领袖、开风气之人。其所著《楞严经疏解蒙钞》为晚年用力最深之作。

杨仁山

杨仁山出生于一个官宦之家，书香门第，他在病中读《大乘起信论》和《楞严经》后，对佛学产生了极为浓厚的兴趣。当时，社会名流在他门下听讲《楞严经》。他说："《楞严经》无法不备，无机不摄，学佛之要门也。"

走进《楞严经》的世界

圆摄八宗的《楞严经》

同时，房融在笔受《楞严经》时，文同义不同地运用了一些《庄子》中的特殊字词，如"出指非指"出自《齐物论》中的"以指喻指之非指"；"何藉劬劳肯綮修证"来自《养生主》中的"技经肯綮之未尝"等。这些类似的字词，曾引起相关的评价以及考据上的臆测。

此外，《楞严经》中的"世界相续"及"十种仙"，和中国的五行神仙思想有些关系。如憨山德清曾记载："予昔遇梵僧谓：'《楞严经》盛谈五行之妙。'大慧禅师亦云：《楞严》世界相续，说五行极详。'"不过，南怀瑾先生曾指出，人类许多思想的起源是相通的，至少神仙思想在古印度早就存在，并不为中国道教所特有。但道教推崇这部大经的祖师也很多，如吕洞宾祖师在《金华宗旨》中一再提及并推崇《楞严经》。

■ 诸宗共尊之经

通过以上的分析，可见《楞严经》中的义理蕴藏是极为丰富的，正如太虚大师所说："本经于震旦佛法，得大通量（吾别有论，尝谓震旦佛法，纯一佛乘，历代宏建，不出八宗：曰少林、曰庐山、曰南山、曰开元、曰天台、曰清凉、曰慈恩、曰嘉祥。约其行相别之，则禅、净、律、密、教是也。然一部中兼该禅、净、律、密、教五，而又各各专重，各各圆极，观之诸流通部既未概见，寻之一大藏教盖亦稀有；故惟本经最得通量。虽谓震旦所弘宗教，皆信解本经、证入本经者可也），未尝有一宗取为主经，未尝有一宗贬为权教。"因此，《楞严经》历来受到佛弟子的特别重视，为佛法信众学教理和实修所必备。

《楞严经》与其他佛经

《楞严经》是一部体系磅礴壮观的大乘经典，经中涉及的佛教理论包罗万象，几乎涉及佛教教义的绝大部分概念和范畴。《楞严经》与其他佛经犹如交错呼应的罗网。

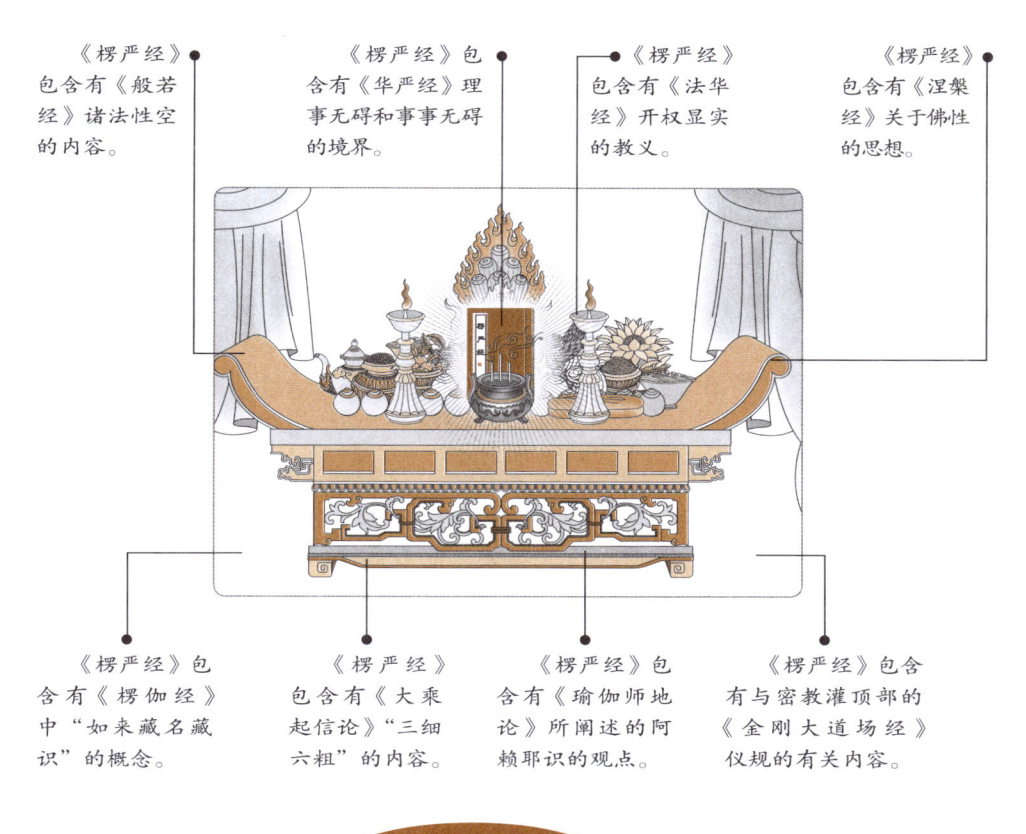

走进《楞严经》的世界

圆摄八宗的《楞严经》

- 《楞严经》包含有《般若经》诸法性空的内容。
- 《楞严经》包含有《华严经》理事无碍和事事无碍的境界。
- 《楞严经》包含有《法华经》开权显实的教义。
- 《楞严经》包含有《涅槃经》关于佛性的思想。
- 《楞严经》包含有《楞伽经》中"如来藏名藏识"的概念。
- 《楞严经》包含有《大乘起信论》"三细六粗"的内容。
- 《楞严经》包含有《瑜伽师地论》所阐述的阿赖耶识的观点。
- 《楞严经》包含有与密教灌顶部的《金刚大道场经》仪规的有关内容。

《楞严经》还含有

- 《楞严经》包含有禅定：对九次第定的定位和分析。
- 《楞严经》包含有律仪：提倡四重根本戒，"严净毗尼，弘范三界"。
- 《楞严经》包含有诵咒：楞严咒是佛经中最长的一个咒，且诵咒时的坛场极为讲究。

> 然一部中兼该禅、净、律、密、教五，而又各各专重，各各圆极，观之诸流通部既未概见，寻之一大藏教盖亦稀有；故惟本经最得通量。
> ——太虚大师

> 有条理，有系统，而且能够概括佛法精要的，只有《楞严经》可算是一部综合佛法要领的经典。
> ——南怀瑾居士

《楞严经》的注疏
唐代以来过百家

中国佛制中有"五年学戒"的制度。在这五年中，背诵是基本功课。如果学《楞严经》，不但经文要能背诵，一些祖师大德的注解也要能背诵，这是入门的基本条件。由于基础扎实，佛门中通宗通教有成就的人很多。

自唐代以来，诸多的祖师及高僧，皆穷尽毕生精力钻研和流布《楞严经》。自唐末五代至今，注疏《楞严经》的著作超过百家，这在诸多大乘经典中是极为少见的。值得特别指出的是，明朝佛门四大高僧憨山德清、紫柏真可、莲池袾宏、蕅益大师，都极力推崇此经，竞相注疏此经。近代以来，高僧如谛闲、圆瑛、太虚、倓虚、虚云、宣化等，也都极力弘扬此经，不遗余力。

下面我们重点介绍四位高僧的注疏。这四位高僧在实修实证上成就极高，他们的注疏至今仍然流通在世。希望读者朋友能够专心钻研他们的注疏，以期深入《楞严经》，获大利益。

■ 宋代长水大师的《楞严经疏》

长水子璇大师九岁就熟诵《楞严经》，后来落发为僧，诵持《楞严经》从不间断。一次，他听到天台宗洪敏法师讲《楞严经》至"动静二相，了然不生"时有省悟。后来，他又亲近琅琊山慧觉禅师，问道："清净本然，云何忽生山河大地？"这时琅琊山慧觉禅师厉声喝道："清净本然，云何忽生山河大地？"长水大师经此一喝发明心地，并侍奉禅师多年，得到大成就后，又遵师嘱弘扬华严宗，被后人尊为"华严宗六祖"。长水大师因在禅宗上的成就，其本人的事迹被收入《五灯会元》中。他一生讲解《楞严经》三十多遍，留下的《楞严经疏》二十卷，影响极大，后来受皇帝加封，赐紫衣及"长水疏主楞严大师"号。

■ 元代惟则禅师的《楞严经会解》

天如惟则禅师，是元代中峰国师的法嗣，在禅宗方面有很高的成就。惟则禅师一生大弘临济宗风，受敕赐"佛心普济文慧大辩禅师"号及金襕衣。他在净土宗方面的开示被辑成《净土或问》一书，收入净土宗重要典籍《净土十要》之中。其《楞严会解》集唐宋九家注解的精华，并附以补注说明，共成二十卷，一直为后代学人所推重。

长水大师和《楞严经》的奇特因缘

长水大师讲《楞严经》

1

大师未出家前俗名叫郑子璇，杭州钱塘人。九岁时，拜普慧寺的契宗法师为师，便开始诵读、研究《楞严经》。

后来，大师到秀州的灵光寺。一次，他听到有天台宗洪敏法师讲《楞严经》至"动静二相，了然不生"时有省悟。大师不久登上法席，在嘉兴楞严寺雨花堂中，前后开讲《楞严经》达三十多遍，曾感得天上落下花瓣。

长水大师的开悟

2

大师想更深一层探究《楞严经》，于是又去参见滁州琅琊山的慧觉禅师。到了那儿刚好遇到慧觉禅师上堂说法，于是问道："清净本然，云何忽生山河大地？"慧觉禅师厉声说："清净本然，云何忽生山河大地？"大师当下豁然大悟，从此侍立在禅师左右。

走进《楞严经》的世界　唐代以来过百家

■ 明代憨山大师的《楞严通议》

憨山大师是明代禅宗的大成就者，被列为明末四大高僧之一。憨山大师大约四十一岁就大彻大悟了，《憨山大师自叙年谱》中记载："一夕静坐夜起，见海湛空澄，雪月交光，忽然身心世界，当下平沉，如空华影落，洞然一大光明藏，了无一物。即说偈曰：'海湛空澄雪月光，此中凡圣绝行藏。金刚眼突空华落，大地都归寂灭场。'即归室中，取《楞严》印证，开卷即见'汝身汝心，外及山河虚空大地，咸是妙明真心中物'。则全经观境，了然心目。随命笔述《楞严悬镜》一卷，烛才半支，已就。"憨山大师到晚年时，又应弟子要求著有《楞严通议》和《楞严经通议补遗》，可以说是集其一生修行的精华。

■ 近代圆瑛大师的《楞严经讲义》

圆瑛大师为中国近代高僧，名宏悟，号韬光，又号一吼堂主人。大师出家后不久，即到常州天宁寺参学，听讲《楞严经》，其时二十四岁。大师刚开始听讲这部大经，学识准备不足，又感到注疏极为繁多，用心过度，以致患了血疾。大师于是在佛前发愿，希望佛菩萨慈光冥护，使恶疾快快痊愈，并且求得开悟，以能够深入义理，编写讲义，弘扬《楞严经》以报佛恩。发誓之后，恶疾奇迹般地彻底痊愈。大师由此信愿益坚，专门精心研究《楞严经》竟达十载之久。对于经中深奥难解的地方，一一用笔写成条子贴在墙壁上，逐条静坐参究，明白一条就扯掉一条，这样精研《楞严经》八年，直到一房子的疑义全部被扯光为止。大师一生讲演《楞严经》达十三次，并把研究成果收入《楞严经讲义》一书。

大师一生历任宁波天童寺、七塔寺、接待寺和福州涌泉寺、泉州开元寺、古田极乐寺、雪峰崇圣寺、槟榔屿极乐寺等十大名刹的方丈，晚年又在上海创建圆明讲堂，开办楞严专宗学院，培育的僧材很多，桃李遍布海内外，在佛教界享有崇高的声誉。大师晚年号"楞严座主"，对《楞严经》的阐发和弘扬，近代的确罕有人能够匹敌，被誉为"楞严独步"。

憨山大师与《楞严经》

以《楞严经》印心

大师四十一岁那一年，在静坐中，"见海湛空澄，雪月交光，忽然身心世界，当下平沉，如空华影落，洞然一大光明藏，了无一物"，于是说了一首偈子："海湛空澄雪月光，此中凡圣绝行藏。金刚眼突空华落，大地都归寂灭场。"回到住室中，取《楞严经》印证，并立即写下《楞严悬镜》一卷。

憨山大师的肉身

憨山大师在广东曹溪端坐而逝。二十年后，大师肉身依然结双跏趺坐，面色鲜红，甲发犹生，成就与六祖慧能大师同样的肉身，受到后人永久的供奉。

憨山大师注解《楞严经》的著作

《春秋左氏心法》
解释《楞严经》中所说的七趣因果。

《楞严悬镜》
为指导后学阅读《楞严经》而作的纲要。

《楞严通议》
大师晚年心血的结晶。

《楞严通议补遗》
大师写成《楞严通议》后的补充。

走进《楞严经》的世界　唐代以来过百家

开慧的楞严

依《楞严经》而悟道的高僧

佛教中素有"开悟在《楞严》，成佛在《法华》"之说，楞严法会上有非常多的众生从佛的开示而开悟、证果。《楞严经》传入中国后，终生虔诚诵读参究，并由此获得很高证悟的人也非常多。

据说有"七朝天子福，九代状元才"的人才有开悟的可能，但是我们从《楞严经》中看到，楞严法会上包括阿难尊者在内，在佛的砥砺之下开悟、证果的人非常多。自中唐以后，《楞严经》盛行于禅、教之间，晨钟暮鼓之中终生虔诚奉持礼拜《楞严经》，依楞严法门而修行的佛子很多，其悟入者不计其数，略举例来说就有玄沙、长水、黄龙南、蕅益等佛门大德。禅宗宗师接引后学，其语意亦多来自《楞严经》。由此可以证明《楞严经》极为殊胜，下面简举几例加以说明。

■ 唐代玄沙师备大师

玄沙师备为宗下大德，《宋高僧传》和《景德传灯录》均记载，他因阅读《楞严经》而入道，从此机锋敏捷，识见超出众僧，常常与其他佛经中的观点冥契（当时的禅师视《楞严经》为心法，与一般的"经"并不完全相同）。诸方佛子对佛学义理有不能生起决定见解的地方，都会向他请教。玄沙大师是清修苦行的禅者，《五灯会元》说他受了具足戒后，平时"布衲芒履，食才接气"，并且"游古洞""宴坐巅峰"是他生活的常态，因此被他的义存师兄呼为"备头陀"。玄沙还修种种苦行，"不惮风霜""凡所施为，必先于人"。

行脚参访原本是禅师的重要训练，但玄沙大师一生不注重"行脚"是出了名的。他平日除了长期与师兄义存论道之外，和其他禅师几乎可以说并没有太多的交往。据说他的师兄义存劝他行脚，说："备头陀何不遍参去？"玄沙的回答是："达摩不来东土，二祖不往西天。"玄沙不行脚的原因，是他遵循典型的"抱本参禅"修行路线——以经典为师，在起心动念时，以经典来勘验——这里的经典就是《楞严经》。《玄沙师备禅师广录》记载："你诸人还识行脚事也未？我如今直向你道，十方诸佛与我同参，同行脚，为道伴，日夜未曾不是。"

玄沙禅师为指示后学，曾作了一个很有名的偈子："学道之人不识真，只为从前认识神。无量劫来生死本，痴人唤作本来人。"凝聚了他

抱本参禅的玄沙师备禅师

玄沙师备禅师的悟道

玄沙师备禅师一生行头陀行，以《楞严经》为师，很少外出参游，是抱本修行的典范。禅师因为诵读、精研《楞严经》而发明心地，从此机锋敏捷，识见卓越。

學道之人不識真
只為從來認識神
無始劫來生死本
痴人喚作本來人

走进《楞严经》的世界

依《楞严经》而悟道的高僧

法眼宗的宗祖

玄沙禅师门下有高徒罗汉桂琛禅师，下传清凉文益禅师创立了法眼宗，在宋初臻于鼎盛，并经永明延寿禅师传入高丽。据说，虚云老和尚是法眼宗的第九代传人。

法眼宗
法眼宗的传承，在南唐、五代间，据《五灯会元》《传法正宗记》资料统计，其传承约183人，著名的有天台德韶、清凉泰钦、百丈道恒、净德智筠、永明道潜、永明延寿、灵隐清耸、报恩慧明、报慈行言、报恩法安、归宗策真等。

清凉文益禅师
法眼文益是禅宗法眼宗的祖师，他对《华严经》研究得很透彻，后来振锡南游到达福州，初参谒长庆禅师没有契悟。又与同学法进、绍修等人行脚到湖南地藏院，终于在罗汉桂琛禅师门下彻悟。

罗汉桂琛禅师
为玄沙师备的法嗣。他最初学戒律，后来想修南宗禅，参访当时名僧大德，最后在玄沙师备禅师门下悟道。后来在地藏院开堂演法，又在漳州的罗汉院接化四方赶来的僧众，宣扬玄旨。

玄沙师备禅师
玄沙禅师本与雪峰义存禅师是同门师兄弟，都曾经亲近过芙蓉灵训禅师。但是，从悟道因缘上看，雪峰禅师却是他的得法老师。因为师备禅师以苦行著称，故雪峰禅师常常称他为"备头陀"。他遵循典型的"抱本参禅"的修行路线。

对《楞严经》的理解，影响很大。有僧问玄沙禅师："学人刚入丛林，请师指个入处。"玄沙禅师说："可听到这溪水声吗？"僧人说："听到了。"玄沙禅师说："就从这里入！"那僧人听了当下省悟。玄沙禅师使用的是《楞严经》中耳根圆通接引后学，使人"狂心狂歇，歇即菩提"。

■ 宋朝法常法师

法常法师出生于河南开封，俗姓薛，是丞相薛居正的后裔。宣和四年（1122）依长沙的益阳华严轼公剃发，深慕大乘，但也不排斥小教。有一天，他阅《楞严经》有省悟，即能精通佛法义海，自此在淮水和泗水之间云游，常常在湖湘一带参学。后来到天台山万年寺参谒雪巢大师，一见之下机语契会，于是雪巢大师令法常法师掌理翰笺。法常法师持戒精严，住室内只有一个低矮的床榻，别无他物。有一天，他写了一首《渔父词》在室门上示众，刚写完，就在榻上收足而逝。其辞曰：

此事楞严尝露布，梅花雪月交光处。一笑寥寥空万古，风鸥语，迥然银汉横天宇。

蝶梦南华方栩栩，斑斑谁跨丰干虎。而今忘却来时路，江山暮，天涯目送飞鸿去。

■ 宋朝遇安禅师

温州瑞鹿寺上方遇安禅师，福州人。从天台宗得法，经年诵读《楞严经》不辍。有一次诵到"知见立知，即无明本。知见无见，斯即涅槃"。遇安禅师不小心破句读成："知见立，知即无明本。知见无，见斯即涅槃。"因此大彻大悟。后来他每次读《楞严经》时都这样读，有人对遇安禅师说："破句了也。"遇安禅师说："此是我悟处，毕生不易。"当时的人都称他为"安楞严"。遇安禅师晚年示寂时，其付法偈曰："不是岭头携得事，岂从鸡足付将来。自古圣贤皆若此，非吾今日为君裁。"

■ 宋朝华藏安民禅师

安民禅师是四川嘉定州（今乐山市）人，俗姓朱。出家后，在成都讲解《楞严经》。当他听说当时禅门宗匠圆悟克勤禅师住在昭觉寺时，便前往拜访，刚好听到圆悟克勤禅师拈举国师三唤侍者因缘的公案，心中顿起大疑，于是入室向圆悟克勤禅师请问。圆悟克勤禅师问："座主讲何经？"大师说："《楞严》。"圆悟克勤禅师说："《楞严经》有七处征心，八还辨见，毕竟心在什么处？"大师多方呈解，都得不到肯许。后圆悟克

生死自在的遇安禅师

死而复生的遇安禅师

悟道后的禅师们生死自在，在化缘将尽的时候仍然不忘借此教育徒众：像丹霞天然禅师策杖而死；隋朝的惠祥法师是手捧着佛经跪化的；唐朝的良价禅师来去自如；有"安楞严"之称的遇安禅师则自入棺木三日犹能死而复活，并为大众升堂说法。

不是岭头携得事，岂从鸡足付将来。自古圣贤皆若此，非吾今日为君裁

禅师示寂时，曾对侍者说偈曰："不是岭头携得事，岂从鸡足付将来。自古圣贤皆若此，非吾今日为君裁。"

禅师说偈后，洁身换衣服，自己躺入棺中。三日后，门人打开棺椁，看见禅师右胁吉祥而卧，四众失声痛哭。禅师于是起来，升堂说法，呵责说："这次如果有人再打开我的棺椁，那就不再是我的弟子了。"说完，又自己进入棺中长住。

"安楞严"称号的来历

遇安禅师专心受持《楞严经》，日诵夜参，经年不辍。有一次读到"知见立知，即无明本。知见无见，斯即涅槃"。禅师破句读成："知见立，知即无明本。知见无，见斯即涅槃。"因而大悟，人们尊之为"安楞严"。

据说，遇安禅师宣讲《楞严经》时，有老虎来听经，受皈依后从不伤人。这只老虎经常跟随禅师。禅师在下山时常将老虎系在一块石头上，被后人称为"系虎石"。后来禅师搭建的茅棚经扩建后成为伏虎寺。

走进《楞严经》的世界

依《楞严经》而悟道的高僧

勤禅师引用《楞严经》中的经文，并结合禅学修证对其予以开示，终于使得禅师桶底脱落，悟见本性。

后来，禅师到峨眉山住持中峰寺，有偈曰："众卖花兮独卖松，青青颜色不如红。算来终不与时合，归去来兮翠霭中。""富嫌千口少，贫恨一身多。"

■ 元末明初楚石梵琦禅师

楚石梵琦禅师，俗姓朱，是明州象山人。大师的母亲张氏在生下梵琦禅师之前曾梦见红日堕怀，生下梵琦禅师之后又遇有异僧来家里化斋，僧人摸着梵琦禅师的头顶说："此佛日也，他日必当振扬佛法。"父母因此给他取小字昙曜。梵琦禅师四岁时父母双亡，由亲戚抚养。七岁时即灵慧大发，读书一目十行，远近之人皆称他为神童。

到了九岁时，梵琦禅师到天宁永祚寺出家。十六岁于杭州昭庆寺受具足戒，为晋翁询禅师充当侍者，不久又负责管理藏经阁。一日，梵琦禅师阅读《楞严经》。当他读到"缘见因明，暗成无见"这一句时，恍然有省。从此以后，梵琦禅师遍览群书，其义自晓，文句自通，不假师授。可以说，其一生的成就奠基于《楞严经》。不过大师此时仍然被佛经中的文字相所迷惑，未能达到解缚出缠的境界。后来听说元叟行端禅师在径山弘法，于是前往参学。当时，元朝的英宗皇帝下诏以金泥书写大藏经，禅师因为善于书法而入选，于是赶赴京都，驻锡在万宝坊。有一天，听到西城楼上鸣鼓，豁然大悟，遍体流汗。

梵琦禅师先后住持过杭州凤山大报国寺，及嘉兴本觉寺、光孝寺、报恩寺等。晚年，梵琦禅师隐居于天宁永祚寺西斋，自号西斋主人。化缘尽时，梵琦禅师沐浴更衣毕，跏趺而坐，书偈云："真性圆明，本无生灭。木马夜鸣，西方日出。"写完之后，梵琦禅师便告诉梦堂禅师道："师兄，我去也。"梦堂禅师问："何处去？"梵琦禅师道："西方去。"梦堂禅师说："西方有佛，东方无佛耶？"梵琦禅师于是振威一喝而逝，时在洪武三年（1370）七月，春秋七十有五。

■ 明朝三峰法藏禅师

法藏禅师是密云圆悟禅师的法嗣，出生于江苏锡山，出家后研究《楞严经》，修观音耳根圆通。有一天，法藏禅师在庵中静坐，窗外有两位僧人正在编夹篱笆，将一棵大竹子折断，声音犹如惊雷，法藏禅师一

禅净双修的楚石梵琦禅师

楚石梵琦禅师的悟道因缘

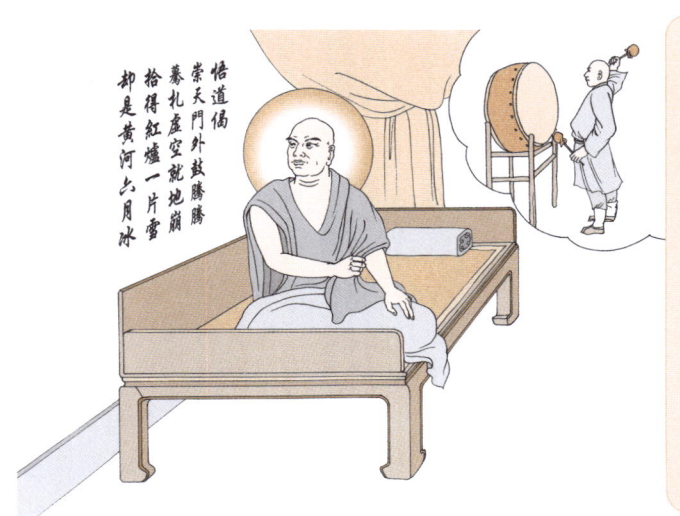

悟道偈
崇天门外鼓腾腾，
蓦扎虚空就地崩。
拾得红炉一片雪，
却是黄河六月冰

禅师九岁出家，到二十岁时有一天读《楞严经》，至"缘见因明，暗成无见。不明自发，则诸暗相永不能昏"这一段时，恍然有所省悟，从此读内外典籍，都好像是以前学习过一样。

1324年的正月十一日五更，禅师睡中起来，听到彩楼上鸣鼓的声音，豁然大悟，汗下如雨，说偈曰："崇天门外鼓腾腾，蓦扎虚空就地崩。拾得红炉一片雪，却是黄河六月冰。"当时的禅门宗匠元叟行端大师一见之下就予以印证。

专修西方净土法门

禅师后来隐退，专修西方净土法门，定中见大莲花充满世界，阿弥陀佛在莲花中，圣众围绕，作怀净土诗两千余首，部分选入《西斋净土诗》。

禅师临终极为洒脱，他在沐浴更衣之后，书写偈颂说："真性圆明，本无生灭。木马夜鸣，西方日出。"然后振威一喝，泊然而逝。

走进《楞严经》的世界

依《楞严经》而悟道的高僧

听之下，当即豁然大悟。法藏禅师闭关修行时，有一天，他推开窗子，恰好看见一枝黄梅从树上掉落到地，终于彻证了宗门妙旨。后来他参谒当时禅宗大德金粟密云圆悟和尚，不久蒙和尚将衣钵和拂子传付给他，开法三峰，大弘临济宗。生前著有《五宗原》一书，在禅宗丛林引起较大争议。临终前，法藏禅师上堂辞众云："心休不说法，骨瘦上堂艰。分明都说尽，湖水洗山巅。"

■ 明朝破山海明禅师

破山海明禅师被人尊称为"破山祖师"，是四川顺庆府大竹县人，在双亲去世后感悟身世无常。十九岁时见壁间有志公禅师劝世歌，读至身世皆空处，不觉泪如雨下，于是在本县佛恩寺披剃出家。后来到邻水县延福寺听慧然法师讲《楞严经》，听至"一切众生，皆由不知常住真心，性净明体，用诸妄想，此想不真，故有轮转"一段时，起大疑心，请益而未能决，于是孤身离蜀东游，遍参名宿后前往四祖道信大师的黄梅破头山道场，草衣木食，研习禅宗语录三年，并仿效高峰原妙大师极力苦参，数年未悟。一天，禅师在经行中不慎跌落山崖下，腿受伤剧痛，因此忽然开悟。开悟后得到当时大禅师密云圆悟的印证，得付法衣。

破山海明后来返回巴蜀，曾住持过万峰、凤山、祥符、无际、蟠龙、佛恩、双桂等九大佛刹，重倡马祖之道，宗风远播，朝参暮请之众多达万人。崇祯十三年（1640），张献忠占领四川时杀人如麻，破山禅师不惧性命之虞，于腥风血雨之中毅然前往他们所在的军营，劝其止杀。张献忠的一个手下说："和尚吃肉，我即不杀人。"破山禅师破戒吃肉，张献忠一众大受感化，由此许多百姓得以存活。康熙五年（1666）三月，破山海明禅师无疾坐逝于梁山双桂福国院，世寿七十一。有辞世偈说："屐声滑滑响苍苔，老去寻山亦快哉！回首五云堪一笑，淡然潇洒出尘埃。"

为参透《楞严》而云游的破山祖师

破山海明禅师的悟道因缘

禅师因为双亲忽然去世，省悟身世无常，在十九岁时见壁间有《志公禅师劝世歌》，读到身世皆空的地方，不觉泪如雨下，遂毅然剃发出家。

后来去了邻水县延福寺随慧然法师，听讲《楞严经》，至"一切众生，皆由不知常住真心"，请益而无人能开解疑团，于是只身离蜀东游，遍参名宿。

禅师到黄梅破头山以草为衣，以木为食，研习禅宗语录三年，并仿效高峰原妙禅师，猛力苦参，以七日为限，坠崖伤腿后大彻大悟。后参谒密云和尚，得付法衣。

明末，张献忠占领四川，杀人如麻，禅师在其部下的李立阳营中劝其止杀，李说："和尚吃肉，我即不杀人。"禅师破戒吃肉，张献忠一众大受感化，由此许多百姓得以存活。"酒肉穿肠过，佛祖心中留"的典故即来源于此。

破山不仅是大彻大悟的禅师，其诗词、书画境界非一般凡夫俗子的艺术可比。当代书法家启功对他的书法评价极高："憨山清后破山明，五百年来见几曾。笔法晋唐元莫二，当机文董不如僧。"

1666年，禅师预知时至，无疾坐逝于四川梁平双桂堂，世寿七十一。示寂前有偈曰："屐声滑滑响苍苔，老去寻山亦快哉！回首五云堪一笑，淡然潇洒出尘埃。"

走进《楞严经》的世界 — 依《楞严经》而悟道的高僧

士大夫与《楞严》
以苏轼兄弟为例

《楞严经》体大思精，笔力扛鼎，禅机闪烁，光华四射，实在是唯有释迦牟尼佛才能有这样的大手笔。而在它的影响下形成无穷尽的禅宗公案和诗偈，使得历朝士大夫为之倾倒仰慕不已。

《楞严经》中有雍容裕如、浑灏流转的机锋，有对妙明真心睿智而深邃的思索，有对了悟境界诗意而哲理的描绘，有在它影响下无穷无尽、孤拔峻峭的禅宗公案和睿智超妙的禅门诗偈，因而受到历朝历代士大夫的欢迎——许多士大夫的学佛因缘都可追溯于此。

■ 苏轼与《楞严经》

苏轼熟悉大乘佛教经典，对《楞严经》尤为推重。他说："《楞严》者……其文雅丽，于书生学佛者为宜。"又说："大乘诸经至《楞严》，则委曲精尽胜妙独出，以房融笔受故也。"到了晚年被谪居儋州时，苏轼曾有诗记云："《楞严》在床头，妙偈时仰读。"可见，《楞严经》一经，终其一生他都带在身边随时参阅。

苏轼依《楞严经》修习过水观，他的一首诗说："心有何求遣病安，年来古井不生澜。只愁戏瓦闲童子，却作泠泠一水看。"苏轼数度遭贬，迁僻乡野岭，与各地许多高僧名士有来往，他随手所作的记载，成为珍贵的历史文献。他曾记载有"朱炎学禅"的事迹，记载了一位居士从《楞严经》而悟道的事例。

■ 苏辙与《楞严经》

苏辙在苏门三杰中被称为"小苏"，是苏轼的弟弟。他熟读《楞严经》，并有相当深厚的佛法修证功夫，他写有一首题为《春尽》的诗："春风过尽百花空，燕坐笙箫起灭中。树影连天开翠幕，鸟声入耳当歌童。《楞严》十卷几回读，法酒三升是客同。试问邻僧行乞在，何人闲暇似衰翁。"

苏辙在《颍滨遗老传》说："昔予年四十有二，始居高安，与一二衲僧游，听其言，知万法皆空，惟有此心不生不灭。以此居富贵、处贫贱二十余年，而心未尝动，然犹未睹夫实相也。及读《楞严》，以六求一，以一除六，至于一六兼忘，虽践诸相，皆无所碍。"可见，苏辙认为研读《楞严经》是其证悟的最大助缘。

苏轼写在法云寺的钟铭

因缘际合，缺一不可

1086年4月，法云寺铸成重万斤的大钟。东坡居士为它写铭，说："有钟谁为撞？有撞谁撞之？三合而后鸣，闻所闻为五。缺一不可得，汝则安能闻？"这则钟铭体现了《楞严经》因缘际合，缺一不可的道理。

人能听到钟鸣的五个条件：有能发出声音的钟、钟被撞击、有撞钟的人、人所具有的能听钟声的闻性、发出的钟声。

有钟谁为撞
有撞谁撞之
三合而后鸣
闻所闻为五
阙一不可得
汝则安能闻

走进《楞严经》的世界——以苏轼兄弟为例

苏轼的"通感"修辞

苏轼最先把《楞严经》中"六根互用"的哲理运用到艺术审美活动中，形成艺术中特有的"通感"修辞手法。苏轼在《韩干马》用"少陵翰墨无形画，韩干丹青不语诗"，来赞美诗圣杜甫的诗作和当时画家韩干的画作。他在评价唐代大艺术家王维的诗和画时，说："味摩诘之诗，诗中有画。观摩诘之画，画中有诗。"

画中有诗

画是用眼睛来看的，然而大画家王维的画中却有诗的韵味，可见其画之妙。

不知香积寺，数里入云峰。古木无人径，深山何处钟。泉声咽危石，日色冷青松。薄暮空潭曲，安禅制毒龙。

诗中有画

诗是用耳朵来听的，然而大诗人王维的诗中却有画的意境，可见其诗之妙。

寒山转苍翠，秋水日潺湲。倚杖柴门外，临风听暮蝉。渡头余落日，墟里上孤烟。复值接舆醉，狂歌五柳前。

33

《楞严经》的地位
佛教历代祖师的推崇

《楞严经》自从被传译到中国后，受到了佛教历代各派宗师的一致推崇，被誉为一代时教之精髓，成佛作祖之正印。历代高僧大德穷尽毕生精力钻研、注疏，不遗余力弘扬、流布，《楞严经》的义理因此得以昭然天下。

■ 隋唐祖师的推崇

隋朝时，为了保存佛经，使正法长住世间，天台宗二祖南岳慧思大师的弟子静琬法师发心刻经于石，成为著名的"房山石经"的最早创刻者。以后他的弟子继承师志，不断镌刻，代代相传。到了唐朝，行琳大师于公元898年刻《释教最上乘秘密藏陀罗尼集》于石上，并在每一密咒旁注有"悉昙梵文"，以便对照校正读音。其中，行琳大师将最尊贵的"楞严咒"刻于第一卷石经上，可见"楞严咒"至少于公元898年就已经被当时的密宗重视。

唐代百丈怀海大师是禅宗六祖慧能大师的三世徒，他是流芳百世的"百丈清规"的制定者。大师在清规中将《楞严经》与"楞严咒"纳入丛林朝暮课诵的《禅门日诵》中，可见他对《楞严经》的推崇。此举为《楞严经》的长远流布奠定了坚实的基础。

唐代黄檗希运禅师常常引用《楞严经》经文以接引学人，从其悟入者不计其数。禅师逝后被谥为"断际禅师"。

■ 辽宋祖师的推崇

北宋孤山智圆大师是天台宗山外派大师，著述极多，被尊为"十本疏主"。他极为重视《楞严经》，为此专门写过《首楞严经疏》和《谷响钞》两部注疏。他说："《楞严》一经，剧谈常住真心，的示一乘修证，为最后垂范之典。"

宋朝永明延寿大师所著《宗镜录》，集中了六十部大经论与三百多部显密思想的精华。清朝的雍正皇帝最热心提倡《宗镜录》，认为不懂此书的人没有资格学佛。大儒钱谦益在《楞严经疏解蒙钞》中说："禅师会三宗学者，集录大乘经论诸家语录，撰《宗镜录》一百卷，折中法门，会归心要，多取证于《楞严》。"

"百丈清规"与"十部疏主"

百丈怀海禅师与"楞严咒"

唐代百丈怀海禅师（720—814）创设禅院，制定清规，主张"一日不作，一日不食"，后称《百丈清规》，使佛教历经灭佛法难而能留存下来，并发扬光大。大师在清规中将《楞严经》与"楞严咒"纳入丛林朝暮课诵的《禅门日诵》中，成为明清以来三四百年间我国丛林中各宗各派朝暮课诵的主要内容。

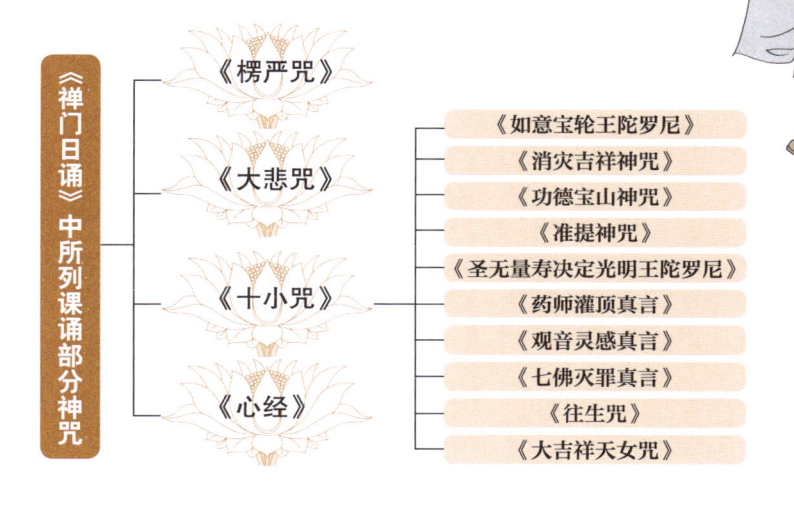

《禅门日诵》中所列课诵部分神咒

- 《楞严咒》
- 《大悲咒》
- 《十小咒》
  - 《如意宝轮王陀罗尼》
  - 《消灾吉祥神咒》
  - 《功德宝山神咒》
  - 《准提神咒》
  - 《圣无量寿决定光明王陀罗尼》
  - 《药师灌顶真言》
  - 《观音灵感真言》
  - 《七佛灭罪真言》
  - 《往生咒》
  - 《大吉祥天女咒》
- 《心经》

孤山智圆大师与《楞严经》

孤山智圆（976—1022）是天台宗山外派的著名高僧，钱塘人。他从奉先寺的源清学天台教观，后来隐居在西湖孤山，与当时著名的隐士林逋为友。他有一首《读楞严经》的诗，流露其高洁的心境：

案上楞严典，时看浣病愁。
阶闲移短影，窗冷值高秋。
眼病花无果，心狂照失头。
指空期识月，认指更悠悠。

走进《楞严经》的世界　佛教历代祖师的推崇

圆悟克勤在《碧岩录》中收入了多个与《楞严经》有关的公案，其法嗣大慧普觉禅师的语录中也多处引用《楞严经》的文字。

在辽代，《楞严经》最先被通理大师选刻，也是大师刻三藏石经的第一部，时在1093年。由此可见，通理大师担心《楞严经》会先从人间消失，所以早在近千年前就认为刻《楞严经》最迫切。

■ 明朝高僧的一致推崇

明代中兴天台宗的幽溪传灯大师著有《楞严经圆通疏》，他在注疏中说："佛之知见也，盖一代时教，统为《法华》佛知见而设，独《楞严》一经，明佛知见最亲。"

明代四大高僧一致推崇楞严，对《楞严经》均有注疏。明末四大高僧中的莲池大师为一代净土宗师，禅净双修，著有《楞严经摸象记》，曾用"至精、至微、至玄、至极"八字来高度评价《楞严经》。

憨山大师说："不读《法华》，不知如来救世之苦心；不读《楞严》，不知修心迷悟之关键。"大师一生非常重视《楞严经》。《梦游全集》记载他隐居于东海崂山时，静坐之余经行中破初参，其偈曰："海湛空澄雪月光，此中圣凡绝行藏。金光眼突空华落，大地都归寂灭场。"回到静室后马上打开《楞严经》以印证，当读至"汝心汝身，外及山河大地，咸是妙明真心中物"，全经之境顿时了然心目，于是振笔疾书，片刻之间便写成一卷《楞严悬镜》。后来他又著述成《楞严通议》十卷以弘扬《楞严经》。

明代紫柏真可大师说："首楞严，此言一切事究竟坚固，一切事究竟坚固，即《法华》触事而真也，第名异而实同……倘能悟此，则《楞严》与《法华》字字皆实相顶佛也。"又有诗曰："十卷楞严一柄刀，金牛不见眼中毛。试将智刃游心马，积劫无明当下消。"

蕅益大师曾苦参《楞严经》，并为了体究经中所说的"大觉"以及如何出生"虚空"和"山河大地"的问题而出家，日后著有《楞严经玄义》和《楞严经文句》，对《楞严经》倍加赞叹："是诚一代时教之精髓，成佛作祖之秘要，无上圆顿之旨归，三根普被之方便，超权小之殊胜法门，摧魔外之实相正印也。"又说："既未深明道路，又无真师，必洞彻教理，方死参究。虽不能通三藏众典，《楞严》一部，不可不精熟也，譬如独自远行，若不预问路程，断断必有错误。"

明朝高僧与《楞严经》

蕅益力参《楞严经》

蕅益大师最初听说《楞严经》中"大觉"出生"虚空"和"山河大地"的义理感到有疑而出家,后来听说《楞严经》和《成唯识论》所代表的性相二宗教理不能融会后疑团更大。之后到径山坐禅,到第二年用功至极后,突然证悟了身心世界都消殒的境界。

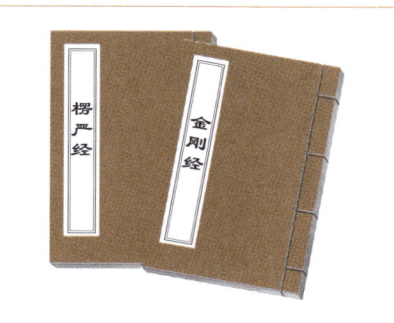

蕅益大师从此明白了《楞严经》所说的,这个身体"从无始来,当处出生,随处灭尽"的道理,性相二宗的矛盾也就全然参透了,它们本来没有矛盾。

莲池大师和紫柏尊者推崇《楞严经》

曾经有人以《楞严经》的真伪来求决于莲池袾宏大师,大师说:"纵使他人能说此经,吾亦尊之为佛祖也。相反,纵使佛现于前而说《楞严》是伪经者,吾等亦视为魔说可矣!"由此可见大师对《楞严经》义理的推崇。

紫柏真可大师是一名侠义僧,他宗说兼通,解行并应,弘宗演教,著作等身。他创刻的《嘉兴藏》以收录典籍多、续刻时间长、私人倡缘募刻而著称。紫柏大师对《楞严经》极为赞赏,曾有偈曰:"七处征心心征心,八还辨见辨见。从教猛风荡钩舟,一任吹去水清浅。"

走进《楞严经》的世界　佛教历代祖师的推崇

■ **清朝与民国祖师的推崇**

清代梦东彻悟大师本为禅宗祖师，后改禅归净，被视为净土宗第十二代祖师。他有诗作称赞说："花香鸟语圆通性，水绿山青常住心。一部《楞严》浑漏泄，不需低首更沉吟。"

谛闲大师在近代为复兴天台宗的中流砥柱，一生教在"法华"，行在"楞严"之本，讲《楞严经》达十三次之多，并著《大佛顶经序指味疏》等，他赞叹《楞严经》说："斯经高妙极致，非文言句义而能尽述。惟有退藏密机，虚怀仰赞而已。凡后之志学之士，苟能惜人身得之不易，悟大教值之倍难，或即生欲发真归元者，欲明心见性者，宜应于此一经尽其心力，赤体荷担。坐卧经行，澄心体究，语默动静，反照提撕，其或宿种忽芽，大开圆解，如初春霹雳，蛰户顿开。"

虚云大师是近代禅宗大德，现当代禅宗宗风得以不堕，皆赖大师一生扛扶。老和尚一生对学人的谆谆开示中处处提及《楞严经》，他说："本来一法通时法法通，不在乎多看经典的。看藏经，三年可看完全藏，就种下了善根佛种，这样看藏经，是走马观花地看。若要有真实受用，就要读到烂熟，读到过背。以我的愚见，最好能专读一部《楞严经》，只要熟读正文，不必看注解，读到能背，便能以前文解后文，以后文解前文。此经由凡夫直到成佛，由无情到有情，山河、大地、四圣、六凡、修证迷悟、理事、因果、戒律，都详详细细地说尽了。所以熟读《楞严经》很有利益。"

民国初年，净土宗十三祖印光大师把《楞严经·大势至菩萨念佛圆通章》提出来，与《净土四经》合编为《净土五经》，更使《楞严经》为信众极广的净土宗修行人所熟悉，他说："《楞严》一经，实为念实相佛之最切要法。"

《楞严经》对于太虚大师的自身修学，有殊胜的因缘。他出家后的第二年春，就在宁波天童寺开始学习《楞严经》经文。第三年又听当时的高僧讲解《楞严经》，并广泛阅读《楞严蒙钞》《楞严宗通》等注疏。有"近代佛学复兴之父"之称的杨仁山居士在南京开讲《楞严经》时，大师就去听过。大师在普陀山掩关时，除坐禅礼佛，阅读写作，并学习台、贤、禅各宗著作外，特别研究过《楞严经》和《起信论》。

民国佛门四大老与《楞严经》

明朝憨山、紫柏、莲池、蕅益四位大师宗说兼通，解行并应，弘宗演教，著作等身，被人们推崇为"明末四大高僧"。20世纪前期，佛法复兴，月霞、谛闲、印光、弘一、太虚、虚云等大师分别弘扬华严宗、天台宗、净土宗、律宗、法相宗、禅宗。其中，虚云、太虚、印光、谛闲四位被合称为"民国佛门四大老"，他们对《楞严经》都极为推崇。

走进《楞严经》的世界　佛教历代祖师的推崇

谛闲大师是天台宗四十三代传人，是中兴天台宗的元勋。他的门下出现众多高僧和社会名流。大师一生教在"法华"，行在"楞严"，开讲《楞严经》达十三次之多，并传有《大佛顶经序指味疏》等注疏。

虚云大师是近代著名的禅宗大师，他以定力、苦行、坚忍著称，一身兼挑禅宗五家法脉，接传曹洞宗，兼嗣临济宗，中兴云门宗，扶持法眼宗，延续沩仰宗，其成就古今少有。大师极力推崇《楞严经》，他说："希望同参们，无论老少常读《楞严》，此经是你随身善知识，时闻世尊说法，就和阿难做同参！"

太虚大师倡导八宗平等，个人修学以天台宗和禅宗为主，主张以禅宗、律宗振兴佛教，弘扬大乘佛法到全球各个角落。太虚大师和《楞严经》有着殊胜的因缘，可以说一生的佛学奠基于《楞严经》。

印光大师法名圣量，别号常惭愧僧，戒律精严，弘扬净土，密护诸宗，被尊为净土宗第十三祖。印光大师极为推崇《楞严经》，认为它既是念实相佛的最切要法门，也是持名念佛求生西方净土的大教。大师把《楞严经·大势至菩萨念佛圆通章》提出来，与《净土四经》合编为《净土五经》。

大师一生有过三次殊胜的证悟体验，其中一次就是"悟入楞严心境"。大师在经过此次开悟后，就在普陀山写成了《首楞严经摄论》，对《楞严经》赞赏备至："然一部中兼该禅、净、律、密、教五，而又各各专重，各各圆极，观之诸流通部既未概见，寻之一大藏教盖亦稀有；故惟本经最得通量。虽谓震旦所弘宗教，皆信解本经、证入本经者可也，未尝有一宗取为主经，未尝有一宗贬为权教，应量发明平等普入。"此后，大师便开始了他的弘法生涯。在他的一生当中，曾开讲《楞严经》许多次。

弘一法师一生除了精研律宗，对《华严经》《地藏经》等大乘佛教经典也有精深的研究。弘一法师以艺术为佛事，留下众多艺术珍品，从中可以看出大师对《楞严经》的极力推崇。弘一法师创作了《世梦》《山色》等一些专门讲述佛法修行的歌曲，曲调优美，义理深邃，可以给人很多深刻的启发。以《观心》这首歌为例，弘一法师所作歌词中说："试观心性，在内欤？在外欤？在中间欤？"可以说是对《楞严经》中"七处征心"的简明概括。可见，《观心》代表了弘一法师对《楞严经》的艺术性理解。

弘一法师还留下一轴书写宋代法常和尚《渔父词·楞严一笑》的珍贵墨宝，遒劲的笔力表现了大师直面生命的无常而潜心修行，证悟后连生命来时的足迹都已忘却，对生命的审视宁谧、从容、安详、明净。

两位大师与《楞严经》的因缘

太虚大师悟入楞严心境

大师自己研读和听讲了《法华经》《楞严经》，以及一些大禅师的语录和《高僧传》之后，才开始以明心见性为追求的目标。闭关两三个月后，一天晚上静坐时，由于听到前寺开大静的钟声而获得一次悟境，大师从此极力推崇《起信论》和《楞严经》。

从此开始有系统的著述。

- **《首楞严经摄论》**：以《楞严经》的义理来总持大乘佛教，得到了中国佛学的纲要。
- **《楞严大意》**
- **《如来藏心迷悟图》**
- **《大佛顶首楞严经研究》**

弘一法师与《楞严经》

从以艺术为佛事而留下的众多艺术珍品来看，完全可以看出法师对《楞严经》极为推崇。弘一法师还留下佛法歌曲《观心》和一轴书写宋代法常和尚《渔父词·楞严一笑》的珍贵墨宝，充分表现了法师对《楞严经》的深刻理解。

《渔父词·楞严一笑》

此事楞严尝露布，
梅花雪月交光处。
一笑寥寥空万古，
风鸥语，
迥然银汉横天宇。
蝶梦南华方栩栩，
班班谁跨丰干虎。
而今忘却来时路，
江山暮，
天涯目送飞鸿去。

真伪之争
《楞严经》真伪决断论

《楞严经》绝对是释迦牟尼佛金口所说的真经，它代表着佛教的正法。许多学者本身毫无真修实证的功夫，却以迷信考据的方式来研究佛学和《楞严经》，完全偏离了佛法的实证精神，其流弊是很明显的。

《楞严经》是一部专门破魔的大宝典，令佛法修持者辨明是非、远离魔事，使修行不走歧途。因此，每个佛子都应该以发扬《楞严经》作为自己应尽的责任，并努力端正人们的知见，尽量帮助无知的人彻底忏悔由于谤法而造下的地狱罪业。

■ 佛陀的两个悬记

很久以前，佛教流传有两个预言——预言在所有佛经中，《楞严经》是最后流传到中国的，而当佛法衰微时，它又最先失传。在《佛说法灭尽经》中记载了佛陀关于末法的第二个悬记："（当人寿）五十二岁（时），《首楞严经》《般舟三昧经》先化灭去，十二部经寻后复灭，尽不复现，不见文字。沙门袈裟自然变白。"

《楞严经》至少在唐代中叶才被译成汉语并开始流通，的确属于最后一批传入中国的佛经。唐代著名的佛经目录学家智升对于佛经的真伪法眼如炬，但他对《楞严经》毫不怀疑，并将其列入《开元释教录》中。不久，释元照撰写《贞元新定释教目录》也收录了此经。北宋初年我国雕刊的《开宝藏》为我国第一部汉文大藏经，《楞严经》即被收录在内。至清朝乾隆年间刊印《龙藏》《楞严经》，无一例外被历代高僧列入正藏加以流通。

到了近代，中国被西方坚船利炮轰开国门之后，西学东渐，中国学术界的一股疑古风气，恰与外国人处心积虑来破坏中国文化的意向相呼应，《楞严经》最先受到怀疑。其中，最激烈者莫过于梁启超、吕澂和何格恩三人。到了近年，有些毫无真修实证的佛学研究专家竟干脆把《楞严经》认作是一种真常唯心论的学说，认为和印度的一种外道的学理相同。近年来，诋谤《楞严经》是伪经的邪论在网络传播颇广，给许多初学佛者造成极大疑惑。这些点点滴滴的诋毁，会使《楞严经》不再受到人们的重视，经典被遗忘的命运似乎正在印证着佛陀的第二个悬记。为

《楞严经》中的戒定慧三学

释迦牟尼佛预言,在末法时代最先消失的一部佛经是《楞严经》。《楞严经》所涵盖的戒、定、慧三学是甄别邪正的标准。如果《楞严经》能留在世间受到人们重视,佛法修持者就有能力辨别邪正,如同有地图指引就能不入歧途。

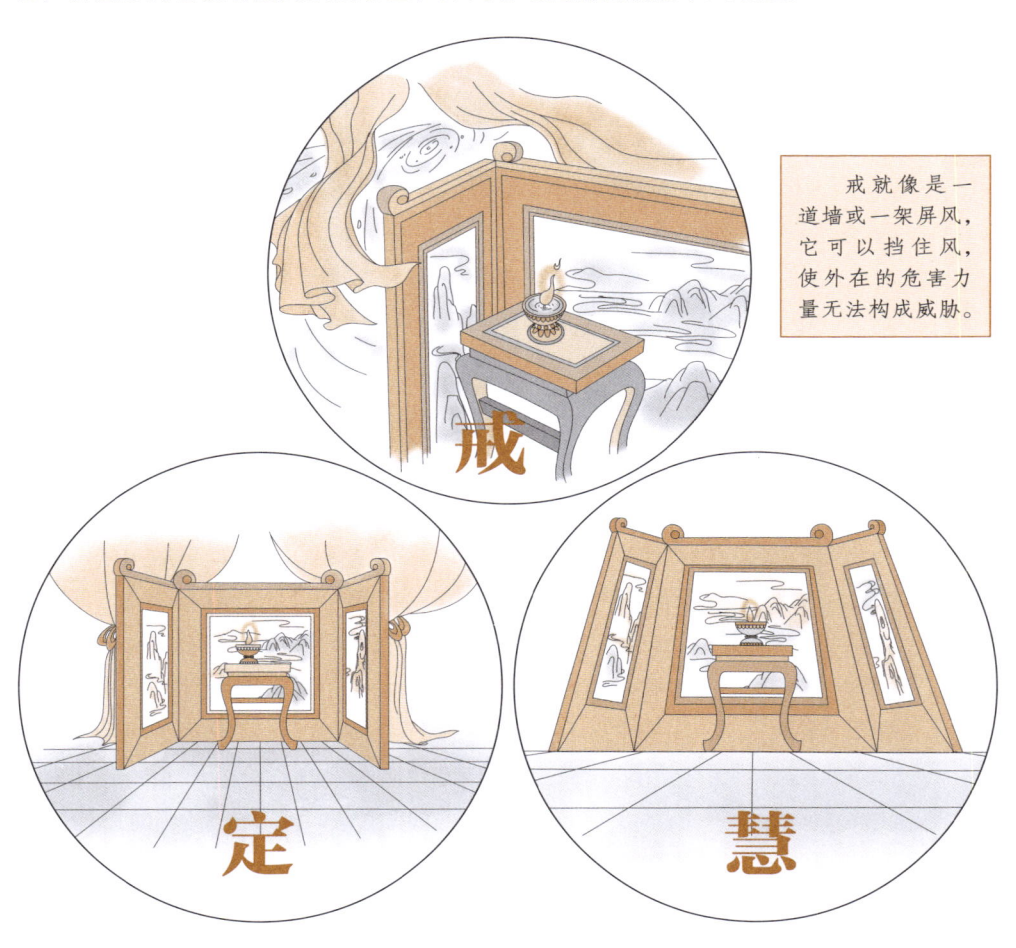

戒就像是一道墙或一架屏风,它可以挡住风,使外在的危害力量无法构成威胁。

戒

由于风被墙挡住了,屋子里的空气就会平静下来,这就是由戒到定的状态。

定

只有在这种"定"的环境里,修行者的智慧之光才能像蜡烛一样,燃烧得明亮透彻,毫无障碍,这就是慧学。

慧

戒、定、慧被合称为"三学",它们是一切有情众生获得解脱的因。如果把人的心比作一间屋子,而将外界的干扰和诱惑比作风的话,那么戒、定、慧三者的关系就像上面这样。

走进《楞严经》的世界 《楞严经》真伪决断论

了消除这些谬论流传的影响，使读者朋友不再被伪经论所困惑，我们尽量把《楞严经》的伟大价值揭示出来。

■ 《楞严经》绝对是真经

在近代，最先提出《楞严经》是伪经的是梁启超，他从疑古的立场出发，认为本经译文体裁优美，说理透辟，和其他佛经有些不同，可能是后世已经悟道且学问很深的禅师造的；《楞严经》中谈到人天境界时曾论述过十种仙，梁启超认为根本就是有意驳斥道教的神仙。梁启超在当时较有声望，他一提出此说，随声附和者很多。虽然反对者也很多，但观点大多不成系统。直到1954年罗香林先生所著的《唐相房融在粤笔受〈首楞严经〉翻译考》一文发表，情况才有所改观。此文列举的考证资料很多，态度与论证也都很平实，足以成为这一桩学案的辩证资料。

■ 房融的家学渊源

事实上，梁启超先生的说法有些过于臆测与武断。因为他对佛法的研究起步较晚，功夫和造诣有欠火候，这一点只要读《谭嗣同全集》里所载的关于他对谭公诗词中佛学的注释就可以知道。作为本经的笔受者，房融属唐初宰相房玄龄族系，房氏家族对佛法向来有较深的研究，玄奘法师回国后的译经事业，唐太宗就交给房玄龄去办理。房融受家学渊源熏陶，对于佛法的造诣和文学修养使得其所译经文比其他经文优美，这也很自然。

在初唐时代，藏文的佛经和汉地的中文佛经一样也是直接由梵文翻译而成。现今的藏文佛经仍然有《楞严经》的译本。同时，西藏密宗所传的"大白伞盖咒"就是"楞严咒"的一部分。这就有力地解答了梁启超的所提的第一点怀疑。

■ 十种仙的问题

至于说《楞严经》中所说的十种仙和中国道教的神仙相同的问题，那是因为梁启超先生没有研究过印度婆罗门和瑜伽术的修炼方法。事实上，在佛教之先，印度婆罗门的沙门和瑜伽士们，早有阿罗汉或仙人的名称和事实的存在。《楞严经》的译者采用我国传统文化中的"仙人"一词以称之，这和唐人把佛译为"大觉金仙"一样。将一切具有神仙之名实者都看成是我们文化的特产，这是不对的。

奉持《楞严经》的理由

中毒箭的比喻

佛陀在《中阿含经·箭喻品》中，以人身中毒箭应急求名医拔箭疗伤，而不应先考虑箭的来源、质地和结构等问题，来比喻人身难得，光阴有限，应该依教奉行，而不应对修证无益的哲学思辨虚耗精力。《楞严经》为历代各宗高僧大德所共赞，自古依之而证果者大有人在，任何想证伪《楞严经》的企图和行为，都是浪费时间和精力的文字游戏。

狗牙也会生舍利的故事

学佛重在以虔诚心依教奉行佛法，以虔诚心拜狗牙也会生舍利，也能得证往生瑞相。那么，我们以虔诚心奉持一部历代各宗高僧大德共赞共修的"楞严"真经，其功德利益还用怀疑吗？

① 西藏有一位对佛很虔诚的老婆婆，她希望去印度经商的儿子能带回一点儿和释迦牟尼佛相关的加持物。

② 儿子经商太忙，忘了这件事，于是他把路旁一只死狗的牙齿锯下来，用一块很好的丝绸包裹好，回家时恭恭敬敬地送给母亲，说这是佛的犬齿舍利。

法门寺地宫出土的佛指真身舍利。

③ 老婆婆信以为真，非常高兴，从此每天用最虔诚的心来礼拜。不久，狗牙上居然长出非常多的小舍利子。

④ 老婆婆拜了一辈子狗牙，往生后居然出现了彩虹、光环等许多已成就的瑞相，大家非常惊讶，儿子这时才说出真相。从此，西藏就流传"只要有虔诚心，狗牙也会生舍利"的谚语。

走进《楞严经》的世界　《楞严经》真伪决断论

■ 考据偏离了佛法的实证精神

自从清末民初学术界兴起疑古之风后，考据这一治学方法得到了重视。但是偏重或迷信考据，有时反而会产生很大的错误和过失。考据是一种有缺陷的死方法，它依赖于或然性的陈年往迹，而又根据变动无常的人心思想去推断。人们自己日常的言行和亲历的事物，因时间、空间、世事的变迁，还会随时随地记忆走样，何况要远追昔日的痕迹，以现代观念去判断环境不同的古人呢！或许人们可以从考据方法中求得某一种智识，但是真正的智慧并不必从考据中得来，它是要靠理论和实验去证得。如果拼命去钻考据的牛角尖，难免出现各种流弊。

■ 舍本逐末，不智之甚

说《楞严经》是真常唯心论的外道理论，这是晚近新佛学研究的论调。持此论者只是在研究佛学，而并非实验修持佛法。他们把佛学当作学术思想来研究，而且这些理论，大多是根据日本式的佛学思想路线而来，其中有些甚至说禅宗也是根据真常唯心论，同样属于神我外道。实际上，禅宗重在证悟自性，并不是证得神我。这些不值一辩，明眼人自知审择。《楞严经》的确说出了一个常住真心，但是它也明白解说了那是为了有别于妄心而勉强假设的，随着假设，立刻又提醒点破，只要仔细研究，就可以明白它的真义。举一个扼要的例子来说，《楞严经》中佛说的偈语"言妄显诸真，真妄同二妄"，不是很明显的证明《楞严经》并非真常唯心论吗？

■ 修要真修，悟要实悟

佛法与世间法有很大的不同，它是需要真修实证的，并且在学佛的路上，每一个阶段都有每一个阶段的境界，没达到这个阶段的人对其根本就无法想象，正所谓初地菩萨不知二地菩萨之事。而《楞严经》本身就是指导真修实证的经文，没有实修经验的学者对其中的部分内容不能理解并不奇怪——许多祖师大德们在证悟前也曾经历过这个阶段。

研究《楞严经》的两种方法

研究《楞严经》有树干式和象牙塔式两种方法。事实证明，只有采取树干式的研究方法，建立起经典圣言量与祖师原则立场的两大参照系，才算是握持住了辨别是非邪正的准绳。否则，难免会被种种邪知邪见和相似佛法所迷惑。

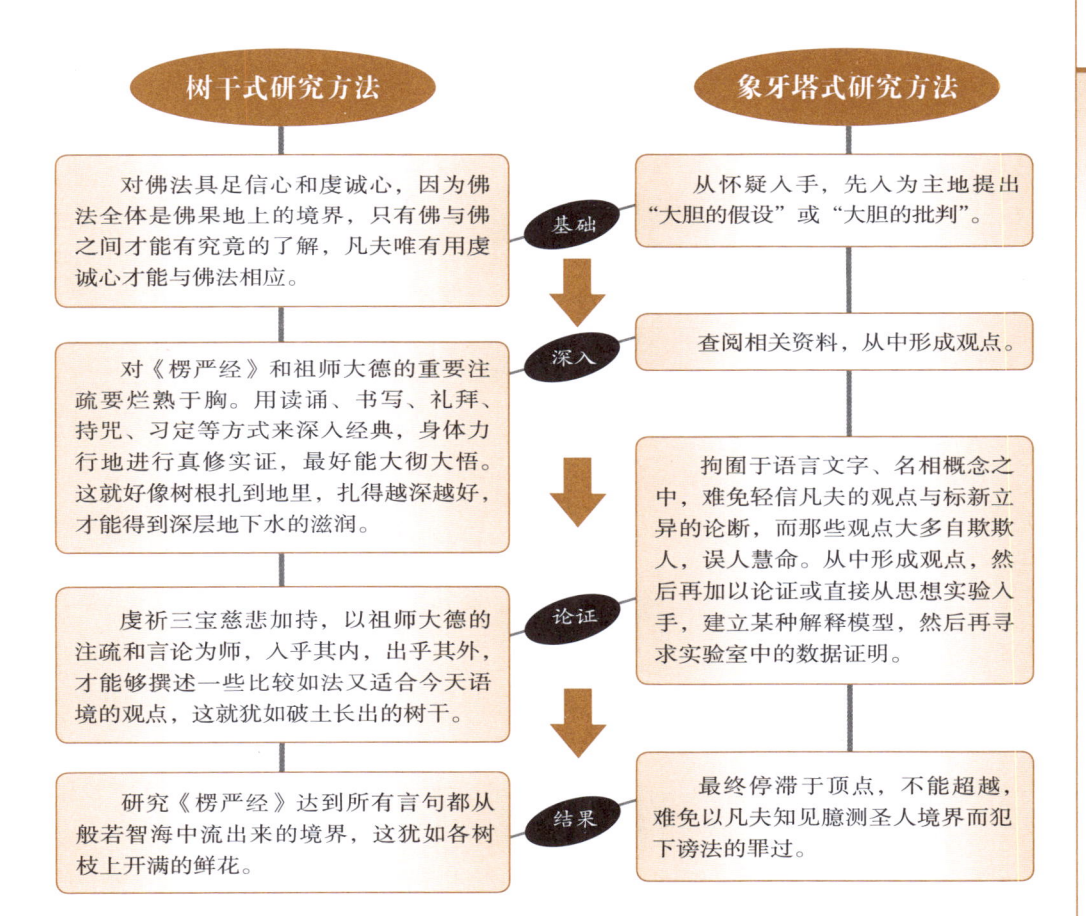

树干式研究方法

基础：对佛法具足信心和虔诚心，因为佛法全体是佛果地上的境界，只有佛与佛之间才能有究竟的了解，凡夫唯有用虔诚心才能与佛法相应。

深入：对《楞严经》和祖师大德的重要注疏要烂熟于胸。用读诵、书写、礼拜、持咒、习定等方式来深入经典，身体力行地进行真修实证，最好能大彻大悟。这就好像树根扎到地里，扎得越深越好，才能得到深层地下水的滋润。

论证：虔祈三宝慈悲加持，以祖师大德的注疏和言论为师，入乎其内，出乎其外，才能够撰述一些比较如法又适合今天语境的观点，这就犹如破土长出的树干。

结果：研究《楞严经》达到所有言句都从般若智海中流出来的境界，这犹如各树枝上开满的鲜花。

象牙塔式研究方法

基础：从怀疑入手，先入为主地提出"大胆的假设"或"大胆的批判"。

深入：查阅相关资料，从中形成观点。

论证：拘囿于语言文字、名相概念之中，难免轻信凡夫的观点与标新立异的论断，而那些观点大多自欺欺人，误人慧命。从中形成观点，然后再加以论证或直接从思想实验入手，建立某种解释模型，然后再寻求实验室中的数据证明。

结果：最终停滞于顶点，不能超越，难免以凡夫知见臆测圣人境界而犯下谤法的罪过。

真修实证

《楞严经》持诵和修习的方法

佛法的要点,《楞严经》全部涵盖了。学佛的路上碰到的所有问题,从这部大经中几乎都可以找到标准答案。此经字字都有深义,唯有精研细读才能深入《楞严经》的义海,所以祖师大德的注疏必不可少。

■ 诵读《楞严经》

读《楞严经》,持"楞严咒",功德很大。受持功深可以出离生死,得到究竟解脱,从而获得三身四智,证菩提涅槃。受持功浅也可以消灭祟福、免除三灾八难和降魔等。《楞严经》是佛教的骨髓。以深心和恒心把经疏和"楞严咒"研习至能背诵,能研读至对每一个字都毫无疑义,以这种方法修习《楞严经》必能终身受用,甚至可能由此自明心地。

沩仰宗第九代祖师宣化上人也曾开示:"最好护持正法的方法,就是能把《楞严经》背出,"楞严咒"更要能背出,能背诵,能读念,滚瓜烂熟,尽量发挥经中妙旨,一一为人演说。各位为了护持佛法,一定要把《楞严经》读得熟之又熟,随时随地可背可讲,此才不愧为真佛弟子。"由此可见虔敬读诵和奉持《楞严经》的重要性。

■ 精研多家祖师大德的注疏

中国古代的人学一部佛经,不但经文要背,连注解都要背。以天台宗为例,天台宗的门人除了要背《法华经》的经文,还要背诵"三大部"——《法华经玄义释签》《法华经文句》这两部注疏,以及关于修行的一部《摩诃止观》。这是学天台宗的基本条件。不能背诵三大部,就没有能力领悟天台宗的精髓。这种教育很有道理,不肯精研经疏,就很难在真修实证上超过祖师。香港的海仁老法师专弘《楞严经》,被称为"首楞严王"。他要求学生不但要背《楞严经》,也要背祖师大德的注解。

研习注解应提倡以古人注疏为主,并且对于古人的注解,也要特别注意摒弃那些学者型的注解,推崇有真修实证的祖师型的注解。其中,圆瑛大师的《楞严经讲义》和憨山大师的《楞严通议》值得精读。

■ 不放过有疑义的地方

《楞严经》有一整套属于自己的严谨的词汇体系,其中很多词汇在现代词汇本中找不到对应,这个体系用现代白话文几乎没有办法代替,这

读诵《楞严经》的方法

读《楞严经》可以有两种方式，一种方式是研究型的读法，研究、背诵经文以及祖师大德的注疏，可以熟悉佛法义理；另一种方式是端身正坐，把佛经当作佛，看佛经或听佛经就像在听佛说话一样，恭敬志诚，不起妄念，随文入观地诵读下去，可以消除业障，增长福慧。

佛法典籍一定要放在书柜的高处或上层，以示尊重其无上地位。

- 可以只作为旁听者摄心谛听佛经，字字句句都要分明，不为一切声色所动，功德也很大。

- 必须端身正坐，好像面对着佛一样尊敬，不敢起一丝别的念头。

- 从首至尾，一直读去，注意一口气一口气地读，有助于深呼气和入定。

- 假如时间充足、精力旺盛，那就可以诵读祖师大德的注疏，以增加见识。

- 衣服要干净整洁，诵经前要清洁身体、手足和口腔，就像要出席庄重的场合一样。

- 案头可焚上等妙香，同时敲着木鱼，能集中注意力，并增加读经时的乐趣。

读《楞严经》和诵"楞严咒"的功德

- 免饥馑、疾疫、刀兵三灾，除八难，增加福慧。
- 有助于习定。上等根器的人可以在诵经时明心见性，大彻大悟。
- 降伏天魔、鬼怪。

走进《楞严经》的世界

《楞严经》持诵和修习的方法

正是深入佛经时的最大障碍所在。所以，读经文和注疏时，对于遇到的每个术语，都要彻底弄清它的意思，不可草草放过。因为经文的语境与现代相差较远，如果粗心去读，就很容易错会其中微妙的含义。读《楞严经》，还必须弄清这本大经的结构。

如果对某段经义生起大疑问而不能解，那正好可以用禅宗参话头的参究方法。明朝的破山海明禅师和蕅益大师都曾大力参究过这部大经。憨山大师点评说："满慈何因有妄一问最为彻底穷源，学人日用但将此句时时参究，莫谓教中无祖师意也。"

■ 以深心和至诚心读诵

读《楞严经》的要诀是："书读百遍，其义自现。"学习一切知识最有效的方法就是多接触、多熏习而已。圆瑛大师读《楞严经》花费了十年工夫，才算彻底读通。对于发愿读诵研习《楞严经》的读者朋友来说，刚开始应该做到至少每月一部，最好能达到每周一部。读诵《楞严经》不能急于求成，若其中稍涉浮躁之心，则效果必然大打折扣。如能安于寂寞，恒久熏习，读经时字字分明，心地清净，出乎心入乎耳，就会渐生法喜，甚至在研习诵读过程中能入楞严大定。

现当代弘扬天台宗的倓虚大师在《影尘回忆录》中曾讲过一个"晒蜡烛"的故事。有一位专门管大殿烧香、点蜡烛、添油灯的香灯师，特别愚笨。但后来这位香灯师在谛闲大师的教导下，以最愚笨的办法，花了数年工夫一字一拜地拜读《楞严经》《法华经》等，最后竟能深入三昧，辩才如流，可以替代谛闲大师为四众讲解大经，令原来捉弄他的人自愧不如，最后还向他请教。所以，遇到特别难懂的经文，可以拜经：一字一拜，或者一句一拜；也可以拜佛，至心祈求佛力加持，行之长久必能大开智慧。

智者大师的《观心诵经法》

诵经法门天台宗最有系统。据记载，智者大师在大苏山修习法华三昧，经二七日后，诵《法华经》至"是真精进，是名真法供养如来"时，"身心豁然，寂而入定"，因而他特别注重阐发了以忏法理观为助缘来念诵经典，以之作为进入法华三昧的方法。

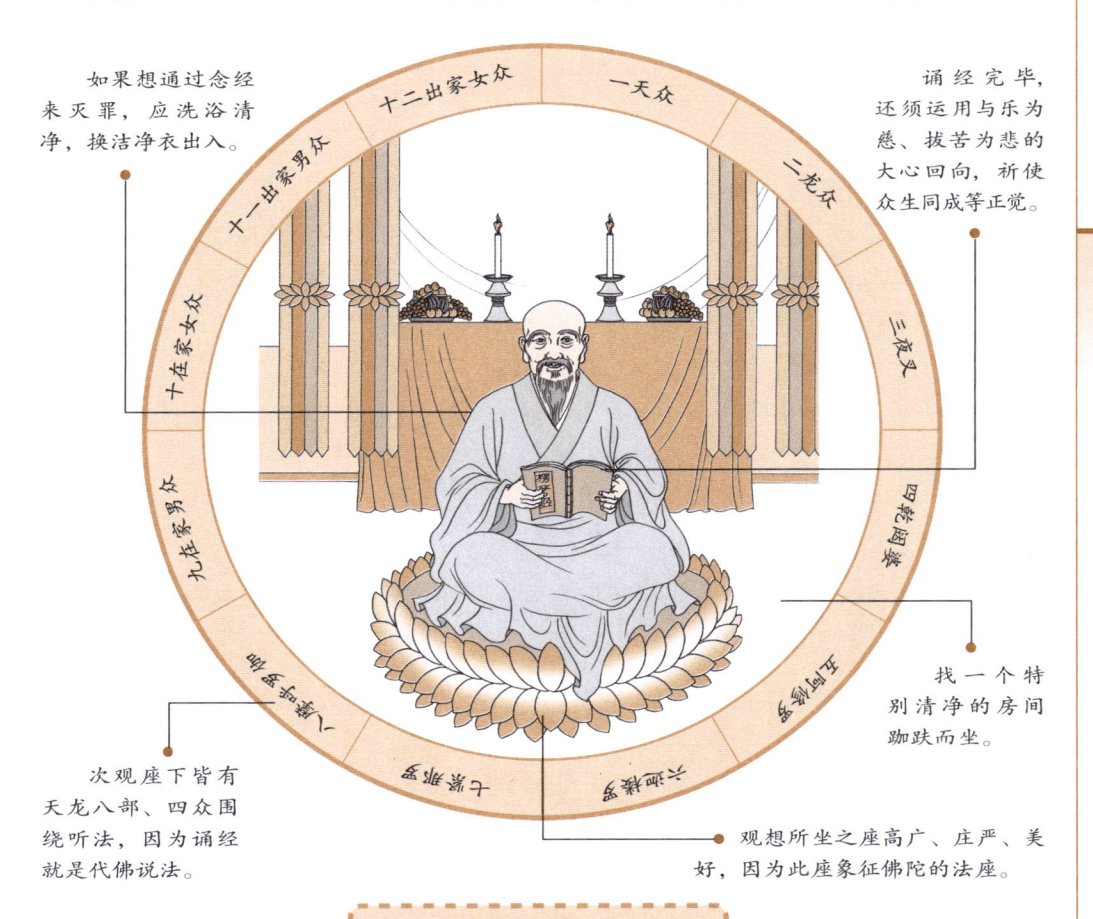

- 如果想通过念经来灭罪，应洗浴清净，换洁净衣出入。
- 次观座下皆有天龙八部、四众围绕听法，因为诵经就是代佛说法。
- 观想所坐之座高广、庄严、美好，因为此座象征佛陀的法座。
- 找一个特别清净的房间跏趺而坐。
- 诵经完毕，还须运用与乐为慈、拔苦为悲的大心回向，祈使众生同成等正觉。

圆周标注：一天众、二龙众、三夜叉、四乾闼婆、五阿修罗、六迦楼罗、七紧那罗、八摩睺罗伽、九在家男众、十在家女众、十一出家男众、十二出家女众

诵经前进行三观及功德

| 运心观想我能为法师传扬佛法正教，十方世界众生皆来听讲受持，称为假观。 | 再观想能说的人、所念的经、听讲的四众都了不可得，称为空观。 | 再观想虽无所念之经，而有经卷纸墨文字；虽然无能念之人，而有我身为四众宣念；虽然非内外，不离内外；虽然非经卷，但又不离经卷；虽然非心口，又不出心口，这是不可思议的中道正观。 | 诵经这一法门看似简单，实际上具足六波罗蜜之行，若能达至三轮体空，念念与实相相应，则具无上功德。 |

走进《楞严经》的世界　《楞严经》持诵和修习的方法

经题释义
体现全书精华的二十个字

经题是一部佛经的总纲，经文是对经题的详细论述；一部佛经，它所有的精华往往表现在经题上，所以经题非常值得重视。应当知道译经家既然把题目放在经文前面，那么解释经题时就应联系经文，使义理晓畅。

《楞严经》经名的全称是《大佛顶如来密因修证了义诸菩萨万行首楞严经》，是从五个经题八十八字中结集而成，只拣择了其中最重要的部分简约成十九个字合成一题。这部佛经以人、法为题。如来是取得佛果的人，菩萨是种下成佛之因的人；密因是理法，了义是教法，万行是行法，首楞严是果法。同时又以比喻为题——因为"佛顶"二字，是以佛顶来表示法身的胜妙。

■ 大

"大"是一种称赞词，等于我们今天说："了不起，这部伟大的佛经！"本经之大有四种：大因、大义、大行和大果。把"大"字标在前面，是为了让受持这部佛经的人能够依大教解大理，再由大理而起大行，再由大行而证大果。

■ 佛顶

"佛顶"是指佛陀肉髻相的上面的无见顶相，是佛陀三十二相中的第一相。肉髻扎在青螺绀发正中，周围是红色，它的形状犹如春天的山坡上吐出一轮丽日。佛初生时，岚毗尼林神是佛的乳母，她把佛捧在怀中仔细观察，发现看不见他的顶尖。在佛陀成道后，游化波罗奈国，东方有一位应持菩萨想穷究佛顶，以神通往上经历恒沙佛土，最终仍然不能找到其顶。这个佛顶是用来比喻如来藏妙明真心。

■ 如来

"如来"是诸佛的通号。佛有十号，如来是第一号，表示现在佛是过去佛的再来，佛佛道同。如来有法身如来、报身如来和化身如来三种。

■ 密因

密因，是十方如来得成果觉所依靠的不生不灭的本修因，也是一切众生所具有的根性。经文中说："无始菩提涅槃，元清净体，则汝今者，识精元明，能生诸缘，缘所遗者。"

表现全经总纲的经题

佛最尊胜的无见顶相

无见顶相，是佛三十二相之一，即佛顶肉髻相中生发出的万亿种光彩。光光相次至上方无量世界。人、天人甚至十地菩萨都不能见到其顶。

佛能得无见顶相，是因为他做菩萨时，在无量世头顶礼拜一切圣贤、师长、父母，尊重赞叹，恭敬供养，所以能获得无见顶相。

无见顶相是最妙最尊的，所以它可以用来比喻如来藏妙明真心。

大佛顶 ＝ 如来藏妙明真心 ＝ 第一义谛 ＝ 阿毗达磨 ＝ 无等等阿耨多罗三藐三菩提心

"如来"的三重含义

如来是指现在佛是过去佛的再来，表示佛佛道同的意思。

法身如来

真如妙理，就好像虚空一样，遍一切处所。《楞严经》说："常住妙明，不动周圆，妙真如性。性真常中求于去来，迷悟生死，了无所得。"都是指法身如来。

报身如来

积聚智慧以为身，诸惑都漏净了，智慧圆满。就是《楞严经》上说的"明极即如来"。

化身如来

假如有可以度众生的机缘，如来就会现八相成道。《楞严经》上说："自觉已圆，能觉他者，如来应世。"指的就是化身如来。

走进《楞严经》的世界　体现全书精华的二十个字

■ **修证**

这部佛经依修证可分为四大部分：见道、修道、证果、助道。本经的见道部分和修道部分以不生灭为本修因，证果部分经大乘六十阶位圆成佛果，顿修和渐修有机结合，是真修满证，正如经中明言："理属顿悟，乘悟并销；事则渐除，因次第尽。"

■ **了义**

"了义"是褒美这部佛经所说义理为了义。《楞严经》是一部彻底彰显如来出世本怀的了义大经。

■ **诸菩萨**

菩萨，指拥有菩萨心的人。

■ **万行**

菩萨自利利他、道德修善的妙行。《华严经》说："我所修行没有量，获得无量诸功德。"因为菩萨行门无量，用万来概指，所以称为"万行"。菩萨万行，可分为圣行、梵行、天行、病行及婴行五种。

菩萨行门虽然很多，不外上求下化。依本经而言，菩萨为求无上菩提，须历经六十位修证，也就是六十个阶段或证悟的境界。此六十位是：三渐次位、干慧地、十信、十住、十行、十回向、四加行、十地、等觉、妙觉。

■ **首楞严**

"首楞严"是大定的总名，不同于一般所说的功夫引起的四禅八定，也不同于起心对境的定，而是一种自性定。在《涅槃经》中，佛解释首楞严为"一切事究竟坚固"。首楞严定彻法底源，无动无坏。本经说："一切浮尘，诸幻化相，当处出生，随处灭尽。其性真为妙觉明体。如是乃至五蕴、六入、十二处、十八界，因缘和合虚妄有生，因缘别离虚妄名灭。殊不能知，生灭去来本如来藏，常住妙明，不动周圆，妙真如性。"

■ **经**

"经"这个字是通题，梵语称经为"修多罗"。佛经上契诸佛所说之理，下契众生可度之机。中国自古以来的经书大多有轴，舒展开来可以读诵，卷起来很方便供奉。后来经书没有轴了，但名称沿留下来，所以仍然称为"卷"。"经"具有贯、摄、常、法四种意义。贯，是指贯穿所应了解的义理，使义理不散失；摄，是指摄受所应度的机缘，令得解脱；常，是指尽未来际，万古不会变更的真理；法，是指十方界的众生所应遵循的规则。

"菩萨万行"的深义

三种菩萨

1 凡夫菩萨

位居凡夫位，闻如来了义大法后发大心，修大行，但功行未深，烦恼未断，众生难度，其烦恼胜过智慧，不一定能与弘愿相应。

2 圣人菩萨

久发菩提心，久修菩萨行，能于一身化现无量身，处处弘扬佛法，但四弘誓愿还没能行至圆满究竟。阿难，就是圣人菩萨的示现。

3 佛菩萨

佛菩萨是佛由于悲愿深切，怜悯众生长久沉迷，于是倒驾慈航再现菩萨身。例如观世音菩萨过去早已成佛，号正法明如来。

五种菩萨行

圣行
修无漏戒定慧，证出世圣果。

梵行
施于众生无缘大慈，同体大悲。

病行
诸佛菩萨示现与众生同样的病患，借此以潜移默化。

天行
悟得妙明真心后，称性起行。

婴儿行
钝根众生如婴儿一样不堪接受佛法了义之教，佛菩萨为说善巧之教。

走进《楞严经》的世界　体现全书精华的二十个字

本经译题

房融在译经时担任什么职务

佛在无量劫中剥皮为纸，折骨为笔，刺血为墨，流通常住法宝。译主为弘传佛法而不惜身家性命，不惜冒犯国家禁令。今天我们能有更多机缘看到《楞严经》，但千万"莫将轻易得，视作等闲看"。

■ 般刺密谛任译主

《楞严经》的译主是般刺密谛，是一位博学多才的中印度僧人。在唐朝时，主译是指翻译佛经时的译场之主。般刺密谛为了使《楞严经》流传到中国，曾经用细毡抄录这部佛经，剖开胳膊把佛经藏在里面，才得以躲过关吏的搜查，航海来到中国。在唐朝神龙元年（705），他到达广州，刚好遇到被贬谪到广州的房融，于是被房融奉请到广州制止寺，剖开胳膊，取出经文，开始翻译。这部佛经译成之后，他又很快返回本国，真正体现了"为法忘躯"的菩萨精神。

■ 弥伽释迦任译语

弥伽释迦是乌苌国的僧人，乌苌国位于今日巴基斯坦境内。"弥伽释迦"的汉文意思是"能降伏"。译主的般刺密谛所做的工作是将经文的音读出来，记录成华文。而弥伽释迦精通两国语言，所以能够将梵音变成华语。

■ 怀迪任证译

怀迪是证译，"怀迪"是常怀精进的意思。证译是在音字之中参详校正。怀迪师久习经论，深谙梵语。前两位印度法师虽然都通华文，但经怀迪师证明才称得上尽美尽善。

■ 房融任笔受

佛在《梵网经》中说："欲受国王位时，受转轮王位时，百官受位时，应先受此戒（菩萨戒）。"唐朝时，整个国家信奉佛法。房融的故乡在清河县，他官至宰相，官职是正谏大夫同凤阁鸾台平章事，所以遵循佛制受菩萨戒。房融是请译这部佛经的人，又是润文之人。在经过前面两位高僧的先后翻音翻语之后，再由他来润饰文字，使文字优美，义理缜密，所以称为笔受。

笔受《楞严经》的房融家世奉佛

房氏家族的"五代三宰相"

房玄龄一系在唐朝有"五代三宰相"的历史：房玄龄是唐初宰相，辅佐唐太宗；房融是房玄龄的第四代孙，为武则天的宰相；房琯是房融的儿子，在唐玄宗和唐肃宗时做宰相。

房玄龄

佛学修养极高。例如，他曾为唐太宗下敕颁发《佛遗教经》，要求京州官员人手一册；曾协助玄奘法师等高僧在京城开设译经馆，禁止买卖佛像等。房氏一系素来家世奉佛。

房融

自小就受家学渊源很深的影响，经过他翻译的《楞严经》显得极为古雅优美。《全唐诗》还录有他"方烧三界火，遽洗六情尘"的诗句。

房琯

作为唐朝的名相，他的政绩与好佛是有名的。房琯受父亲的影响，特别推崇禅宗，他说："禅宗阴契菩提……通天上地下之事，达前生后身之理。"

房融所受过的菩萨戒

房融是一位受过菩萨戒的唐朝宰相，此外，在中国历史上，帝王将相受菩萨戒的很多，比如梁武帝、隋文帝、唐太宗、唐高宗、唐肃宗等，一直到清代的康熙、雍正、乾隆都受过菩萨戒。

菩萨戒的内容为三聚净戒

❶ 摄律仪戒	❷ 摄善法戒	❸ 饶益有情戒
持一切戒律，如五戒、八关斋戒、十戒、具足戒等。	指广修一切善法，特别是指"六度"。	又称摄众生戒，指利乐一切有情。

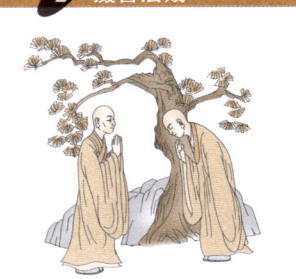

走进《楞严经》的世界 房融在译经时担任什么职务

《楞严经》的结构
惟则禅师对经宗分的五分法

本文参照古德判经的惯例，以"三分"古制为框架，打乱原来经文的分卷，仅以义理的完整为标准来分析此经的结构和内容。

■ 佛经的三分法

　　古代佛经分卷一般兼顾义理的完整和文字的多寡两方面。为了方便装藏，通常以前者迁就后者。所以，多卷本佛经往往只能做到每一卷内义理的相对完整，而难于周全地兼顾二者。晋朝的道安法师注意到这种情况。为了便于理解佛经的义理，他最先提出注疏佛经的三分法原则：经序分、正宗分、流通分。当时有许多人对三分法表示怀疑，直到后来，印度有一部《亲光菩萨论》被翻译到中国，大家发现这部论典居然也有三分的分法，因此才相信道安法师智慧超胜，深契佛心。

■ 《楞严经》的结构

　　在中国历代的《大藏经》中，《楞严经》全部经文分为十卷，约有七万多字。为方便阅读，我们参照古德判经的惯例，以"三分"的古制为框架，仅仅以义理的完整为标准，来分析此经的结构和内容。

　　《楞严》十卷依三分法。"经序分"的内容，自经首的"如是我闻"起，到"提奖阿难及摩登伽归来佛所"结束，是第一卷的开头部分；"经宗分"紧接经序，自"阿难见佛，顶礼悲泣，恨无始来一向多闻，未全道力"起，直到第十卷的末尾"传示将来末法之中诸修行者，令识虚妄，深厌自生，知有涅槃，不恋三界"；"经益分"，也称"流通分"，紧接"经宗分"直到经尾。

　　"经序分"中，佛受波斯匿王的邀请，带领常住比丘众和大菩萨们至王宫接受斋请。阿难先受别请，未能赶上斋筵，独自在外乞食途中，路过淫所，遭遇摩登伽女的幻术，在将要毁戒体的危险时刻，佛遥知此事，匆匆结束斋筵，返回祇园精舍宣说神咒，并且敕令文殊菩萨持咒前去解救阿难。文殊菩萨最终把阿难和摩登伽女带归佛所。

　　"经宗分"部分，内容复杂，是全经的主干，应该对其进行重点解析。

　　"经益分"中，佛宣说弘扬、持诵此经所得的无量功德，以此劝请众生念诵、受持，所有与会大众十分欢喜，礼佛而去。

体系完整严密的《楞严经》

《楞严经》有严密而完整的思想体系，其内容以理、行、果为框架，几乎将大乘佛学的重要理论都囊括其中。元代著名的惟则禅师在《大佛顶首楞严经会解叙》中把经宗分概括为见道、修道、证果、结经、助道五个部分，这一分法十分合理。

走进《楞严经》的世界　惟则禅师对经宗分的五分法

《楞严经》的"经宗分"

总纲：接续于"经宗分"的首句的一小段文字，也就是阿难"殷勤启请十方如来，得成菩提妙奢摩他、三摩、禅那最初方便"，这可以看成是"经宗分"的总纲。

见道分：自卷一"佛告阿难：'汝我同气，情均天伦'"起，直到卷四的"如何自欺尚留观听"，属于"见道"部分。这个部分是围绕着佛在"经宗分"的起始所提出的一个基本观点而展开的。这个观点就是："生死相续，皆由不知常住真心性净明体，用诸妄想，此想不真，故有轮转。"

修道分：由卷四"阿难及诸大众闻佛示诲疑惑消除"直到卷七"我以宝杵殒碎其首，犹如微尘，恒令此人所作如愿"，属于"修道"部分。

证果分：由卷七"阿难即从座起，顶礼佛足而白佛言"直到卷八"作是观者，名为正观；若他观者，名为邪观"，属于"证果"部分，也就是修证三摩地直到涅槃之道。

结经分：自卷八"尔时，文殊师利法王子在大众中即从座起"到同卷的"汝当奉持"，这个部分属于"结经"部分。佛回答了五个经名。经前的题名就是综合这五个名字来命名的。

助道分：从卷八"说是语已，即时阿难及诸大众"直到卷十"令识虚妄，深厌自生，知有涅槃，不恋三界"，这属于"助道"部分。

贤首宗判经的十门分别

①总释经题	②起教因缘	③藏乘摄属	④教理浅深
⑤能诠教体	⑥所被机宜	⑦宗趣通别	⑧说时前后
⑨传译时人	⑩别解文义		

⑩别解文义 → 经序分　正宗分　流通分

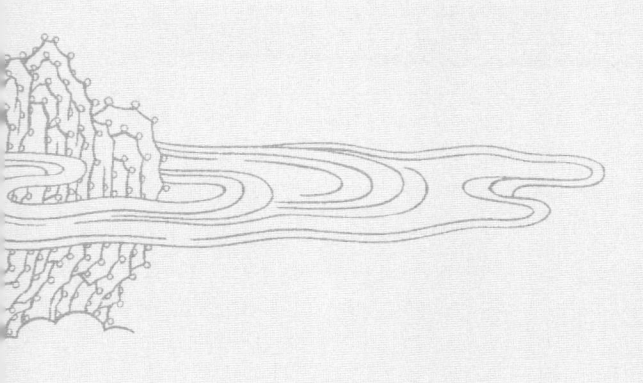

以阿难遇到魔障作为缘起,《楞严经》中开启了一段佛陀与阿难关于"心"的问答。我们的心到底在哪里？是在身外还是身内，或者潜藏于六根之中？阿难提出的七点见解被佛一一辩驳，然后佛陀指出：众生之所以一直轮回生死，是因为将因缘假合的"妄心"当作真实；而成佛者，必须识得自性为空的"真性"。否则再怎样修持，也不能离开六道轮回，更别说证得佛果。因此，"破妄显真"便格外重要了。

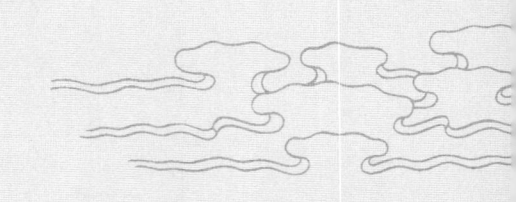

第2章
见道分：
《楞严经》的本心论

本章图版目录

大阿罗汉"大"在哪里？/ 63
佛教的结夏安居制度 / 65
摩登伽女和阿难的浪漫故事（一）/ 67
摩登伽女和阿难的浪漫故事（二）/ 69
九法界众生生死轮转的原因 / 71
心在哪里？你以什么为"心"？/ 73
心是思维意识吗？/ 75
攀缘心和妙明真心 / 77
"认贼为子"的寓意 / 79
妙明真心与独头意识的区别 / 81
妙明真心与断灭见的区别 / 83
八还辨见 / 85
见性与"离四句，绝百非" / 87
别业妄见的原因 / 89
破妄显真的总义 / 91

五阴的虚妄 / 93
"菩提瞪发劳相"的六种表现 / 95
六根六尘两虚妄 / 97
眼睛能看的功能从哪里来？/ 99
火从哪里来？/ 101
风从哪里来？/ 103
佛菩萨救度众生的大愿 / 105
世界和生命的成因 / 107
世界和生命的形成 / 109
诸佛如来是否还会再起无明而生万法 / 111
虚空喻和日影俱现喻 / 113
一心圆彰三如来藏 / 115
根本无明的生起之谜 / 117
怖头狂走的比喻 / 119

第一节 明心见性

七处征心，八还辨见

楞严法会上的圣众
阿罗汉和菩萨的区别

阿罗汉为什么能够称为佛子，为什么能够"从佛转轮，妙堪遗嘱"？菩萨的境界与罗汉的境界有什么区别？阿罗汉都会入灭受想定吗？《楞严经》经文的第一段，暗藏着许多玄机。

在《楞严经》经文的第一段，暗藏着许多玄机。一般而言，阿罗汉是不能够绍继如来遗志和度化众生的，因为他们希望进入不受后有的"有余涅槃"。但经中却说他们应身无量，既能度脱现世众生，更能拔济未来的众生，使众生能够"越诸尘累"而得解脱，这是地地道道的菩萨境界。那么经文为什么这么说呢？

■ 藏、通、别、圆的说法

天台宗把如来的教法分为藏教、通教、别教、圆教。依藏教、通教和别教的说法，声闻、缘觉与菩萨在形象与智慧方面都有所区别。但依圆教的说法，心、佛、众生平等无二，三乘会归惟一佛乘，一切众生皆有佛性，毕竟成佛，这是《法华经》的大旨。所以《法华经》中佛对在家出家、三乘贤圣皆授记成佛。在通教中，声闻被佛陀斥为"焦芽败种"，但在圆教中，则得授记都将"回小向大"成佛无疑。

■ 内秘菩萨行，外现声闻身

在《楞伽经》中，阿罗汉又分为"实法阿罗汉"和"权法阿罗汉"两种。"实法阿罗汉"实取涅槃灭度，"权法阿罗汉"是菩萨依本愿力为护持如来及正法而示现的，所以不会真的进入有余涅槃，而是尽未来际，继佛种性，度化有情。有名的例子是大迦叶尊者为菩萨示现，现在仍在云南的鸡足山入定，等待弥勒菩萨下生成佛，而传给他释迦牟尼佛的衣钵。另一

大阿罗汉"大"在哪里？

楞严法会上，一千二百五十人都是无漏大阿罗汉，也就是说，这些在形迹上看起来只是二乘的声闻，有的是回小向大；有的是菩萨示现；有的则是古佛再来，帮助佛度化众生。他们都有一些共同特点：

本大
大阿罗汉本来是大菩萨，从无量劫前就已经行菩萨道，为了引导钝根上进，所以示现为声闻。

慈悲大
大阿罗汉具有无缘大慈和同体大悲，发愿普利法界众生，阿难说："五浊恶世誓先入，如一众生未成佛，终不于此取泥洹。"

定大
大阿罗汉所入的三昧，都能与首楞严大定相应。

智慧大
大阿罗汉具有实智和权智，如舍利弗获得"四无所畏"，富楼那具有无碍辩才，这是权智；富楼那深达实相，须菩提和佛的知见相同，这些是实智。

证大
大迦叶尊者妙法开明，证三德秘藏；须菩提顿入如来宝明空海，这些都是证大的表现。

感应大
这样的大阿罗汉都能应身无量度脱众生，有机缘都会相应。

利益大
大阿罗汉都能说法利生，使未发菩提心的人发心，使已发菩提心的人善根得以增长，能够帮助所有有缘众生成熟佛果，解脱烦恼。

果大
楞严法会上的大阿罗汉都经过了佛的授记，在未来都会成佛，所以说是果大。

《楞严经》的本心论

阿罗汉和菩萨的区别

小乘阿罗汉是自了汉，沉空滞寂，不肯回小向大，所以又叫作定性阿罗汉。

→ 大阿罗汉已回小向大；或者本是菩萨，却现迹为二乘，能够助佛弘扬佛法，不会入有余涅槃。

个例子是玄奘大师在《大唐西域记》中记载，罗睺罗也为护持如来正法，不入涅槃，也是权法阿罗汉；另外，宾头卢尊者表面上虽受佛敕令不准入涅槃，永住此世间受众生供养，但实际上也是菩萨示现的权法阿罗汉。这些都可以说明菩萨慈悲之深，不拘本身形象。

本经是如来开示真如本性的圆顿大经，所以已经超越了"藏、通、别"等教的三乘分别，而是在万法都是"本如来藏妙真如性"的基础上会三乘于一乘圆教，所以一开头就暗示了会上的大阿罗汉本身其实也是菩萨示现。

■ 休夏自恣

"休夏"就是结夏。印度雨季期间，佛制比丘自四月十五日起，僧众结夏安居九十日，不外出行乞或做其他事，严修戒律，皎洁其行。七月十五日是安居结束之日，众僧齐集，共同检讨三月修行的得失。通常是先自我检讨身、语、意三业在结夏期中所犯的过失，于大众中发愿忏悔；次请别的僧众举示自己修行过程中在见、闻、疑三事上是否有所犯。自恣时经典陈述是："大德长老，或见我过，或闻我罪，或疑我犯，恣任所举，哀愍我语，我当忏悔。"由此可见，当时的真修行人为了法身慧命，毫不顾惜世间虚假颜面，这在今天很难再看到。十方诸佛欢喜这样安居圆满的精进修行，所以七月十五日也称为佛欢喜日。

■ 最早的民主社团

许多人可能不知道，佛陀创立的这种僧伽制度是世界上最早的和平民主的议会制度。以共同信仰和戒律为基础，僧伽内部没有任何暴力惩罚措施——最大的惩罚措施是：开除僧团，不理此人。内部事务通过表决来执行，完全具有现代民主色彩。具戒的比丘遵守一人一票制，通过"三白"（即三次声明宣读）和辩论后，按多数通过。佛提倡信仰没有强制的权威。

■ 平等、自由和证道

佛陀创立的僧伽制度，倡导平等，这从最根本上彻底铲除了特权者。佛教育人们世世常行善提道，发愿使一切众生离苦得乐，甚至包括过去、现在、将要恼害他们的一切仇敌、地狱、魔鬼等众生。

佛法认为奴役和专制都是不自由的。如果一个人伤害了别人，必然带来恶报。佛陀认为，唯有证道才能彻底根除众生的"我慢"，而一部《楞严经》全都是在讲述这些问题。

佛教的结夏安居制度

印度地处亚热带，气候炎热多雨，夏天的雨季长达三个月，虫蚁繁殖迅速，草木生长茂盛，出家人为避免外出托钵行化时踩伤虫蚁与草木的新芽，也怕招引世人讥嫌，于是规定在雨季里避免外出，聚居一处，严守戒律，精进禅坐，讲习教律。

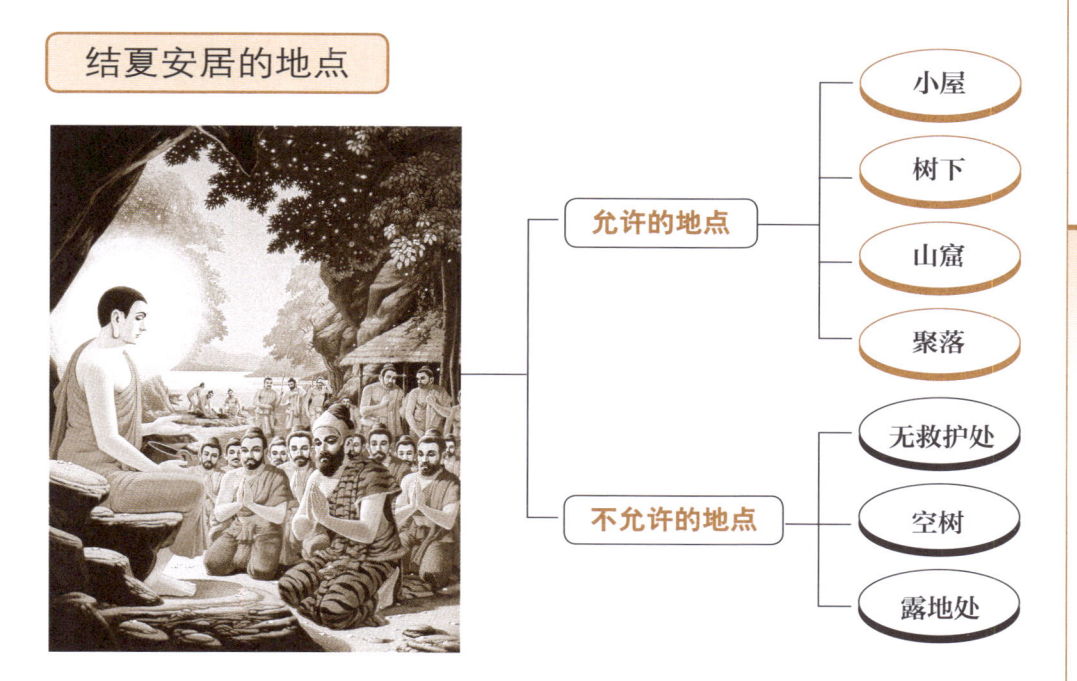

结夏安居的地点

允许的地点：
- 小屋
- 树下
- 山窟
- 聚落

不允许的地点：
- 无救护处
- 空树
- 露地处

结夏时的"净手受筹"仪式

❶ 洒扫敷座
在大殿或戒场内，洒扫洁净，依照上、中、下座和东、西两序排列座次。

❷ 晨斋预白
早斋或午斋结束后，由维那师向大众宣布第二天的安居事宜。

❸ 鸣钟集僧
大众齐集，礼佛梵唱等，然后入序就座。

❹ 受筹羯磨
指僧众依照僧律进行受筹之事，一般由担任羯磨师的上座主持。

❺ 行筹白数
指由维那师行筹、收筹、上座清点，统计人数。

《楞严经》的本心论　阿罗汉和菩萨的区别

本经缘起
摩登伽女和阿难的欲海情天

佛应供赴斋,阿难独自行乞于室罗筏城中,摩登伽女一见倾心,几乎双双堕在欲海情天之中。"食、色,性也"的人生苦恼昭露无遗。佛不忍低眉独醒,点出了人生解脱的个中奥妙,遂有一部《楞严经》在萧寺林磬中世世相传。

■ 波斯匿王营斋

"营斋"就是准备素食饭菜供佛及僧。各方的檀信居士们为了超度先亡,或者为植福祈福,就常常打斋供养十方福田僧众。例如,王舍城的频婆娑罗王常常打千僧斋。

这次结夏安居终了的僧自恣日,和祇园精舍所在地的波斯匿王的父亲的忌日同期,波斯匿王于是举办斋饭,邀请佛以及大菩萨、阿罗汉们前去王宫应斋,以超荐他的父亲。

■ 阿难托钵乞食

佛令上首弟子文殊菩萨来安排所有菩萨和阿罗汉等人的应斋事宜。佛作为法主,自然到王宫应王斋,而其他臣宰和居士则希望佛分派一些弟子及菩萨圣众让他们供养,以修无上之福。只有佛的堂弟阿难,因为提前接受了别的斋主的邀请去应斋还没回来,因此没赶上这次斋饭。

等到阿难从他所应斋的地方赶回来,大家都已经应斋去了,并且祇园精舍里没有斋饭,阿难就只好按照佛制,托钵乞食了。依佛陀的教诲,比丘一天最多只能到七户人家去乞食,如果这七家过了也没有乞到任何食物的话,这一天就只能饿肚子了。因此阿难心里祈求能在还没有供佛和僧的人家乞到食物。阿难遵照佛的要求,在乞食的过程中,不能对供食的人家有所拣择,不能专挑富有的名门望族家去乞食,也不能专挑贫穷的屠夫奴仆家去乞食。

■ 阿难示堕

阿难尊者在沿街乞食的时候,依律制走路目不斜视,眼观鼻,鼻观口,口问心,威仪严整,肃恭斋法。这时,他的冤家现前了,他遇见了摩登伽女。摩登伽女因见俊美的阿难举止庄严安详,并且因为有过去五百世曾与阿难结为夫妻的因缘,所以这一见之下非常欢喜,下决心要和阿难结为夫妻,于是请求母亲满足她的愿望。摩登伽女的母亲于是持

摩登伽女和阿难的浪漫故事（一）

摩登伽女是《楞严经》中的一位重要人物，可以说因为她引出了佛主持的楞严法会。参考巴利文经典和大正藏的《佛说摩登伽女经》，就可以勾画出一个年轻女子追逐爱情和修行证果的动人故事，由此也可以感受释迦牟尼佛教化的伟大。

1 阿难乞水

有一次，阿难从卑贱种姓的村庄托钵乞食归来，因为口渴，便向一个在井边担水的贱姓姑娘乞水喝。这个姑娘就是摩登伽女，她看到帅哥阿难并不歧视她，芳心暗许，于是悄悄跟随阿难，直到阿难进入祇园精舍。

2 姑娘相思

摩登伽女从此日夜思念着阿难，茶不思，饭不想，使得信仰大梵天的母亲十分担忧。摩登伽女于是说出实情，请求母亲设法持大梵天咒，让她能得到阿难做自己的丈夫。

3 阿难乞食

摩登伽女的母亲知道天下没有人能胜过佛和阿罗汉的道力，但在女儿的逼迫之下，当阿难再次来到她家门口托钵化缘时，她便用大梵天咒迷住了阿难，使他进入摩登伽女布置好的洞房。

4 洞房花烛

摩登伽女花枝招展诱惑阿难，阿难不肯依从。摩登伽女的母亲大怒，指着门前点燃的火堆威胁阿难。阿难心中有苦难言，悔恨平时不用功，危难之时力不从心。

摩登伽女和阿难

《楞严经》的本心论　摩登伽女和阿难的欲海情天

佛弟子三种乞食的态度

舍贫乞富	舍富乞贫	平等乞食
须菩提专向富人乞食，使富人来世不堕落。	摩诃迦叶专门向穷人乞食，使穷人能种善根。	阿难平等行乞，以平息人们的疑谤之心。

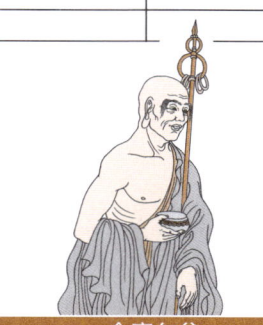

大梵天咒，引摄阿难。阿难不觉为咒力所摄，精神恍惚地进入她们家中，又到了摩登伽女的寝席上，眼看着戒体就要被毁坏了。

■ "食、色，性也"的人生苦恼

《楞严经》首先从吃饭说起，因为吃饭，才发生阿难在城中行乞时，途遇摩登伽女，一见倾心，几乎双双落在情天欲海的故事。经文明明白白地点出了"食、色，性也"的人生苦恼。释迦牟尼佛借这一大因缘节节剖解，由人生而宇宙，由精神而物质，自出生至老死，没有不层层分析透彻的，并指出如何才是人生的一大解脱境界。人生的解脱不容易，然后才有佛对修持实验方法的说明。

■ 情天欲海之中的芸芸众生

其实，阿难遇摩登伽女，并非做不得主。他们两个都是本地难测的大菩萨，为了协助释迦牟尼佛教化众生而示现为垢重的凡夫，把我们凡夫的种种习气演示出来，为的是让我们省悟到贪欲是生死轮回的根本。《圆觉经》说："一切众生从无始来，由有种种恩爱贪欲，故有轮回。若诸世界，一切种性，卵生、胎生、湿生、化生，皆因淫欲而正性命，当知轮回，爱为根本。"在我们所处的世间，人的投胎出生最先就是由于淫欲。所以说："三界轮回淫为本，六道往还爱为基。"放眼看来，茫茫人海、芸芸众生中，人不论黄白棕黑，物不论走兽飞禽，都在情天欲海中头出头没，哪一个不是阿难与摩登伽女？

■ 莫将菩提子，化作相思豆

当美女在前的时候，一般凡夫俗子会像面对鲜花一样着迷。真正佛法修持者，在四威仪中，严守戒、定、慧三学，"于横陈时味同嚼蜡"。佛法行者如果能做到在世俗中香不垂涎，臭不恶心，不管那些"眉毛长、牙齿短、张三李四"的人我是非，那么在无上菩提路上就不会有障碍。当代禅宗大德南怀瑾居士为此曾赋诗曰："紫陌芳尘日转斜，琵琶门巷偶停车。枝头罗绮春无限，落尽天人一夜华。好梦初回月上纱，碧天净挂玉钩斜。一声萧寺空林磬，敲醒床头亿万家。碧纱窗外月如银，宴坐焚香寄此身。不使闲情生绮障，莫教觉海化红尘。"

摩登伽女和阿难的浪漫故事（二）

摩登伽女和阿难两个其实都不是凡夫，而是本地难测的大菩萨，他们的表演是为了让人们省悟到贪欲是生死轮回的根本，后面发生的故事表明了这一点。

| 5 | 文殊救脱 |

阿难危难之时一心念佛，感应道交。佛心知阿难受难，于是派遣文殊菩萨到摩登伽女家找回阿难。摩登伽女不舍夫君，于是也跟随阿难来到祇园精舍。

| 6 | 摩登伽女见佛 |

阿难把摩登伽女带到佛面前。摩登伽女请求佛能成全她和阿难做夫妻。佛于是对她说："你既然这么爱阿难，如果你能请你母亲剃除你的秀发，和他一样，那我就可以让阿难娶你为妻。"

| 7 | 摩登伽女落发 |

摩登伽女为了得到阿难，回家后真的请求母亲为她剃除秀发。摩登伽女的母亲坚决反对，然而在摩登伽女的强硬态度下，她流着泪替女儿剃除了秀发。

摩登伽女和阿难

| 8 | 爱是什么？ |

摩登伽女剃光头发后，又来到佛面前请求佛履行诺言。佛问摩登伽女："你爱阿难什么呢？"摩登伽女回答说，她爱阿难的眼睛、鼻子、嘴巴、耳朵和走路的神态。

| 9 | 观身不净 |

佛引导摩登伽女观看阿难一身眼屎、鼻屎、口水和耳屎，并叫人把阿难的洗澡水端出来，请摩登伽女把它喝下去。摩登伽女顿时发现阿难虽外表光彩，身体却很脏。

| 10 | 摩登伽女证初果 |

摩登伽女在佛的引导下，醒悟到对阿难的执着很荒唐，贪欲全消，当下证得初果。她向佛忏悔自己的愚痴行为，真正发心出家随佛修行，不久证得阿罗汉果。

断除淫欲的境界

佛说："若不断淫，修禅定者，如蒸沙石，欲其成饭，经百千劫，只名热沙。"又说："必使淫机，身心俱断，断性亦无，于佛菩提，斯可希冀。"能达到"断性亦无"境界，则已经进入菩萨的干慧地圣位，对六尘境界毫无粘着。

色 声 香 味 触 法

阿难悔悟
世尊审问阿难出家的最初发心

佛说:"一切众生,从无始来,生死相续,皆由不知常住真心,性净明体,用诸妄想,此想不真,故有轮转。"这一句话是《楞严经》的总纲。明朝真界大师诵曰:"创问菩提本起因,瞿昙诘处意何亲。可怜不识衣中宝,流浪穷途作乞人。"

■ 阿难改过自新

阿难闻佛说法,一听便记住,从不忘失一字,在佛弟子中"多闻第一"。但这次被大梵天咒所迷,差点毁戒的经历使他发现自己一味偏向多闻,却没有丝毫定力,临事根本做不了主。所以他特别希望修定,以为修定是成佛的真因。佛应阿难的请求,对阿难和在场的大众说,有一种"三摩提"的定,名字叫作"大佛顶首楞严王",是三昧中王,具足六度万行,十方如来以靠它能够超越九法界,达于无上殊妙的庄严境界。

■ 阿难出家的最初发心

佛并没有直接去讲什么是"大佛顶首楞严王",而是先探询阿难的病源,所以劈头就问阿难:"当年你是为了什么,以致抛弃了王子的享乐和父母妻子的深重恩爱,跟随佛出家?"

阿难老老实实地回答说:"我就是因为见到佛成道之后的三十二相胜妙绝伦,所以非常羡慕。这样的三十二相,绝对不是父母粗浊腥臭的交合就能先天生成的。这种清净光明、金光闪耀的佛身是大彻大悟后的佛才具有的。我想拥有和佛一样的三十二相,所以就跟随佛出家了。"

阿难见佛相好而出家学道,心目中只因美感一念而来。由追求美感自然会导致情生欲障。因此阿难见到摩登伽女后,被她母亲稍微施加魔咒之力,就本性全迷、定慧无力,这也就不奇怪了。这正应了"因地不正,果遭迂曲"这句至理名言。

■ 成佛的真因

在本经中,佛苦口婆心一再强调,修行人要想成就佛的果德,必须以不生不灭的妙明真心为本修因,才能圆满果地修证。否则,就好像想把沙泥煮成好吃的饭菜一样,就算修行无数劫,终究是不能成就佛的果德,反而成为声闻、缘觉,甚至沦为外道、诸天魔王和魔的眷属。

九法界众生生死轮转的原因

佛法把有情的生命境界分为十类，称为十法界，其中只有佛法界中，觉行圆满的佛彻证了常住真心，完全不受生死轮转之苦。此外，地狱法界、饿鬼法界、畜生法界、阿修罗法界、人法界和天法界六个凡夫法界，因为执着见思妄想而有三界六道的分段轮转之苦；属于圣人法界的声闻法界、缘觉法界和菩萨法界的圣众，虽然脱离了分段生死之苦，但仍有变易轮转之苦。

九众生法界受生死轮转之苦

三界众生执着见思妄想而不舍离，所以有三界六道同居土的分段生死。

声闻、缘觉圣众执着尘沙妄想而不舍离，所以有方便土的变易生死。

菩萨圣众执着无明妄想而不舍离，所以有实报土的微细变易生死。

佛法界不受生死轮转之苦

佛彻证常住真心，所以成就法身如来、化身如来和报身如来，不受生死轮转之苦。

《楞严经》的本心论　世尊审问阿难出家的最初发心

七处征心破妄
我们的心到底在哪儿

佛征问阿难看见美色的心和眼睛究竟在哪里，博学多闻的阿难运用因明学的技巧七次立论回答，均被佛一一辩破，使阿难的妄心无所立足，这段著名的辩论被称为"七处征心"。

　　阿难遭摩登伽女母亲的幻术后，佛敕文殊菩萨去救护他。阿难回到佛所后，佛问他发心出家的最初动机，阿难回答说是因为见到佛的三十二相而发心出家。佛于是征问阿难的心目所在，阿难回答说眼睛在脸上，而心在身内。等到佛论证了心不在身内时，阿难又转而认为心在身外。就这样穷根究底地追讨了七次，以至于发现妄心根本没有可以依止的地方。

　　阿难不知妙明真心遍布一切地方，无在无不在，而错误地把缘尘分别影事的意识心当作妙明真心。佛想破除阿难的妄想缘心，以显露真心的妙净明体，所以有七处征心的说法。

■ 心在身内？

　　第一次，阿难因为佛征问他心目所在的地方，阿难回答说，心居于身内，目长在脸上。佛于是问，如果心是在身内，那应该先看到身内的心、肝、脾、胃等东西，然后才能看见身体外面的事物。假如不是先看到身内的东西，你的心怎么会在身内呢？所以说，你所说的觉了能知的心住在身内，这是不成立的。

■ 心在身外？

　　阿难"心在身内"的观点被佛否定后，转而认为心在身外，并且以烛光来打比方，说众生心在身外，不见身中，就好像烛光在室外不能照进室内一样。佛就问他，你的心如果在身外，那么身心两两分离，各不相知。然而现实中身心是相知的，为什么说心在身外呢？这样，阿难"心在身外"的观点也被破斥掉了。

■ 心在根里？

　　阿难"心在身外"的观点被佛否定后，转而又认为心潜伏在眼根之内，并且以眼镜罩在眼睛上来说明，心藏在眼根里就好像眼睛躲在眼镜后面一样。虽然躲在后面，但是照样能把物体看得清清楚楚。这个比喻

心在哪里？你以什么为"心"？

"七处征心"

凡夫由于自心污染、暗昧，不能了达身心等现象无不是各种因素的合成，在本无实我中对少许因缘法妄生执着，把它固执地当成是能自在主宰的实我。处处以"我"为中心，便产生了许多烦恼和迷惑。佛七次向阿难征询心的所在，正是为了破除阿难的我执。

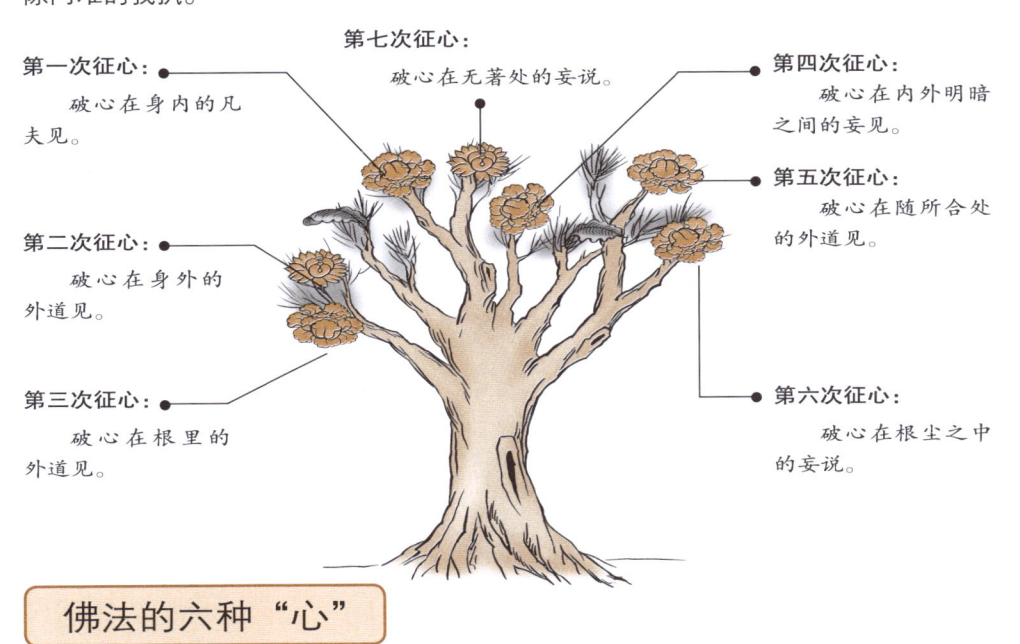

第一次征心： 破心在身内的凡夫见。

第二次征心： 破心在身外的外道见。

第三次征心： 破心在根里的外道见。

第七次征心： 破心在无著处的妄说。

第四次征心： 破心在内外明暗之间的妄见。

第五次征心： 破心在随所合处的外道见。

第六次征心： 破心在根尘之中的妄说。

佛法的六种"心"

"七处征心"重在破除众生对意识心的执着。然而，就世俗所说的"心"，以佛法来厘定其内涵和外延，可以分为如下6种：

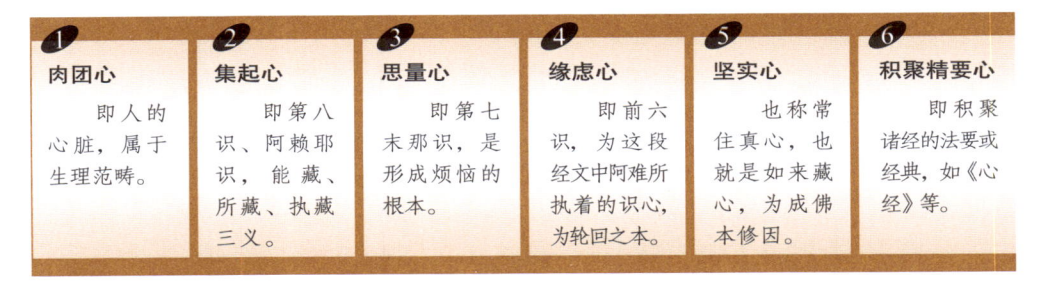

❶ 肉团心	❷ 集起心	❸ 思量心	❹ 缘虑心	❺ 坚实心	❻ 积聚精要心
即人的心脏，属于生理范畴。	即第八识、阿赖耶识，能藏、所藏、执藏三义。	即第七末那识，是形成烦恼的根本。	即前六识，为这段经文中阿难所执着的识心，为轮回之本。	也称常住真心，也就是如来藏心，为成佛本修因。	即积聚诸经的法要或经典，如《心经》等。

《因举楞严经七处征心成颂》："善逝明知直不邪，要穷妄识是空花。故令庆喜推心目，胜相初观始出家。在内似缘昧肝胃，相知在外又成差。琉璃比眼还同境，闭障开明未有涯。合处随生难定体，根尘兼带转蓬麻。世间一切都无著，水陆空行作翳瑕。七处无归全失措，从兹始得遍河沙。"

——宋代高僧清远佛眼禅师

以眼喻心，而以眼镜喻眼。戴眼镜的人确实能看到自己的眼镜，所以世尊破斥的方法如下：既然眼躲在眼镜后，能见眼镜与山河；同样的，心躲在眼根里，也应能见山河并见自己的眼睛——但事实不然，人不能自见其眼，所以阿难所用的比喻不能支持和证明其论点。

■ 心在内外明暗之间？

阿难"心潜在根里"的观点被佛否定后，转而又认为，大多数众生的脏腑藏在身内，孔窍显露在身外，就好像他现在，开眼看见明亮的就叫作看见身外的事物，闭眼看见漆黑一团就叫作看见身内的脏腑。佛于是问阿难，当你闭眼见暗的时候，这个暗的境界与眼根是相对立的吗？假如与眼睛是对立的，暗境在眼前，为什么说成是在身内。假如不对立的话，又怎么能说看见了呢？所以说，闭眼见暗就叫作看见身内是不成立的。

■ 心在随所合处？

阿难"心在内外明暗之间"的观点被佛驳倒后，转而认为心就是眼识、耳识、鼻识、舌识、身识和意识的识心（即能思维的心），不在内外或中间，而在随所合处，心则随有。佛于是问阿难，如果这个心本来没有体，那么就无所合；心如果有体，那么你用手扭痛自己的身体，心必定能知觉，那么这个知觉心是从身内出来，还是从身外出来的？假如是从身内出来的，那么就和第一次讨论的心在身内的观念一样，应该看见身内的一切；假如是从和身外来的，应该先看见自己的面目，事实不然，所以说"随所合处，心则随有"是不成立的。

■ 心在根尘之中？

阿难"随所合处，心则随有"的观点被佛驳倒后，转而又认为心在根尘中间。佛就问，你的心假如在根尘之中，这个心体是兼于根尘，还是不兼于根尘？如果说兼于根尘，那么眼根有知而色尘无知，眼根和色尘对立而生，怎么能围在中间？假如不兼于根尘，既然不属于根尘，也就是没有体性，中间怎么会有相呢？所以说，心在根尘之中是不成立的。

■ 心有无著处？

阿难"心在根尘之中"的观点被佛驳倒后，转而又认为"一切无着，名之为心"。佛于是问他，你说不着就叫作心，例如世间在虚空、水面、陆地上或飞或行的种种生物，以及呈现的种种物象，你的心不着在这上面，那么这些物象是有还是无呢？若说没有，那就等同于不存在的龟毛和兔角，还有什么可以说无着的呢？如果说存在，物象在哪儿心也就在哪儿，怎么可以说无着呢？所以说"一切无着"就是心是不成立的。

心是思维意识吗？

阿难第五次时说心在"随所合处"，即认为心就是能思考的那个意识，这也是一般凡夫和外道的见解，但"心就是思维"这个答案也被佛彻底驳掉。如果这种识心没有体，那就不存在和合；如果识心有体，佛又做如下细分并一一驳斥：

识心是内出还是外入？

如果心有体的话，那么当一个人用手捏自己的身体，就会产生痛的感受。这种痛的感受是从身体内部来呢，还是从身体外部来呢？

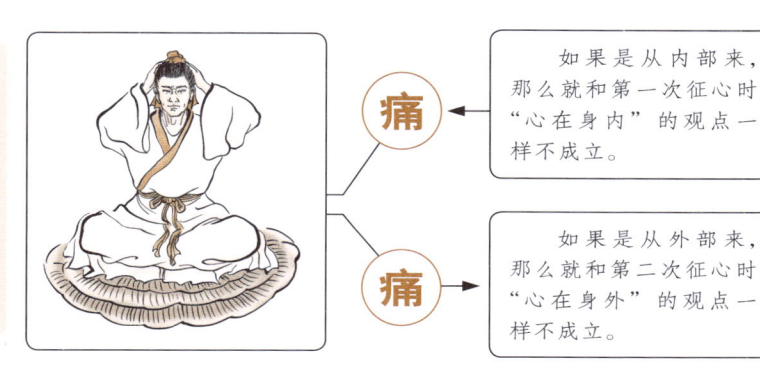

痛 → 如果是从内部来，那么就和第一次征心时"心在身内"的观点一样不成立。

痛 → 如果是从外部来，那么就和第二次征心时"心在身外"的观点一样不成立。

识心是一体还是多体？

如果识心有体的话，那么四肢是共用一个心体，还是四肢各有一个心体？

如果四肢共有一个心体，那么当你被人以手触摸一肢时，四肢应都有感觉才对。

如果四肢各有一个心体，那么就等于一个身体被多个人共用，哪一个才是你呢？

识心是遍体还是不遍体？

如果存在识心，当识心为遍体时，与前面"心在身内"的观点一样不成立。

如果识心为不遍体（在局部），同时摸头与足，如果头有知觉，脚就不应该有知觉。

《楞严经》的本心论　我们的心到底在哪儿

两种根本
众生不能脱离轮回和成佛的根本原因

心，究竟在哪里？这个问题，阿难竭尽聪明才智提出七点见解，经过佛的分析论辩，全都被否决了，阿难感到非常惶惑，于是再度请法。佛应请说出了"两种根本"的真理。

■ 轮回和不能成佛的根本原因

佛告诉阿难：一切众生从无始劫以来，由于不知道妙明真心，而执着于妄心，因而生出种种颠倒妄想，起惑造业，感受流浪于生死轮回的苦果。甚至一些佛法修持者，由于不知道妙明真心，所以不能得道成佛；有的只能修成声闻、缘觉和外道；有的乐行世法，堕于人天乘；有的走邪道，从而成为魔王及魔的眷属。这都是因为不知道有"两种根本"的真理而错乱修习。这样的修行，不管用多长时间，不管如何努力，犹如煮沙做饭一样，终究不能得到至高无上的真实成就。

■ 攀缘心

佛说，所谓两种根本，第一种是妄本：自无始以来，认攀缘心为自己。一切含有灵性众生的心理作用，普通人的心理现状，都在感想、联想、幻想、错觉、思维与部分知觉的圈子里打转。犹如钩锁连环，互相连带发生关系，由此到彼，心里必须缘着事理，有攀取不舍的现象，所以叫作攀缘心。以唯识学来说，第七末那识的我执心，第六意识的分别心，都包括在这种攀缘心之中。

■ 妙明真心

第二种根本是真本，经中翻译为"无始菩提涅槃，元清净体"。一切众生本来具足这种真本，不假造作，不待修成。众生六根中所具足的圆湛不生灭之性，称为识精。本来是妙明之心，并不是磨去垢尘才光亮起来的，而是本来就是明亮的，所以称为元明。它在眼能见，在耳能闻，在鼻嗅香，在舌尝味，在身觉触，在意知法。虽然分成了和合的六根，本来是一个精明，这才是真本，修行者应当取它作为因地心。

佛教一切经论，所有法门，无不围绕着这两个根本，来阐明人生宇宙的奥秘，揭示生死轮回的根由。众生如果能认识并证得这个真本，就能够脱离生死轮回的缠缚。

攀缘心和妙明真心

执取攀缘心

无始劫来，三界六道众生枉受无量劫生死之苦的根源在于认六识妄心为真心，因此妄生种种颠倒，枉受轮回之苦。普通众生的心理都是在种种妄想中打转。

感想　联想　幻想　错觉　思维　知觉

证悟妙明真心

真证悟妙明真心的人，就是永嘉禅师所说的"绝学无为闲道人"，明代大诗僧——苍雪大师有首诗描述这种境界："南台静坐一炉香，终日凝然万虑亡。不是息心除妄想，只缘无事可思量。"

《楞严经》中所说的佛法修行者所要证得的妙明真心，在其他佛经中也被处处提到，只不过用"佛性""一真法界""真如""如来藏""真心""大圆胜慧"等名词来表示。

《楞严经》的本心论　众生不能脱离轮回和成佛的根本原因

认贼为子
"我思故我在"对吗

佛循循善诱地告诉阿难，也是在指导末世的我们如何找到自己的真心。然而自无始以来，一般人都抛弃真心于不顾，反而本能地"认贼为子"——以六识为心，以致生生世世流浪在生死的漩涡里不能出离。阿难也不例外，因此多次被佛呵斥。

■ 能看见东西的是心非眼

佛想检验阿难在七处破妄之后有没有任何省悟，于是进行第二度征心。佛做出了伸臂、示掌、屈指、握拳的这一连串的动作，然后问阿难："看见了没有？"阿难回答说："我看见佛刚才伸臂、示掌、屈指、握拳这一连串的动作了，而且，佛的拳头放着金光，几乎把我的眼睛都晃得看不清楚东西了。"佛紧跟着问了一句："你是用什么来看见的？"这是最能检验一个人是否真正明心见性的一个问题。

我们从阿难的回答中，可以看出阿难依然没有跳出常情。阿难说："我同大众用眼睛看见的。"实际上，阿难的这个回答是有问题的，眼睛只是看的工具，若没有心，眼睛实际上也是看不见东西的，一个很明显的例子是死人也有眼，但眼睛不能看见东西。

所以佛追问："我的拳，当前照耀你的眼与心，你的眼睛既然可以看见，那什么是你的心呢？"阿难答："您追问心在哪里，我现在便推测寻求。这个能够推测寻求的，大概就是我的心了。"佛这时振威一喝，说："错！阿难，这个不是你的心。"佛又说，心是受外界种种尘相的刺激而产生变幻不实的反映，把思维意识等六识当成心是认贼为子！

■ "我思故我在"

由此可见，凡夫与生俱来有一个很严重的执着，也就是阿难所显露出来的——把能逻辑推理和思考的当成是自己的心，这在比较有思想、有学问的人当中比较普遍。

如果翻开西方近代史，就会知道法国启蒙运动的先驱哲学家笛卡尔曾说过一句名言："我思故我在。"这是笛卡尔哲学中很重要的一个理论，也是其巨著"方法论"的主旨，其意为：能独立思考、有思想的时候，才表明我是存在的。这和阿难所说的"即能推者，我将为心"多么相似！

"认贼为子"的寓意

佛再度征心

❶ 佛做出了伸臂、示掌、屈指、握拳等一连串动作，再次向阿难征询心目的所在。

❸ 佛振威一喝，说："阿难，这个不是你的心，你这是在认贼为子啊！"

❷ 阿难说："我的眼睛能看到佛放着金光的拳头。"

❹ 阿难说："能进行思考的就是我的心。"

佛"认贼为子"的寓意

常住的妙明真心如果从性上说，是本来就存在不丢失的，但在相上来说，无始以来"非失而失"。三界六道凡夫"认六识心贼为子"，被六识心贼劫夺自心法财，于是堕落为根尘识及财色名食睡五欲的奴仆，为他们终日驱使，以致财源耗尽，不能做自己的主人，因此在生死轮回中不能出离。

凡夫不认识自己的真子的妙明真心，反加放逐。

凡夫认眼识、耳识、鼻识、舌识、身识、意识六贼为自己的宝贝儿子，终日被它们拖累驰骋声色场中，自家本心的清净光明被它们耗尽了也不知呵斥。

眼贼
耳贼
舌贼

心地的本有清净光明

鼻贼
意贼
身贼

凡夫最终被六贼典卖于五欲六尘之中，旷劫轮回没有出期。

《楞严经》的本心论　"我思故我在"对吗

六识虚妄，真心不妄
妄心和真心的区别

阿难被佛呵斥说意识心不是真心时，非常惊惧不安，以致避座合掌对佛说出了"若此发明，不是心者，我乃无心，同诸土木"的"断灭见"——这也是一般凡夫的通病，佛为此开示了"六识虚妄，真心不妄"的真理。

■ "断灭见"构成的境界非真心

佛为了使阿难和在场的许多没有开悟的比丘解除"断灭见"的疑难，以无比的慈悲和方便说，一切诸法，并非别有所生，而是依从常住的妙明真心而现起。一切十法界正报的凡圣、染净、因果，与依报世界、微尘，一一都是因真心而形成。更何况本自清净、妙净妙明之心，能赋予一切法以体性的真心，自己本身会没有体性吗？其实，"断灭见"所构成的一种空空洞洞的景象仍然是六识心的作用，这个境界绝不是一尘不染的妙明真心。

■ 六识虚妄，真心不妄

所以真心与妄心的区别在于——真心是有体性的，它不生不灭，不垢不净，而阿难所说的这个识心没有体性，它因为色、香、味、触等六尘造作才有。假如没有六尘现前，它便没有自性可得。例如，阿难听到佛说法进行"七处征心"，然后才明白应该把妄心除掉——假如佛不说法，阿难不听法，就不会有这种心念的出现，它因分别声尘而有啊！可见，六识妄心对境则有、离境则无，没有完全属于自己的体性。

■ 静尘非真心

接着，佛又说了一句非常重要的话："纵灭一切见、闻、觉、知，内守幽闲，犹为法尘分别影事。"它是指就算禅修者压伏了六尘于心所起的六识的见、闻、觉、知等作用，使它们不起现行，得到一种寂静的境界，于是粘着这一片寂静之境以为就是自己的真心。实际上，这种境界是一种静尘，是独头意识在作用，仍然不是真心。真正的妙明真心超越了二元对立，它不会随着前尘分别影事的断灭而一起断灭。真心惟有证者方知。

佛说的这番话，把阿难和大众的妄心都破光了。这时，大家好像失掉了自我，讲不出话，也无法申辩。大众这才知道以前执虚为实、认假作真都弄错了。

妙明真心与独头意识的区别

在某些特定状况下，第六意识可以不用依靠前五识（眼识、耳识、鼻识、舌识、身识）而自行生起，这被称为"独头意识"，仍不是不生不灭。因此，佛法修持者不能把独头意识当成真心。

散位独头意识

这种独头意识又称独散意识，具体表现在普通人做"白日梦"或发呆时。

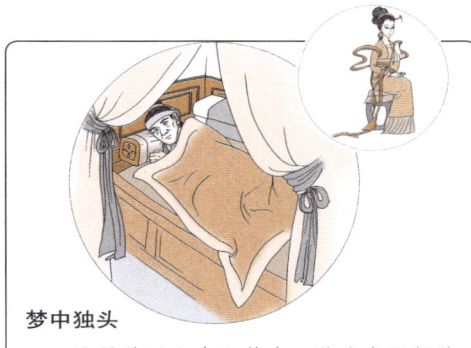

梦中独头

这是普通人在睡梦中，独头意识便独自活动而产生种种幻境。

狂乱独头

这是指有的人由于失心、错乱、疯狂时，独头意识依靠自己想象而造出种种尘境，然后再去缘取、分别这种种自心所造的幻境。

定中独头

这是指修行禅定之人在定中，独头意识能依靠净心的观想而造境，并缘取其所现的五尘境，再加以分别、觉知。例如，禅定中所见种种胜相、瑞相等，都是定中独头意识的作用。

内守悠闲

即使在静坐时，前六识的现行作用如见、闻、觉、知等都止息了，而心中只有一片幽闲安静之相，这仍然只是你的定中独头意识分别心中所造作的静尘之相，离证悟妙明真心的路途尚远。

"真心"与"妄心"的区别

妄心是依前尘而起灭的；而真心的了了分明之性，则是常住不变，不依尘而有无。所以经文说："若离前尘有分别性，即汝真心。"

十番显见
拨落见尘明见性

如果说"七处征心"是破妄,那么"十番显见"则是显真。破妄,能破除妄心的虚妄;显真,则显露出能代表"万象丛中独露身"的妙明真心的见性。

阿难因为听到佛说,入九次第定中顶级的灭受想定,仍然不算见到妙明真心,那么寻常所用的攀缘识心更不必说了。所以悲泪礼佛,开始真正发露忏悔,特别想证悟本有的妙明真心。佛为了使阿难言下契入真心,又一次亮出了他的光明拳,问了阿难三个逻辑严密的问题:"此拳光明因何所有?云何成拳?汝将谁见?"从而成为影响极大的"十番显见"论辩的开端。

■ 第一次:显示见性是心非眼

佛告诉阿难,眼睛不是见性存在的充分必要条件,说盲人不能看见是一个常识性错误。"睹暗"实际也是一种看见,只不过所见到的是一片黑暗而已;如果真看不见,那盲人应该连眼前的黑暗也看不到。佛举例说,一个瞎子所见到的黑暗,与一个视力正常的人在黑暗中见到的黑暗完全相同;假如眼睛瞎了的人把眼病治好了,那么就能在白天看到眼前的一切,与正常人白天看到的没有两样,这就证明瞎子的"见性无亏"。

■ 第二次:显示见性不动

由于阿难与诸大众仍然没有开悟,佛就请开悟成阿罗汉的法性长老憍陈那站起来说说他悟道的经过。憍陈那长老说,自己当初因为听到客尘烦恼的道理而开悟证果。众生自心所现的粗烦恼就好像旅馆中的客人,客人不会住下来,吃完饭准备好就会离开,而妙明真心就好像主人,会安住下来,不会离开。从自心所现的微细烦恼就好像夏天的日光射入门缝中,能看见光束中许许多多乱动的灰尘,而妙明真心则好像虚空一样不会有丝毫动摇。

佛又屈拳、握掌、开合,阿难立即明白了手掌有开合,但见性没有开合。

■ 第三次:显示见性不灭

这时波斯匿王在大众中站起来向佛发露了邪疑的断灭见,求佛开示真实永恒的正理。佛告诉波斯匿王,人的身体虽然年年、月月、日日、时时乃至每个刹那都有变化,你现在发白面皱,形貌身体比童年的时候

妙明真心与断灭见的区别

断灭见

很多人听到佛法"空"的道理，会害怕，这是因为他还没有空掉断灭见。断灭见又称顽空见、断灭恶见，认为现在存在的是真实的自我，命终之后什么都没有了，一了百了。这种观点和另一种认为死后也有一个永恒的"我"的常见，均为佛所破斥。相对来说，断灭见比常见的害处更大。"我死之后管它洪水滔天"是断灭见最常见的腔调。

断灭见的害处

大多数有断灭论倾向的人，在面对重病、衰老和死亡时，都会生起极度的恐慌。《楞严经》中波斯匿王就是因此种恐惧感而提出疑问。

持断灭见的人会否认三世因果，因此懈怠放逸，提倡及时行乐，死后因为废修善行，没有累积福德资粮，大多堕于三恶道中受极大痛苦。

持断灭见的人有的不但不修善，反而妄造恶事和教唆他人行恶，毫无惭愧之心，死后堕于地狱受大苦楚。

佛对断灭见的破斥

在《楞严经》中，佛告诉年迈体衰的波斯匿王说，虽然你的身体比童年时衰老很多了，但你现在观看恒河水时的见性与童年时观看恒河水时的见性并没有变化和衰老，甚至没有丝毫改变，由此可知妙明真心性常住不灭，因此会发生投胎转世的现象。

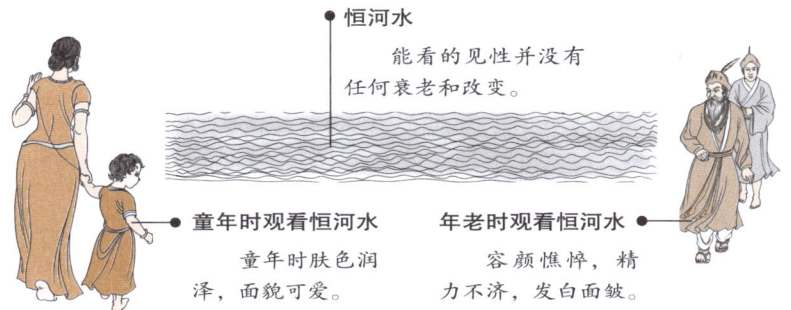

● 恒河水
能看的见性并没有任何衰老和改变。

● 童年时观看恒河水
童年时肤色润泽，面貌可爱。

● 年老时观看恒河水
容颜憔悴，精力不济，发白面皱。

《楞严经》的本心论　拨落见尘明见性

衰老，但是你现在观看恒河水的见性，和童年时代观看河水时的见性相比较，并没有衰老和改变。由此证明见性常住不灭，人死并非灯灭，而会有中阴身的投胎转世。

■ 第四次：显示见性不失

阿难又有疑问，既然在迁变不住的色身中，有不迁变的见性，即此不变的见性，就是众生的真心，显然真心未失，那佛为何又在前面说凡夫众生"遗失真性"呢？这时佛把手臂垂下来开示大众：如果佛的手臂，比喻众生的妙明真心；佛垂手之倒，比喻众生的色身；佛竖手之正，比喻佛所证的清净法身；佛垂手竖手时的手臂不失，比喻众生虽处生死轮回的迷梦之中，但妙明真心不减不失；诸佛悟证清净法身，但妙明真心不增不得。

佛说，众生遗失广大的妙明真心，而认缘影的妄心为己，犹如弃海认沤，这是第一重迷惑；执着地把这个六识妄心当成是妙明真心，犹如把一个小水泡当作是大海，更是迷中倍迷。这就和佛垂手一样，手臂本无正倒，而认定有正倒，这是第一重迷惑；然后又执着地认为上竖为正，下垂为倒，更是迷中倍迷。众生就是这样颠倒迷惑。

■ 第五次：显示见性不还

佛又对阿难及大众说，见性所见的明暗、通塞、色空等前尘，都因外境而有，因此各有所还之处。在这个大讲堂中，明相随日轮而来，所以明相还给日轮；暗相还给黑月；通相还给户牖；塞相还给墙宇；诸缘差异之相还给能起分别的六识；顽虚之相还给虚空；浊相还给灰尘；清相还给霁雨。总结起来，世间万相，都和这八种相一样有可还之处。唯独这个能看见明暗、通塞、色空的见性，不因境有，因此没有可还之处。可以还的明暗、通塞等前尘，当然不是你阿难的真心，这个不能还的见性，不是你阿难的真心又是什么呢？所以说"诸可还者，自然非汝。不汝还者，非汝而谁"？

■ 第六次：显示见性不杂

为了开示阿难及大众，佛让阿难遍览一切水居、陆栖、空行等所有众生的正报和依报。然后说，这一切的情境，虽然在头脑中有昏暗或者明晰等种种形象的差别，但没有一种形象不是六识对前尘境界所做分别而得的留滞障碍的影像。外界种种物象千差万别，能见诸物的

八还辨见

在第五次显见中，佛列举了在大讲堂中能看到的八类四对之相后，把八相还给了它本所生因处。世间万象都和这八相一样有可还之处，而最后留下的见性不能还给任何一相，这个还不掉的见性就是众生的妙明真心和本来面目，这就是著名的"八还辨见"。天目礼禅师曾用一首极美的诗来讲述这个道理，诗曰："不汝还兮复是谁？残红落满钓鱼矶。日斜风动无人扫，燕子衔将水际飞。"

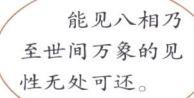

《楞严经》的本心论 — 拨落见尘明见性

1 明相随日轮而来，所以明相还给日轮。

2 暗相还给黑月。

3 通相还给户牖。

4 塞相还给墙宇。

5 诸缘差异之相还给能起分别的六识。

6 顽虚之相还给虚空。

7 浊相还给灰尘。

8 清相还给霁雨。

> 能见八相乃至世间万象的见性无处可还。

就"八还辨见"而发生的禅门公案

以前报慈文邃禅师曾深入参究《楞严经》，后来参谒法眼大禅师。法眼问他："《楞严经》不是有一段八还辨见的经文吗？"文邃说："是的。"法眼曰："明相还给什么？"文邃说："明还日轮。"法眼又说："日还给什么？"文邃懵然不能回答，自此对法眼非常佩服，时常向他请益。可见，真正大彻大悟的人，其悟境在注疏文字外。端师子用一首诗对这则公案做了总结："八还之教垂来久，自古宗师各分剖。直饶还得不还时，也是虾跳不出斗。"

见性本来没有任何差别，这个无差别的见性，就是阿难的真心。佛还从反面证明了见性不是物象。

■ 第七次：显示见性无碍

佛又告诉阿难，一切世间中，不论大小内外所显现的上下、方圆等事相，或者明、暗等业用，都源于现前尘境在六识中的留碍，与见性本身无关，所以不能说见性有随境舒展、缩小、夹断等种种相。一切众生，从无始以来迷己为物，失掉了妙明本心，所以为物所转。

■ 第八次：显示见性不二

佛多番开示，意在告诉阿难：见性随缘不变，所以不能够在万象之中找出这个见性；见性不变而能随缘，所以没有物象不依见性而显。

■ 第九次：显示见性超情

佛对阿难说："我在前面，多番运用权巧方便，引喻举例，种种开示，无非是想说明真妄两种根本，令你们舍妄归真，得成佛道。可是你还是没有开悟，反而怀疑我说的等同于外道所说的'自然理论'。如果说见性是自然的，就应该在明、暗、空、塞等前尘中指出见性来，这已被证明是不可能的。"阿难转而认为见性是从因缘而生。所以佛又解释，见性并非因明、暗、空、塞而生，亦非以明、暗、空、塞为助缘而有。见性不变而能随缘，所以不同外道所执的自然；见性虽随缘而体不变，故能超越万象，不同于佛昔日权说的因缘。因此，佛的结论是："当知如是精觉妙明，非因非缘，亦非自然，非不自然，无非不非，无是非是，离一切相，即一切法。"

■ 第十次：显示见性离见

阿难听到佛说见性非因缘、非自然的正理又起了疑问，并以佛以前经常对比丘宣说见性要具有空、明、心、眼等四种缘才会生起的说法为证。佛就告诉阿难，不应该说见明才称为看见，见暗就不是看见了。应该知道，见性是能见的心，而不是所见的境，这就说明了见性非因缘而生。佛说，以能见之性，见于所见之境，能见的见性不是所见之境。妙精明心的真见犹离于见精的自相，见精也有所不能及。这是因为有妄见时，真见全隐，等到弃生灭，守真常，常光现前就是真见现前时，则妄见已空，所以说见精有所不及。所以说"见见之时，见非是见。见犹离见，见不能及"。

见性与"离四句，绝百非"

见性非自然、非因缘、非和合

《楞严经》中，佛说能代表妙明真心的见性离名绝相，绝不是外道的自然以及权教的因缘和合等世间戏论所可以企及的。进而言之，见性"离四句，绝百非"。

见性

非自然
见性的自体不在明暗、空塞等相中。

非因缘
见性非因明暗、空塞等相而有，非缘明暗、空塞等相而有。

非四种缘生
见性是能见的心，而不是所见的境，这就说明了见性非和合而生。

非见精
"见见之时，见非是见。见犹离见，见不能及"。

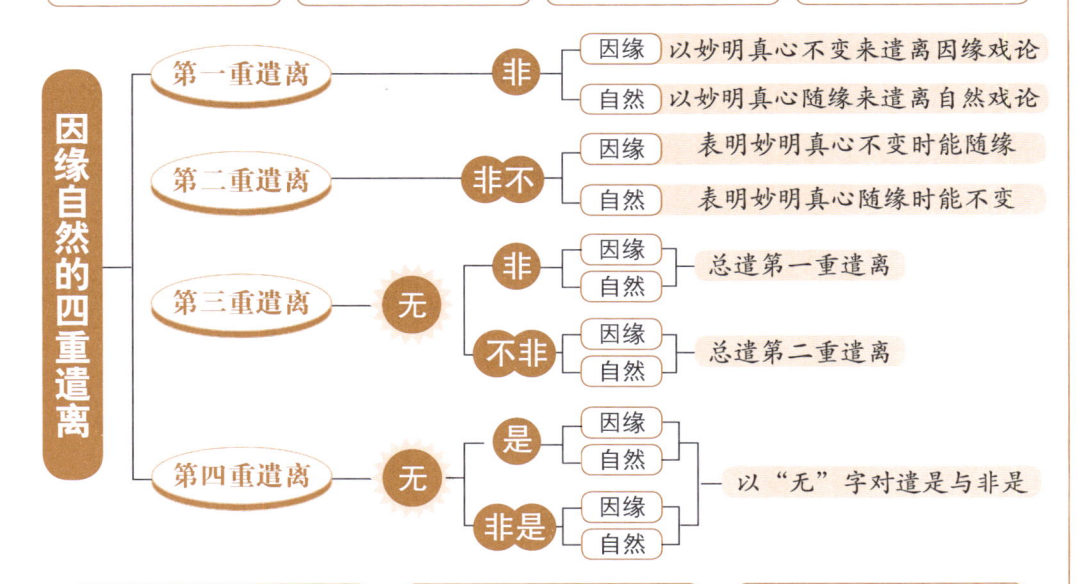

因缘自然的四重遣离

第一重遣离 — 非
- 因缘：以妙明真心不变来遣离因缘戏论
- 自然：以妙明真心随缘来遣离自然戏论

第二重遣离 — 非不
- 因缘：表明妙明真心不变时能随缘
- 自然：表明妙明真心随缘时能不变

第三重遣离 — 无
- 非（因缘/自然）：总遣第一重遣离
- 不非（因缘/自然）：总遣第二重遣离

第四重遣离 — 无
- 是（因缘/自然）
- 非是（因缘/自然）

以"无"字对遣是与非是

外道的自然论
谁开河海堆山岳？谁削荆棘画兽禽？一切无有能生者，是故我说为自然。
（认为一切事物无因无缘，自然生自然灭，拨无因果。）

不了义的因缘论
我说唯钩锁钩，离诸外道过，若离缘钩锁，别有生法者，是则无因论，彼坏钩锁义。
（锁就是因缘，表示相连不断的意思。十二因缘，又称为十二钩锁。）

宗门四句
禅宗所说的"四句"，以现代符号逻辑的横式表示，就是：正A是对的；负A是对的；正A及负A两者都对（双是）；正A及负A两者都不对（双非）。

《楞严经》的本心论　拨落见尘明见性

两种妄见
别业妄见与同分妄见

别业妄见是指众生的正报，也就是各自的五蕴身心，为各人别业所感。同分妄见是指众生依报的世界，为大家同业所感。这两种妄见本来没有，只是因为妙明真心中一念妄动而有无明，遂变真心而为阿赖耶识，故有见相二分。

佛在开示诸三摩地妙修行路之前，再次教诫阿难虽然多闻强记，但缺乏自性正定中微密观照的实证功夫，不悟妙明真心非因缘、非自然的旨趣。然后开示众生的别业妄见与同分妄见，来说明前面"见见之时，见非是见"的道理。

别业妄见和同分妄见本来都是没有的，由于妙明真心中一念妄动而有无明，于是变妙明真心而为阿赖耶识，所以有见分和相分两种分别。见分为妄心，相分为妄境。心境对待起惑造业，轮回生死实在是二妄的过错。所以佛说"见与见缘，并所想相，如空中华，本无所有"。所以禅宗经常说"能所双忘"。

■ 别业妄见形成的原因

为了说明别业妄见所得的色蕴、受蕴、想蕴、行蕴、识蕴这五蕴身心本来是空的，却因为见妄而有，佛举出一个例子：一个眼睛生了红翳的人，夜里看烛光，就会特别地看见烛芯外围有五色重叠的圆影。佛的意思是，众生本具的妙明真心犹如好眼，妄心犹如眼睛生的红翳，五蕴身心犹如烛上的圆影，山河大地犹如空中的狂华。如果能明白眼睛出了毛病，那么就会明白妄心和妄境本空。

■ 同分妄见形成的原因

同分妄见是指众生共同业力感召的依报世界，同样是属于妄见。佛为了显明世界本来没有，却因为九界众生共同妄见所生，所以以南赡部洲提大小等国的灾祥不一来说明。如果一个国家的人共同感召恶缘，那么一个国家的人会共同见到不祥的灾难。那些没有感召恶缘的人就不会见到这些。所以知道秽土众生都是因为共同的恶业一起感召种种恶缘，而净土中的众生就不会见到这些，因而佛经说"大火所烧时我此土安隐"，这是因为生活在净土中的众生本来就不见有秽恶。众生所看见的山河国土以及所有众生都是根本无明的见病所导致。能见的见精与所见的见缘好像是现前境界，却本来不是实有的。追溯其根源都在于我们的根本无明的眼病。凡有能见所见，都是虚妄；能知这能见、所见都是虚妄的才是真见。

别业妄见的原因

别业妄见是九界众生个别业力所形成的幻有感觉的妄见。众生因为别业而妄见五蕴身心，犹如眼睛有炎症的人看烛光时会看到烛光所显现的圆影一样，好像是有，实际上是眼睛的问题所导致。

- 圆影依烛光而有比喻妄心依真心而有。
- 眼睛生的毛病比喻九界众生的根本无明。
- 烛光上的圆影比喻众生的五蕴身心。
- 烛光指众生本具的妙明真心。
- 狂华比喻众生所见的山河大地。
- 好眼比喻妙明真心。

《楞严经》的本心论　别业妄见与同分妄见

别业妄见的例子

由于每个人都有属于自己的别业，所以每个人都会招致不同的依正二报，下面是一个明显的例子。

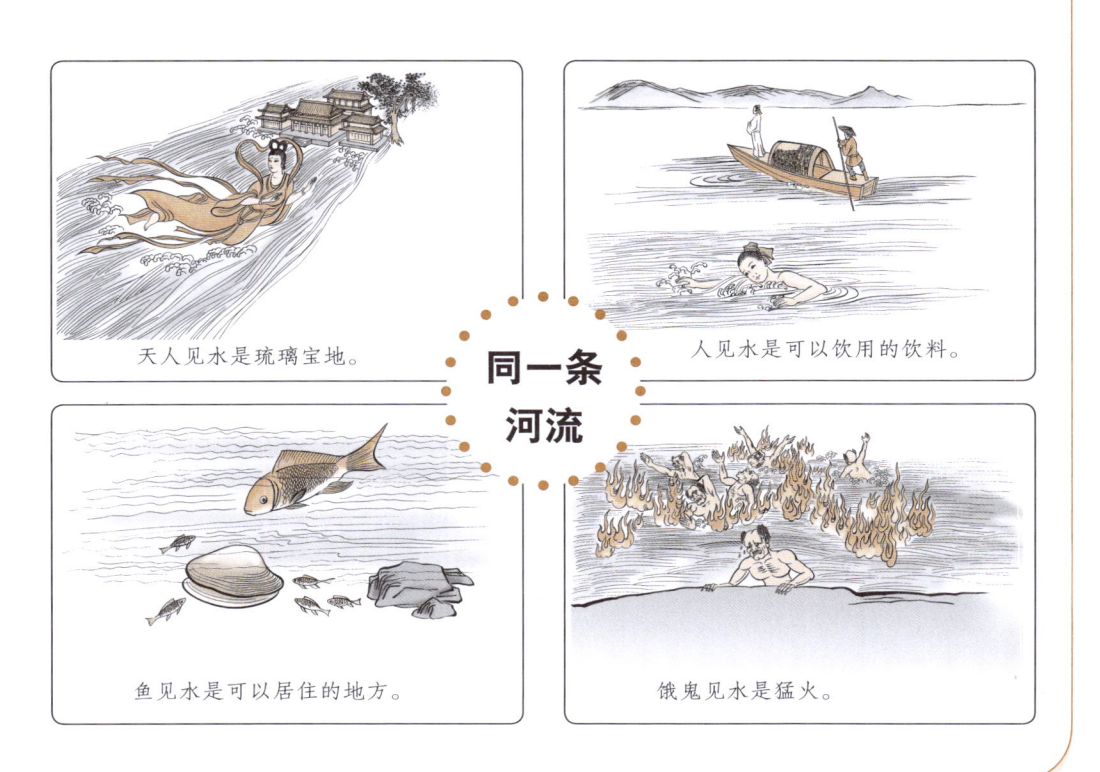

天人见水是琉璃宝地。

人见水是可以饮用的饮料。

同一条河流

鱼见水是可以居住的地方。

饿鬼见水是猛火。

第二节

四科七大

相妄性真，本然周遍

什么是四科

会通四科，即性常住

"因缘所生法，我说即是空"，破妄是为了显真，只有破掉虚假的五蕴、六入、十二处和十八界，才能显出真实不虚的妙明真心。从五蕴、六入、十二处到十八界，统统都是破，一层层地破光，到了后面的七大就统统都是有。

■ 见性与如来藏

前面一节中所说的"见性"，只是就眼根来说的，现在开始说"如来藏"，是总摄眼根、耳根、鼻根、舌根、身根、意根等六根来说的。见性和如来藏虽然有很多方面的不同，但实际是一个体性。

佛证悟了如来藏，所以观相时知道它本来虚妄；众生执相迷性，所以在三界中作业流转。现在佛想让众生遗相观性，证得佛果，这是佛度众生的方便。《楞严经》在这里之后，不再称见精、见性之名，而改称为如来藏妙真如性。

■ 明幻化相即真

佛告诉阿难说，不但见精是相妄而性真，其实世间万象都是如此。一切虚浮不实的尘境，皆是幻化的假象，忽而生，忽而灭，生无所来，灭也无所去，徒有虚妄的名相，根本没有实在的体性。而真性就是我们的妙觉明体、如来藏。

■ 会四科法即真

佛又说，如色、受、想、行、识等五阴，又叫五蕴。眼、耳、鼻、舌、身、意等六入，以及六根与六尘的十二处，六根、六尘、六识合成的十八界，这个身、心、世界的生灭去来之相，本来都是如来藏中常住妙明、不动周圆的妙真如性。

破妄显真的总义

佛破妄心有三处：七处征心以破妄识无处；第二次征心以破妄识非心；纵夺以破妄识无体。佛显示真心也有三处：十番显见以直显见性；示阴、入、处、界以会通四科；示七大以圆彰七大。

破识心	虚妄不实	破斥	正破阿难妄计识心有处。【破妄识无处】
			正斥识心不识真心。【破妄识非心】
			再斥识心离尘无体。【破妄识无体】
显见性	即是真心【十番显见】	破显	正破阿难妄计见者是眼。【显见是心】
			正显见性本体，超脱根尘。【离一切相】
			再显见性相用，周遍万法。【即一切法】
会四科	相妄性真【显体】	破显	正破阿难妄计因缘生法。
			正显四科托缘所现，当体虚妄。
			再显四科相虽虚妄，性体元真。
彰七大	本然周遍【显体】	破显	正破阿难妄计四大和合，发生诸变化相。
			正显性中本具之法，随缘妄现，不属因缘、自然。
			再显七大之法，周遍圆满，随心应量。【随业发现而显一切法】

《楞严经》的本心论　会通四科，即性常住

佛开设四科的原因

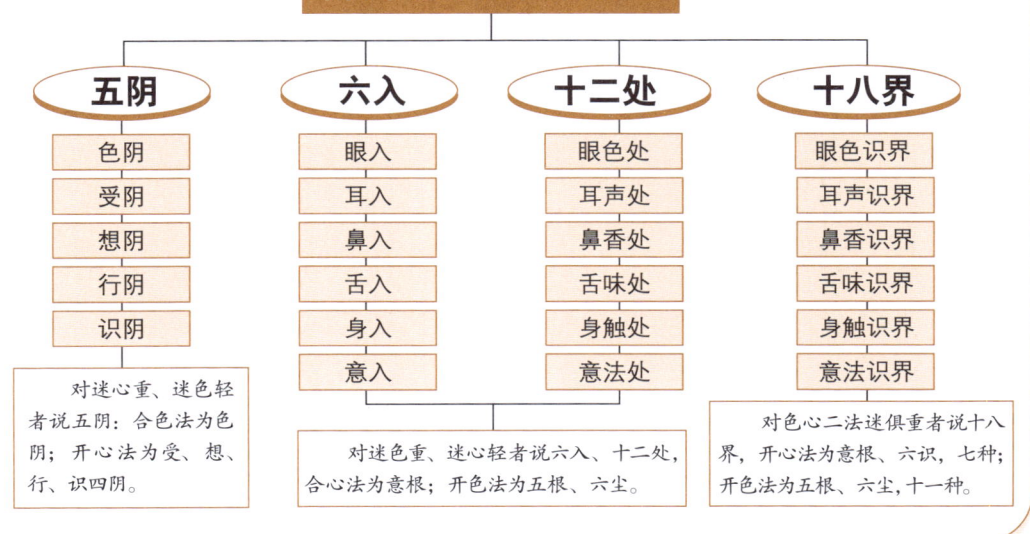

五阴
- 色阴
- 受阴
- 想阴
- 行阴
- 识阴

对迷心重、迷色轻者说五阴：合色法为色阴；开心法为受、想、行、识四阴。

六入
- 眼入
- 耳入
- 鼻入
- 舌入
- 身入
- 意入

十二处
- 眼色处
- 耳声处
- 鼻香处
- 舌味处
- 身触处
- 意法处

对迷色重、迷心轻者说六入、十二处，合心法为意根；开色法为五根、六尘。

十八界
- 眼色识界
- 耳声识界
- 鼻香识界
- 舌味识界
- 身触识界
- 意法识界

对色心二法迷俱重者说十八界，开心法为意根、六识，七种；开色法为五根、六尘，十一种。

五阴虚妄
五阴本如来藏

如果用奢摩他微密观照，能照见五阴之相虚妄：色阴如影像，受阴如阳焰，想阴如梦境，行阴如电光，识阴如幻事，不执实有，那么本有的如来藏就不会被五阴覆盖，能够自己亲见首楞严定体和不生不灭的妙真如性。

"阴"有盖、覆的意思，也就是盖覆妙明真心；也有译为"蕴"，有积聚的含义。色、受、想、行、识五阴，是佛为迷心重、迷色轻的人说的，它本来是世间有为之法，既然应许它就是如来藏，所以必须探讨阐明。

■ 色阴本如来藏和受阴本如来藏

佛说："譬如有人以清净目，观晴明空，唯一晴虚，迥无所有。其人无故不动目睛，瞪以发劳，则于虚空别见狂华，复有一切狂乱非相。色阴当知，亦复如是。"这种虚幻的花相不是从空来，也不是从目出来的。所有一切的色阴，无不是业力流转而发生的劳相，同那种因为"瞪目发劳"而虚妄显现的狂花没有两样。佛又说："譬如有人手足宴安，百骸调适，忽如忘生，性无违顺。其人无故以二手掌，于空相摩，于二手中妄生涩滑，冷热诸相。受阴当知，亦复如是。"受阴和这种触受一样，不是从空来，也不是从掌出，都是虚妄显现的。

■ 想阴本如来藏和行阴本如来藏

佛又说："譬如有人谈说酢梅，口中水出；思蹋悬崖，足心酸涩。"这种酸涎既不是从酸梅流出，也不是无故从嘴中流出。足心酸涩的感觉的推理也是这样。所以说想阴也是虚妄不实的。佛又说："譬如暴流，波浪相续，前际后际，不相逾越。"这种暴流之性，不是因空而生，也不是因水而有，也不是水的本性；也不是离开虚空和水别有这种暴流。由此可知，行阴也是幻妄称相。

■ 识阴本如来藏

佛又说："譬如有人取频伽瓶，塞其两孔，满中擎空，千里远行，用饷他国。"如来藏周遍，本无内外，因为众生妄起我法二执，障碍二空真如，致使如来藏无端隔成内外部分，被裹在身中的如来藏称为识性。众生执此识性，以为实我，反而忘却清净本然周遍法界的藏性。其实，藏性、识性原本一性，更无二性，所以佛说"识阴当知，亦复如是"。

五阴的虚妄

五阴就是色阴、受阴、想阴、行阴、识阴。"阴"有遮盖之意，五阴就是五种遮盖之义，把人人本有的佛性遮盖住了。

色阴

色阴是指物质的积聚，包括内色（五根）和外色（六尘）共十一种。为说明色阴的来源，佛比喻说是人对着虚空瞪着眼睛不动，久了眼睛花了就会看见幻花等幻相。

受阴

受阴指对于顺境与逆境的领纳感受，包含苦、乐、舍、忧、喜等。人在用手掌自相摩擦时，会有涩滑、冷热等感觉。

想阴

心于所知境执取形象，生起认识的心理。为说明想阴的生起，佛比喻说，人想着酸梅时，口中生出口水来。

行阴

行阴是五遍行中的思心所，能驱役自心，造作善、不善等业，有造作迁流的意思。一般以第七识为行阴。为说明行阴，佛比喻说，波涛汹涌的河流的暴流之性。

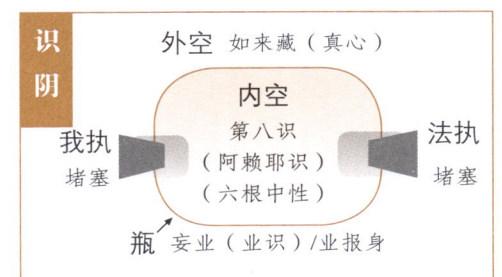

识阴

外空 如来藏（真心）
内空 第八识（阿赖耶识）（六根中性）
我执 堵塞
法执 堵塞
瓶 妄业（业识）/业报身

识阴的识是指阿赖耶识，有了别的意思，能了别自分境。为说明识阴，佛比喻说，有人带来瓶子，装着虚空带到他国去。

一念之中具五阴

一念执着，执则成碍，便是色阴；
觉知苦乐，领纳在心，便是受阴；
缘虑此境，于中想象，即是想阴；
刹那变灭，不得停住，就是行阴；
历历不昧，了了分明，即是识阴。

《楞严经》的本心论　五阴本如来藏

六入虚妄
会六入即如来藏

如来藏在眼根称为见性，在耳根称为闻性，在鼻根称为嗅性，在舌根称尝性，在身根称触性，在意根称知性，是一个本觉佛性映在六根门头。六入没有自己的体相，所以这里极力斥破其离尘无体之妄。

■ 眼入本如来藏和耳入本如来藏

眼入是怎么一回事呢？佛说："就像眼睛一直望着空中，瞪久发劳，时间久劳累了，就会看见空中有花。"见精也是这样，"兼目与劳，同是菩提，瞪发劳相。"这个见性既不是从明来，也不是从暗来；既不是从眼根生，也不是从空中来，所以说眼入虚妄不实。讲到耳入，佛就说："就像有个人用两手指堵住耳朵，把两只耳朵塞牢。由于耳根感到劳顿的缘故，头中就会嗡嗡作声。"闻性也是这样，"兼耳与劳，同是菩提瞪发劳相"。但这个闻性不从动静中来，也不是从根出的，又不是从空来的，所以说耳入虚妄不实。

■ 鼻入本如来藏和舌入本如来藏

说到鼻入，佛说："就好像有人用鼻子极快地、极频繁地呼吸，久了就会生出劳相。"嗅性也是这样，"兼鼻与劳，同是菩提，瞪发劳相"。这个能嗅香臭的闻性，不由通塞产生，不是从根出，也不是从虚空生出来的，所以说鼻入虚妄不实。说到舌入，佛说："就像有人用舌头一直舐自己的唇吻，舐久了就会有劳相生出来。假如这个人有病，嘴里就会有苦味；如果没有病，就会觉得有点儿甜丝丝的味道。苦与甜的感觉，二者都是劳相。"尝性也是这样，"兼舌与劳，同是菩提，瞪发劳相"。我们的尝性不是从甜苦来，既不是因淡有，也不是从舌根出，更不是凭空生的，所以说舌入虚妄不实。

■ 身入本如来藏和意入本如来藏

说到身入，佛说："兼身与劳，同是菩提，瞪发劳相。"但这个触性不是从离合而生，也不是从违顺生，不是从身根来，更不是从空中出，所以说身入虚妄不实。说到意入，佛就说："譬如有人劳苦疲倦就要睡觉，睡够了便觉醒。看见过的事情就会记忆，失去记忆就是忘却，生命过程中就会有各种事实与思想生起、保存、变易、消灭的种种颠倒经验。"意根也是这样，"兼意与劳，同是菩提，瞪发劳相"。但这个觉知性不是从醒和睡的状态中来，不从生灭中来，不从意根生出来，也不从虚空中无中生有，所以说身入虚妄不实。

"菩提瞪发劳相"的六种表现

"菩提瞪发劳相"是指如来藏本来只有一个坚密身，根本无所谓能所，本不可入。但因为一念妄动而起无明之后，众生迷此真心而为八识，发起见、闻、觉、知而为六用的根本。如来藏这个湛渊之体因此而分为六受用根，并为六尘所入。所以，"瞪"比喻无明；"劳"比喻相分和见分，表现如下：

菩提瞪发劳相

- 暗相和明相等种种色相，乃至眼根都是菩提妙性中的劳相。
- 有声、无声等种种音相，乃至耳根都是菩提妙性中的劳相。
- 香臭、通塞等种种相，乃至鼻根都是菩提妙性中的劳相。
- 苦、甜、咸、淡等种种相，乃至舌根，都是妙明真心中的劳相。
- 身根与一切触觉，都是我们菩提妙性中的劳相。
- 痛痒、忆忘等相，乃至意根都是我们妙明真心中的劳相。

《楞严经》破法的三种差别

明朝交光大师在《楞严经正脉疏》中，指出六入、十二处、十八界的破法有三种差别，为千古独唱。大师的这种分析对准确理解经文极有帮助，介绍如下：

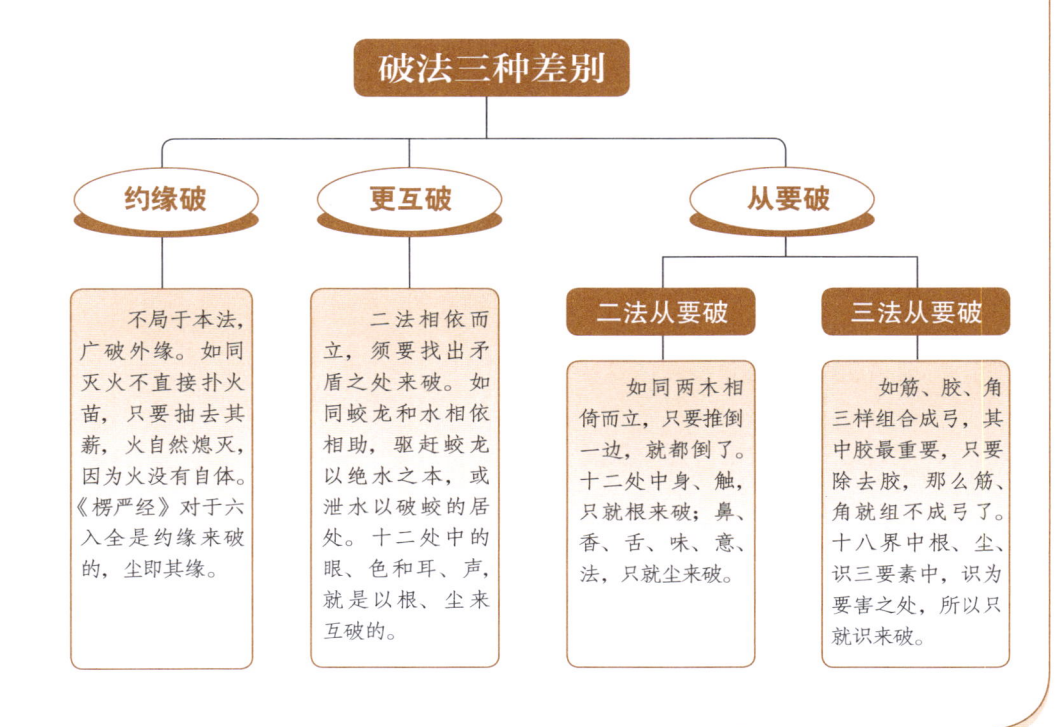

破法三种差别

约缘破：不局于本法，广破外缘。如同灭火不直接扑火苗，只要抽去其薪，火自然熄灭，因为火没有自体。《楞严经》对于六入全是约缘来破的，尘即其缘。

更互破：二法相依而立，须要找出矛盾之处来破。如同蛟龙和水相依相助，驱赶蛟龙以绝水之本，或泄水以破蛟的居处。十二处中的眼、色和耳、声，就是以根、尘互破的。

从要破：
- **二法从要破**：如同两木相倚而立，只要推倒一边，就都倒了。十二处中身、触，只就根来破；鼻、香、舌、味、意、法，只就尘来破。
- **三法从要破**：如筋、胶、角三样组合成弓，其中胶最重要，只要除去胶，那么筋、角就组不成弓了。十八界中根、尘、识三要素中，识为要害之处，所以只就识来破。

十二处虚妄
色尘生眼见，还是眼根生色相

十二处是六根对六尘，是佛对迷色重、迷心轻的人说的，所以开色合心：开一色法为六尘、五根，合受、想、行、识四阴心法为一意根。根、尘互相依倚，为下文说"根尘同源，缚脱无二""迷晦即无明，发明便解脱"埋下了伏笔。

■ 色与见两处虚妄，声与闻两处虚妄

佛告诉阿难，你现能看到的祇陀树林和林中的泉池，既不是外在的色尘生出眼见，也不是内里的眼见生出色尘。所以说，能见的眼根与所见的色、空，都没有一定的处所，那么色尘与眼见两处均为虚妄。

佛告诉阿难，祇陀园里要开饭的时候，先击鼓，再撞钟召集大众，两种声音前后相续，但既不是声音到你的耳朵来，也不是你的耳朵往声音那里去。所以说，听与音声俱无处所，声与闻两处均为虚妄。

■ 香与嗅两处虚妄，味与舌两处虚妄

佛告诉阿难，紫檀的气味很香，用它做成的香料只要燃烧一点儿，整个室罗筏城四十里内都可以同时闻到这种香气。但这种香气既不是紫檀木所生，也不是你的鼻子所生，更不是凭空而生，所以说，香气、鼻子与闻性都无处所，嗅与香两处均为虚妄。

佛告诉阿难，你托钵到外头去乞食的时候，有时会遇到酥酪、醍醐等很好的味道，但这种味道既不是从空中出生，也不是从舌中出生，更不是从食物中出生。所以说，味道、舌头与尝性都没有一定处所，尝与味两处均为虚妄。

■ 身与触两处虚妄，法与意两处虚妄

佛告诉阿难，出家人每天要有三次摸头，警醒自己为了生死而精进、而用功。摸的时候有个触觉，这种触觉是从哪里生出来的？实际上这个能触既不是在手上，也不是在头上，也不是凭空而生。所以说，觉触与身体都没有处所，这两处都是虚妄的。

佛告诉阿难，色、声、香、味、触前五尘落谢在第八识中，成为内五尘，意根吸取这个影子就会生出妄境，妄境就叫法尘，归纳起来有三种：一种是善性，一种是恶性，一种是无记性。这个法尘既不是从心中所生，也不是离心别有方所。所以说，法尘与意根之心，都没有一定处所，这两处均为虚妄。

六根六尘两虚妄

十二处即六根——眼、耳、鼻、舌、身、意，与六尘——色、声、香、味、触、法。对于这十二种为众生所执着迷恋的东西，佛陀毫不客气地揭示了它们虚妄的本质。

眼、色两虚妄

眼前的景物既不是外在的色尘生出眼见，也不是内里的眼见生出色尘，因此色尘与眼见二处均为虚妄。

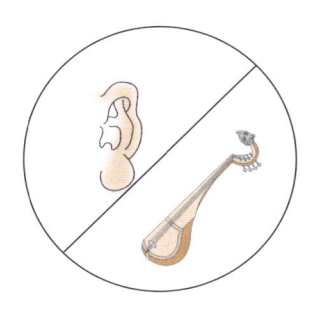

耳、声两虚妄

耳朵里听到的声音，既不是声音到耳朵里来，也不是耳朵往声音那里去，因此声与闻二处均为虚妄。

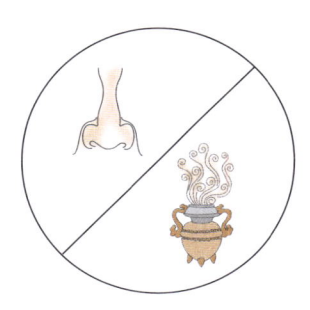

鼻、香两虚妄

鼻子所闻到的香味既不是香炉所生，也不是鼻子所生，更不是凭空而生，所以嗅与香二处均为虚妄。

舌、味两虚妄

口中所尝到的味道既不是从舌头上产生，也不是从食物中产生，因此尝与味二处均为虚妄。

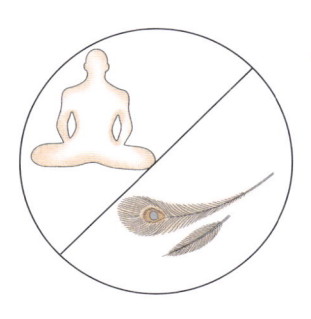

身、触两虚妄

手摸头部时的触觉既不是在手上，也不是在头上，也不是凭空而生，因此觉触与身体都是虚妄。

意、法两虚妄

意根吸取色、声、香、味、触前五尘的影子而生出法尘，这个法尘既不是从心中所生，也不是离心别有方所，因此法尘与意根之心均为虚妄。

《楞严经》的本心论　色尘生眼见，还是眼根生色相

十八界虚妄
见闻、觉知的功能是怎么产生的

六根、六尘、六识各有界限，共成十八界限。十八界是佛为心、色二迷障都重的人说的，所以心色俱开：色法分为六尘、五根；心法分为意根和六识。

■ **眼色识界本如来藏**　眼识就是能看见物象的功能。一般人认为，它是眼根对色尘接触之后生出来的。但佛证明，眼识既不是从眼睛所生，以眼为界；也不是由外面色尘所生，以色尘为界；更不是眼根与色尘合起来共生的。眼根、色尘、眼识三处界限都是没有的，既非因缘性所生，也不是自然性所生。

■ **耳声识界本如来藏**　耳识是能听声音的功能。一般人认为，它是由内里的耳根听到外面的声尘而产生出来的。但佛证明，这个耳识既不是由耳朵生出来的，以耳朵为界；也不是因为声尘所生，以声尘为界；更不是由耳根对声尘，内外两边和合生出当中的耳识，如此而成界。所以说，耳根、声尘和耳识三处界限根本就没有。

■ **鼻香识界本如来藏**　鼻识是能嗅东西的功能，一般人认为它是以鼻根和香尘为因缘而生。但佛证明，鼻根与香尘及鼻识三处界限根本就没有，既不属于因缘性，也不属于自然性。

■ **舌味识界本如来藏**　舌识是能尝东西的功能。一般人认为，以舌根和味尘为缘，能生出舌识。但佛证明，舌识既不是由舌根所生，以舌根为界；也不是因为味尘所生，以味尘为界；也不是凭空而生；更不是舌根味尘二者和合而生。所以说，舌根、味尘和舌识三处界限都没有。

■ **身触识界本如来藏**　身识是能触摸东西的功能。一般人认为，以身根和触尘为缘，能生出身识。但佛证明，身识既不是因为身根所生，以身根为界；也不是因为触尘所生，以触尘为界；更不是因为身根与触尘和合而生。所以说，身根、触尘和身识三处界限根本就没有，不从因缘、自然而生。

■ **意法识界本如来藏**　意识是能心理活动的功能。一般人认为，以意根和法尘为缘，能生出意识。但佛证明，意识既不是因为意根所生，以意根为界；也不是因为法尘所生，以法尘为界。所以说，意根、法尘和意识这三处界限，本来都是没有的，不从因缘、自然而生。

眼睛能看的功能从哪里来？

佛立下宗旨，让人承认后，紧接着就推倒，随立随破，并且让人心服口服，这是佛说法的一个究竟的宗旨。佛说法的破处就是显露出如来藏妙真如性的显处，佛说十八界的眼识界时也是如此。

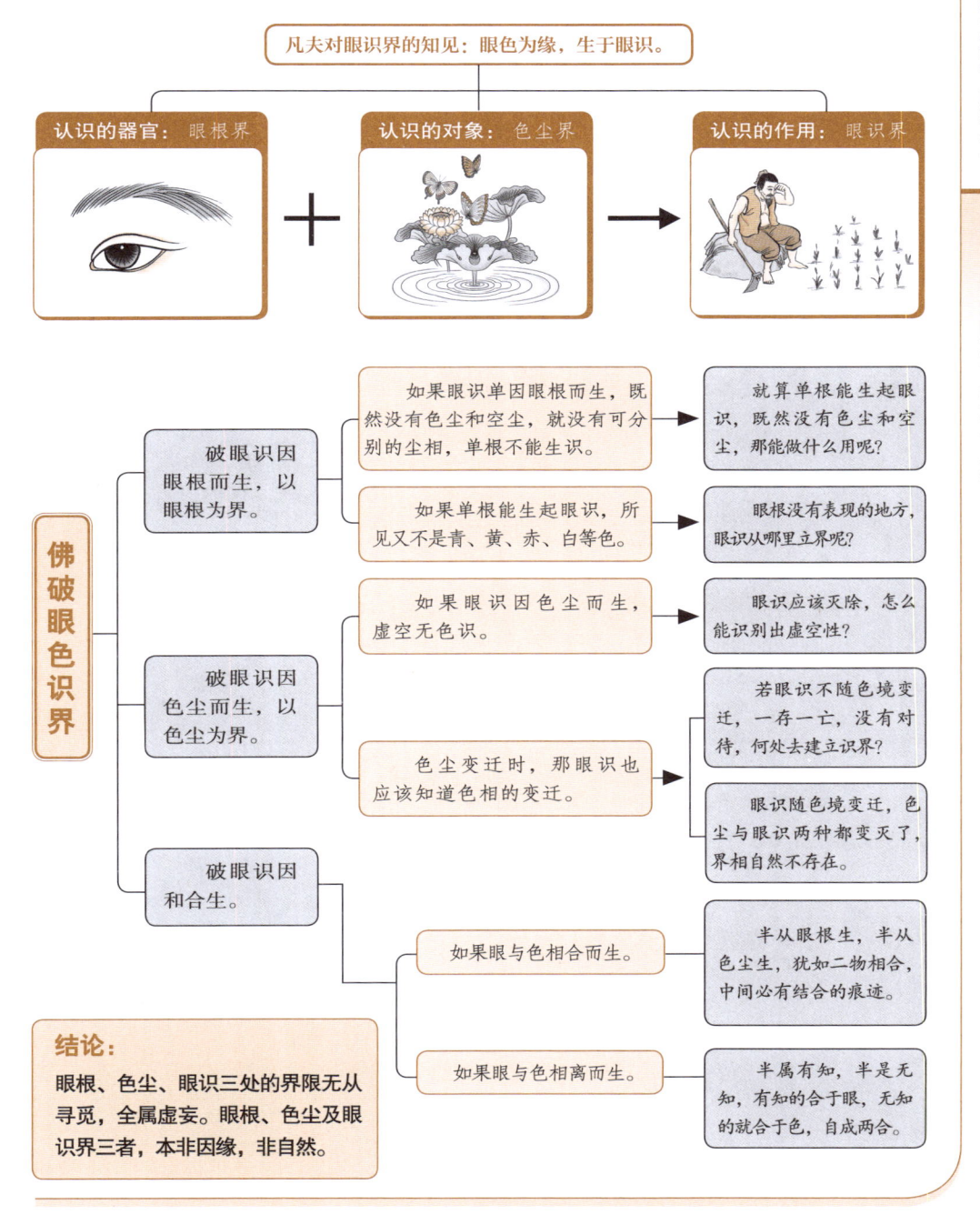

凡夫对眼识界的知见：眼色为缘，生于眼识。

- 认识的器官：眼根界
- 认识的对象：色尘界
- 认识的作用：眼识界

佛破眼色识界

破眼识因眼根而生，以眼根为界。
- 如果眼识单因眼根而生，既然没有色尘和空尘，就没有可分别的尘相，单根不能生识。 → 就算单根能生起眼识，既然没有色尘和空尘，那能做什么用呢？
- 如果单根能生起眼识，所见又不是青、黄、赤、白等色。 → 眼根没有表现的地方，眼识从哪里立界呢？

破眼识因色尘而生，以色尘为界。
- 如果眼识因色尘而生，虚空无色识。 → 眼识应该灭除，怎么能识别出虚空性？
- 色尘变迁时，那眼识也应该知道色相的变迁。 → 若眼识不随色境变迁，一存一亡，没有对待，何处去建立识界？
- → 眼识随色境变迁，色尘与眼识两种都变灭了，界相自然不存在。

破眼识因和合生。
- 如果眼与色相合而生。 → 半从眼根生，半从色尘生，犹如二物相合，中间必有结合的痕迹。
- 如果眼与色相离而生。 → 半属有知，半是无知，有知的合于眼，无知的合于色，自成两合。

结论： 眼根、色尘、眼识三处的界限无从寻觅，全属虚妄。眼根、色尘及眼识界三者，本非因缘，非自然。

《楞严经》的本心论

见闻、觉知的功能是怎么产生的

七大本真
圆彰七大，即性周遍

在前面的四科中，佛只是显明了法法当体真常，到了七大这部分，佛才极力显明法法圆融周遍。《楞严经》的七大是在四大的基础上，加上空大、见大（代表六根）和识大（代表六识）这三大而构成。

如来藏就是众生的妙明真心，它不变随缘，随缘不变，圆含一切，无法不备，无法不融。七大是如来藏本具的七大，当体即是真空，就是即有即空。如来藏虽然本空，一法不立，但在性空之中，却本具七大，就是即空即有。如来藏不变之体"清净本然"，如来藏本具随缘之用"周遍法界"。

如来藏本来无形无相，但能随法界众生胜劣大小的心量和知量，循有漏、无漏二业，发现六凡有情世间和三乘正觉世间，凡、外没有正知正见之众，迷惑为因缘和合而生，及自然不和合而生。这些都是妄想识心的分别计度，于依他起性法中，不明了当体即是如来藏圆成实性，虚妄生起遍计执性。凡有言说，如因缘——自然，和合——不和合；非因缘、非自然、非和合、非不和合等，都属于戏论，都没有真实义理。

■ 地大种性的分析

观察地大种性，粗重的是大地，细小的是微尘，最小的是邻虚尘。如果色相可以分解成虚空，那虚空也可以合成色相。但虚空不可合成色相，则证明邻虚尘不是虚空和合而有，色相与色相和合，合成之物应当仍然属于色法，不会成为虚空。虚空与虚空和合，就绝不可能变成有碍的物质。世间种种诸法就更不可执为从因缘与和合而有了。所以说："如来藏中，性色真空，性空真色。"

■ 火大种性的分析

火大之性没有自体，只能寄托于钻木、执镜、击石等种种缘而得以显现。在炉灶里烧火煮饭的时候，用阳燧（取火镜）从太阳光中取火，这火既不是来自阳燧，也不是来自太阳，也不是来自引火的艾草，更不是凭空而生，可见火大不从因缘和自然而生。所以说："如来藏中，性火真空，性空真火。"

火从哪里来？

古印度人用灶生火做饭时，手里拿着阳燧在太阳光下求火。火是从哪里来的呢？是从太阳来？是从阳燧来？是从艾草来？或者是无因自生的吗？

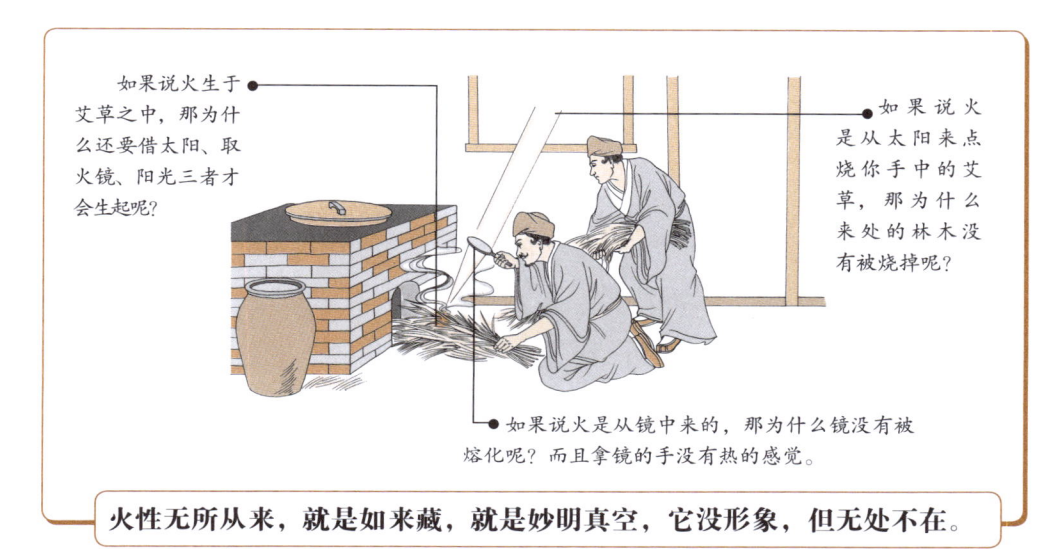

如果说火生于艾草之中，那为什么还要借太阳、取火镜、阳光三者才会生起呢？

如果说火是从太阳来点烧你手中的艾草，那为什么来处的林木没有被烧掉呢？

如果说火是从镜中来的，那为什么镜没有被熔化呢？而且拿镜的手没有热的感觉。

火性无所从来，就是如来藏，就是妙明真空，它没形象，但无处不在。

物质会不会被分解成虚空？

《楞严经》中，佛提出"邻虚尘"这样一个概念，并论证了物质不会被分解成虚空。以色尘为例，《俱舍论》中，物质的基本粒子被分为八种。

极微尘=邻虚尘	是物质（色尘）分析至极小不可再分解的单位。
一微尘=七极微尘	可以被有天眼通的人看见。
一金尘=七微尘	可以通过黄金中的空隙。
一水尘=七金尘	可以通过水的缝隙。
一兔毛尘=七水尘	犹如兔毛端尖的细微。
一羊毛尘=七兔毛尘	犹如羊毛端尖的细微。
一牛毛尘=七羊毛尘	犹如牛毛端尖的细微。
一隙游尘=七牛毛尘	指如窗隙间，人可用肉眼看见光中的浮游细尘。

《楞严经》的本心论　圆彰七大，即性周遍

■ 水大种性的分析

水性不定，流无常流，随缘而息。一些有神通的大幻师，在月白如昼的夜晚，用水晶珠向月亮求水以和方药，这求得的水既不是从水晶珠中出来，也不是从虚空中生出，也不是从月亮中来，更不是无因而生。所以说："如来藏中，性水真空，性空真水。"

■ 风大种性的分析

风大之性，本来没有自体可得，时动时静，忽起忽灭。阿难整理衣服的时候，衣角动及旁人，就有风拂到别人的脸上。这风是从哪里起来的呢？它既不是从衣角生出，也不是从虚空生出，也不是别人的身上生出来的，更不是无因自生。所以说"如来藏中，性风真空，性空真风"。

■ 空大种性的分析

虚空之性没有形状，因为色相才显发出来。打井的时候，每挖出一尺土，在原来有土的地方就有一尺空间。挖土一丈，当然就有一丈的虚空。这虚空是从哪里来的呢？这种虚空既不是从土地中生出来，也不是凿井凿出来的，更不是无因自生。所以说是无所从来。没有生灭，即是如来藏，与前面的四大合为五大，正说明"如来藏中，性觉真空，性空真觉"。

■ 见大种性的分析

祇陀林下，早晨太阳升起来就有光明；夜里太阳落山，天就黑了。假设在夜晚，有月亮的时候有光明；没有月亮时就是黑暗。明暗两个色尘，都是因为见性而起的分析和判断才有。这个见性与明、暗、虚空究竟是同为一体呢？还是并非一体？或者是既同又不同？或者是既异又非异呢？既不从因缘生，也不是无因自然而生。所以说，这见、闻、觉、知等六精之性，圆满周遍，无所从来，即是如来藏，可与前面五大合称为六大。由此可知，"如来藏中，性见觉明，觉精明见"。

■ 识大种性的分析

识性没有根源，只是以六种根尘为缘而虚妄显现。以眼识为例，眼睛犹如镜子照东西，只有总相而没有分析辨别的作用。眼识才能起分别作用，把看见的东西依次标明出来。这个眼识既不是从见生出来的，也不是从物相生出来的，也不是从虚空中生出来的，更不是没有原因突然生出来。所以说六识无所从来，即是如来藏，可与前面六大合为七大。由此可知，"如来藏中，性识明知，觉明真识"。

风从哪里来？

阿难在大众中整理衣服时，衣角会有微风拂在旁人的脸上，那么，这个风是从袈裟角生起，还是从虚空生起？还是从被拂着的人脸上生起？或者是无因自生的？

> 阿难，风从哪里来，你好好参一参！

> 这个风如果是从袈裟角生出，那你的衣就是会动的风了。佛说法时穿的衣自然下垂，也没有风，应该不是你的衣服中有一个藏风地吧？

> 如果说风从虚空生出，阿难的衣服不动时，怎么没有风拂到别人脸上？虚空其性常住，那风也应常生，如果没有风时，虚空应当消灭了，怎么可能？

> 如果说风自生被拂的人的脸上，那风从他脸上生出来时，应当拂到你，而你整衣怎么反倒拂他？

风大是如来藏本具的风大，当体即是真空，就是即有即空。如来藏虽然本空，却本具风大，就是即空即有。

《楞严经》的本心论　圆彰七大，即性周遍

七大循业发现

	凡夫（随其所造有漏的染业）。	圣人（随其所造无漏的净业）。
地大	三恶道感受秽恶的色相。	菩萨感受实报庄严土。
火大	饿鬼口吐火焰。	火头金刚把多淫欲的心火化为智慧火。
水大	地狱众生感受镬汤油锅之苦。	月光童子修习水观，入定之时，能显现池水溢满室中。
风大	凡夫会感受风灾。	菩萨现慈风遍拂，以除众生烦恼。
空大	第四禅天人感现空无边处天。	定性阿罗汉感现偏空涅槃。
见大	凡夫肉眼不能看见被遮蔽的物相。	天眼能透视山窟石壁，佛眼圆明普照无始劫前一切因果。
识大	水母生不起眼识。	色界后二禅天不会生起前五识。

赞佛偈

阿难尊者的悲心大愿

楞严一席法雨，自最初七处征心识妄心虚妄不实；再而十番显见，显见性却是真心；会四科显体，不属因缘、自然；七大显相，随心应量。至此，阿难与会众都大开圆解。受益既然很深，感恩自然迫切，所以赞佛发愿，以报佛恩。

　　承蒙如来微妙开示，阿难现有了大的解悟，与会大众也获益良多。以前，大家都以为心在身内；现在，自知妙明真心遍十方。以前，大家都认为虚空最为广大；现在，悟得妙明真心广大，所以观看十方虚空就好像端详手里拿的一片小树叶一样清晰。以前，大家被目前的物象所迷惑；现在，则能了悟一切物象就是妙明真心，真心周遍含裹十方。以前，只认父母所生的身体为实有，而生爱恋；现在，反观这个身体犹如十方虚空中的一颗游尘，犹如大海中流淌的一个小水泡，起灭无常，了不可得。以前，大家一向只执着妄想生灭识心为真心；现在，则了悟妙明真心常住不灭。如果不是佛对大众大悲开示殊胜的佛法，怎么能够一下子超悟至此？所以阿难代表大众合掌礼佛，叩谢恩德，说偈陈情赞佛。下面是阿难的赞佛偈，共十八句。

　　妙湛总持不动尊，首楞严王世稀有！这两句赞美了佛的法身，也就等于赞美了佛的三身，所以称为圣中尊。阿难现已悟了首楞严王大定，所以称赞此定为世稀有。

　　销我亿劫颠倒想，不历僧祇获法身。表示所获得的大利益。阿难顿获法身，不需要重新经历僧祇劫，这是表明开悟获益之快。

　　愿今得果成宝王，还度如是恒沙众。将此深心奉尘刹，是则名为报佛恩。这四句是陈愿，上求下化以报佛恩。

　　伏请世尊为证明，五浊恶世誓先入。如一众生未成佛，终不于此取泥洹。这四句请佛加被以成就大愿，小乘一向没有发这种大愿的。

　　大雄大力大慈悲，希更审除微细惑。令我早登无上觉，于十方界坐道场。这四句是请益。阿难虽悟法身，但只是初见道而已，仍然有无明微细结惑深密难断，必须要仗佛雄猛慈悲之力才能破除，才能速证菩提。

　　舜若多性可销亡、烁迦罗心无动转。这两句是表明誓愿不退坚固之心，是说虚空无形可使销亡，而我愿力坚固之心永无动转。

佛菩萨救度众生的大愿

十方三世一切诸佛菩萨都在发心之初，志求无上菩提，欲度尽一切众生，遂发宏伟大愿。《楞严经》中阿难在开悟后，说偈陈情赞佛，并发出上求下化的深广大愿，愿意像释迦牟尼佛一样在五浊恶世中教化众生。所以，憨山大师赞叹说："四十年来小乘一向未有发此愿也。"

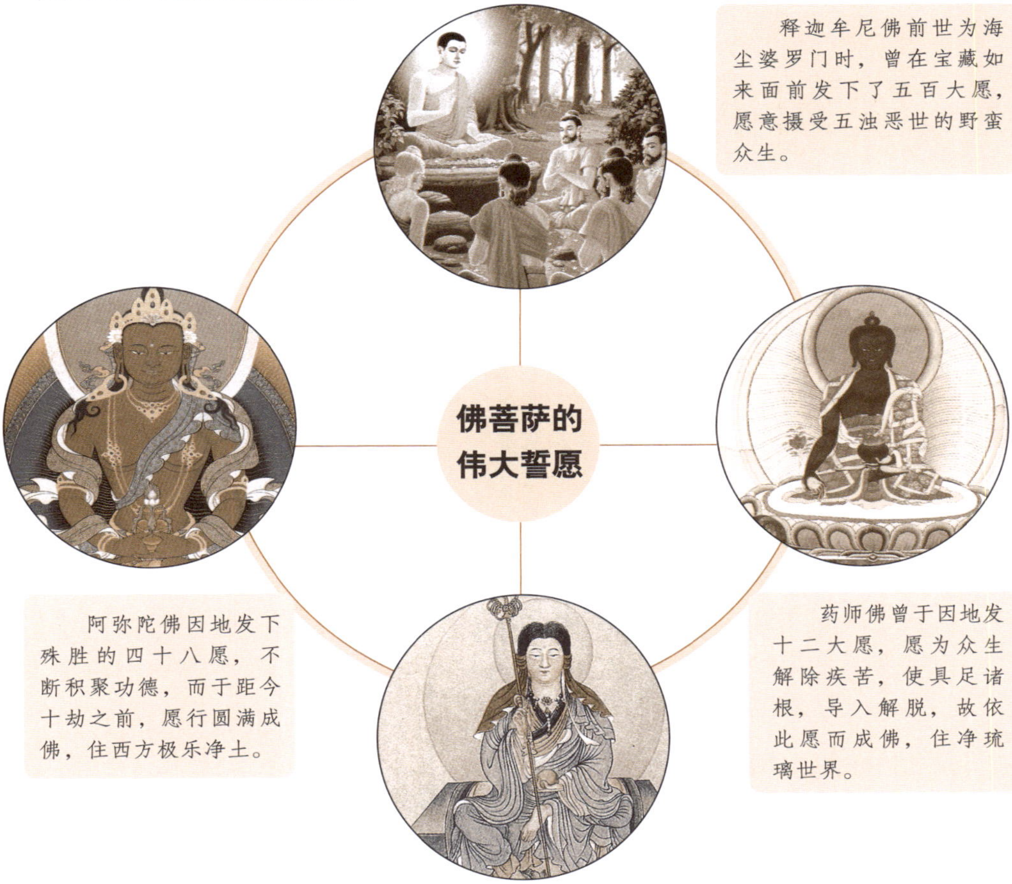

《楞严经》的本心论　阿难尊者的悲心大愿

佛菩萨的伟大誓愿

释迦牟尼佛前世为海尘婆罗门时，曾在宝藏如来面前发下了五百大愿，愿意摄受五浊恶世的野蛮众生。

阿弥陀佛因地发下殊胜的四十八愿，不断积聚功德，而于距今十劫之前，愿行圆满成佛，住西方极乐净土。

药师佛曾于因地发十二大愿，愿为众生解除疾苦，使具足诸根，导入解脱，故依此愿而成佛，住净琉璃世界。

地藏菩萨有十二大愿，他发愿："众生界尽，方证菩提；地狱未空，誓不成佛。"地藏菩萨常变现如是无数的化身济度众生，故又称为千体地藏。

普贤菩萨有十大行愿，代表了一切菩萨的誓愿。

文殊菩萨曾有十种大愿，帮助众生迅速除去各种障难，并成就文殊净土。

观音菩萨为度众生发有十二种大誓愿，有"千处祈求千处应，苦海常作度人舟"之称。

105

第三节

《楞严经》对宇宙起源和生命真相的揭示

三细六粗

宇宙的诞生和生命的起源

听了佛前面的微妙开示后，富楼那站起来提出了疑问：如果四科七大都是如来藏妙真如性，其体清净无相，为什么会忽然生出山河大地等有为相呢？佛于是讲述只有佛才能彻底明了的法界缘起的真理。

■ 宇宙从何而来？

佛告诉富楼那说，如来藏妙真如性本来性觉，本来就是妙明的，不需更以明明之。才动有所加明于觉的一个妄念，就将本然觉性的妙明失去了。觉非所明，如果有所明那就属于无明。这个妄明的无明迷覆了绝待的真心，于是形成对待的所相。这个"所"字，虚空、世界、众生等业相都基于此形成，所以说"因明立所"，就会显现所见业相。所相既然已经妄立，那么由无明力就会将本然寂照妙明的智光转变成能见的妄见，所以说"所既妄立，生汝妄能"。

■ 生命从何而来，应往何而去？

一真法界常住真心本没有同异之相，但因为一念妄动，那么真如随缘而有生灭，不觉成为阿赖耶识。由此而有三细、六粗之相，世界和众生种种差别之相清楚地显现在藏识之中，所以说"依空立世界，知觉乃众生"。

一真法界妙圆心中湛然常寂，现在迷妄而有世界、众生。虚空中动静相对扰乱，劳久就会妄生第一粗的智相，对境分别染净，执为心外实有，在唯识中被称为第七识的俱生法执。智相劳久发尘，又会生出第二粗的相续相，恒审思量，相续不断，在唯识中被称为第七识的分别法执。周遍计度执着转深，执着我和我所，发生染着尘念的第三粗执取相，也就是第六识的俱生我执。经中所谓"自相浑浊"是指自心取自心的第四粗执着名字相，妄执分别借名言相使执着转深，在唯识中对应的是第六识的分别我执。

世界和生命的成因

世界的成、住、坏、空和有情的生、老、病、死的秘密，唯有佛才能洞悉究竟。佛在回答富楼那的疑问时，轻轻点出了世界和生命成因的奥秘。三细是无明业相、能见相、境界相，六粗是智相、相续相、执取相、计名字相、起业相、业系苦相。

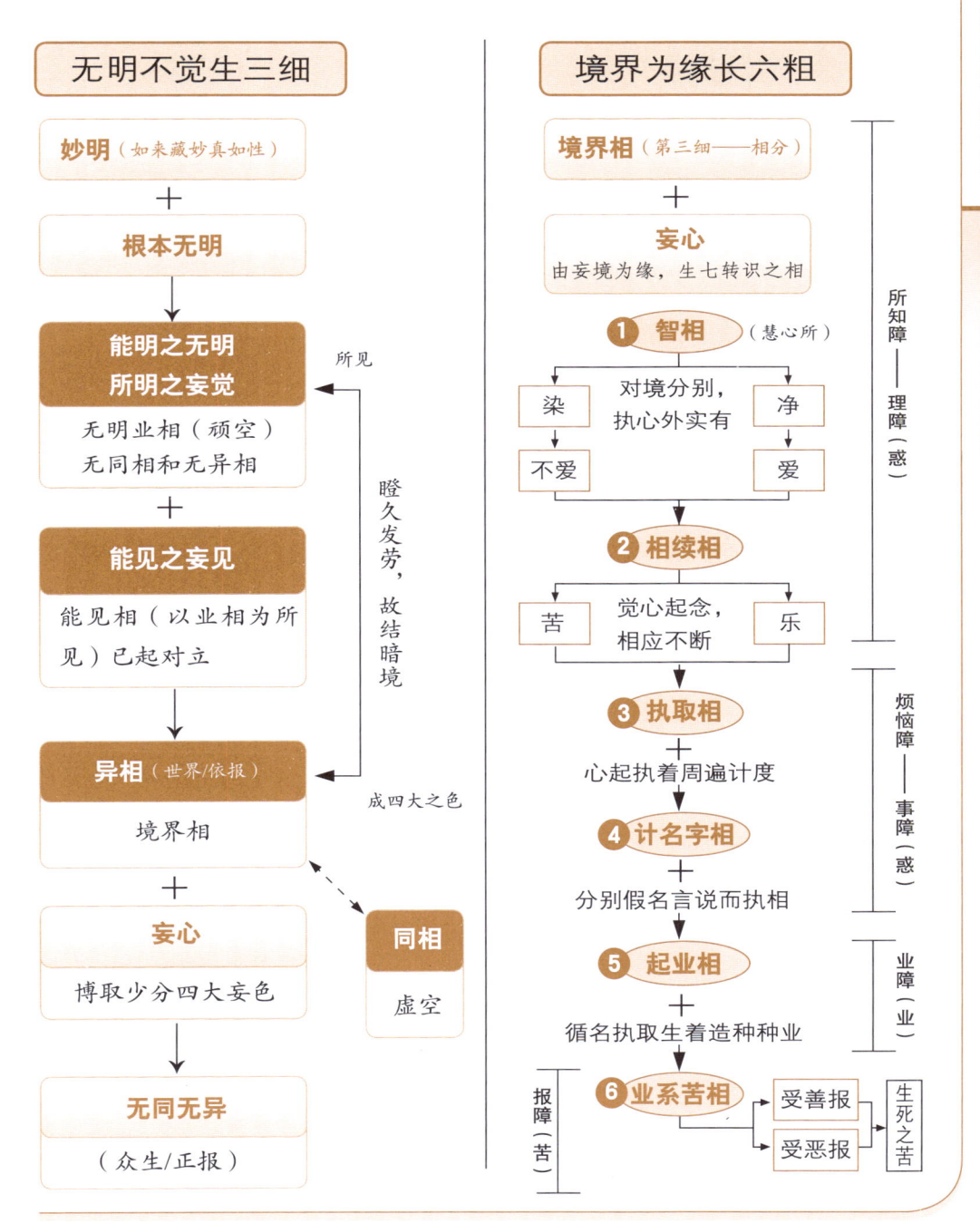

无明不觉生三细

- **妙明**（如来藏妙真如性）
- ＋
- **根本无明**
- ↓
- **能明之无明 所明之妄觉**
  - 无明业相（顽空）
  - 无同相和无异相
- ＋
- **能见之妄见**
  - 能见相（以业相为所见）已起对立
- ↓
- **异相**（世界/依报）
  - 境界相
- ＋
- **妄心**
  - 博取少分四大妄色
- ↓
- **无同无异**
  - （众生/正报）

（所见 ←；瞪久发劳，故结暗境；成四大之色 → **同相** 虚空）

境界为缘长六粗

- **境界相**（第三细——相分）
- ＋
- **妄心**
  - 由妄境为缘，生七转识之相
- ↓
- ❶ **智相**（慧心所）
  - 对境分别，执心外实有
  - 染 — 不爱
  - 净 — 爱
- ↓
- ❷ **相续相**
  - 觉心起念，相应不断
  - 苦 — 乐
- ↓
- ❸ **执取相**
  - ＋
  - 心起执着周遍计度
- ↓
- ❹ **计名字相**
  - ＋
  - 分别假名言说而执相
- ↓
- ❺ **起业相**
  - ＋
  - 循名执取生着造种种业
- ↓
- ❻ **业系苦相**
  - 受善报
  - 受恶报 → 生死之苦

右侧标注：
- 所知障——理障（惑）
- 烦恼障——事障（惑）
- 业障（业）
- 报障（苦）

页侧：《楞严经》的本心论　宇宙的诞生和生命的起源

三种相续
中阴身投胎的现象

世界、众生、业果三种现象颠倒相续本来没有，都是由于无始一念妄动而有无明，由于这种无明力量而发生妄见，所以妄有山河大地等种种有为。妄见不泯，三种相续就会循环往复，没有停止的时候。

■ 世界相续

　　世界地大依水轮，水轮依金轮，金轮下有火轮，火轮下有风轮，风轮下有空轮。空轮依无明妄心晦昧所成，推究根源，世界是由于无明妄心的熏变而成。四大之间相互作用就生起了山石大地、海河洲陆、草木丛林等种种众生依报的世界，世界因此而相续。

■ 众生相续

　　一真法界清净界中本来没有众生，但因为无始一念妄动而有无明，于是成为形成众生的根本。这种无明形成了四大的所相，并吸揽四大作为身体，从而使真明之理不能超出色身。同时，又取外面色相所造的六尘作为受用境界。因此，众生听不能出声，见不能超色。众生既然造下妄业，死后产生的中阴身有五通，以爱染习气极力寻找喜爱之境。与其投生有缘之境纵使在千里之外也会有亮光显现在眼前，所以中阴身会趁着亮光趋赴那种妄境。到了之后就会看见父母在那里交媾，这时他的心就跟着动了，于是想象自己有个身体参与进去。如果觉得自己是个男人，就喜欢这个女的讨厌那个男的；如果觉得自己是个女人，就喜欢那个男的讨厌这个女的。交媾时流出的爱涎就成为入胎受形的种子，并产生胎相的前后差别。四种不同的形式受生，所有众生受自己不同的业力或飞或沉，各往受报之处受生，以此因缘，众生相续不断。

■ 业果相续

　　世间一切众生所受轮回的苦果，是以爱恋和贪婪为本的，并因此入胎和受胎，从而有父母子女关系的相生不绝。出生之后为了滋养自己的身命，以强食弱，以大吃小，依力量的强弱，递相吞食，这就是以杀贪为根本。人吃羊时，强杀其命而食其肉，是一种不予而取的行为，可以称为盗贪，会导致生生世世的相互杀戮。因为这种欲贪、杀贪、盗贪的因缘，所以有业果相续的现象。

世界和生命的形成

不管是生命还是世界,本来都是没有的,都是因为无始一念妄动而有无明,于是成为形成众生和世界的根本。

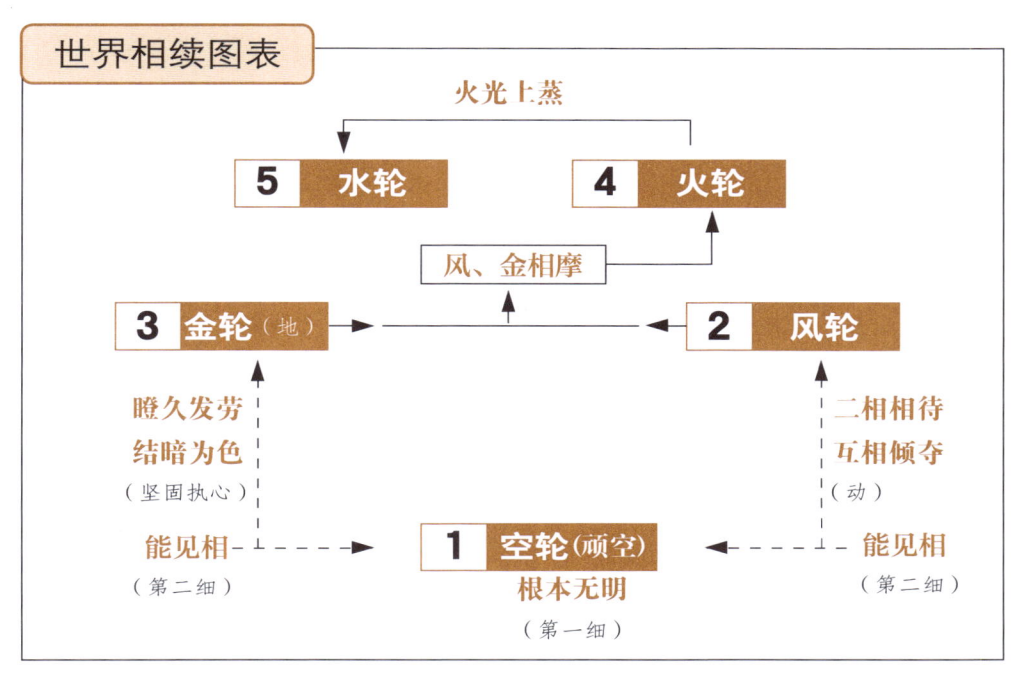

世界相续图表

```
              火光上蒸
        ┌─────────────────┐
        ↓                 │
    ┌─────────┐       ┌─────────┐
    │ 5  水轮 │       │ 4  火轮 │
    └─────────┘       └─────────┘
                           ↑
                   ┌──────────────┐
                   │  风、金相摩  │
                   └──────────────┘
                     ↑        ↑
    ┌─────────────┐           ┌─────────┐
    │ 3  金轮(地) │──────────→│ 2  风轮 │
    └─────────────┘           └─────────┘
         ↑                          ↑
      瞪久发劳                   二相相待
      结暗为色                   互相倾夺
     (坚固执心)                    (动)

      能见相         ┌─────────────┐      能见相
    ┈┈┈┈┈┈┈→│ 1 空轮(顽空) │←┈┈┈┈┈┈┈
     (第二细)        │   根本无明  │       (第二细)
                    └─────────────┘
                       (第一细)
```

在世界的形成顺序中,最先由无明生成顽空,顽空再生成风大种性,之后又生成地大种性。地大种性最坚固的是金轮,风轮与金轮相摩生成火大种性,火气上蒸结成水大种性。

四生的入胎因缘

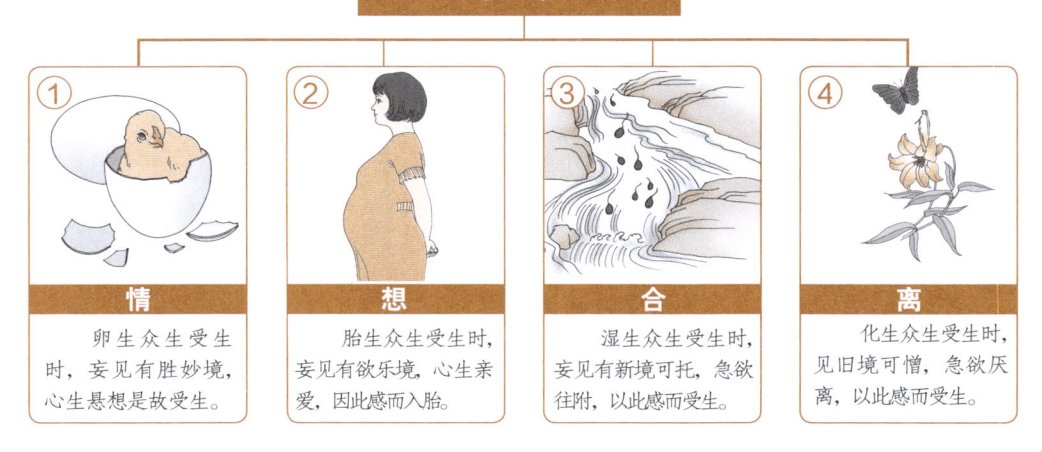

① **情**
卵生众生受生时,妄见有胜妙境,心生悬想是故受生。

② **想**
胎生众生受生时,妄见有欲乐境,心生亲爱,因此感而入胎。

③ **合**
湿生众生受生时,妄见有新境可托,急欲往附,以此感而受生。

④ **离**
化生众生受生时,见旧境可憎,急欲厌离,以此感而受生。

销矿为金，不复为矿

成佛后会不会再变成有漏众生

富楼那已经承蒙佛陀开示，从而悟到由于妙明真心迷妄，才生出山河大地，于是怀疑：如来已证妙空明觉，而山河大地什么时候会再次产生呢？富楼那这个疑问是要佛说明迷悟同源，本无生灭，所以佛接连用四个比喻来回答他。

■ 迷失方向的比喻

佛问富楼那："就好像一个迷路的人，在一个人烟聚集的繁华村落中把南方当成了北方。这种迷惑是因为迷而有，还是因为悟而有？"

富楼那说："这个迷路人的迷惑，既不是因为迷有，也不是因为悟而生。为什么呢？迷惑本来就没有根源，怎么可以说因迷而生？觉悟也不会再生迷，怎么能说因为悟而生呢？"佛说："当这个人正在迷惑中，忽然有一个觉悟的人指示他方向，使他明白了。你说这个迷路人在这个地方，还会迷惑吗？"

富楼那说："当然不会再迷惑了。"佛说："十方世界已成正觉的佛，证得了正觉的自性，也同这个人一样。这种迷惑本来就没有根源，所谓迷性本来就是空的。以前并没有迷惑，而是忽然有了迷惑的感觉。当他觉悟后，迷惑就消失了，觉悟就不会再生出迷惑来。"

■ 空生幻花的比喻

佛又打比方说："就好像一个眼睛有毛病的人看见空中有幻化的花朵。当他的眼病治好后痛苦就解除了，幻化的花朵在空中也就消失了。这时忽然有一个愚人在那个空花已灭的空地上等待花朵重生出来，你看这个人是愚蠢还是有智慧？"富楼那说："空中本来没有花朵，因为妄想才会看见有生灭的花朵。看见空花从空中消灭已经是颠倒了，等待空花再生出来，那实在是狂痴啊，为什么还要我说这个狂人是愚蠢还是有智慧呢？"佛说："就像你说的那样，为什么还要问：'诸佛如来妙觉明空，何当更出山河大地？'"

■ 销矿为金、烧木成灰的比喻

佛又打比方说："就好像金矿中杂有精金一样，等到把黄金炼纯粹之后，就不会再成为含有杂质的金矿。又好像把木材烧成灰后，就不会再成为木头。诸佛如来所证得的菩提智德好像纯金一样不含杂质，既然转化烦恼成为菩提，就不会再有烦恼。也好像精金炼纯之后，不会再重新变为矿石。诸佛如来既证涅槃，就不会再受生死之苦，这就好像烧木成灰不再成为木材一样。"

诸佛如来是否还会再起无明而生万法

富楼那问："诸佛如来是否还会再起无明而生万法？"佛为了回答这个问题连用了四个比喻：迷失方向的比喻是说明无明本空；空生幻花的比喻是说明妄果非有；销矿为金比喻智德不变；烧木为灰比喻果德无生。

无修而修

无明本空
迷路之人，喻已起无明的众生；聚落，喻如来藏；把南方当成北方，南方并不会真的成为北方，喻迷时从真起妄，真体不变，真不成妄，无明妄性本空。

妄果非有
翳人，喻有无明的众生；空，喻如来藏妙明真空；空花喻世界、众生、业果等有为相。当知万法本空，不待无明灭才空，就算有无明时，妄见的身、心、世界也不是实有。

修而无修

智德不变
金矿中杂有精金，其体精真不变，喻智体不变；开矿煅炼后，渣滓除尽后成为纯金，更不成杂，比喻修行除惑，智德成就后，不会再起无明。

果德无生
木材，喻烦恼；灰，喻涅槃；火，喻智慧。木材不能自己成为灰，必须借助火烧才能成为灰，比喻烦恼不能自证涅槃，必须借助智慧断除烦恼，才能出离生死而证涅槃；灰不能重新成为木材，比喻涅槃后不再生烦恼。

《楞严经》的本心论　成佛后会不会再变成有漏众生

七大圆融

七大为何不会互相陵灭

富楼那在前面曾问到，地、水、火、风本性圆融，周遍法界，湛然常住。如果水性周遍的话，那火就生不起来了，那么水火二性为什么能够周遍虚空而不相陵灭呢？为什么七大不会相互陵灭呢？佛又慈悲地做了详尽的开示。

■ **空的比喻**

佛说，譬如虚空，本来没有任何相状，但不阻碍一切有为相的发挥。这是什么道理呢？在虚空之中，当日光普照的时候，就见一片光明；云雾密布，就见暗淡；风起就显现动相；雨过天晴，碧空如洗，就见清和；地气上蒸而凝聚，就成浑浊；尘土蔽空，夹和风雨，就是阴霾的景象；水澄清之时，水面就能映现一切相。这几个方面显现的有为相，是从因缘生，还是虚空自有？若说是从彼因缘所生，现在姑且以日光为例，你看阳光普照的时候，既然是太阳的光明，那么十方世界，就应该同是太阳的光色，怎么在太空之中，却另外看见一个圆形的太阳呢？如说这光明是虚空自有，空性常恒不变，光明也应常在，为什么在云雾弥漫的午夜，却只看见一片昏暗，不见光明呢？可知这光明的相状，并不一定属于太阳，也并不一定属于虚空。但也离不开虚空和太阳。

■ **日影俱现的比喻**

佛说，真如妙觉明心，也是这样的。你如果以感空的业力来发明，即有空的相出现。其他地、水、火、风，各个以不同的业力来发明，就各个以不同的相来显现。假如以共同的业力同时发明，就同时显现。例如水中映现日影，两人共同观看这水中的日影，然后各向东西而行。这时，两人都会发现有一日影跟随自己走。一东一西，原本就不能说谁一定是实有的。你不当以此问难：如果太阳是一个，为何会各有一个日影跟随行走的两人？东西各行时看见的日影既然有两个，就应该有两个太阳，为何太阳只显现为一个？实际上，相反相容，辗转都是虚妄，哪有什么道理可凭！

观察七大之性原是一真，本来没有诸相，只是一个妙觉圆明真心，也就是如来藏心。本来就不是地、水、火、风、空等七大；七大尚且没有，为什么还要问难七大陵灭不相容呢？众生迷背如来藏，所以如来藏随众生染缘而现色空等七大之相，所以有三土世间相续之相。一切诸佛了达七大相妄性真，智光圆照，照见万相皆空，一真独露，便能于一真法界之中，称体起理事无碍和事事无碍两种作用。

虚空喻和日影俱现喻

虚空喻

富楼那问七大为何不相陵灭,佛说了两个比喻。首先,佛说:"譬如虚空体非群相,而不拒彼诸相发挥。"所以,如果以感空的业力来发明,即有空的相出现。其他地、水、火、风,各个以不同的业力来发明,就各个以不同的相来显现。

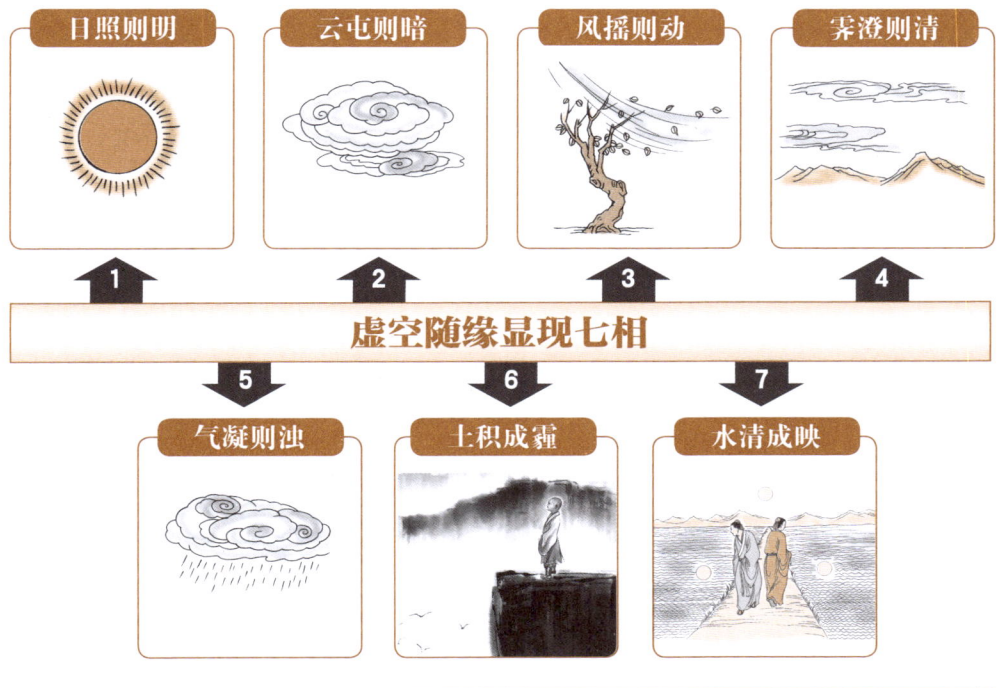

| 1 日照则明 | 2 云屯则暗 | 3 风摇则动 | 4 霁澄则清 |

虚空随缘显现七相

| 5 气凝则浊 | 6 土积成霾 | 7 水清成映 |

日影俱现喻

佛又用水中日影来巧做比喻,说明如来藏本来具足七大种性,众生各自依如来藏,各自造作水火之业。如来藏循业发现,随缘显现水火各大种性,先无定实,不应该妄生相融不灭的分别。

- 水中日影——喻如来藏具诸七大种性。
- 日随东西而出——喻如来藏循业发现。
- 东西各行——喻为众生各造水火之业。
- 两人同观——喻为众生同俱如来藏。

《楞严经》的本心论　七大为何不会互相陵灭

三藏一心
佛对实相的详尽开示

上一篇末尾依迷悟心来讨论缘起法，分为圣人和凡夫两个层面，注重如来藏的不变随缘方面。而这一篇文字将着重讨论如来藏的随缘不变方面，显示众生和诸佛一如之旨。

一真法界，具足十法界，即非十界，离即离非，是即非即。一心圆彰三如来藏，三如来藏不出一心，圆融极妙，无以复加。这就是佛所许说的胜义中真胜义性，也就是一乘寂灭场地，是如来的密因，其实也是众生的佛性。

■ 空如来藏：一切皆非

这个妙明真心本来没有迷悟，而为迷悟所依。就本来没有迷悟来说，怎么还会有圣人和凡夫呢？所以既不属于四科七大的六凡法界，也不属于出世间的四圣净法，十法界俱非而成为空如来藏。圆满清净之心犹如摩尼宝珠，本来元妙，不立一法，也就是禅宗六祖所说的"本来无一物"。

■ 不空如来藏：一切皆即

就迷悟所依方面来说，就迥然显现出种种差别相，所以十法界俱即，而成为不空如来藏。不空如来藏不但即于出世间的四圣，而且即于世间的六凡，染净俱赅，圣凡平等，七大、十八界都是如来藏；所以二十五圣依之而修，各个都能证圆通。不空如来藏不但是世间法，也是声闻法、缘觉法、菩萨法和如来法。十法界不出一真法界，十界诸法，都依如来藏妙明真心之体为体。所以说尘尘混入、法法圆通，一真不动，应用无限，就好像摩尼珠能普现一切色相一样。

■ 空不空如来藏：即非圆融

如来藏清净本然，纤尘不立，离一切法，十法界相了不可得。这是就双遮以显圆融，所以说俱非世间法和出世间法。如来藏即一切法，世间法和出世间法一法不舍，这是就双照以显圆融。如果说"非"说"即"，仍然是遮照没能达到第一义谛，必须离即离非，是即非即，遮照同时，心言路绝，才能显露一心之妙。到了这里那么就是圆融果海，妙绝言思。

一心圆彰三如来藏

《楞严经》从阿难舍妄求真，求佛开发妙明真心，也就是为显发这个"三藏一心"之旨。这个"三藏一心"也就是人人本具的首楞严大定。

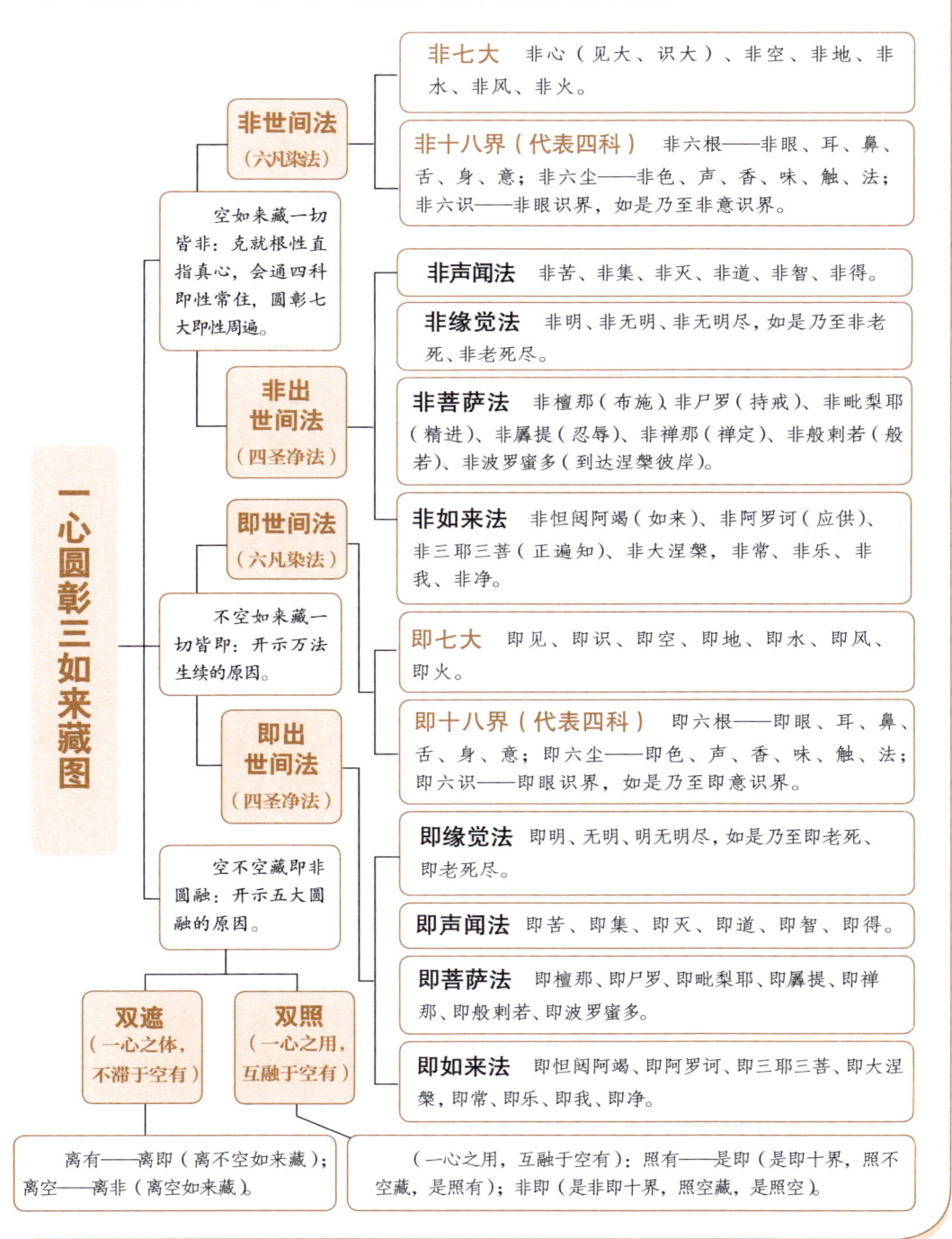

一心圆彰三如来藏图

非世间法（六凡染法）
- **非七大**：非心（见大、识大）、非空、非地、非水、非风、非火。
- **非十八界（代表四科）**：非六根——非眼、耳、鼻、舌、身、意；非六尘——非色、声、香、味、触、法；非六识——非眼识界，如是乃至非意识界。

空如来藏一切皆非：克就根性直指真心，会通四科即性常住，圆彰七大即性周遍。

非出世间法（四圣净法）
- **非声闻法**　非苦、非集、非灭、非道、非智、非得。
- **非缘觉法**　非明、非无明、非无明尽，如是乃至非老死、非老死尽。
- **非菩萨法**　非檀那（布施）、非尸罗（持戒）、非毗梨耶（精进）、非羼提（忍辱）、非禅那（禅定）、非般剌若（般若）、非波罗蜜多（到达涅槃彼岸）。
- **非如来法**　非怛闼阿竭（如来）、非阿罗诃（应供）、非三耶三菩（正遍知）、非大涅槃，非常、非乐、非我、非净。

即世间法（六凡染法）

不空如来藏一切皆即：开示万法生续的原因。

- **即七大**　即见、即识、即空、即地、即水、即风、即火。
- **即十八界（代表四科）**　即六根——即眼、耳、鼻、舌、身、意；即六尘——即色、声、香、味、触、法；即六识——即眼识界，如是乃至即意识界。

即出世间法（四圣净法）

空不空藏即非圆融：开示五大圆融的原因。

- **即缘觉法**　即明、无明、明无明尽，如是乃至即老死、即老死尽。
- **即声闻法**　即苦、即集、即灭、即道、即智、即得。
- **即菩萨法**　即檀那、即尸罗、即毗梨耶、即羼提、即禅那、即般剌若、即波罗蜜多。
- **即如来法**　即怛闼阿竭、即阿罗诃、即三耶三菩、即大涅槃，即常、即乐、即我、即净。

双遮（一心之体，不滞于空有）
离有——离即（离不空如来藏）；离空——离非（离空如来藏）。

双照（一心之用，互融于空有）
（一心之用，互融于空有）：照有——是即（是即十界，照不空藏，是照有）；非即（是非即十界，照空藏，是照空）。

《楞严经》的本心论　佛对实相的详尽开示

无明之因
富楼那最为彻底穷源的一问

富楼那在前面听说万法的诞生和相续都是起于根本无明，所以想找到导致无明的原因，以便奋力修行把它断除。憨山大师说："满慈何因有妄一问最为彻底穷源。学人日用但将此句时时参究，莫谓教中无祖师意也。"

■ 演若达多怖头狂走喻

佛为了开示富楼那，就举了一个世间浅近的比喻：室罗筏城中，有一人名叫演若达多，在一天早晨照镜子的时候，镜中头上的眉毛、眼睛清楚可见，返观自己的头却看不见面目，因而生大嗔恨心，以为是山林妖怪所做，于是莫名其妙地发狂奔走。这是以狂走比喻根本无明的一念妄动，无故比喻无明无因。所以佛问富楼那："在你看来，这个人是什么原因无故狂走的？"富楼那回答说："这个人是自己的心无故发狂，没有其他原因。"

佛说这个比喻是想让富楼那自省自悟，从比喻中明白真理。

■ 生起根本无明的原因

佛借演若达多迷头之事，来启发阐明根本无明本来没有原因，也借演若达多醒悟后的头不从外得，来说明妙觉明心本来无妄。佛说，既然称为最初妄想，怎么会有原因呢？有原因就不叫作最初妄想了。自从根本无明的妄想初动，由微细而渐粗，次第生起。在已成的迷上，辗转执迷，成为三种业力相续的因，轮转无休，经历尘劫，永无休止。虽经佛一再启发阐明，然而众生仍然不能返本归元。

这样的无明妄想之因，是因为迷惑，不明了本来没有原因，所以常常非有而自成似有。如果知道迷本来无因，妄想本来没有所依之处，本来就没有生，又哪里来的灭呢？这时就会犹如睡醒了的人说梦中的事，就算梦中的事记得再清楚，也不可能取得梦中的东西。妄性就是这样，它的原因在哪里呢？你只要不随分别世间、众生、业果三种相续，三缘断了，那么三种相续之因就不会再产生。三缘是指杀、盗、淫，三种相续之因是指发业、润生两种无明。所以说，如果能了知三缘本空，根本无明当下不生，那么妙觉明心本来不迷，一旦顿得，就犹如演若达多狂心若歇，头非外得。"歇即菩提"，又何必劳你肯綮修证呢？也好像一个贫穷的人衣服中的宝珠本不曾失去，所以也不是从外得到的，顿悟之旨从这里就可以明见了。

根本无明的生起之谜

根本无明就是人们经常追问的宇宙第一因。富楼那向佛请教根本无明的生起的原因,这和禅宗经常参究的"万法归一,一归何处?""父母未生前,如何是我本来面目?"等话头同一旨趣。《楞严经》中,佛为回答这个问题用了三个美妙的比喻。

怖头喻

演若达多早上梳头照镜,镜中的眉目可见,反嗔怪自己的头为什么看不见面目,以为是魑魅所做,所以无状狂走。

演若达多——比喻众生妄心。
头——比喻妙明真心。
发狂奔走——比喻根本无明的一念妄动。

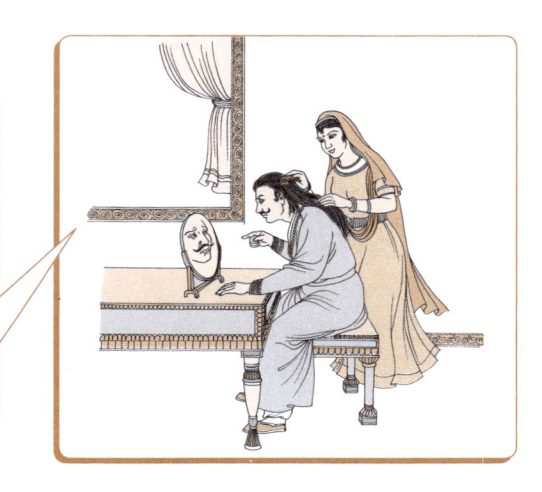

说梦喻

得无上菩提果的佛,就好像醒梦寤时之人说梦中事,其心纵然精明,能说梦中种种境界事物,想用怎么样的因缘来取梦中物给别人看呢?

寤时人——比喻佛是破无明长夜大梦而证得无上菩提者。
说梦中事——比喻迷位众生的无明妄想之心。
心纵精明——比喻三智圆满,五眼具足。
取梦中物——比喻取妄体本空的无明。

衣珠喻

贫穷的人不知道衣服中系有如意宝珠,却流浪四方讨饭吃。直到别人告诉他衣中有所愿如意的神珠,才一下子变成大富翁。

有人——比喻凡外小乘。
衣中——比喻五蕴的身心。
如意珠——比喻菩提真心。
有珠不知——比喻众生有妙明真心而不自觉知。
虽穷珠不失——比喻凡小虽不发妙用,而真心不失。
智者指示其珠——比喻如来说法指示妙明真心。

《楞严经》的本心论 富楼那最为彻底穷源的一问

真妄双绝

直斥耽着戏论，正劝勤修无漏

《楞严经》中，阿难有三次对因缘法有疑惑，第一次在显见超情中，对见性不属于因缘产生了疑惑；第二次在圆彰七大前，对万法不属于因缘产生了疑惑；现在是第三次产生疑惑，怀疑证果成道不属于因缘。

阿难听到佛开示说杀业、盗业、淫业"三缘断故，三因不生"后，认为证果成道，有果必定有因，那为什么证果成道也不属于因缘法呢？如果不属于因缘法，说"狂心若歇，歇即菩提"，那外道等所说八万劫后自然成道的邪论就成为真理了。佛斥责阿难说："你以为无明是菩提因缘的障碍，所以狂性的无明若除，那么不狂性的菩提自然而出，但观察未发狂之前哪有什么因缘和自然啊？你所说的因缘、自然之理，研究起来必定如是。"

■ 真心绝待

佛说："你如果以离开各种因缘便属于自然的话，那么就像演若达多的头本属自然而有，也就应该自始至终都自然而有，又是什么因缘使他怖头狂走呢？由此可见，妙明真心不属于自然就很明确了。"

如果头是自然而有，以因缘所以发狂，为什么不以自然之头借因缘而失去呢？虽然发狂，但头并没有失掉，只是在发狂恐怖之中，虚妄地以为丢失了。就算发狂，而头没有任何改变，又哪里要借什么因缘呢？可见，妙明真心不属于因缘。头不因自然、因缘而有得失，足以说明妙明真心不属于因缘和自然了。其实不但头不属因缘自然，即使是狂怖也不属于因缘和自然。

■ 妄心绝待

要说狂本来是自然存在的，自己本来有狂怖存在，那么当它未狂的时候，狂性又潜藏在哪里呢？所以说，狂性不属于自然。

要说不狂是自然存在的，头本来不曾有妄，那么为什么又发狂乱走呢？所以说，狂怖不属于因缘。若是悟到本来的头并没有失掉，那么发狂乱走就属于非因缘。因缘和自然，都属于戏论；所以说三缘断了，就是菩提心。

怖头狂走的比喻

佛最善于以比喻说法。阿难以因缘和自然的戏论来臆测证悟无上菩提的境界，佛以演若达多怖头狂走的比喻来说明真心绝待的道理，以除掉阿难的疑惑。下面把比喻的本体与喻体一一对应，以帮助理解佛比喻的弦外之音。

喻体	本体
头本自然，何因缘故，怖头狂走。	喻菩提若是自然，何因缘故，而有无明。
头以因缘而狂，何不随因缘而失。	喻菩提以无明因缘而不见，何不随无明因缘而失。
头本不失，狂怖妄出，曾无变易，何藉因缘？	喻菩提不失，无明妄有，曾无变易，何藉因缘？
狂若自然，未狂何所潜？	喻无明若属自然有，未起无明时，无明潜在何处？
不狂自然，头本无妄，何为狂走？	喻无明若属自然，菩提无妄，何因而有无明。
若悟本头（不失），识知狂走（虚妄），因缘、自然俱为戏论。	喻若悟菩提不失，识知无明虚妄，因缘、自然俱为戏论。所以说"三缘断故，即菩提心"。

《楞严经》的本心论　直斥耽着戏论，正劝勤修无漏

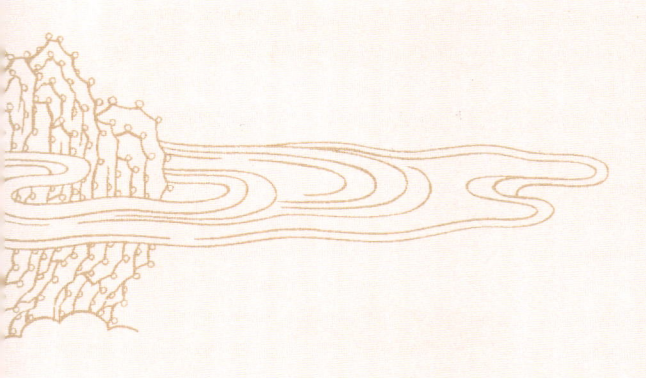

尽管佛教有"八万四千法门",但在修持上却必须遵循一定的次序,正如登梯一般步步向上,而不能因为心急随意僭越。《楞严经》中描写了轮回中的种种苦患,香花、美食等,都不值得去贪恋,因此修行人首先要生起厌恶轮回的出离心;由于此经是大乘的经典,佛陀又开示说,应该发起菩提心来进入最上乘佛法的门径;最后,去除"执着实有"的妄念,认识"缘起性空"的真理,这样逐步登梯,终究证得佛果。

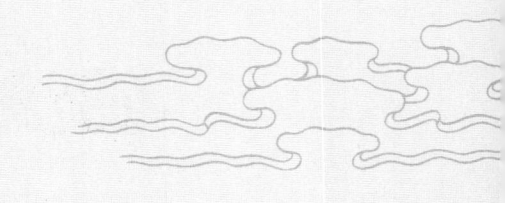

第 3 章
修道分：
首楞严大定的修持原理

本章图版目录

进入最上乘的门径 / 123
"澄浊入涅槃"的文义汇合表 / 125
六根功德优劣的比较 / 127
六根根结形成的原因 / 129
六根互用的神奇妙用 / 131
闻性不断灭的证明 / 133
一篇三十六句的解脱颂 / 135
修证圆通的次第 / 137
二十五圆通法门 / 139
省庵大师的不净观颂 / 141
闻香尝味的悟道心法 / 143
跋陀婆罗和摩诃迦叶的悟道心法 / 145
从眼根而悟道的阿那律陀尊者 / 147
从意根而悟道的须菩提尊者 / 149
大行普贤愿王菩萨 / 151
因说法而成阿罗汉的富楼那 / 153
专持戒律而成为阿罗汉 / 155

乌刍瑟摩的火大圆通 / 157
水观的禅修法门 / 159
观空大而成就的虚空藏菩萨门 / 161
弥勒菩萨与兜率内院 / 163
大势至菩萨的念佛法门 / 165
观世音菩萨的耳根圆通 / 167
观音菩萨全相图 / 169
十四无畏对照表 / 171
三十二观音之外的观音形象 / 173
救苦救难的观世音菩萨 / 175
观世音菩萨修证解结次第 / 177
三无漏学与六度、止观的关系 / 179
断淫和断杀的比喻 / 181
断盗和断妄的比喻 / 183
楞严坛场图说明表 / 185
楞严坛场的象征体系 / 187
"楞严咒"的内容 / 189

第一节 圆通门

佛法修持的入手处

舍妄趣真
初发菩提心时应遵循的两个原则

阿难听到如来说三如来藏的真理，就好像流浪汉得到天王赏赐的华屋一样高兴，但对于进入华屋的门径则还没有弄清楚，所以佛开示了发菩提心时应遵循的两个原则。

■ **阿难的五次悲泪**

阿难及在会大众，听了佛的开示和教诲后，疑惑消除，心悟实相，身心都得到不曾有的轻安。于是阿难重新悲泪顶礼佛足，长跪合掌而对佛说："无上大悲的清净宝王善开我心！能以如是种种因缘、方便提奖，引诸沉冥出于苦海。"

这是阿难第五次悲感垂泪。前面佛每多一次慈诲，阿难的信心和理解就越深一层，就越觉得佛恩难报。

■ **天王赐予华屋的比喻**

这时阿难又对佛说："我现在虽然知道如来藏妙觉明心，遍布十方法界，能垂现具足宝相庄严的佛身和庄严的佛刹。佛又责备我多闻不见效果，不如实际修习。我现在犹如漂泊在旅途当中的人，忽然遭遇了天王赐予华丽高广的房屋，但还是不知道进入富丽堂皇的房屋的门径。只希望佛不要舍弃大悲心，指示我们这些在黑暗中的人舍弃小乘，彻底获得佛才能证得的无余涅槃。从根本发心的道路，使学佛的人知道怎样摄伏过去攀缘的妄心，得到总持法门，而进入佛的知见。"讲完这番话后，阿难就五体投地地顶礼，与会中的大众专心致志地等候佛的慈悲开示。

其时，世尊怜悯会中缘觉、声闻乘，以及于菩提心未能得到自在者，也为将来佛灭度后，末法时代能发菩提心的人，开出一条无上乘的妙修行路，于是宣示阿难及与会大众说："你们决定发菩提心，对佛的妙三摩提不生疲倦，就应当先明白发菩提心的最初，有两个决定不移的原则。"

进入最上乘的门径

阿难听到佛宣说三如来藏的真理后，感到犹如漂泊流浪在旅途中的人得到了天王赏赐的华丽富有的家园，却不知道进入的门径，所以求佛开示。这时就开示说，进入最上乘佛法的门径，需要在发菩提心之初遵循两大原则。

比喻的象征意义

天主赐华屋
喻如来开示三如来藏的真理。

华屋
比喻空、不空、空不空三如来藏。

天王
比喻于法自在的佛。

旅泊人
比喻阿难等凡夫、外道、权小。

阿难的五次悲泪

《楞严经》至此，阿难已有五次悲泪顶礼，其求法时的悲感诚敬可见一斑，经文因此更增加了荡气回肠的内在张力。

第一次
因被邪术所禁，提奖归来，顶礼悲泣，恨无始来，一向多闻，未全道力。

第二次
三迷被破之后，重复悲泪，自述恃佛威神，不勤定力，身虽出家，心不入道。

第三次
在显见无还时，垂泣叉手，对佛说，虽承佛音，悟妙明心，未敢认为本元心地。

第四次
十番显见之后，因听佛说"见见非见"，重增迷闷，悲泪顶礼，求开道眼。

第五次
信悟既深，愈觉得佛恩难报，所以悲泪顶礼，以谢前请后。

不以生灭心来求佛果
初发菩提心应遵守的第一个原则

佛对阿难说，发菩提心应遵循的第一个原则就是：假如你们想舍弃声闻乘，并通过修菩萨乘进入佛的知见，那就应当审察自己因地的发心与果地的妙觉，到底是相同还是不相同？

■ 虚空的比喻

佛说，假如在因地上以生灭心为本修因，而想求得佛乘不生不灭的果，那绝不可能。因为这个道理，你应当明察一切众生所居的国土世界可以造作的事物，最后都要毁灭。你观察世间可以造作的事物，哪个是永远不坏的？然而始终没有谁听过虚空会烂坏，为什么呢？因为虚空不是可以造作的事物，因此就始终不坏。

■ 泥水的比喻

佛说，怎么来定义"浊"呢？譬如清水，本来就很清洁。那些尘土和灰沙之类，本质是留碍的。两种体性天然就不可能相同。世间有人取这些尘土投在净水里，尘土失去了留碍的性质，水也失掉了清洁的性质，看起来浑浊一片，这就名为"浊"。

■ 五浊

佛为阿难及大众一一开示劫浊、见浊、烦恼浊、众生浊、命浊这五浊的道理。五浊依五蕴而立，意思是说清净法界中本来没有众生，怎么会有五浊？只是因为对本来妙明的真心起了迷惑，从而结为色法和心法等五蕴和合的众生，所以说真心浑浊，故有五种妄相。

■ 定与慧之用

佛说，如果你现在要想使浑浊的见、闻、觉、知等功能，远契合于涅槃时的常、乐、我、净的妙德，就应当先抉择死生的根本，专以不生灭圆湛性旋转其虚妄生灭。脱黏内伏，澄浊还清，就能得到本有的妙明本觉的无生灭性为因地心，如此才能圆成果地修证。如同澄清浊水，把浊水贮于静止的器皿中，静久不动，沙土自然下沉。于是清水现前，这时称为初伏客尘烦恼，这是渐断。去泥纯水就称为永断根本无明，这是顿断。明相精纯，倒驾慈航还来度化一切众生，这时一切烦恼都成为妙用，都合于涅槃清净妙德。

"澄浊入涅槃"的文义汇合表

澄清五浊入于涅槃清净妙德，太虚大师说："此第一义，点睛在一'旋'字，即是决定修门。"下面我们对这个旋的过程结合经文进行详细图示。

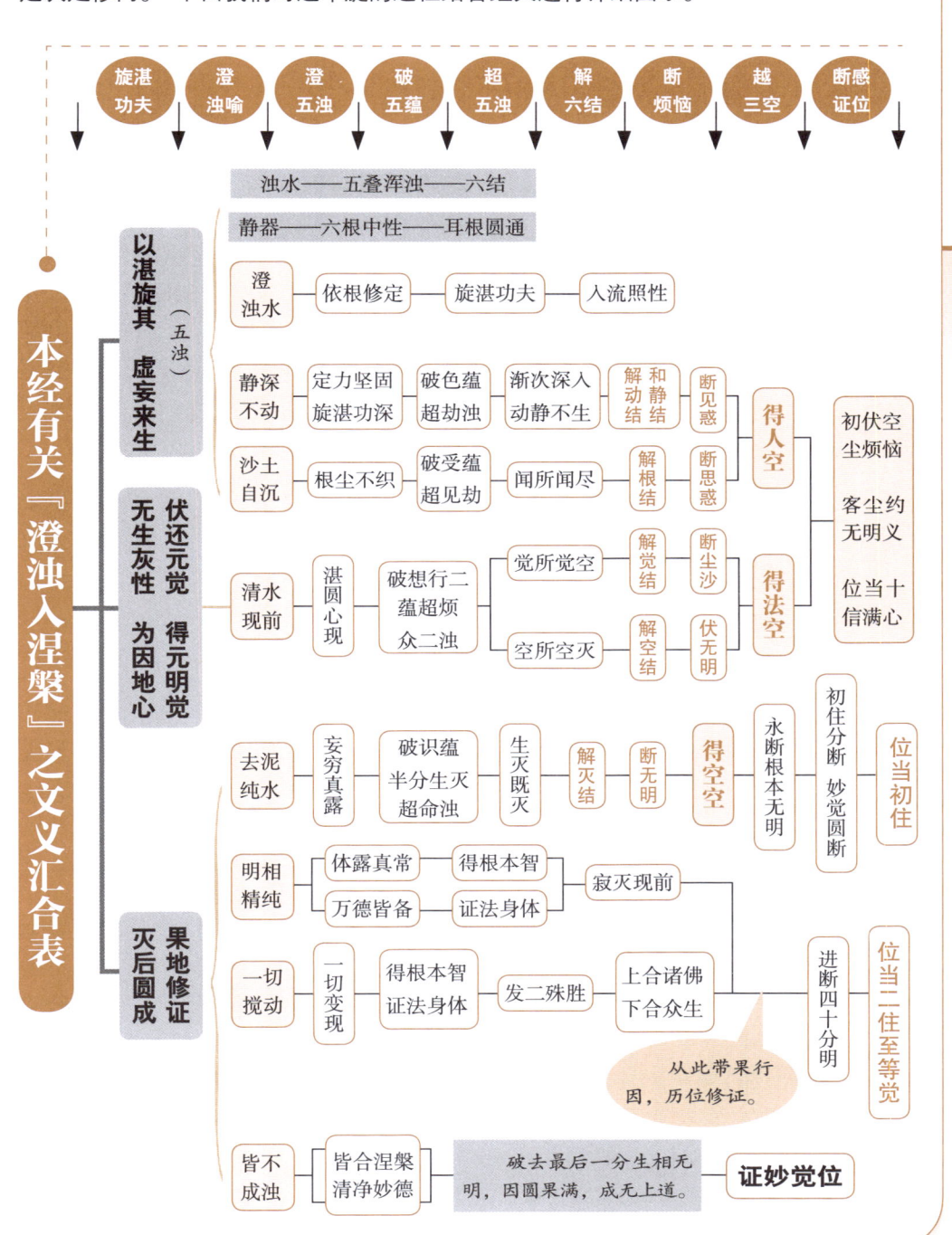

本经有关『澄浊入涅槃』之文义汇合表

流程环节：旋湛功夫 → 澄浊喻 → 澄五浊 → 破五蕴 → 超五浊 → 解六结 → 断烦恼 → 越三空 → 断感证位

右侧纵列：首楞严大定的修持原理；初发菩提心时应遵循的两个原则

浊水——五叠浑浊——六结
静器——六根中性——耳根圆通

以湛旋其虚妄来生（五浊）

- **澄浊水** — 依根修定 — 旋湛功夫 — 入流照性

伏还元觉 无生灭性 得元明觉 为因地心

- **静深不动** — 定力坚固 旋湛功深 — 破色蕴 超劫浊 — 渐次深入 动静不生 — 解动结 和静结 — 断见惑 — 得人空 — 初伏空尘烦恼 客尘约无明义 位当十信满心
- **沙土自沉** — 根尘不织 — 破受蕴 超见浊 — 闻所闻尽 — 解根结 — 断思惑
- **清水现前** — 湛圆心现 — 破想行二蕴超烦众二浊 — 觉所觉空 / 空所空灭 — 解觉结 / 解空结 — 断尘沙 / 伏无明 — 得法空

灭后圆成 果地修证

- **去泥纯水** — 妄穷真露 — 破识蕴 半分生灭 超命浊 — 生灭既灭 — 解灭结 — 断无明 — 得空空 — 永断根本无明 — 初住分断 妙觉圆断 — 位当初住
- **明相精纯** — 体露真常 / 万德皆备 — 得根本智 / 证法身体 — 寂灭现前
- **一切搅动** — 一切变现 — 得根本智 证法身体 — 发二殊胜 — 上合诸佛 下合众生 — 进断四十分明 — 位当二住至等觉

> 从此带果行因，历位修证。

- **皆不成浊** — 皆合涅槃清净妙德 — 破去最后一分生相无明，因圆果满，成无上道。— **证妙觉位**

解结从根

初发菩提心应遵守的第二个原则

佛说，凡夫现前的六根就是六个贼媒，劫走自己家里的财宝。因此，无始以来，众生与世界永远缠缚胶结在一起，不能超越外界的器世间。发菩提心若想解结，应当就结根来解，只要从这六根门头返流至不生灭地，不必舍此别求。

■ 审定烦恼根本

佛说，第二个原则就是你们确定要发菩提心，于菩萨乘生大勇猛心，决定弃舍一切有为法，就应当详细审察烦恼根本，从无始以来，发业和润生两种根本无明，是谁所做？是谁所受？

发业是根本无明，润生是爱取二惑，生死实际上是由这两种无明而有。但这两种无明和六根的关系是：这两种无明本来没有实体，依靠六识妄想为用。所以，在六根门头缘尘取境的，纯粹是无明在起作用，为的是得到贪爱和取着，所以念念爱取，处处贪着。如果想解结，应当就结根来解开它。后面佛审定六根优劣，意图在于告诉我们，圆通之根虚而易解，是入手时的最佳选择。

■ 审定六根功德

这个众生世界由于前面所说的生了缠缚，所以就不能超越器世间。物质世界只是就正报之身来说的，时间是就众生的妄念迁流来说的，众生一念才兴居然迁流便有了过去、现在、未来三世。空间虽然有十方，只说四方。时间与空间互相交涉，三四四三宛转成为十二，流变为三叠，变为一十百千。这样在六根之中，各个功德有一千二百。但以是否遍处和周圆的标准去审定六根功德的优劣，则眼根、鼻根、身根各自只有八百功德，耳根、舌根、意根则各自完全具足一千二百功德。

■ 入一无妄，六根清净

众生在生死之中颠倒而不能超越，其原因在于依靠六根缘尘取境，两种无明发业爱取、起惑造业结成生死之根，所以长劫沉沦。现在如要逆生死之流返妄归真，只要从这六根门头返流到达不生灭地，不需要舍此别求。这六根本是妙明真心中所现之物，所以根根尘尘都可循根圆通。现在只是就圆根选取容易见成效的，一门深入，如能从一根到达无妄之境，那么六根同时全都清净了。

六根功德优劣的比较

根性平等，根根功德也应该相等，本来没有什么可拣择的，但各方众生根有优劣，娑婆世界也是这样。六根之中，三优三劣，以具有一千二百功德为优，以具有八百功德为劣。三优之中，又以耳根为最优。

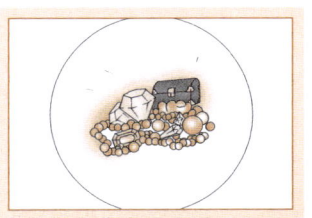

四方每方有二百功德，四隅每隅有一百功德，合成一千二百功德。眼根只得到三分之二的功德，因为眼睛看不到后方和后二隅，所以只有八百功德，为劣。

耳根能听到周围所有地方的声音，毫无遗漏。闻性周圆，所以耳根圆满一千二百功德，为最优。

鼻根在呼吸时，能通香臭等种种气味，通出具四百功德，通入亦具四百功德，却缺中间交接之际，出入少停，功用不显，缺少四百功德。所以鼻根功德只有八百，为劣。

舌性具有尝味和言说两种功能。在言说时能宣扬世间法和出世间法，所以舌根圆满一千二百功德，为优。

身根能感觉舒适和不舒适两种触尘，没有触觉便什么也不知道了，三分功德中缺了一分。所以，身根只有八百功德，为劣。

意根具有知性，对一切世间的六凡染法，以及一切出世间的四圣净法，没有不知。所以，意根圆照无遗，圆满一千二百功德，为优。

首楞严大定的修持原理　初发菩提心应遵守的第二个原则

两种根本

烦恼根本
烦恼的根本是六根，由六根引起六识，对境分别而生烦恼苦因。

生死根本
生死的根本是六识，由识起惑、造业，而受生死苦果。

两种无明

发业无明
即造业之因，为十二因缘中的第一无明。

润生无明
即助业之缘，为十二因缘中的爱取，中阴投胎时的一念想爱。

妄尽还源
人为什么会有眼睛、鼻子等六根

阿难对佛说"入一无妄，六根一时清净"的真理没有理解，佛就为他开示六根妄想的本源，以便使人们明白返归的境地。

阿难对佛说："为什么逆流深入一门，能令六根同时清净？"佛告诉阿难："你现在已得了须陀洹果，已断了三界众生世间的见惑。然而你还不知道六根中累积了从无始以来的虚妄习气，这个习气要靠修行才能断除。何况在这过程中，还有无量微细的四相无明需要断除。"

■ **六根是一还是六？**

佛说："阿难你应当知道，这个根既不是一个也不是六个，而是由于无始以来背觉合尘，沉沦于六尘境界中，发展成为见、闻、觉、知等功能，因此在圆湛的觉性当中产生了一个和六个等概念。你已证须陀洹，虽然能够消灭六根，但仍未能灭除'一'的概念。这就好像虚空中参合群器于是显现出差异之相，除去器物观察虚空又说虚空为一体。那么虚空怎么会因为器物而变得有同有异呢？说是相同尚属勉强，说'是一非一'岂不是妄上加妄？知道了这个道理，那么六受用根也是这样。"

■ **六根妄想是怎样产生的？**

六根本是妙湛圆明的真心，为什么会成为这六根妄想呢？六根本来不存在，但由于迷妙明的真心而虚妄形成阿赖耶识，这个识精因明立所，于是四大的妄尘由于明暗等形相冲击湛明的真体，因此黏湛而发为妄见。见精映色久而取着，所以结色成胜义根的眼根。眼根初成的时候是四大的净色，等到粗显时就成为外面的浮尘根，识精从此流进而奔于色空等尘。这是眼根的形成过程。与眼根的生成相同，由于动静二尘而生成耳根；由通塞二尘生成鼻根；由淡味和浓味二尘生成舌根；由离合二尘生成身根；由生灭二尘生成意根；这就是六根生成的过程。

如此的六根，由于在本来的妙觉上妄加欲明的念想，本来明觉反而失掉了精真妙明的本性，引发了在妄想中显现的作用。六根都是攀附尘缘而有，离开了种种尘质，六根的结体就不能存在。这都是由于最初不知是妄想，所以认无明为主宰，以爱取为受用，依之造业而流浪于生死。

六根根结形成的原因

生死之根在于六根，这六根从最初的加在觉明上的一念妄动，转妙明而成无明，转性觉而为妄觉，所以失去了那个真精本有的了明之性。本来是唯一的精明，又因为揽吸尘相而结成六根，六根既已结成，于是产生了见、闻、觉、知等六种功能。

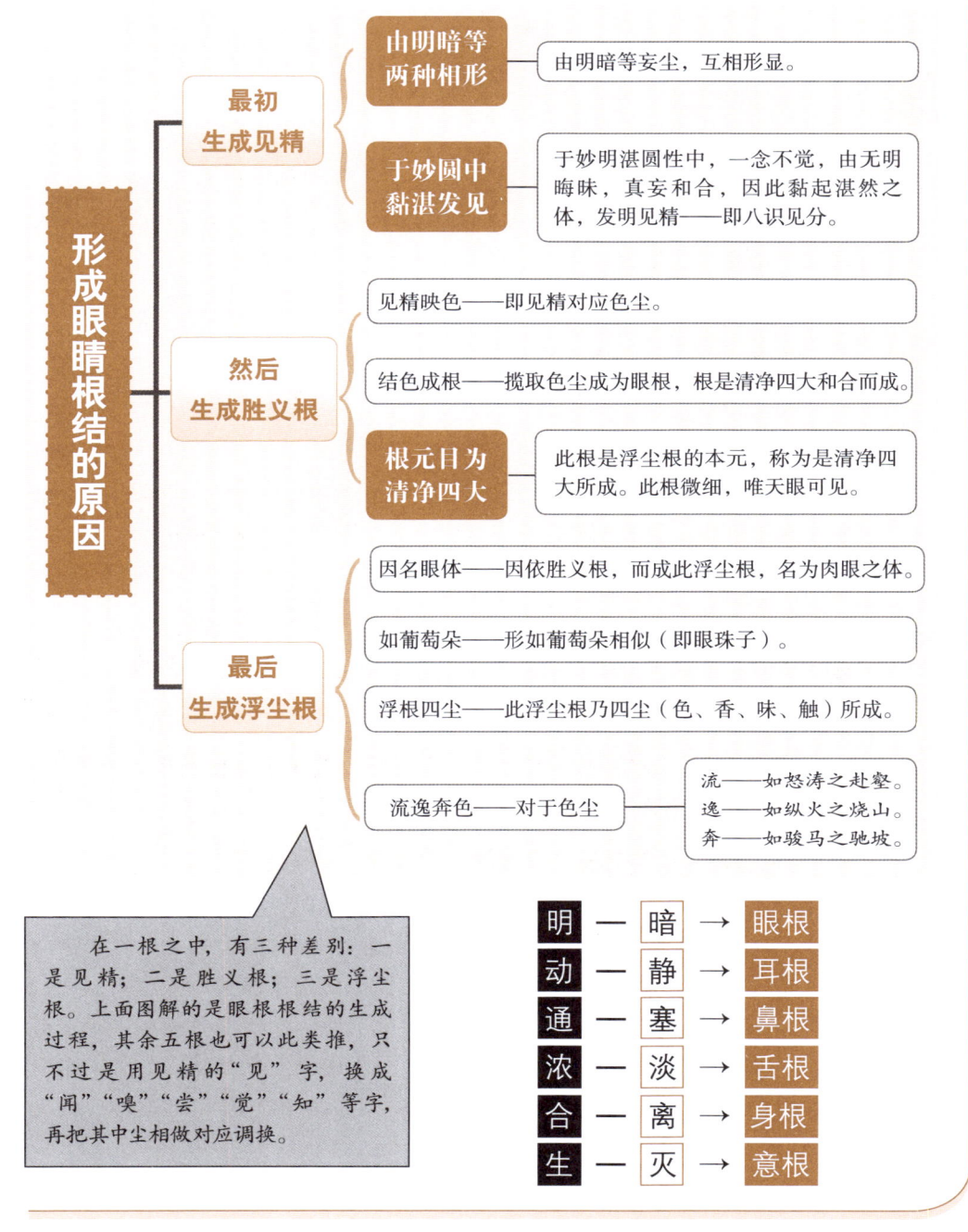

形成眼睛根结的原因

- **最初生成见精**
  - 由明暗等两种相形——由明暗等妄尘，互相形显。
  - 于妙圆中黏湛发见——于妙明湛圆性中，一念不觉，由无明晦昧，真妄和合，因此黏起湛然之体，发明见精——即八识见分。

- **然后生成胜义根**
  - 见精映色——即见精对应色尘。
  - 结色成根——揽取色尘成为眼根，根是清净四大和合而成。
  - 根元目为清净四大——此根是浮尘根的本元，称为是清净四大所成。此根微细，唯天眼可见。

- **最后生成浮尘根**
  - 因名眼体——因依胜义根，而成此浮尘根，名为肉眼之体。
  - 如葡萄朵——形如葡萄朵相似（即眼珠子）。
  - 浮根四尘——此浮尘根乃四尘（色、香、味、触）所成。
  - 流逸奔色——对于色尘
    - 流——如怒涛之赴壑。
    - 逸——如纵火之烧山。
    - 奔——如骏马之驰坡。

> 在一根之中，有三种差别：一是见精；二是胜义根；三是浮尘根。上面图解的是眼根根结的生成过程，其余五根也可以此类推，只不过是用见精的"见"字，换成"闻""嗅""尝""觉""知"等字，再把其中尘相做对应调换。

明 — 暗	→	眼根
动 — 静	→	耳根
通 — 塞	→	鼻根
浓 — 淡	→	舌根
合 — 离	→	身根
生 — 灭	→	意根

首楞严大定的修持原理　人为什么会有眼睛、鼻子等六根

解一亡六
六根互用的神奇实例

选拔一根，脱黏内伏，伏归元真，发本明耀，就会有六根互用的神妙。佛举法会上的六人为例。宋代孤山智圆大师说："以上六人，或是凡夫业报，或是小圣修得，斯皆妄力，尚不依根，何况圆脱，岂无互用？"

■ 阿那律陀，无目而见

阿那律陀不眠不休地精进用功，以致双目失明。后来，他依佛的教导而修得三昧成就，因而得到半头天眼，观看三千大千世界，就好像观看掌中的果实一样清楚。

■ 跋难陀龙，无耳而听

跋难陀龙，又译为"善欢喜"，护持摩竭陀国，风雨以时，人民欢喜，所以有这个名字。它的耳朵不能听到声音，而是用角来听声音。

■ 殑伽神女，非鼻闻香

殑伽神女，殑伽是河名，译为"天堂来"，发源于雪山之顶的阿耨达池，流出四河，这是其中的一条。神女是主河神，非鼻而能闻香。

■ 憍梵钵提，异舌知味

憍梵钵提因为五百世中受牛身的果报，所以到这一世食后仍然有犹如牛的反刍咀嚼的业习，被称为牛形比丘，他不用舌头也能尝味。

■ 舜若多神，无身觉触

舜若多神是虚空神，历劫以没有身体为痛苦，在佛放光的映照中，使他暂时有了身触，因此非常高兴。

■ 摩诃迦叶，久灭意根，圆明了知，不因心念

得了灭尽定的罗汉们，比如在此会中的摩诃迦叶尊者，意根已灭除很久了，但他由于本觉圆明，并不需要心念才能了知。

佛总结说："阿难！现在你的诸根，假如能够圆满拔出尘境，从内在的性净明体发出智慧的光辉来，那么这些浮根四尘以及世间的种种变化相，此时都会如热汤消融冰雪一样，立刻化成无上的知觉。如果六根与六尘都消失了，真觉元明之心怎会不成其圆通妙用呢？"

六根互用的神奇妙用

《涅槃经》记载，佛的任何一根都能见色、闻声、嗅香、尝味、觉触、意法，这是已证圆通后的六根互用。《楞严经》中佛举的六人具有的六根互用，有的属于凡夫业报，有的是小圣修行所得。依后面经文可知，圣人五蕴灭尽后，才开始有真正的六根互用。

阿那律陀尊者虽然眼睛失明，却能用天眼清楚地看到三千大千世界，如同观看掌中的庵摩罗果一样清楚。

跋难陀龙耳朵失聪，他用角来听声音，闻声救难。

殑伽女神（恒河女神），她的六根均可嗅到香气，无论哪一根，都有嗅觉作用。

憍梵钵提尊者不用舌根而能尝到味，用其他根来代替。

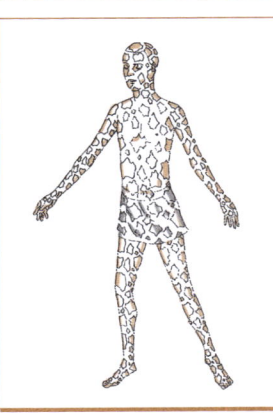

舜若多神（虚空神）没有身体，在佛放光的映照中，使他暂时有了身触。

摩诃迦叶尊者不用意根，不动心念，而能圆明了知。

首楞严大定的修持原理

六根互用的神奇实例

误疑断灭

击钟引梦验证闻性不断灭

阿难听佛说六根离尘无体，于是怀疑六根之性为断灭，所以问佛说，佛的七种名称的果位都是常住不坏的，如果六种根性离开了前尘本无所有那就断灭了，为什么能把这个毕竟断灭的根性作为本修因，却想获得如来七种名称的常住果位呢？

■ 击钟验证

这时佛命令罗睺罗尊者撞钟来验证闻性不灭。经过几次询问后，佛就斥责阿难及大众说："声消灭了，没有音响，你就说没有听闻。假如真的是没有听闻，闻性已经消灭了，那就同枯木一样。钟声再敲时，你怎么能知道？声音的有无，主要和声尘的或有或无有关。但是，难道闻性在有声时就存在，在无声时就不存在吗？假如闻性在无声时真不存在，那在无声时谁又能知道是无声呢？凭这就足以证明闻性恒常真实存在。"

佛总结说，声音在听闻中自然有生有灭，但并不是你的闻性因此有时存在，有时不存在。佛责备阿难说："你现在还弄不明白声尘和闻性的区别，那你以常为断又有什么奇怪的呢？所以，不应该说离开那有动有静的前尘，就说听闻没有体性。"

■ 引梦验证

佛说，一个睡得正熟的人，他家里有人在捣练槌布，有的人在春米碓米。这人在睡梦中听见春捣的声音，梦境中把它当成了击鼓或撞钟等声音。梦中人也奇怪撞钟发出的居然是木石相击的声音。正在这时他忽然醒了，很快就知道是击杵声，就告诉家中人说："我正在做梦时，被这个春米声迷惑了，以为是敲鼓响。"可见，此人虽然在睡梦中，可是闻性并没有昏迷。

佛总结说，再推广来说，纵然你的身体消灭、命根迁谢了，这个闻性怎么会跟随你消失呢？因为这些众生从无始无明妄动以来，随顺诸尘境界而迁移。从不开悟六根之性，诸尘不染，浮根不缚，生死不碍，反随逐诸生灭识心。由此妄因既成，妄果难脱，生生世世，在六道的杂染法中迁流转变。如果能舍弃生灭无常的识心，守住真实常住的根性，常光现前，根、尘、识心应时销落。到这种境界，更要远离微细的法执无明，垢尽明生，那么你的法眼应时可以清明。从此精进修行，怎么会不成就无上知觉呢？

闻性不断灭的证明

阿难怀疑根性断灭，佛许诺以平常事来验证根性不断灭，以解除他的疑惑。

无声时能听见吗？

认为无声时不能听见，这是人们易犯的常识性错误。佛说，在无声时能知道无声，这就是闻性的作用，所以无声时也能听见。佛令罗睺罗以击钟为例：

罗睺罗击钟验证	佛的问话	阿难及大众的回答	佛的总结
第1次击钟	你能听得到吗？	我听到了。	声音消灭了，没有音响，你就说没有听闻。假如真的是没有听闻，闻性已经消灭了，那就同枯木一样，钟再敲时，你怎么还能听到？假如闻性真不存在，那在无声时谁又能知道是无声呢？
销声消歇	你能听得到吗？	我没有听到。	
第2次击钟	你能听得到吗？	我们听到了。	
	什么是听得到的标准，什么是听不到的标准？	有钟声就能听到；没有钟声就没有听到。	
第3次击钟	现在有声音吗？	无声。	
第4次击钟	现在有声音吗？	有声。	
	什么是有声，什么是无声？	钟若击，是有声；钟声消失，是无声。	

首楞严大定的修持原理

击钟引梦验证闻性不断灭

熟睡中能听到声音吗？

佛开示说，一个人在熟睡中，他的闻性仍然在起作用。

有的人在捣练槌布，发出声音。

● 梦见击鼓或撞钟发出的声音居然是木石相击的声音。

● 有的人在舂米碓米，发出声音。

● 睡梦中闻性依然在起作用。甚至，即使形骸已经消灭，投胎转世之时闻性仍在起作用。

迷悟同源
让众生轮回或涅槃都在于六根

阿难虽然知道了解结从根的原则，但众生结缚太深，解脱不易，所以他请问佛结的所在，解结的下手处，结解开后的境界。这时佛以金手摸阿难顶，即时十方普遍有佛的世界，各有佛的宝光来灌释迦佛顶，这表示诸佛同此一门出离生死。

■ 生死之结，在于六根

诸佛异口同声地告诉阿难："使汝轮转生死的结根只是你的六根，而不是他物；令你速证安乐解脱的也是你的六根，而不是他物。"这是因为阿难初请法时说想知道"十方如来得证菩提、妙奢摩他、三摩、禅那最初方便"。现在，诸佛告诉阿难这一点，想让阿难相信不疑，但这不是阿难所能理解的，所以阿难仍然感到很迷惑，于是再次向佛请法。

■ 根尘同源，犹如交芦

佛告诉阿难说，根和尘共同拥有一个真源，缠缚和解脱本来没有二样，识性虚妄犹如空华本无所有。虽然无明本空，但由尘引发产生知觉的功能而结成了根，种种妄相从根尘而虚妄发生。阿赖耶识中的见分和相分本来是无明所成，无明既然本空，那么这个相分和见分也就没有自性，所以佛用交芦来比喻它们。交芦又称束芦，外形实而中心虚，生长时交叉而立，这是说明妄想本来没有体性，无明而成的根尘一一本空。空则一法都没有，只有一真独存。对于所知所见，性自天然，不必更立知见，"立一知见"就是无明的根本。所以要返妄归真，不必别修，只要对于知见不起妄见，就是涅槃无漏真净了。

北宋时，温州的楞严遇安禅师经年诵读《楞严经》不辍，有一次不小心把这一段经文破句读成"知见立，知即无明本。知见无，见斯即涅槃"，因此大彻大悟。

■ 言妄显诸真，真妄同二妄

佛对于所说的话感到意犹未尽，所以又说了一个千古传扬的解脱颂。佛在偈中说，立一个真性是为了空掉有为和无为等法，但这个破妄的真性也属于妄。真与非真犹且不立，何况能见与所见的根尘呢？所以说"迷晦即无明，发明便解脱"。太虚大师说："详观此中九颂，端为《大佛顶首楞严》一经之蕴陀南，如有心乐总持之士，但专诵此三十六句之文，其功德等于诵持全经咒。以此即是大神咒、大明咒、无上咒、无等等咒故。"

一篇三十六句的解脱颂

为了向阿难说明"生死之结，在于六根"的道理，佛说出了一篇偈子。这篇偈子有重复经文的内容，也有单结的偈文，民国时期太虚大师说："但专诵此三十六句之文，其功德等于诵持全经咒。以此即是大神咒、大明咒、无上咒、无等等咒故。"

重颂文

真性有为空，缘生故如幻；无为无起灭，不实如空华。	真如自性体性绝待，不属于有为法，也不属于无为法。
言妄显诸真，妄真同二妄；犹非真非真，云何见所见？	如果说妄想外有真心，这个真心也是妄想。
中间无实性，是故若交芦。	根尘同源相倚，中间没有真实独立的体性。
结解同所因，圣凡无二路。	六根被结缚就是凡夫，六根解脱就成为圣人。
汝观交中性，空有二俱非。	你观察交芦中之性，则知空与有二者俱非。
迷晦即无明，发明便解脱。	这句重新解释缚脱无二。

孤起颂文

解结因次第，六解一亦亡；根选择圆通，入流成正觉。	解结当于六根之中，选择圆通本根，做入流功夫。
陀那微细识，习气成暴流；真非真恐迷，我常不开演。	无明种子辗转熏变，妄上加妄，而成生死暴流。
自心取自心，非幻成幻法；不取无非幻，非幻尚不生，幻法云何立？	妄以能见的见分，妄取所见的相分，这个"取"字，就是结缚的根源。
是名妙莲华，金刚王宝觉。	莲花是花果同时，金刚是表般若智。
如幻三摩提，弹指超无学。	以此法门，从性起修，弹指即可超出无学果位。
此阿毗达摩，十方薄伽梵，一路涅槃门。	此从根解结法门是最胜无比之法。

首楞严大定的修持原理　让众生轮回或涅槃都在于六根

解结之方
打结与解结的比喻

六结不是指六根，而是指每一根都有动、静、根、觉、空、灭六结。为了巧妙地表示六结之间同异的根源，佛拿劫波罗天的天人所献的五色华巾作为打结和解结表演的道具。华巾有五种颜色，其意在表示众生由于迷于妙明真心而形成五蕴的身心，并因此虚妄地分别形成六根。

■ 绾巾六结

佛先在大众前把华巾次第绾叠，一共打了六个死结。佛告诉阿难："华巾本来只有一条，因为我绾了六次，就说它是六个结。六结虽然不同，回顾它的本因，却是一条华巾所造，令它杂乱是不可能的。现在你的六根也是这样的，没有打结之前，一相都不可得，哪里会有六处呢？等到从真起妄产生根结后，六相开始分明，并且次序严谨。"

■ 六解一亡

佛对阿难说："你一定嫌这六结各异，喜欢它本来只有一巾的状态，要怎样才能如此呢？"阿难说："这六个结绾成了之后，是非就产生了，这当中就产生了此结不是彼结，彼结不是此结等问题。佛现在如果把这些结一齐解除，结没有了，自然没有彼此可分，这时，一巾的名称也没有意义了，哪里还有六呢！"

佛说："我说的对待法的六解一亡，也是这个道理。由于你从无始以来，心性狂乱，从狂乱中妄发知见。发妄不息，于是劳与见引发尘相。如目睛疲劳，即有狂花于本来清净精明中，无因乱起。一切世间山河大地，与生死涅槃都是因狂劳而生的颠倒花相。"

阿难问解结的方法，佛用手偏拉所结的华巾的左方或右边，都不能解结，意在表示二边无力，应当从结心解就能解开，其用意在于使众生直观中道。为了让阿难谛信不疑，所以佛自己说一切世间法和出世法如来都能知道它的根源，那所说解结的方法，绝不会有差谬。

■ 解结次第

由于结是次第而绾的，要解结也应该次第而解。按逆流解结次第，这个根结初解，先得人空。空性圆明，成法解脱。解脱法已，俱空不生。这就称为菩萨从三摩地得无生法忍。阿难和座中大众听受了佛的开示后，觉悟到六根中的本性本来是圆通无碍的，没有什么疑惑了。

修证圆通的次第

结缚生起的次第

佛用华巾打了六个结,比喻如来藏性随缘变成阿赖耶识,从真起妄,辗转相依虚妄形成的六重结相:一动结、二静结、三根结、四觉结、五空结、六灭结,这正是修证圆通的次第。

六结	经文	三细和六粗		五蕴	三执	生死、涅槃
第一结	心性狂乱	三细	无明业相	识蕴 (第八识:阿赖耶识)	空执	狂劳颠倒
			能见相			
			境界相			
第二结	知见妄发, 发妄不息	六粗	智相	行蕴(第七识)	法执	涅槃
第三结			相续相	想蕴(第六意识)		
第四结	劳见发尘		执取相	受蕴(前五识)	我执	生死
第五结			计名字相	色蕴 (前五根及六尘)		一切世间 山河大地
第六结			起业相			
			业系苦相			

解结的次第

结缚次第而生,解结自然需要次第而解。所以佛说:"此根初解,先得人空。空性圆明,成法解脱。解脱法已,俱空不生。"

六结	经文解开六粗和三细			断烦恼	破五蕴	超五浊	越三空
第六结	此根初解,先得人空。	六粗	业系苦相	分别我执 (见惑)	色蕴 (前五根及六尘) 【齐初果】	劫浊	人(我)空 ↓ 出分段生死 【齐四果】
第五结			起业相				
			计名字相				
第四结			执取相	俱生我执 (思惑)	受蕴 (前五识)	见浊	
第三结	空性圆明,成法解脱。		相续相	分别法执, 智爱 (尘沙)	想蕴 (第六意识)	烦恼浊	法空 ↓ 出变易生死
第二结			智相	俱生法执, 理爱 (伏无明)	行蕴 (第七识: 末那识)	众生浊	
第一结		三细	无明业相	无明业识 生相无明	识蕴 (第八识: 阿赖耶识)	命浊	空空不生 【圆教初住: 无生法忍】
			能见相				
			境界相				

第二节 修持方法

二十五圣最初入手的圆通法门

二十五圆通

六尘、六根、六识和七大的修持法门

圆通的意思是：圆而通于法性之实。众生机缘万差，想要得到圆通，必须依靠种种方法。佛在楞严会上，问与会的菩萨、声闻最初根据什么方法而得圆通。与会的菩萨、声闻各自列举自己的用功方法来回答，总合起来有二十五种，也就是六尘、六根、六识和七大。

■ 请示圆通本根

阿难对佛说："我们现在觉得身心皎洁清净，痛快无碍。只是虽然已悟得了六销一亡的道理，然而犹未了达什么是圆通的本根。世尊，我辈飘零在生死海中，累劫孤露无依，哪里能料到竟然有幸参与到佛的弟兄行列里。正如一个失乳的婴儿，忽然遇着慈母，在这种本可以成就圣道的非常际遇中，假如把所闻的密言仅在理上悟到，自己全无新证，那就和没有听到没差别。现在只有希望佛慈悲我们，把秘密严净的佛法加惠于我，成就如来最后的开示。"讲完这番话后，阿难五体投地虔诚顶礼，然后心中默祷，等待佛的秘密指授。阿难此举属于意请，而佛大智鉴机，应其密请，所以不自说，而敕令二十五圣各说所修法门。

■ 佛敕诸圣各说

于是，佛对会中的大菩萨们和证得漏尽的大阿罗汉们说："你们这些菩萨和阿罗汉，生在我的佛法中，成为无学，我现在问你们最初发心悟入，十八界中哪一门最为圆通？以什么方便而证入到三摩地？"

佛以二十五门圆摄了所有法门，头头是道，法法皆通，所以诸圣依之而修，都能证得圆通。虽然归元无二路，但方便有多门。佛让诸圣各自述说因地依修的方法，表明亲证实到，并不是空谈没有证验。

与会的菩萨、声闻各自述说自己证道的方法。最开始是憍陈那长老说的圆通声尘，最后是观音菩萨说的圆通耳根。二十五位菩萨的圆通虽然没有优劣，但如来特别要求文殊菩萨进行选择。文殊菩萨最终选取了耳根圆通，是因为我们这个世界的人耳根聪明，入法最容易。

二十五圆通法门

阿难和大众已经知道知一亡六的深意，但还没有通达圆通本根，希望佛能开示。阿难认为在听了诸佛所说之法后，先已悟了实相，但对于华屋得门而入还没听佛说过。佛应请并不亲自开示，而是问在会的菩萨和声闻，其意在于借各人所入的初心方便以显门门都可证入。

二十五圣的圆通法门

六尘圆通

六尘	圣者
色尘	优波尼沙陀
声尘	侨陈那
香尘	香严童子
味尘	药王、药上二法王子
触尘	跋陀婆罗及同伴十六开士
法尘	摩诃迦叶及紫金光比丘尼等

六根圆通

六根	圣者
眼根	阿那律陀
耳根	观音菩萨
鼻根	周利槃特伽
舌根	侨梵钵提
身根	毕陵伽婆蹉
意根	须菩提

六识圆通

六识	圣者
眼识	舍利弗
耳识	普贤菩萨
鼻识	孙陀罗难陀
舌识	富楼那
身识	优波离
意识	大目犍连

七大圆通

七大	圣者
火大	乌刍瑟摩
地大	持地菩萨
水大	月光童子
风大	琉璃光法王子
空大	虚空藏菩萨
识大	弥勒菩萨
见大	大势至法王子与其同伦五十二菩萨

首楞严大定的修持原理

六尘、六根、六识和七大的修持法门

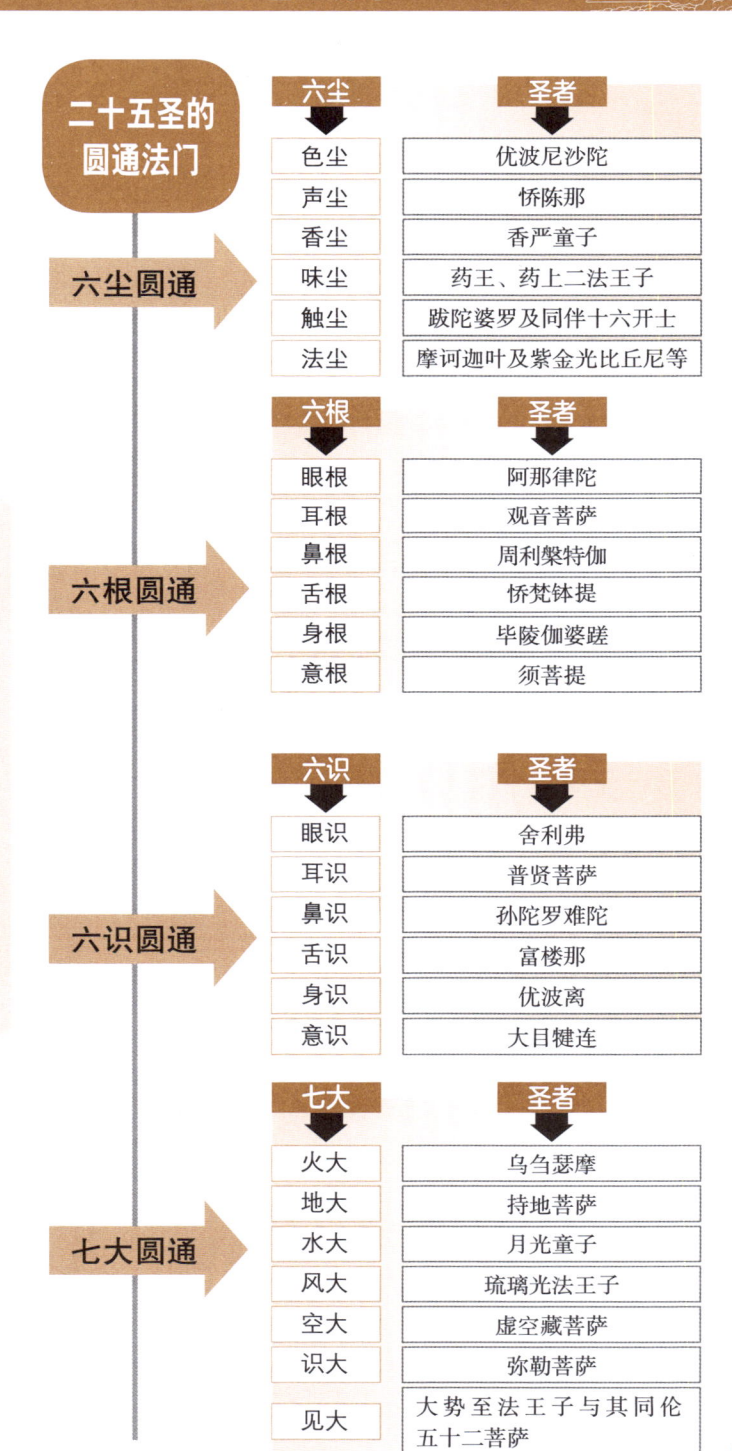

声尘色尘
优波尼沙陀修不净观而悟道

憍陈那等五比丘是佛最初在鹿野苑三转四谛法轮得度的人，憍陈那是由听闻声尘而得悟道。优波尼沙陀的意思是"尘性空"，由于性多贪欲，所以他修不净观来对治，最终通过观想色尘而悟道。

■ 憍陈那五比丘因声悟道

此时憍陈那等五比丘从座上起来，顶礼佛足而对佛说："我从前在鹿野苑及鸡园两地修行，观见如来最初成道，佛成道后，先来度化我们，三次为我等说苦、集、灭、道四圣谛法，我从佛的言教中，彻底明白四谛的至理。当时佛问比丘，谁已得解，只有我最先证悟，如来为我印证，并为我取名为阿若多，我所悟知的是声音为缘生法，声相虽虚妄不实，而性常真为妙觉明体；体密而无形无相，用则周遍法界，于是我以音声为本修因，证阿罗汉。佛问圆通，如我所证音声为上。"

■ 不净观和白骨观

优波尼沙陀从座上起来，顶礼佛足后，对佛说："我也是见佛成道最早的人，因为我的贪欲重，佛陀教我修不净观以对治，于是对这个身体生起很大的厌离心。观察到肉身之内实在没有洁净的地方，它从出生时就不干净，死后只留下白骨一堆，烧骨成灰化为微尘，随风飘散，终归于空，空色不二，因此证入无学的阿罗汉果位，佛印可我，并为我取名叫尼沙陀。佛问圆通，据我亲身所证，如我所证色因为上。"

不净观是一种重要的修行方法，最适合烦恼障很重、贪欲心很盛的人修。入手方法是运用思维去观想。不净观包括九种想：胖胀想、青瘀想、坏想、血涂想、脓烂想、虫啖想、分散想、白骨想、烧想。人身是个臭皮囊，由死亡到坏灭，自然地都会出现这九种现象。尸体先发胖胀，渐渐颜色变成了青瘀色，开始一块一块地败坏。然后血化为脓，开始腐烂，生出蛆虫。皮内毛血渐渐分散完了，只剩下白骨一具。久了，白骨也就随风化为飞尘。无论贫富贵贱、智愚贤不肖、男女老幼、美的丑的，到头来都是一样。所以修习这种方法，最容易生起离尘出俗的观念。同时也很容易解脱人我的执着，以及生理、心理的障碍。但这个方法易导致厌世的想法，所以最好在明师指导下，配合数息观、慈心观、净土观等来修。

省庵大师的不净观颂

省庵大师是清代高僧，他就不净观的死观和九种想，分别作浅观和深观的颂偈，对于我们理解经文非常有帮助。

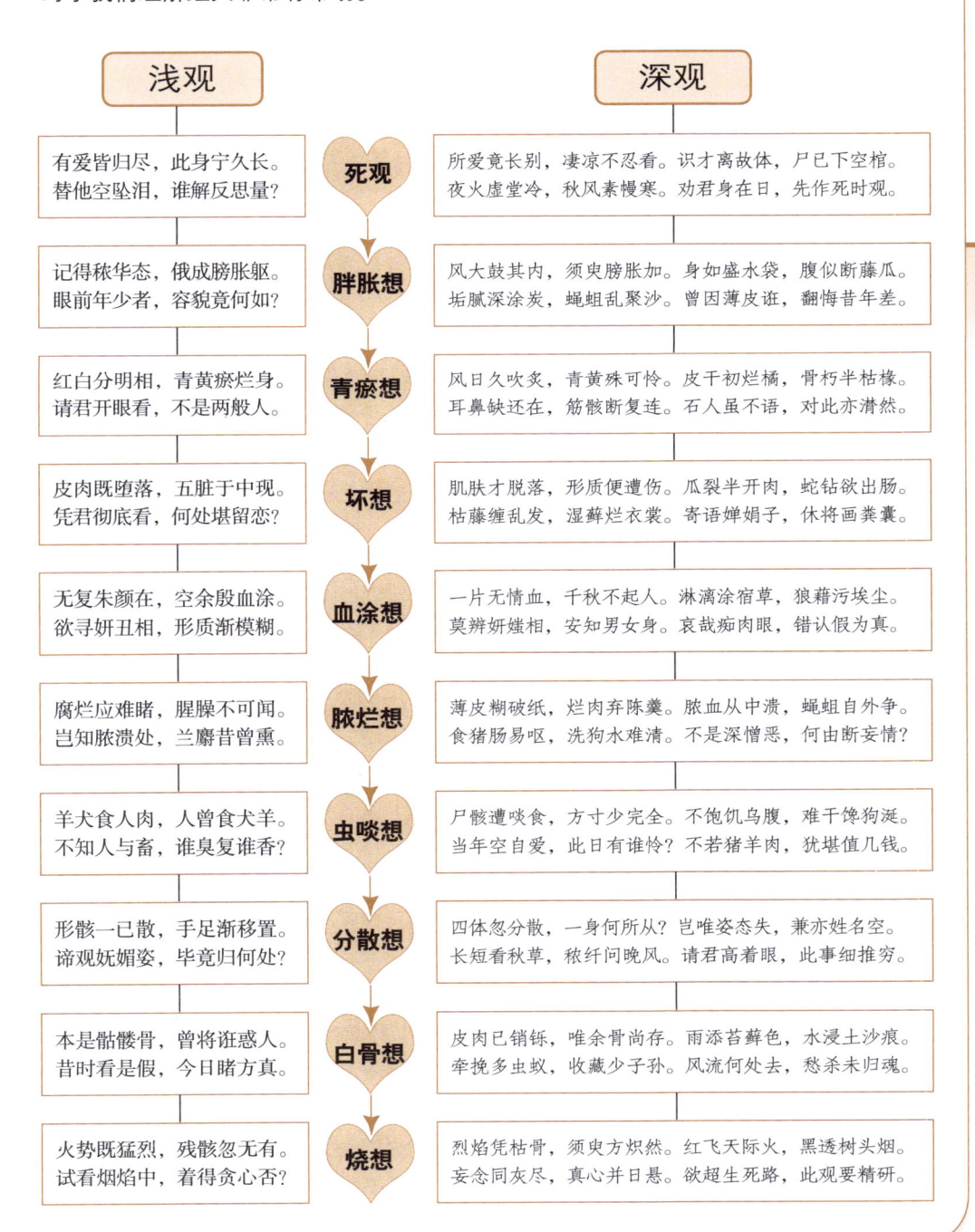

浅观 / 深观

死观
- 浅观：有爱皆归尽，此身宁久长。替他空坠泪，谁解反思量？
- 深观：所爱竟长别，凄凉不忍看。识才离故体，尸已下空棺。夜火虚堂冷，秋风素幔寒。劝君身在日，先作死时观。

胖胀想
- 浅观：记得秾华态，俄成膀胀躯。眼前年少者，容貌竟何如？
- 深观：风大鼓其内，须臾膀胀加。身如盛水袋，腹似断藤瓜。垢腻深涂炭，蝇蛆乱聚沙。曾因薄皮诳，翻悔昔年差。

青瘀想
- 浅观：红白分明相，青黄瘀烂身。请君开眼看，不是两般人。
- 深观：风日久吹炙，青黄殊可怜。皮干初烂橘，骨朽半枯椽。耳鼻缺还在，筋骸断复连。石人虽不语，对此亦潸然。

坏想
- 浅观：皮肉既堕落，五脏于中现。凭君彻底看，何处堪留恋？
- 深观：肌肤才脱落，形质便遭伤。瓜裂半开肉，蛇钻欲出肠。枯藤缠乱发，湿藓烂衣裳。寄语婵娟子，休将画粪囊。

血涂想
- 浅观：无复朱颜在，空余殷血涂。欲寻妍丑相，形质渐模糊。
- 深观：一片无情血，千秋不起人。淋漓涂宿草，狼藉污埃尘。莫辨妍媸相，安知男女身。哀哉痴肉眼，错认假为真。

脓烂想
- 浅观：腐烂应难睹，腥臊不可闻。岂知脓溃处，兰麝昔曾熏。
- 深观：薄皮糊破纸，烂肉弃陈羹。脓血从中溃，蝇蛆自外争。食猪肠易呕，洗狗水难清。不是深憎恶，何由断妄情？

虫啖想
- 浅观：羊犬食人肉，人曾食犬羊。不知人与畜，谁臭复谁香？
- 深观：尸骸遭啖食，方寸少完全。不饱饥乌腹，难干馋狗涎。当年空自爱，此日有谁怜？不若猪羊肉，犹堪值几钱。

分散想
- 浅观：形骸一已散，手足渐移置。谛观妖媚姿，毕竟归何处？
- 深观：四体忽分散，一身何所从？岂唯姿态失，兼亦姓名空。长短看秋草，秾纤问晚风。请君高着眼，此事细推穷。

白骨想
- 浅观：本是骷髅骨，曾将诳惑人。昔时看是假，今日睹方真。
- 深观：皮肉已销铄，唯余骨尚存。雨添苔藓色，水浸土沙痕。牵挽多虫蚁，收藏少子孙。风流何处去，愁杀未归魂。

烧想
- 浅观：火势既猛烈，残骸忽无有。试看烟焰中，着得贪心否？
- 深观：烈焰凭枯骨，须臾方炽然。红飞天际火，黑透树头烟。妄念同灰尽，真心并日悬。欲超生死路，此观要精研。

首楞严大定的修持原理

优波尼沙陀修不净观而悟道

香尘味尘
香严童子因闻香气而悟道

香严菩萨童真入道，观察到能生出香气的，不是木，不是虚空，不是烟，也不是火，所以说香严体空，去无所著，来无所从，那么尘境如如，因此意消而发明无漏。药王、药上二位菩萨思想味尘的起因，知道无明体空而了证无生。

■ 香严童子的香尘

香严童子即从座上起来，顶礼佛足而对佛说："我从前蒙佛慈诲，教我随时随地仔细观察根、尘、识等由因缘所生的万事万物的各种有为相。我辞别佛后韬光隐迹，洁净身心宴坐静室，看见那些比丘烧沉香木，无形无声的香气进入我的鼻中，我就即境观察这香气的来由，应不从木来，因徒然有木，不能自烧，香气怎能远达；也不由空出，因空性常存，香气无常；也不是因为烟才生起，因为鼻子并不被烟熏着；也不是从火出来的，因为世间的火本来不能生出香气。香气忽聚忽散，来无所从，去无所往，当体空寂，由是香既不缘，鼻无所偶，根尘双泯。因而意识不起，进入无分别境界，顿悟无漏，了达香气之性，就是如来藏心，如来印可，赐名香严。由是相尽性现，我从香严，得阿罗汉。佛问什么最圆通，如我所证当以香严为上。"

■ 药王、药上菩萨的味尘

药王、药上两位法王子，和与会中的五百个梵天的天人，都从座上起来，顶礼佛足而对佛说："自无数劫以来，我世世都做良医，在这娑婆世界上亲口尝过草木金石之类有十万八千种之多，都知道苦、酸、咸、淡、甘、辛等味，以及各类和合变化的规律，是冷性、热性，有毒、无毒，可用、不可用等，无所不知。所以今日承事如来，依然不忘旧习，仍以味尘为观境，因而知味性，非空（舌与药触，炽然味现）、非有（虽然味现，实无体性），不是由舌及舌识出（诸药不来，舌之与识，不自现苦等诸味），也不是离开舌与识而别有（舌与舌识不尝，诸药不能自知苦等诸味）。因此分别味尘之因，既无定体，又无从来，只是幻妄名相，其相虽妄，其性恒真，因而开悟，味尘本如来妙藏真如性。蒙佛亲自为我兄弟印可，并赐以药王、药上二菩萨名，在此会中为法王子。我从味尘悟明本觉妙明真心，位登菩萨。佛问什么最为圆通，如我所证以味因为上。"

闻香尝味的悟道心法

闻香悟道心法

香严童子沐浴斋戒静坐一处，看见有些比丘在烧沉香，传到鼻子这儿就闻到一股浓烈上好的香气。他就开始观察这香气的来由。香气来无所从，去无所往，当体空寂，因而顿悟无漏，了达香气之性，就是如来藏心。

香气不是从沉香木中来，因为只有沉香木是不能自烧的，香气怎能远达到鼻子中？

香气也不是虚空中出生的，因空性常存，香气无常。

香气也不是因为烟才生起，因为鼻子并不被烟熏着。

香气也不是从火出来的，因为世间的火本来不能生出香气。

宋朝与苏轼齐名的黄山谷也是一位闻香气而悟道的人。他多次参谒晦堂禅师不悟，认为禅师有保留，禅师引孔子的话对他说："二三子，以吾隐乎，吾无隐乎耳。"后来山中木樨花盛开，禅师问他："你闻到香气了吗？"山谷说："闻到了。"禅师说："二三子，以吾为隐乎，吾无隐乎耳。"山谷顿悟。

药王、药上二菩萨

药王、药上二菩萨是施与良药，救治众生身心病苦的菩萨。在《法华经》中，药王菩萨的过去生是"一切众生喜见菩萨"。药王菩萨的形象，一般为顶戴宝冠，左手握拳，置于腰部，右手屈臂，置放胸前，而以拇指、中指、无名指执持药树。三昧耶形为阿迦陀药，或为莲花。

首楞严大定的修持原理

香严童子因闻香气而悟道

143

触尘法尘
跋陀婆罗因为洗澡而悟道

跋陀婆罗菩萨最初由于观察沐浴时触受的来由而悟道,是从触尘悟道的典范。摩诃迦叶则因为观察六尘的变坏生灭得证无生,是由法尘悟道的典范。

■ 跋陀婆罗菩萨的触尘

跋陀婆罗和他的同伴十六位开士,即从座上起来,顶礼佛足而对佛说:"我们先在威音王佛时,闻法出家后,随例入于浴室沐浴。正沐浴之时,以水触身,觉有冷暖、涩滑的触受,因此穷究这个触受生起的原因,是因为水洗尘而有呢?还是因为水洗体而有呢?如果说是因为水洗尘垢而有,尘垢本来没有知觉,怎么能出现触觉呢?如果说是因为水洗体而有触觉,四大假合的身体,本来属于无情,怎么会有触受呢?因此忽然了悟水因既不洗尘,所以境空;水因又不洗体,所以根空。根尘悉泯,能所双亡,中间安然,得无所有。虽然中间因骂常不轻菩萨而致千劫堕落在无间地狱,但上来后还能不忘宿习所证悟的。守获善根,直到现在才得以跟佛再出家,修成无学的果位。佛为我取名为跋陀婆罗,即坚守的意思。因为证悟到微妙触尘,非有非空,只是如来藏心随心应量而循业发现,因此成为等觉菩萨。现在佛问圆通,如我所证,是以触尘为导悟之因,昔日以触尘观行熏习,后得妙触宣明,如我所证触因为上。"

■ 大迦叶的法尘

摩诃迦叶及紫金光比丘尼等,即从座上起来,顶礼佛足而对佛说:"我于往劫,在此世界中,有日月灯明佛应机现世,我得有缘亲近,恭聆教诲,依法修学。佛灭度后,为感法乳深恩,供养舍利,夜夜燃灯使长明不暗,并以紫金涂佛像。后来生生世世,身上常有圆满的紫金光。这位紫金比丘尼就是当时与我共同发心修治佛像的眷属。我观察世间的六尘变坏,刹那不停,当体即空,只观空寂,修习灭尽定,能使身心度过百千劫,犹如一弹指间。我以修空观,消灭法尘,使根识也灭尽了,所有的结使也跟随着断除,成了阿罗汉。世尊说我在众弟子中,头陀行(即苦行)第一。由于我生灭法尘既已灭尽,微妙法性现前,所以能够开悟,明白如来藏心,消灭诸漏。佛问何者最圆通,如我所修所证,以法尘为本修因最为其上。"

跋陀婆罗和摩诃迦叶的悟道心法

从洗澡中悟道的方法

对于在无上神圣的菩提路上精进的佛法行者而言，洗澡也是悟道的一个契机，从洗澡中悟道的跋陀婆罗菩萨就是最好的榜样，让我们来仔细推详这则公案吧。

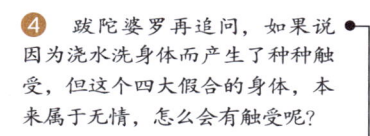

首楞严大定的修持原理

跋陀婆罗因为洗澡而悟道

❶ 跋陀婆罗以水浇身之时，那种冷暖、涩滑的触受让他感到非常舒适。

❷ 跋陀婆罗随后对这些触受的来由进行了追究，佛法讲一切皆空，那么这些触受是哪从哪里来的呢？这个疑团如此之大，以致能阻断其他一切妄念。

❸ 跋陀婆罗追问，如果说这个触受是因为浇水洗除自己身上的尘垢而有，但尘垢本来没有知觉，根本不可能由它生出触受。

❹ 跋陀婆罗再追问，如果说因为浇水洗身体而产生了种种触受，但这个四大假合的身体，本来属于无情，怎么会有触受呢？

❺ 跋陀婆罗忽然大悟，根尘悉泯，能所双亡，中间安然，得无所有。

迦叶尊者

摩诃迦叶是佛的十大弟子之首，也是佛经第一次结集的召集人。迦叶尊者与紫金光比丘尼因为过去世以紫金庄严佛像的因缘，结为夫妻，十二年中各修梵行清净无染。迦叶出家后，安心修习头陀苦行，喜欢露天静坐，冢间观尸，树下补衣，被誉为"头陀第一"。受佛的嘱咐，尊者入灭尽定，至今仍驻留于鸡足山中，以传衣钵给未来的弥勒佛。

眼根鼻根

周利槃特迦尊者观察呼吸而悟道

阿那律陀旋彼出流的见精，远离尘累；循彼元明的真见，脱黏内伏，是从眼根证道的典型。最初以愚钝著名的阿那律陀尊者，却从观察呼吸的生灭中先于很多圣者证道。

■ 阿那律陀的眼根

阿那律陀即从座上起来，顶礼佛足，对佛说："我初出家贪图睡眠，如来责骂我说：'咄咄何为睡，螺蛳蚌蛤类。一睡一千年，不闻佛名字。'我听了佛的责骂后，愧悔哭泣，啼泣自责，发愤用功七天不睡眠，导致双目失明，不能跟随众人，感到特别苦恼。佛怜悯我两眼失明，教我明不循根的修法，叫作乐见照明金刚三昧，也就是旋本有的心光，照能见的见性，不向外流，灭妄归真，从此心心寂灭，念念圆明，能断烦恼，犹如金刚般坚利。我修成后不用眼就能够观见十方，见精真性能够洞然无碍，如同观看掌中的果子一样，如来印可我，得成阿罗汉果位。佛问圆通，如我自己的经验所证，旋彼出流的见精，远离尘累；循彼元明的真见，脱黏内伏，把见旋回本元，最为第一。"

■ 周利槃特迦的鼻根

周利槃特迦即从座上起来，顶礼佛足而对佛说："我最初缺少诵持经典的能力，没有广学多闻的根性，遇到佛的时候，忆念持诵佛的偈子：'身语意业不作恶，莫恼世间诸有情。正念观知欲境空，无益之苦当远离。'学习第一句的时候，在一百天中如果记住了前四字，就遗忘后三字；记得后三字，又遗忘前四字，五百罗汉一起教我背诵这一偈都没有成功。佛怜悯我太愚，教我安居静室中，调理出入息。我当时秉教观息，功夫纯熟，心渐微细。先只能调出入，后来便能穷其生灭，定深更能穷尽生、住、异、灭四相。穷尽鼻息处，诸行唯在刹那，刹那无体，只在一念，念性本空，因此豁然开悟，贯通诸法，得大无碍，乃至界内欲、有、无明三漏先尽，成阿罗汉。住于佛的座下，蒙佛印证成无学道。问圆通，如我所证，即奉教调出入息。鼻根不缘外尘，反观息相；穷诸行空，循顺空理，达到'出息不涉众缘，入息不住阴界'的境界。以鼻根为本修因，最为第一。"

从眼根而悟道的阿那律陀尊者

阿那律陀,汉译为"无贫",又译为"如意"。过去劫以稗饭,供养辟支佛,感九十一劫不受贫穷果报,得如意乐。他是佛的堂弟,甘露饭王之子。后随佛出家,成为佛的十大弟子之一,被称为"天眼第一"。

乐见照明金刚三昧

佛教给阿那律陀的修定方法,是以好乐见性之法,旋本有的心光,照能见的见性,照之又照,照到本明自性无动无坏,突开金刚正眼,就得到金刚三昧。阿那律陀,依教勤修,遂发半头天眼,自诉能够不由浮、胜两种眼根,而能观见十方世界。

首楞严大定的修持原理

周利槃特迦尊者观察呼吸而悟道

阿那律陀的天眼通

阿那律陀初出家时,每于听法之时常打瞌睡,佛苛责他为畜生类,说:"咄咄何为睡,螺蛳蚌蛤类。一睡一千年,不闻佛名字。"他听到佛的呵斥后,啼泣自责业障深重,于是七日七夜精进用功,不许自己睡眠,遂导致双目失明。佛怜悯他,教他修乐见照明金刚三昧。他修成后,获得天眼通,不用眼就能够观见十方世界如掌中之果。

舌身意三根
毕陵伽婆蹉因毒刺伤足而悟道

憍梵钵提虽然曾生生世世感受牛呞病的果报，但佛因病施药，教以一味清净心地法门，使他从舌根证得阿罗汉果位。毕陵伽婆蹉则因为一次毒刺伤足的偶然经历而悟道。须菩提解空第一，是意根悟道的典范。

■ 憍梵钵提的舌根

憍梵钵提即从座上起来，顶礼佛足而对佛说："我有口业，于过去劫中轻蔑侮辱沙门，所以生生世世有牛呞病。如来教我一味清净心地法门，我得灭心入三摩地。观察味觉的知，既不在舌根自体，也不在外物，应念即超出世间诸漏。内脱身心，外遗世界，根尘都脱离了缠缚，像鸟出笼一样。离垢销尘，法眼清净，成了阿罗汉，如来亲自印证我已登大乘无学之道。"

■ 毕陵伽婆蹉的身根

毕陵伽婆蹉即从座上起来，顶礼佛足而对佛说："我初发心，从佛出家入道，屡次听如来讲说世间一切不可乐的事情。当我在城中乞食时，心里思维佛教我的法门，不小心被路上的毒刺伤了足，遍身都感到疼痛。我想到我因为有知觉，所以感到如此的痛。虽然知觉能觉察到痛，然而能觉的清净心中，并没有能觉的知和所觉的痛，我又自问，难道我一个身体，竟有两个知觉吗？澄心观察不久，忽然感到身体和心念都一齐消融了。三七日中，一切诸漏虚尽成为阿罗汉，得如来亲自印证，发明了无学道。现在佛问圆通，如我自己所证，纯一本觉，遗妄身心，以身根为本修因，最为第一。"

■ 须菩提的意根

须菩提即从座上起来，顶礼佛足而对佛说："我从无量劫来意根无碍，自己回忆受生和舍身的次数多如恒河沙。初在母亲胎中，就知道四大本空，五蕴非有，当体空寂。出胎之后，由人空而悟法空，十方世界悉皆空寂。同样也令众生证得空性。蒙如来的启发，明白性觉真空，空性圆明，得阿罗汉果。进而顿入如来的宝明空海，同于佛的知见。佛问圆通，如我所证，诸有相皆入于空，能空与所空亦皆空尽，旋转有为诸法，复归第一义空，此为第一。"

从意根而悟道的须菩提尊者

须菩提，汉译为"空生"。他在初生之时，其家宝藏忽空，他的父亲大为震惊，为卜吉凶，得到一个既善又吉的卦，所以又叫"善吉"。不久家中宝藏重新显现，所以他又叫"善现"。须菩提从佛出家后，在佛的十大弟子中被称为"解空第一"。

所修法门

须菩提的修习方法是，先观察人相、法相，使它们悉皆入于空。然后使能空的空，和所空的人、法二相也空掉，达到"人法双空，空智亦泯"的境界。这种法门是以意根的无分别性，旋其虚妄生灭的万法，使它们复归本元觉性的第一义空。

首楞严大定的修持原理

毕陵伽婆蹉因毒刺伤足而悟道

须菩提对空的理解

须菩提意根无碍，有宿命通，能记得恒河沙一般多的投胎转世的经历，没有隔阴之迷。他最初在母胎的时候，就知道四大皆空，五蕴非有，当体空寂。出胎之后，从人空而悟得法空，体认到十方世界、森罗万法皆为空寂。从佛出家后，广为众生宣说人空和法空，自利利他。

眼识耳识
普贤菩萨的耳识圆通法门

舍利弗虽然生生世世，心见清净，于世出世间种种变化，一见即通，但未得圆明。现在见佛闻法，顿断思惑，识精得以圆明，不但成阿罗汉，同时具足总持、知根、决疑、报答等四无所畏。普贤菩萨修耳识心闻法门，成就普贤大愿大行。

■ 舍利弗的眼识

舍利弗即从座上起来，顶礼佛足而对佛说："我从无量劫来，心见很清净，受生多如恒河沙，所有世间和出世间的种种变化，一见便通，没有障碍。有一次我在途中，遇见迦叶波兄弟追随而行，宣说因缘偈：'因缘所生法，我说即是空。亦名为假名，亦名中道义。'悟得如来藏心周遍法界。因此我也从佛出家，蒙佛的开示，心里更增长明觉，无障无碍，所以见觉明圆，得大无畏，成阿罗汉，为佛的长子。我的法身是因为佛口宣化妙法，从法而化生。现在佛问圆通，如我所证，心见发光成无障碍智，智光极处彻佛知见，这个眼识最为第一。"

■ 普贤菩萨的耳识

普贤菩萨即从座上起来，顶礼佛足而对佛说："我过去生中已曾作恒河沙如来的法王子。十方如来，教他们的弟子中有菩萨根器的人修普贤行，这个普贤行是随我的名字而安立的。世尊！我用心闻，分别众生所有的种种知见，假如在他方如恒河沙这样多的世界以外，有一个众生，心中发明普贤行，我于其时乘六牙象，分身百千都到他的身边。纵然他业障很深，不能见到我，我也在暗中，与其人摩顶，拥护他、加持他、安慰他，令他能得到成就。现在佛问圆通，我说我的本因，由于心识能闻，发起智慧之明，于一切法，分别自在，所以这个法门最为第一。"

普贤菩萨的修法，是代表大乘菩萨的大行，显教和密教都有其法门。显教修法，首先要熟读《普贤行愿品》及祖师大德的注疏，在念习纯熟以后，要深思它的意义与意境，然后把菩萨的十大行愿各自构成一个广大无边的境界。按照一定的仪轨来修习，久而久之，意境形成妙有的实相，就会有普贤菩萨乘坐六牙白象宛然显现，随之智光发露，消其惑业，除其障难。发愿履行普贤菩萨行径，广利群生，则能获得普贤菩萨心闻神通智慧。

大行普贤愿王菩萨

普贤菩萨，是我国佛教四大菩萨之一，是具足无量行愿、普现于一切佛刹的大乘圣者。我国的四川峨眉山是普贤菩萨的道场，菩萨现身的形象通常是骑着一头象征其行愿的六牙白象。

普贤菩萨的耳识圆通

在《楞严经》中，佛问圆通，普贤菩萨回答说："最初本因，但用耳识，随念分别，能发智慧光明普照群机，得大自在。若于他方，恒沙界外，有一众生，心中发明普贤行者，我普贤即时乘六牙白象，分身千百，至其发心者面前，与之相见。纵然彼因障深，看不见我，我也会暗中为他摩顶，护持安慰，使他所愿成就。"

普贤在各大佛经中的记载

《华严经·普贤行愿品》
普贤菩萨讲述了自己的十大行愿：礼敬诸佛、称赞如来、广修供养、忏悔业障、随喜功德、请转法轮、请佛住世、常随佛学、恒顺众生、普皆回向，并表明如果有人能修此十大行愿，则能成就普贤菩萨诸行愿海。

《华严经·十忍品》
普贤为菩萨摩诃萨提出十忍，若得此十忍，即能于一切佛法无碍无尽。十忍是：音声忍、顺忍、无生法忍、如幻忍、如焰忍、如梦忍、如响忍、如影忍、如化忍、空忍。

《法华经》
在"普贤菩萨劝发品"中，普贤发愿护持奉行《法华经》者："这人若行若立，读诵此经，我尔时乘六牙白象王，与大菩萨俱诣其所，而自现身供养守护，安慰其心。"

《楞严经》
普贤菩萨对佛说："若于他方恒沙界外，有一众生，心中发明普贤行者，我于尔时，乘六牙象，分身百千，皆至其处，纵彼障深，未得见我，我与其暗中摩顶，拥护安慰，令其成就。"

首楞严大定的修持原理　普贤菩萨的耳识圆通法门

鼻识舌识

观鼻端白的修持法门

富楼那从旷劫来辩才无碍，有很深的宿因。他宣说苦空四谛生灭的法门，而能达于实相。他以舌识宣扬妙法而得漏尽，可以说是善解法义随说悟入，修习舌识法门最为其上。

■ 孙陀罗难陀的鼻识

孙陀罗难陀即从座起，顶礼佛足而白佛言："我初出家时，从佛入于出世道，虽然能具足戒律，无所缺犯，然而在修三摩地时，心常散乱动荡，不能住于正定，因此没能以定力除去惑业而获得无漏。佛因而教我和拘缔罗观想鼻端，气息化为纯白之色。我最初摄心谛观，经过三七日，心不散乱，得于定中见鼻中的气息出入如烟，烟气排出，身心之内渐渐明彻，终至圆满洞达外面的世界，普遍成为虚净无染之相，犹如琉璃。接着烟相渐销，鼻息转成纯白之色，于是如来藏本心便得开显，诸漏灭尽，心光发明，诸出入息也随之而化为光明之相，照彻十方世界，得证阿罗汉。佛授记我当得无上菩提，现在佛问圆通，我以渐次销熔气息的粗恶相，销息既久，开发智慧光明，又使光明圆满照彻十方，灭除诸漏，达于无漏解脱，这是最妙的圆通法门。"

对于经文所说的"观鼻端白"，蕅益大师在《楞严经文句》中说："分别香臭诸气通名鼻识，此识本无色质可见，但依鼻识而造诸恶，名为黑业；摄鼻识而制心一处，名为白业。故令观端白以摄散心，别是一种权巧法门也，此与通明禅观相似。"如果这种观想成就了，所呼的气息真的就变成白色。

■ 富楼那的舌识

富楼那起立自述说："我久远劫以来就已得到大辩才，宣扬佛的苦空等诸小乘法，进而深刻通达自性的实相，使他们得无所畏，并且对于如是乃至恒沙如来大乘秘密深奥法门，我都能于众生中，一一微妙开示，心无所畏，于法而得大自在。佛知道我有大辩才，就教我以言语声音来宣扬佛教。我就在佛前帮助佛旋转法轮。因为如狮子吼弘扬佛法，就在说法之中，自悟妙谛，得成阿罗汉的果位。佛就印证认可我是善于说法的第一人。佛现在问我，修什么方法才能圆满通达佛的果地。我认为用言语声音来说法，降伏一切魔怨，消灭一切烦恼习漏，才是第一妙法。"

因说法而成阿罗汉的富楼那

富楼那，是富楼那弥多罗尼子的略称，意译为"富楼那"，是迦毗罗卫国国师之子。早年曾与三十位朋友一起入雪山修苦行，后从佛皈依，善于分辨佛义，广宣法理，被称为"说法第一"。佛经记载，富楼那有高超的说法技巧，因其得度者多达九万九千人。《法华经》中，佛授记他将来作佛，称为"法明如来"。

首楞严大定的修持原理

观鼻端白的修持法门

所修法门

富楼那有宿命通，能回忆远劫之事，自诉久远以前就已经辩才无碍，以说法作为修行法门。他说法时的辩才有四种。

法无碍辩：能说世间出世法，所有名相没有不了知的。

义无碍辩：能说诸法差别之义，通达无碍。

辞无碍辩：能从一偈之中演绎出无边妙义，能把无边妙义概括在数语之中。

乐说无碍辩：随顺众生好乐，善巧方便而为说法。对小机说小法宣说苦空，对大机说法深达实相。

富楼那弘法轶事

当时印度西部有一输卢那国，那里的人民"凶恶轻躁，弊暴好骂"，是弘扬佛法最难的去处。但富楼那偏要到那里去。经过艰苦努力，富楼那在那里建立寺庙，度化了五百比丘。从此，富楼那一直在该国弘法，直至去世。据《妙法莲华经》载，富楼那后来历经无数次劫，成为佛陀，号"法明如来"。

身识意识
优波离尊者的戒律成就法门

优波离尊者是专持戒律而得大成就者。他先于身识持戒纯熟；复以定力摄心，执心纯熟；从定发慧，豁然无碍，故心得通达。由心通达，断八十八使，无作妙戒得以现前，内无能持之心，外无所持之戒，若身若心，不待执持，自然无犯，成就阿罗汉果。

■ 优波离的身识

优波离从座上起来，顶礼佛足而对佛说："我亲自随佛，越城出家。亲自看到佛六年勤苦修行，亲自看到佛降伏众魔，制伏外道，解脱了世间的贪欲等众漏。我承佛的教戒，甚而至于三千威仪、八万微细、杀盗淫妄等性业、饮酒食荤等遮业完全能得到清净，身心都得到寂灭，最后成为阿罗汉。我是佛制的戒律中的首领，在大众中能以戒律整纲肃纪，亲蒙佛的印可，持戒修身大众中推许为第一。佛问圆通，我先从执身入手，身得自在；由外及内，次第以身识，执持大乘心戒。心得通达者，就悟明无作妙戒。既无所持之戒，亦无能持之心，然后若身若心，不待执持，自然无犯。所以认为身识法门最为第一。"

■ 大目犍连的意识

大目犍连即从座上起来，顶礼佛足而对佛说："我从前在路上乞食，遇着优楼频螺、伽耶、那提、三伽叶波宣说佛所教的因缘深义，使我顿发改邪从正的决心，发明了意识心就是如来藏，真心显发，所以得到大神通。佛的慈惠使我袈裟著身，须发自落，具足僧相。我游十方，因心光发宣而没有障碍，以神通发自性明，在众中推我为神通第一，断尽见思惑成阿罗汉。我的神力，不但为佛心许，十方佛都称叹我的神力圆明周遍，清净无染。任运施为，不假作意，是魔皆降，有怨皆摧，无所畏惧。现在佛问圆通，我是旋意识分别，复湛然不动的本性，以致心光发宣而生神通。如澄浑浊的水流，久久成为清莹之水，转意识而证入如来藏性。若论圆通，以我所证，我推许意识为第一法门。"

大目犍连的神通能变化万端，有千百亿分身和化身，度脱无量有情，虽然在佛弟子中没有人能比得上，但仍然无法与佛的神通相比。

专持戒律而成为阿罗汉

佛教优波离尊者专修戒律,先受比丘二百五十戒。渐次增进,加上行、住、坐、卧四大威仪中,各俱得二百五十戒,合成一千。菩萨三聚净戒中,律仪戒一千,善法戒一千,利益有情戒一千,合成三千威仪。以三千威仪,配以身口七支,则成二万一千,再配以贪嗔痴等,分合成八万四千细行。优波离持戒,不问大小乘,无论性遮业,皆能受持清净无缺;身不作杀盗淫,心不起贪痴,身心寂灭,故能断惑证真,成阿罗汉。

首楞严大定的修持原理

优波离尊者的戒律成就法门

优波离轶事

优波离之所以被称为"持律第一",是因为他自皈依以来,未曾犯戒毫厘,但他又并非是一个教条主义者。有一次,僧团中的一个比丘病了,需要用酒配制药方,可他又怕犯了酒戒。优波离知道此事后,就向佛陀请示,可否破例一次。佛陀为此特别称赞他是"真能持律"之人。佛教第一次结集,就是由优波离诵出了最初的戒律。这对佛教的发展是重要的贡献。

火大地大
持地菩萨自平心地而悟道

多淫欲之人，生为欲火，死为业火。欲火固然危害色身，业火更能烧毁善根，危害慧命。火头金刚却依佛法观察火大，化多淫心成智慧火，成为阿罗汉和护法力士。持地菩萨由平世界大地，进而平自心地，证阿罗汉，入菩萨位。

■ 乌刍瑟摩的火大圆通

乌刍瑟摩在如来面前，合掌顶礼佛的双足而对佛说："回忆在久远劫前，我性多淫欲。其时有佛出世，名为空王，说多淫欲的人为猛火聚，教我遍观自身的百骸四肢，所有的冷暖气，最后神光内凝，化多淫欲的心成为智慧火。我修持有成，从此诸佛都呼称我为'火头'。我因火光三昧的力量，成阿罗汉。心发大愿，为了诸佛成道，我愿为金刚力士，为他们降伏魔怨。现在佛问圆通，我以谛观身心暖触，而得流转通融，成火光三昧。化多淫心，成智慧火，诸漏永尽，上契佛心，这个法门最为第一。"

■ 持地菩萨的地大圆通

持地菩萨即从座上起来，顶礼佛足而对佛说："我回忆过去有普光如来出现在世上。当时我做比丘，常于要路津口、田地险隘等有妨碍车马通过的地方，我都将它们一一填平，或是架上桥梁，或是填上沙土，这样勤劳辛苦，经过了无量佛出现在世上的时间。有的众生在商场贸易需要人代运物品，我都抢先为他们搬运，送到要去的地方，我放下东西就走，并不取任何报酬。当毗舍浮佛出现于世时，世界上多出现饥荒，当时我做搬运工，无论搬运远近，我只取一文钱。或有牛车陷在泥里，我用神力帮他推车轮。当时有一位大国王设斋请佛，我就在他必经的平坦之地迎佛。毗舍如来为我摩顶，告诉我说：'应当平心地，心地一平，那么世界一切地都平了。'我听了这话后，即时如来藏心开现，明了自身四大微尘与形成世界的所有微尘没有差别。微尘自性不相触摩，就算刀兵加身也无所伤。我从一切法的自性中悟了无生忍，成了阿罗汉。现在回心入于菩萨位中，听到诸佛宣讲这部大经，开示佛知佛见，我最先为之证明。在楞严会上，于信解行中，我为上首。现在佛问圆通，我观察身体与世界二尘平等没有差别。其本源都是如来藏性，因虚妄而显发为尘相。若能精进不息，永离分别念相，真智自然圆满，而成无上觉道，是为第一。"

乌刍瑟摩的火大圆通

乌刍瑟摩，汉译为"火头"，又称为"火头金刚"，也译为"大力"，因为此圣者能以大慈力，化成炽火烧除秽恶生死业，所以得名。久远劫前，火头金刚身居凡位，多贪求淫欲，宿生淫习难除。当时空王佛教他修习火光三昧，转欲火而成智慧之火，修成阿罗汉。火头金刚发愿：为了护持佛法而现金刚力士之身。

首楞严大定的修持原理

持地菩萨自平心地而悟道

火光三昧

乌刍瑟摩的修持方法是：遍观人身四肢百骸种种冷暖气。当人的欲心不起时，四大是调和的。而欲念一动，全体发热。淫心不息，欲火转盛。此时如果能遍观全身，审察烦恼欲火从何而起，起自手足，抑或起自骨髓，这样遍观暖触来无所从，去无所至，欲火自息，而成正定。进而因定发慧，所以能神光内凝。修行至此，便可以化多淫心成智慧火，而得证阿罗汉果位。

相关链接

《正法念经》记载："昔有国王，第一夫人生千子，欲试当来成佛次第，以千筹令诸子抽，拘留孙抽第一，释迦第四，弥勒第五，乃至楼至最后。第二夫人生二子，一发愿为梵王，请千兄转法轮；一发愿为密迹金刚神王，护千兄法。今云诸佛成道，正指贤劫千佛，乌刍均为护法力士。"

月光水大
月光童子修水观三昧而悟道

水是生命之源，是世界上与人关系最为密切的物质之一。在佛法中，水大是重要的禅观对象。月光童子因修习水观而得大成就，他在楞严法会上，从座上站起来，顶礼佛足作了如下的修行报告。

■ 从水天佛学习水观

我回忆过去恒河沙劫，有佛出世，名为水天，教众菩萨修习水观入三摩地。观察自身中水性，与其他诸大之性并不相陵夺。最先从自身的鼻涕、唾液开始起观，一直到穷尽一切津液、精血、大小便等，在一身之中上下流转，周而复始。现象虽有种种不同，然而水性有一种，不但身内水性是如此，身外世界的浮幢王刹、香水海等众水性也是一样，毫无差别。

■ 水观初成身见未忘

我在当时水观初修成，只能见到水性，没有证得无身。那时我为比丘，在室中坐禅。我有一个弟子，在窗外偷窥室内，看见清水遍满室中，别的什么也没有。小孩子无知无识，就取了一片瓦砾丢在水中，打得水发出了响声。童子看了一会儿就走了。我出定以后，马上觉得心痛，就像从前舍利弗遇着违害鬼的情况一样。我自己考虑，我早已得证阿罗汉道，离开病缘已久，为什么现在会突发心痛，难道我的禅定退失了吗？当时童子很快跑到我跟前告诉如上的情况。我就对他说："你下次再见到水，你就把门打开，从水内取出扔进去的瓦砾。"童子遵命答应。其后我又入定，童子又看见满室清水，瓦砾很显然仍在水中，于是他开门把瓦砾重新取出来，我出定后，身体也就恢复如前。

■ 身见忘去才合佛刹香水海

就这样，我遭逢了无量佛出世，一直到山海自在通王如来时，受他的教诲，才能忘去身见，达到内外一如之境。与十方一切香水海合一，知道了"性水真空，性空真水"，无二无别，全相全性，即体即用。现在于如来前得到童真菩萨的名，才有资格入此大乘菩萨聚会中。现在佛问圆通，我是因为以水性悟入如来藏真性，得无生法忍，证入圆通，圆满无上菩提。我认为修习水大圆通最为殊胜第一。

水观的禅修法门

佛法行者在修水观时，并不是观看水的形象，而是观看水的本性，所以这个水观法与一般所说的水观或水想观有所不同。如《观无量寿佛经》中的水观，是先观水的澄清状，成功后再观水结成冰的晶莹状，成功后再观冰成为琉璃状，如果成就三昧，就能见到西方极乐世界。《楞严经》中的水观有如下步骤。

第1步
观想身内的水大。

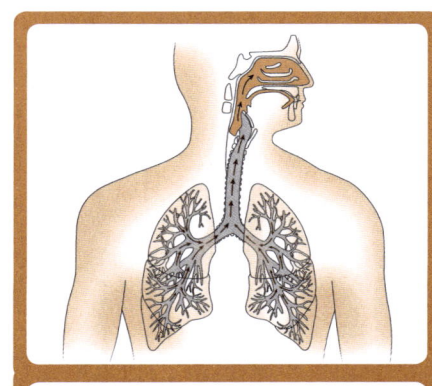

先观体外能见的鼻涕，口中外流的唾液，明了形态不同，能融合各种异物的水性没有差别。

用能感觉的觉知，体察咽喉、喉管的津液，观察其水性无二无别。

用意念观想骨髓中的精髓、筋肉血管中的血液，观察它们的清浊有别，水性却一如。

第2步
观想物质世界的水大。

观想世界中的河川、湖泊、大海，了知水性本是一如。

第3步
观华藏世界的水大。

华藏世界中，有无量佛刹香水海。行者禅观时，观华藏世界中有大莲花，称为"种种光明蕊香幢"，这朵花生于普光摩尼香水海中。花内有微尘数佛刹香水海。

体知身内各种液体，普光摩尼香水海中与种种光明蕊香幢大莲花，所含诸佛刹内香水海之水，其内外水性等无差别。再由此悟入如来藏妙真如性，身与水相融通，忘去身见，证得"性水真空，性空真水"。

首楞严大定的修持原理

月光童子修水观三昧而悟道

风大空大
虚空藏菩萨观察空大而悟道

琉璃光法王子观察风大，发现世间动相虽然万千，而能动的本体却没有两样，由此而得以开悟，合十方佛，传一妙心。虚空藏菩萨以修空观而得妙力圆明。

■ 琉璃光法王子的风大

琉璃光法王子即从座上起来，顶礼佛足而对佛说："我回忆从前经过恒沙劫，有一尊佛出世，名为无量声，开示众菩萨：本觉原本妙明，观察此世界以及众生的身体，都是虚妄攀缘的风力所转。我在当时，观察空间的存在，观察时间的迁流，观察身体的动静，观察心念的转化。这种种动相虽有千差万别，而能动的本体，并无两样。我当时觉悟到，这种种动性，来无所从，去无所至，微尘聚而成十方世界，业缘聚而有无量众生，这些聚散颠倒，同一虚妄，并非真实。如此乃至于三千大千世界，每一世界中，所有众生，如像在一件器皿中，装了成百只蚊虫在内，在分寸的范围内，啾啾乱叫，鼓动狂闹。我遇到佛不久，就得了无生法忍。当时心中开悟，就见到东方不动佛国，我于其中做法王子。承事十方诸佛，身心发光，表里洞彻而无阻碍。现在佛问圆通，我是以观察风力无依，悟彻了菩提心，而入了三摩地，合十方佛，传一妙心，此为第一。"

■ 虚空藏菩萨的空大

虚空藏菩萨即从座上起来，顶礼佛足而对佛说："我与如来同在定光佛前，当时我得了无边身。其时我手执四大宝珠，照明十方微尘佛刹，一齐化为虚空。又于自己心中，现出大圆镜，镜内放十种微妙宝光，流灌十方，尽虚空际。一切诸幢王刹，来入镜内，涉入我身，身同虚空，不相妨碍。此身已同虚空，所以能不离本处，善入微尘国土，广行佛事，得大随顺。这样大的神力，是由我仔细观察四大元无所依，但随众生妄想而有，随众生妄想而息灭。虚空、佛国、众生也是因妄想而有，当体即空。我于空性了悟藏性，悟明'性觉真空，性空真觉。清净本然，周遍法界'，证无生法忍。现在佛问圆通，我是以观察虚空无边，得到无生法忍而入三摩地，微妙神力，圆遍而明照，是为第一。"

观空大而成就的虚空藏菩萨门

虚空藏，梵名音译为"阿迦舍檗婆"，又译为"虚空光""虚空孕"，为八大菩萨之一。所具的福智二藏无量无边，犹如虚空。佛说此菩萨"知一法如幻化故，得如来神足力故，于虚空中随众生所需，若法施若财施，尽能施与皆令欢喜"。又有偈说："虚空藏菩萨，得虚空库藏，充足诸有情。此藏无穷尽，因是名为虚空藏。"

观空大的法门

虚空藏菩萨有大神力，都是由于谛观四大无依的法门而成就。先观察四大都是随众生妄念而有，念起似生，念息似灭，实则当体即空。人身内四大，与外界四大的虚空唯心妄现。然后观察十方佛国以及众生也同是唯心妄现。了知万法唯心，于同中发明如来藏性，了悟"性觉真空，性空真觉，清净本然，周遍法界"，所以证无生法忍，登圆教十地。

虚空藏菩萨信仰

在汉地佛教中，"虚空藏菩萨咒"也是佛教徒经常持诵的真言，可以增长众生的记忆力。据传8世纪时，日僧空海法师修虚空藏法，亲见虚空藏菩萨，由菩萨策励，这才渡海来唐求法，从而开创了东密。

弥勒菩萨
识心圆明，入圆成实

弥勒菩萨以修唯识观而著称于世。他从日月灯明佛开始修习唯心识定，至燃灯佛出现于世时成就无上妙圆识心三昧，成为释迦牟尼佛后的次补佛。释迦牟尼佛灭度后的九百年，印度无著菩萨曾入日光定夜升兜率天宫，参与内院法堂闻法，于弥勒菩萨处受《瑜伽师地论》。

■ 弥勒菩萨的识大圆通

弥勒菩萨即从座上起来，顶礼佛足而对佛说："我回忆从前，经微尘劫，有一尊佛出世，名为日月灯明，我在这尊佛前得以出家，但是我对于世间的名利有很大的兴趣，喜欢和豪门贵族来往。当时，世尊教我修习唯心识定而入三摩地。累劫以来，我以此三昧摄心，承事恒河沙数诸佛，求世间名利之心歇灭无余。到了燃灯佛出现于世时，我才得成就无上妙圆识心三昧，方知尽虚空的如来国土，无论净秽都是由我的心识变化所现的幻相。世尊，我了解这一切都是唯心识所现，在法身识性中流出无量如来，现在得到授记，次补佛处，为贤劫中第五尊佛。现在佛问圆通，我是以观察十方世界万法，都是唯识心所显现，识心圆满明照一切法，圆满成就真实之性。从此远离依他起性和遍计执性，得到无生法忍，最为第一。"

■ 弥勒菩萨与"慈氏学"

弥勒菩萨是未来的佛陀，跟这个世界的关系比较密切。所以，在印度或中国的佛教史上，记载了很多高僧大德，他们在学习佛法的过程中，一旦碰到解决不了的问题，就入定上升到兜率天去请教弥勒菩萨。《大唐西域记》中记载了很多关于印度佛教的传说。譬如，其中说到阿难有个弟子叫末田底迦，曾经上升兜率天礼拜弥勒，回来造其肖像。还有唯识宗的祖师，像德光、天军二位论师也曾经上升兜率陀院向弥勒菩萨请教。而唯识宗的典籍《瑜伽师地论》《辩中边论》等，传说是无著菩萨到兜率内院请弥勒菩萨到人间说的。随后有印度的世亲菩萨等诸大论师承继弘扬，形成印度大乘佛教发展的辉煌时期。

弥勒菩萨与兜率内院

兜率内院是弥勒菩萨受释迦牟尼佛殷勤嘱咐，为了度化错过释迦牟尼佛的弘法因缘的众生所建立的。弥勒菩萨上生兜率天宫之后，以其历劫修集的功德，感得内院变成庄严无比的佛国净土。印度和中国有许多高僧大德都发愿往生兜率天感得内院，受菩萨的教化，共赴一次在人间的龙华三会，著名的高僧有玄奘大师、紫柏禅师、憨山大师、太虚大师等。

首楞严大定的修持原理　识心圆明，入圆成实

从弥勒菩萨到弥勒佛

弥勒菩萨是我们进入汉地寺院后见到的第一位菩萨，释迦牟尼佛在《弥勒上生经》和《弥勒下生经》中为弥勒菩萨授记，并且详细地开示了弥勒菩萨成佛的经历。

弥勒菩萨命终后将往生兜率天，住在兜率天的内院里。

弥勒菩萨

经过在人间的示现，弥勒菩萨最后在华林园龙华树下成正觉。

五十六亿七千万年之后，弥勒菩萨降生于阎浮提洲婆罗门家庭。

大势至菩萨
净土宗念佛法门的最佳开示

大势至菩萨，是西方极乐世界阿弥陀佛座下的大菩萨，辅弼佛化，候补作佛。在二十五位圣中，大势至菩萨专修念佛法门以求生净土，被尊为净土宗初祖。据说，近代净土宗的印光祖师为大势至菩萨的化身。

■ 大势至菩萨的根大圆通

大势至法王子和他的同伴五十二位菩萨，即从座上起来，顶礼佛足而对佛说："我回忆过去恒河沙劫之前，有佛出世，名为无量光，十二位如来前后相继住世共一劫的时间。其最后一尊佛，名为超日月光，这尊佛教我修念佛三昧。譬如有两人，一个人专门忆念对方，而另一个人则不想对方，这样两人，逢如不逢，见如不见；二人互相忆念，想念越来越深，终必相见相亲，不愿分离，以至生生世世，都会如影随形，互相依恋，不相背离。十方如来怜念众生，如同母亲想念儿女一样。假如儿女逃离不肯相见，母亲虽然想念他们，又有什么办法呢？假如儿女也想念母亲，如同母亲想念儿女一样，那么母子生生世世也不会远离的。假如众生的心，能够忆佛念佛，那么无论现在或将来，必定能见到佛，距离花开见佛之日不会太远。到那时，不须借重其他方便法门，自得开显本具的佛心。就如同染香的人，身上自有香气，这就名为香光庄严。我本来在因地以念佛的心而证入无生法忍的，现在此世界中，摄受念佛的人，同归于净土中。现在佛问圆通，我没有什么选择，只是一心念佛，以念佛的心总摄六根，净念相续不断。如果想要得三摩地，当以此法门为第一。"

■ 念佛的方法

念佛有四种方法，也就是实相、观想、观像、持名。实相念佛，就是念自性天真佛。天台止观，禅宗参究向上，都是用这种方法。观想念佛须要熟读《观无量寿佛经》，深知是心是佛，是心作佛。在心净佛现时，知道境非外来，唯心所现，不生取着。观像念佛，是观佛形象，心常系念。持名念佛即只念阿弥陀佛名号。比较起来，持名念佛入手最易，只要念念相继，一心不乱，实相妙理即在其中。依靠佛的加持力量往生西方，一旦往生即出轮回，成佛也就不远了。唐朝善导大师说："一切善业回生利，不如专念弥陀号。念念称名常忏悔，人能念佛佛还忆。"

大势至菩萨的念佛法门

　　大势至菩萨，是西方极乐世界阿弥陀佛座下的大菩萨，居阿弥陀佛左右，辅弼佛化，候补作佛。《悲华经》说："往昔因中，阿弥陀佛做转轮圣王时，观音为长子，势至为次子。"据说，近代净土宗的印光祖师为大势至菩萨的化身。

修念佛三昧的方法

　　持名念佛一般是念"阿弥陀佛"四字，或念"南无阿弥陀佛"六字。圆瑛大师说，事念之法，心中唯有佛，佛外更无心，口念心念，心念口念，字字从心起，字字从口出，字字从耳入。如是念法，不至昏散，念念相继，没有间断。设若念久口燥，心念口不念则可，口念心不念则不可。更有二喻，以喻念佛之法：一、当如猫捕鼠，提起全副精神，身毛皆竖。又当如鸡抱卵，放下一切思想，饮啄浑忘。果能如是念佛，虽为事念，不但往生可必，而悟理亦自可期。如空谷禅师云'不必参念佛是谁，直尔纯一念去，亦自有悟日'是也。

首楞严大定的修持原理　　净土宗念佛法门的最佳开示

大势至菩萨的名号

　　《观无量寿经》说："以智慧力，拔三涂苦，得无上乐，故名大势至。"《思益经》说："我投足一处，震动大千及魔宫殿，故名得大势。"

观世音菩萨
耳根法门精微的修证程序

圆瑛大师说:"动灭静生,静灭根生,根灭觉生,觉灭空生,空灭灭生,六结皆生灭法,故灭结亦当解除……禅门谓之末后牢关,到此境界,不肯进步,又谓之贴肉布衫难脱。此结一解,则可亲见本来面目矣。"

■ 观世音菩萨的耳根圆通

这时,观世音菩萨即从座上起来,顶礼佛足而对佛说:"世尊!我回忆过去无数恒河沙劫以前,当时有佛出现在世上,名为观世音。我在佛前发菩提心,这尊佛教我从闻、思、修进入正定三昧。我秉遵教示,由耳根的闻性下手起修。听闻之时,循性逆流,旋闻反照就入了闻性的真流,忘去了所闻的声音。到此俱寂之境,则动结与静结俱解,动、静两种尘相了不可得,功夫逐渐增长,能闻的根也随所闻的声尘一起消失。根尘既亡,六用不行,湛然无边的境相现前。也不停留于这湛然的境界,继续用功修行,不但所觉的湛然之境空,能觉照境的智亦空,唯有一空独存。究而极之,最后灭掉能空和所空,唯存灭相。更进而观察此灭,乃与生相对而存,生既然非真,灭也不实。灭结解除后,不生不灭的真心,自然显光,大放光明,无明顿断。于一刹那,忽然超越世间和出世间,不受空、有等观念的系缚,但寂照含空,十方圆明,因得二种殊胜功德:一是上合十方诸佛的本妙觉心,与佛如来同一慈力。二是下合十方一切六道众生,与诸众生同忧患、共悲仰。"

■ 从体起用的无量变化神通

观世音菩萨继续说:"因我诚心供养亲近观音如来的缘故,蒙这尊佛教我修如幻闻熏闻修金刚三昧。我因为修得与佛具有同样的慈力,所以此身能够成为三十二应身,随时随地应化显现于十方国土。又因为从耳根闻熏,证得金刚三昧,得到无为而生起作用的妙力。与诸十方三世六道一切众生,同其悲哀愿离苦恼,仰望获得快乐。众生悲仰之心,就是我的妙应身和妙观心,令众生于我身心中获得十四种无畏功德和四种不可思议无作妙德。佛问圆通,我从耳门圆照三昧,随缘应化,心得自在。并且因为入流照性,获得三摩地正定,终究成就无上菩提妙果。所以我认为耳根圆通最为殊胜第一。"

观世音菩萨的耳根圆通

菩萨的得名因缘

首楞严大定的修持原理　耳根法门精微的修证程序

修习如幻闻熏闻修金刚三昧

佛来教观音菩萨的方法是：先发菩提心，然后从耳根闻性妙理，所起始觉妙智，不闻所闻的声尘，但闻能闻的闻性；思慧即正智观察能闻者是谁，不着空、有二边，一味反闻闻自性；修慧即如幻闻熏闻修，念念旋元自归，伏归元真，发本明耀。解六结，越三空（即我空、法空及俱空），破五蕴，超五浊，最终证入圆通的三摩地。

就菩萨的因中修证来说

"观"是能观之智；"世音"是所观之境，也就是依耳根闻性本觉的理体，起始觉观照妙智，不出流缘尘，但入流照性，观照能闻世间音声者是谁，而修习古观音如来所授的闻熏闻修金刚三昧，悟证圆通。所以，古观音如来授记菩萨名为"观世音"。

就果上化他来说

《法华经》说："若有百千万亿众生受诸苦恼，闻是观世音菩萨，一心称名，观世音菩萨实时观其音声，皆得解脱。""观"是菩萨的无缘大慈、同体大悲；"世音"是众生称念菩萨圣号的音声。

耳根圆通起用

千处祈求千处应，苦海常作渡人舟

就观世音菩萨的三十二应、十四无畏等无量神通妙用来说，《楞严经·观音菩萨圆通章》与《法华经·普门品》相互映衬。这一章不仅详尽分析了观世音菩萨救度众生的无量神通妙力，同时也着重指出，这些都是在菩萨修耳根圆通而证入金刚三昧时所起的慈悲德用。

■ 三十二应身：无刹不现身

观世音菩萨供养观音如来，在修耳根圆通证得如幻闻熏闻修金刚三昧后，一刹那能超越世间和出世间，十方世界圆满周遍，所有诸法无非自性光明，得到两种殊胜妙用：一是上合十方诸佛的本妙觉心，与佛如来同一慈力；二是下合十方一切六道众生，与诸众生同一悲仰，能够随类化身成三十二应救度众生，无刹不现身。下面特将每一应身与经文配应如下：

佛身 若诸菩萨，入三摩地，进修无漏，胜解现圆，我现佛身而为说法，令其解脱。

独觉身 若诸有学，寂静妙明，胜妙现圆，我于彼前现独觉身而为说法，令其解脱。

缘觉身 若诸有学，断十二缘，缘断胜性，胜妙现圆，我于彼前现缘觉身而为说法，令其解脱。

声闻身 若诸有学，得四谛空，修道入灭，胜性现圆，我于彼前现声闻身而为说法，令其解脱。

梵王身 若诸众生，欲心明悟，不犯欲尘，欲身清净，我于彼前现梵王身而为说法，令其解脱。

帝释身 若诸众生，欲为天主，统领诸天，我于彼前现帝释身而为说法，令其成就。

自在天身 若诸众生，欲身自在，游行十方，我于彼前现自在天身而为说法，令其成就。

大自在天身 若诸众生，欲身自在，飞行虚空，我于彼前现大自在天身而为说法，令其成就。

天大将军身 若诸众生，爱统鬼神，救护国土，我于彼前现天大将军身而为说法，令其成就。

观音菩萨全相图

一般将包含有龙女、善财童子两胁侍和韦陀护法的观音像称为"全相",不过龙女和善财童子的位置一般和图中所表现的不同。

鹦鹉
释迦牟尼佛在前世曾经为鹦鹉。后来衔珠的鹦鹉来到了观音菩萨身边。

紫竹
紫竹是观音道场南海普陀山的象征。

韦陀
韦陀是佛教中著名的护法神,是南方增长天王属下八神将之一。

经卷
经卷代表佛说之经典,是三宝之一。

净瓶与杨柳枝
净瓶中装有救苦救难的甘露。

莲花座
莲花座是佛教中最常见的座位,佛菩萨通常坐在莲花座上。

善财童子
善财童子游历了一百一十个城市,参访了五十三位善知识,而证入无生法界,是好学的代表。

龙女
龙女就是在灵山法会上即身成佛的那位八岁幼童,后来成了观音菩萨的胁侍。

海水
相传,观音菩萨先在洛迦山修身得道,洛迦山与普陀山隔海相望。

首楞严大定的修持原理

千处祈求千处应,苦海常作渡人舟

四天王身 若诸众生，爱统世界，保护众生，我于彼前现四天王身而为说法，令其成就。

四天王国太子身 若诸众生，爱生天宫，驱使鬼神，我于彼前现四天王国太子身而为说法，令其成就。

人王身 若诸众生，乐为人主，我于彼前现人王身而为说法，令其成就。

长者身 若诸众生，爱主族姓，世间推让，我于彼前现长者身而为说法，令其成就。

居士身 若诸众生，爱谈名言，清净其居，我于彼前现居士身而为说法，令其成就。

宰官身 若诸众生，爱治国土，剖断邦邑，我于彼前现宰官身而为说法，令其成就。

婆罗门身 若诸众生，爱诸数术，摄卫自居，我于彼前现婆罗门身而为说法，令其成就。

比丘身 若有男子，好学出家，持诸戒律，我于彼前现比丘身而为说法，令其成就。

比丘尼身 若有女子，好学出家，持诸禁戒，我于彼前现比丘尼身而为说法，令其成就。

优婆塞身 若有男子，乐持五戒，我于彼前现优婆塞身而为说法，令其成就。

优婆夷身 若复女子，五戒自居，我于彼前现优婆夷身而为说法，令其成就。

女主身 若有女人，内政立身以修家国，我于彼前现女主身及国夫人，命妇大家，而为说法，令其成就。

童男身 若有众生，不坏男根，我于彼前现童男身而为说法，令其成就。

童女身 若有处女，爱乐处身不求侵暴，我于彼前现童女身而为说法，令其成就。

天身 若有诸天，乐出天伦，我现天身而为说法，令其成就。

龙身 若有诸龙，乐出龙伦，我现龙身而为说法，令其成就。

药叉身 若有药叉，乐度本伦，我于彼前现药叉身而为说法，令其成就。

乾闼婆身 若乾闼婆，乐脱其伦，我于彼前现乾闼婆身而为说法，令其成就。

阿修罗身 若阿修罗，乐脱其伦，我于彼前现阿修罗身而为说法，令其成就。

十四无畏对照表

	《法华经·普门品》	《楞严经·观音圆通章》
1	百千万亿苦恼众生，一心称名，寻声救苦。	十方苦恼众生，观其音声，即得解脱。
2	设入大火，火不能烧。	设入大火，火不能烧。
3	大水所漂，即得浅处。	大水所漂，水不能溺。
4	寻宝入海，解脱罗刹之难。	入诸鬼域，鬼不能害。
5	临当被害，对方所执刀杖，寻段段坏。	临当被害，刀段段坏。
6	夜叉、罗刹等恶鬼，不能以恶眼视之，况复加害。	药叉、罗刹等鬼，虽近其旁，目不能视。
7	枢械枷锁，即得解脱。	任何枢械枷锁，不能着身。
8	若人持宝，途经险路，当得解脱。	经过荒山险路，盗贼不能劫夺。
9	多淫欲众生，可得离欲。	能令一切多淫众生，远离贪欲。
10	嗔恚众生，可得离嗔。	心怀忿恨众生，息灭嗔恚怒火。
11	愚痴众生，可得离痴。	昏迷愚昧众生，永离痴暗愚钝。
12	设欲求男，便生福德智慧之男。	欲求生男，可得福德智慧之男。
13	设欲求女，便生端正有相之女。	欲求生女，可得相貌端正、福德柔顺之女。
14	持六十二亿恒河沙菩萨名字，尽形寿供养，与受持观音名号，礼拜供养，福德相同。	遍三千大千世界，现有六十二恒河沙法王子，随类化身教化众生。持我名号与持他们名号的福德相同。

首楞严大定的修持原理　千处祈求千处应，苦海常作渡人舟

准提观音

准提观音跏趺坐于莲台之上，结说法印，呈十八臂三目之相。手中持物为剑、念珠、莲花、斧、金刚杵、宝幢、宝鬘、法轮、绢索、宝瓶等。

紧陀罗身 若紧陀罗，乐脱其伦，我于彼前现紧陀罗身而为说法，令其成就。

摩呼罗伽身 若摩呼罗，伽乐脱其伦，我于彼前现摩呼罗伽身而为说法，令其成就。

人身 若诸众生，乐人修人，我现人身而为说法，令其成就。

非人身 若诸非人，有形、无形，有想、无想，乐度其伦，我于彼前皆现其身而为说法，令其成就。

■ 十四无畏：观音妙智力，能救世间苦

观世音菩萨以如幻闻熏闻修金刚三昧的无作妙力，与十方三世六道一切众生同一悲仰，运同体大悲心，能使这些众生从观世音菩萨的妙应身和妙观心中，得到十四种无畏的功德。下面分类配合经文如下：

八难无畏 一者，由我不自观音，以观观者，令彼十方苦恼众生，观其音声，即得解脱；二者，知见旋复，令诸众生，设入大火，火不能烧；三者，观听旋复，令诸众生，大水所漂，水不能溺；四者，断灭妄想，心无杀害，令诸众生，入诸鬼国，鬼不能害；五者，熏闻成闻，六根销复，同于声听，能令众生临当被害，刀段段坏，使其兵戈犹如割水，亦如吹光，性无摇动；六者，闻熏精明，明遍法界，则诸幽暗性不能全，能令众生药叉、罗刹、鸠槃荼鬼、及毗舍遮、富单那等，虽近其傍，目不能视；七者，音性圆销，观听返入，离诸尘妄，能令众生禁系枷锁，所不能着；八者，灭音圆闻，遍生慈力，能令众生经过险路，贼不能劫。

三毒无畏 九者，熏闻离尘，色所不劫，能令一切多淫众生，远离贪欲；十者，纯音无尘，根境圆融，无对、所对，能令一切忿恨众生离诸嗔恚；十一者，销尘旋明，法界身心犹如琉璃，朗彻无碍，能令一切昏钝性障诸阿颠迦，永离痴暗。

二求无畏 十二者，融形复闻，不动道场，涉入世间，不坏世界能遍十方，供养微尘诸佛如来，各各佛边为法王子，能令法界无子众生，欲求男者诞生福德智慧之男；十三者，六根圆通，明照无二，含十方界，立大圆镜空如来藏，承顺十方微尘如来秘密法门，受领无失，能令法界无子众生，欲求女者，诞生端正福德柔顺、众人爱敬有相之女。

持名无畏 十四者，此三千大千世界百亿日月，现住世间诸法王子，有六十二恒河沙数，修法垂范，教化众生，随顺众生，方便智慧，各各不同。由我所得圆通本根，发妙耳门，然后身心微妙含容周遍法界，能令众生持我名号，与彼共持六十二恒河沙诸法王子，二人福德正等无异。

三十二观音之外的观音形象

观世音菩萨为度众生而现出各种身形,因为众生的情况千差万别,所以观音的形象也不仅仅限于三十二观音。

送子观音

送子观音是深得中国人喜欢的形象,这种形象是中国人多子多福的心理的体现。但送子观音并非没有经典依据,《法华经》说:"若有女人设欲求男,礼拜供养观世音菩萨,便生福德智慧之男;设欲求女,便生端正有相之女。"

海岛观音

海岛观音常常出现在大殿中释迦牟尼佛的身后。观音站在一只大鳌身上,两边的胁侍是龙女和善财童子。在《法华经》中,有观音救水难的描述。

首楞严大定的修持原理

千处祈求千处应,苦海常作渡人舟

四不思议无作妙德 观世音菩萨获得耳根真实圆通，修证将满得成无上佛道，又能称体起用无作无为不可思议的德用，分类配合经文如下：

同体形咒不思议 一者，由我初获妙妙闻心，心精遗闻，见、闻、觉、知不能分隔，成一圆融清净宝觉，故我能现众多妙容，能说无边秘密神咒。其中或现一首、三首、五首、七首、九首、十一首，如是乃至一百八首、千首、万首、八万四千烁迦罗首；二臂、四臂、六臂、八臂、十臂、十二臂、十四臂、十六臂、十八臂、二十至二十四，如是乃至一百八臂、千臂、万臂、八万四千母陀罗臂；二目、三目、四目、九目，如是乃至一百八目、千目、万目、八万四千清净宝目。或慈、或威、或定、或慧，救护众生，得大自在。

异体形咒不思议 二者，由我闻思脱出六尘，如声度垣，不能为碍，故我妙能现一一形，诵一一咒。其形、其咒，能以无畏施诸众生，是故十方微尘国土，皆名我为施无畏者。

破贪感求不思议 三者，由我修习本妙圆通，清净本根，所游世界，皆令众生舍身珍宝，求我哀悯。

供养佛生不思议 四者，我得佛心，证于究竟，能以珍宝种种供养十方如来，傍及法界六道众生，求妻得妻，求子得子，求三昧得三昧，求长寿得长寿，如是乃至求大涅槃得大涅槃。

观世音菩萨灵验事迹 观世音菩萨的慈悲救度非常感人，在历史上，因为持念菩萨名号，礼拜供养菩萨圣像而得到感应的事例数不胜数，以西天取经的玄奘大师为例。

当玄奘大师西行印度取经时，过玉门关，随从他的胡人忽起变心，半夜起来拔刀要刺杀他。玄奘大师立即持念观世音菩萨名号，胡人马上失去了杀心，又睡下了。后来他在沙漠中找不到水源，随从他的马都干渴倒地，奄奄一息。这时，玄奘大师便在心中默祷观世音菩萨，他说："玄奘此行，不求财利，无冀名誉，但为无上道心正法来耳。仰唯菩萨慈念群生，以救苦为务。此为苦矣，宁不知耶？"这样念念不断地祷告，后来忽然有凉风触身，爽快如沐寒水，全身舒畅，眼得明朗，马儿也能起来走了。走了十多里，忽然看见青草数亩，并有一个水池。玄奘大师和马喝水之后，性命才得以保全。这一方水草绝非原来就有，而是观世音菩萨慈悲变现来的。

救苦救难的观世音菩萨

观世音菩萨现出各种身形，是为了方便度化和救助众生。无论众生遇到了什么苦难，观世音菩萨都会以最合适的方式前来救助。

首楞严大定的修持原理

千处祈求千处应，苦海常作渡人舟

在《法界源流图》中，有一部分专门描绘了观世音菩萨救苦救难的场面。图中有火、风、蛇、虎、盗、水、鬼、象等八种苦难，观世音菩萨分别现出相应的身形救助人们。

圆通比较
文殊菩萨选中观音菩萨的耳根圆通

文殊菩萨的圆通偈是对《楞严经》前六卷内容的提纲挈领，背诵、精研这段偈文是深入楞严义海的一个秘密窍门。下面把此偈中赞观世音菩萨耳根法门的部分摘录出来，分段并加上标题以供大家参考。

■ 耳根圆通的胜妙

我今启如来，如观音所说。譬如人静居，十方俱击鼓。十处一时闻，此则圆真实。目非观障外，口鼻亦复然。身以合方知，心念纷无绪。隔垣听音响，遐迩俱可闻。五根所不齐，是则通真实。音声性动静，闻中为有无。无声号无闻，非实闻无性。声无即无灭，声有亦非生。生灭二圆离，是则常真实。纵令在梦想，不为不思无。觉观出思维，身心不能及。今此娑婆国，声论得宣明。众生迷本闻，循声故流转。阿难纵强记，不免落邪思。岂非随所沦，旋流获无妄？

■ 结法劝修

阿难汝谛听，我承佛威力，宣说金刚王，如幻不思议，佛母真三昧。汝闻微尘佛，一切秘密门，欲漏不先除，畜闻成过误。将闻持佛佛，何不自闻闻？闻非自然生，因声有名字，旋闻与声脱，能脱欲谁名？一根既返源，六根成解脱。见闻如幻翳，三界若空华，闻复翳根除，尘销觉圆净。净极光通达，寂照含虚空。却来观世间，犹如梦中事，摩登伽在梦，谁能留汝形？如世巧幻师，幻作诸男女，虽见诸根动，要以一机抽，息机归寂然，诸幻成无性。六根亦如是，元依一精明，分成六和合，一处成休复，六用皆不成，尘垢应念销，成圆明净妙。余尘尚诸学，明极即如来。大众及阿难，旋汝倒闻机，反闻闻自性，性成无上道，圆通实如是。此时微尘佛，一路涅槃门：过去诸如来，斯门已成就。现在诸菩萨，今各入圆明。未来修学人，当依如是法。我亦从中证，非唯观世音。

■ 耳根圆通最当机

诚如佛世尊，询我诸方便，以救诸末劫，求出世间人，成就涅槃心，观世音为最。自余诸方便，皆是佛威神，即事舍尘劳，非是长修学，浅深同说法。顶礼如来藏，无漏不思议。愿加被未来，于此门无惑，方便易成就。堪以教阿难，及末劫沉沦，但以此根修，圆通超余者，真实心如是。

观世音菩萨修证解结次第

《楞严经》中,观世音菩萨自陈修证耳根圆通而证悟的历程,与后面经文中解脱五十阴魔的过程若合符契。兹列表对照如下:

解六粗和三细	解六结	观世音菩萨解结次第	断烦恼	破五蕴
业系苦相 起业相	第六结 (动结)	初于闻中, 入流亡所。	分别我执 (见惑)	色阴 (前五根及六尘) 【齐初果】
计名字相	第五结 (静结)	所入既寂, 动静二相 了然不生。		
执取相	第四结 (根结)	如是渐增, 闻所闻尽。	俱生我执 (思惑)	受阴 (前五识)
相续相	第三结 (觉结)	尽闻不住, 觉所觉空。	分别法执:智爱 (尘沙)	想阴 (第六意识)
智相	第二结 (空结)	空觉极圆, 空所空灭。	俱生法执:理爱 (伏无明)	行阴 (第七识:末那识)
三细 境界相 能见相 无明业相	第一结 (灭结)	生灭既生, 寂灭现前。	无明业识	识阴 (第八识: 阿赖耶识)

首楞严大定的修持原理

文殊菩萨选中观音菩萨的耳根圆通

六结的境界

- 动结 —— 径直屈曲,杂闹喧然。
- 静结 —— 澄清虚静,万籁寂然。
- 根结 —— 唯根无境,纯想湛然。
- 空结 —— 觉明朗彻,智照凝然。
- 觉结 —— 湛无边际,空性廓然。
- 灭结 —— 法性流注,微碍历然。

第三节 持戒和持咒

摄心修定的清净明诲

三无漏学

摄心为戒，因戒生定，因定发慧

彻证常住真心，彻底解脱生死流转和世出世间的一切苦厄，这是我们生命史上的一件大事因缘。为了达到这个目的，我们必须发上求佛道、下化众生的菩提心，精进修持戒、定、慧三无漏学。《楞严经》中佛对阿难说："所谓摄心为戒，因戒生定，因定发慧，是则名为三无漏学。"

■ **戒无漏学**

佛在《遗教经》中说："若无净戒，诸善功德皆不得生，是以当知，戒为第一安稳功德住处。"《梵网经心地品》说："一切有心者，皆应摄佛戒。众生受佛戒，即入诸佛位。"戒是佛弟子的行为规范和守则，主要有五戒、八戒、十戒、具足戒、菩萨戒等种类。戒有防非止恶的功能，严防身、口、意三业，不做一切非法的、不合理的，足以使身心染污的事情。如果我们的思想和行为合乎戒的规律，自然能促使身心安定，品行纯洁，达到清净无染的境界。

■ **定无漏学**

定学又称三昧、禅那、禅定，增上心学，意指令心专注于一境而不散乱、掉举。修持定学，能转愚痴为智慧，转痛苦为安乐。凡夫俗子在生活中所发生的种种烦恼妄想，大都是因定力不足、思想纷扰而造成的，所以必须努力学定。禅可分为世间禅、世出世间禅、出世间禅、出世间上上禅（为大乘菩萨所修）四类。

■ **慧无漏学**

慧，梵语叫般若，译为智慧，是从寂定的性体上所起的慧照妙用，有照了一切事事物物的功能。在佛法中，对智慧的分类很多。从修习次第来说，有闻、思、修三种加行慧，有我、法二空的两种无漏慧。从证得出世圣智的深浅来说，可概括为三类：一切智是声闻、缘觉的二乘智慧；道种智是菩萨的智慧；一切种智是佛的智慧，是一心三观圆融具足的智慧。

三无漏学与六度、止观的关系

戒、定、慧三无漏学就像灭除寇盗：先检查严防（戒），寇盗来了捉住他，缚使不动（定）；然后依法"杀"之（慧）——以智慧照见诸法本空，使烦恼习气化于无形。另外，在入定时，自然能不犯诸恶，与戒相应，这叫"定共戒"。在证道发真无漏智之后，对于律仪能自然相应无犯，这叫"道共戒"，乃至六度、四摄、三十七道品、无量法门，都从"三学"开出。

与六度、三十七道品的关系

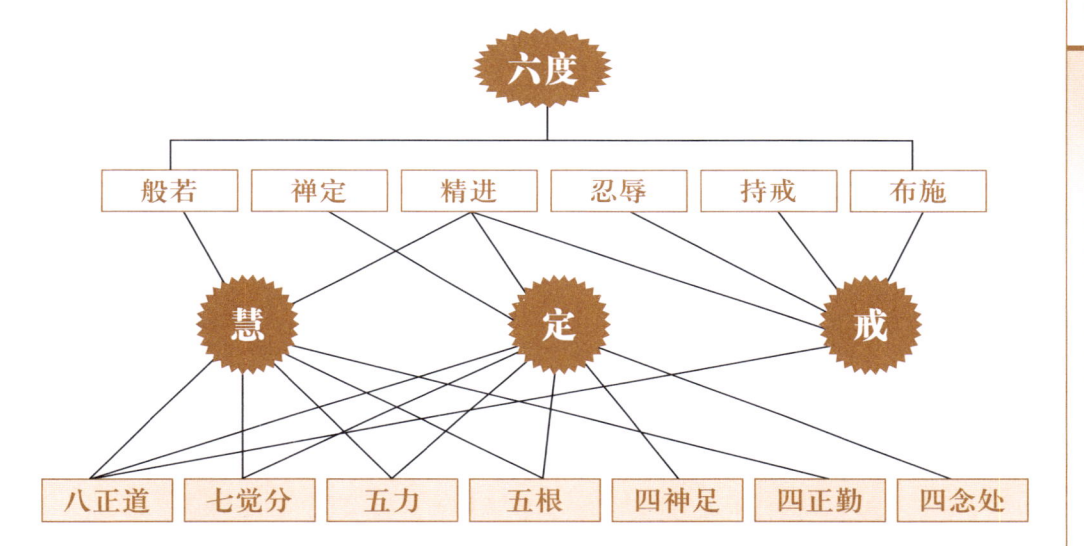

六度

- 般若
- 禅定
- 精进
- 忍辱
- 持戒
- 布施

慧 — **定** — **戒**

- 八正道
- 七觉分
- 五力
- 五根
- 四神足
- 四正勤
- 四念处

与止观的关系

止观修证

息二边分别止（伏无明）	中道第一义观（断无明）	成一切种智	证法身德	观中谛
方便随缘止（伏尘沙）	从空入假观（断尘沙）	成道种智	证解脱德	观俗谛
体真止（伏见思）	从假入空观（断见思）	成一切智	证般若德	观真谛

念佛与止观

持名念佛与止观是可以完全一致的。一句佛号蓦直念去，杂念不起便是止；一句佛号心念耳听，明明历历便是观。古德说："一念相应则一念是佛，念念相应则念念是佛。"所以简单易行，直截了当，无如念佛。当然我们在念时，必须一心专注而念，都摄六根而念，所谓"清珠投于浊水，浊水不得不清；佛号投于乱心，乱心不得不佛"，效用不求而自得。

首楞严大定的修持原理

摄心为戒，因戒生定，因定发慧

四重决定清净明诲
断淫，断杀，断盗，断妄

戒律是佛教经、律、论三藏之一，位列戒、定、慧三学之首，摄心为戒，定慧由之而生。《楞严经》所说的四重决定清净明诲是大小二乘共具的根本大戒，把淫戒放在诸戒之首，其目的是表明真修实证要以离淫欲为根本。

三无漏学以戒为本。戒有多品，以四重根本大戒为先。《梵网经》等经都以不杀为首要大戒，这是因为摄化众生以慈悲为先。《楞严经》以断淫为首要大戒，是表明真修实证时以淫欲为生死根本，所以先断淫。

■ 第一决定清净明诲：断淫

佛对阿难说，众生相续欲贪为本。假如世界上的六道众生其心不淫，就能不随生死相续，所以现在愿出生死，必定以断淫为第一要务。修禅之人如果不断淫，就犹如以甘露灌溉毒树，灌溉愈深而毒气愈盛，所以必落魔道。蒸沙成饭终究没有成功之时，因为沙子不能成为饭食之本。以淫心而求佛妙果，纵得妙悟都是在滋长淫根，生死流转更加剧烈，哪里能够出离三途而登上涅槃之路呢？断淫的方法是先执身不行淫事，其次是执心不起淫心。必须使身上淫机、心中淫念两皆断除，连断性也没有了，对于求证佛果无上菩提才有希望。假如不痛心刻骨以求断淫，就必然为魔说所转了。

■ 第二决定清净明诲：断杀

佛对阿难说的第二清净明诲是决定不杀戒。修行如果不断杀必定堕落成鬼神、罗刹之类，因为这类众生专恣杀业，以杀习感召这种果报。在律部中，佛准许比丘吃五净肉——不见杀、不闻杀、不疑为我杀，及自死、鸟残，这就是五净肉。在婆罗门国，地多蒸湿，加上沙漠化严重，不但不能生产五谷，就连草菜也不能生长，所以佛以神力化生没有识、暖、寿的五净肉，用于充饥。但本来有蔬果五谷足以充饥，却为贪口腹之欲而食用众生的肉食，这就是没有慈悲心的表现了，也不配再称为释子。罗刹飞行而吃众生血肉，这说明他的杀心炽盛。杀生食肉之人，冤冤相报，命债不了，互相吞食没有出离生死的时候，所以修行必须以断杀为根本。穿着以众生皮质等做成的丝、绵、绢、帛，恐怕都和它们结下了不离之缘，更何况吃它们的肉呢！如果禅修者非但对于众生的身体及其附生物不服不食，而且心里也没有一个贪求服食的念头，那么这个人就是真解脱的人。

断淫和断杀的比喻

蒸沙成饭喻

淫欲炽盛的人，精神衰颓，面黄肉瘦，神志极为萎靡，容易多病和短命。福德因之而渐渐消散，灵智便被之蒙蔽，同时其他恶行也随之而起。《楞严经》中，佛把断淫戒放在首位，说："若不断淫，修禅定者，如蒸沙石欲其成饭，经百千劫只名热沙。何以故？此非饭本，砂石成故。"

欲成其饭
比喻想求佛涅槃。

如蒸沙石
比喻修习禅定来转换不断淫欲的身心。

沙非饭本故
比喻淫欲心不是成就佛果涅槃的本修因。

首楞严大定的修持原理　断淫，断杀，断盗，断妄

塞耳呐喊喻

犯杀戒的过失，在大乘菩萨藏中，最大的罪过是绝菩提根，断慈悲种。《楞严经》中佛说："若不断杀，修禅定者，譬如有人自塞其耳，高声大叫，求人不闻，此等名为欲隐弥露。"

五净肉

- 不见杀
- 不闻杀
- 不疑为我杀
- 自死
- 鸟残

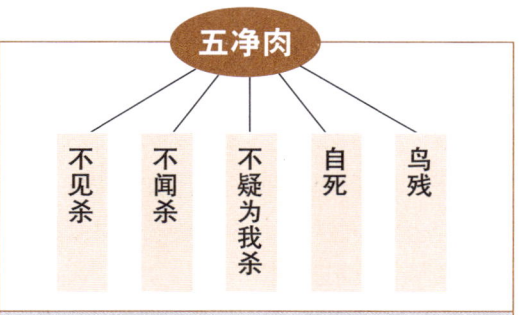

此肉没有识、暖、寿延续的命根。众生为口腹之欲，不惜杀害其他众生，这是极残忍的行为。但由于人们积习已久，把这种行为看作是正当的。如果要使人们骤然断杀，很多人做不到。佛创设这个方便之法，先使其慈悲心发生，再令慈悲心从此渐渐增长，自然慢慢能够不食肉。

有人
比喻带杀修行的人。

求人不闻
比喻此人反而说食肉无罪。

欲隐弥露
比喻求升反堕。

自塞其耳
比喻修三摩地。

高声大叫
比喻杀生食肉。

■ 第三决定清净明诲：断盗

佛对阿难说的第三戒是决定不偷盗戒。这个偷盗并不仅仅是指盗人财物，还指贪求别人施舍的利益，以及外表诈现有德的善知识，内里暗藏作奸犯科之心，诳惑无知的人。实际上，盗窃得到财物到头来总会和应该得到的相等甚至会加倍地赔偿出去。所以，佛要求比丘依循律仪如法乞食，就是为了让他们舍弃贪求偷盗之心。一般人因为不知道五蕴身心的虚假，所以多枉取资财以养身命。本来没有道德，却假借佛、菩萨的形象作恶，这就是所谓的裨贩如来，最终果报自受，必定要偿还宿债，因此不能出离三界的生死。

佛教诫比丘在佛灯前燃指，以舍弃正报之身的方式来酬还身外的负债，这是用很小的因来偿还多生的宿债。佛在毗兰邑王马厩吃马麦三个月，是因为他在先世诟骂比丘，所以有这种果报。一句恶言尚且必定要酬还，何况有很多贪欲呢。结果必难逃报应。前面在讲业果相续时，因为强取众生的血肉起于杀贪，这里讲妄取众生的资财起于盗贪，同样会滋养生死的业果。如果不断偷盗，以禅定水而灌破戒的漏卮，终究得不到益处。如能做到衣钵之余不储蓄分文，乞食来的多余食物施舍给饥饿的众生，别人的唾骂与称赞没有区别，心不起嗔念，身不加报复，这是身心都捐舍了。把自己的身体当作能利益所有众生的共有之物，何况对待身外之物呢！这样才能得到真正的三昧。

■ 第四决定清净明诲：断妄

佛对阿难说，第四戒是决定不妄语戒。妄语之业是由贪、痴、慢等业引起的，为贪求世人的名闻利养而造下大妄语。未得谓得，未证言证，自己说得到了三乘圣果。此由愚痴引起增上慢，所以称为爱见魔。犯大妄语者销灭佛种，沉三苦海，不能成就三昧。佛以四摄法现同类身教化众生，不是为了贪图供养。如果是真的圣人也不会自泄秘密，违背佛的教导，除非临终之时暗中有所表现。所以，佛教诫世人修禅定者，必须断除妄语才可以得入三摩地。心如弦直，一切真实，永远没有魔事。

断盗和断妄的比喻

漏卮灌水喻

世间所有金银财宝、资生什物各有其主，或由血汗苦力而积聚，或从心智而来，主人的父母、妻子都要靠它来维持生活。偷劫他人的财物据为己有，今生被人咒骂，将来必招恶报，堕落三途。在《楞严经》中，佛说："若不断偷，修禅定者，譬如有人水灌漏卮，欲求其满，纵经尘劫，终无平复。"

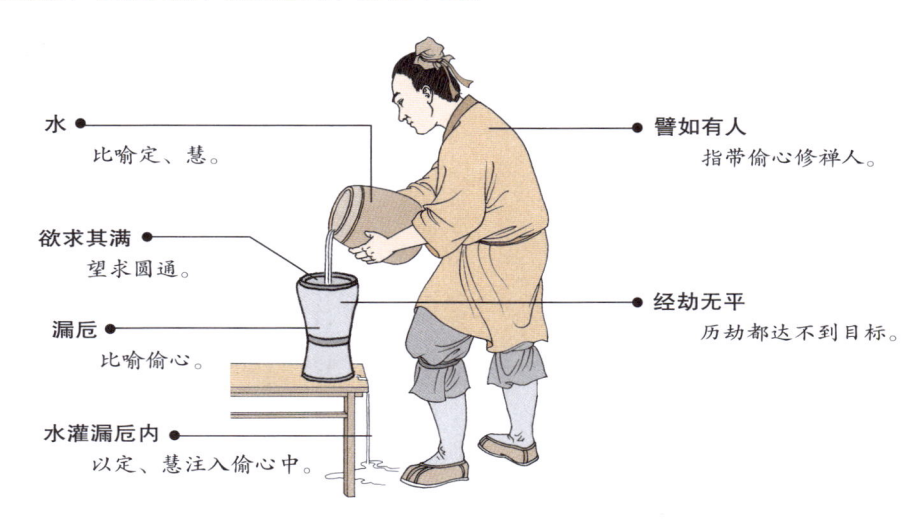

水
比喻定、慧。

欲求其满
望求圆通。

漏卮
比喻偷心。

水灌漏卮内
以定、慧注入偷心中。

譬如有人
指带偷心修禅人。

经劫无平
历劫都达不到目标。

刻人粪喻和自称帝王喻

"妄语"本是口业之一，有两舌、恶口、妄语、绮语等口过。有的修行人，未得谓得，未证言证，自谓我是佛、菩萨，犯大妄语戒，永堕地狱，如善星无闻比丘就是例子。在《楞严经》中，佛说："若不断其大妄语者，如刻人粪为旃檀形，欲求香气，无有是处。"又说："譬如穷人，妄号帝王，自取诛灭。况复法王，如何妄窃？因地不真，果招纡曲。"

欲求香气
比喻想要证果。

妄号帝王
比喻妄称得圣贤果。

如刻人粪
比喻不断大妄语而修行。

为旃檀形
比喻修行。

譬如穷人
比喻障重众生。

自取诛灭
比喻自己感应阿鼻地狱等重罪。

首楞严大定的修持原理 — 断淫，断杀，断盗，断妄

设立楞严道场
坐道场修定慧的次第

佛告诉阿难，严持四种律仪，皎如冰霜，必能远离一切魔事。如果有宿习不能灭除，那就一心持诵楞严神咒，这样可以速证无学。佛又开示，在道场修定慧，先要持比丘清净禁戒，然后换上新净衣服，燃香闲居，诵持楞严神咒，就可以开始按佛的清净轨则结界建立楞严道场了。

■ **第一步：持戒诵咒**

佛对阿难说，如果在末世有修耳根圆通的人，发心想坐修道之场，必须先持比丘根本四重清净禁戒。受戒之时，必须选择戒根清净的第一沙门作为他的授戒之师。假如他没有遇到真实清净大僧，那么所受戒律不过徒有虚名，其实并没有得到无漏戒体，必定不能成就。戒成以后，魔不得便，就可以穿新净衣服。然后用好香熏其室，闲居以摄其心。然后诵咒一百零八遍，就会有显著的效果，宿习也容易消除。咒诵一百零八遍，然后可以择日建立修道之场。

■ **第二步：香泥涂地**

佛告诉阿难说，如果末世人愿意建立楞严道场，应当先至雪山寻求一种大力白牛的粪便。这种白牛，只吃雪山中肥腻的香草，只饮雪山中的清水，所以它的粪便细腻而微有清香，可以用这种牛粪调和旃檀香，用以敷饰地面。如果不是雪山的牛粪，一定臭秽不堪，就不能用以涂地，怎么办呢？也可以到别处平原，挖去五尺厚的地皮，然后取五尺以下的清净黄土，再和上旃檀香、沉水香、苏合香膏、熏陆香膏、郁金香、枫香脂、青木、零陵、甘松及鸡舌香等。以这十种含香的草木细磨成粉，混合黄土加水而成泥浆，用以遍涂场地。

■ **第三步：庄严坛场**

方圆一丈六尺，成八角形的坛。坛的中心，放置金、银、铜、木等材料所造的四种莲花，花中安放一钵，钵中先盛八月的露水，水中随安所有花叶。然后另取八面圆形镜，分别安置八方，围绕花钵。镜外另建立十六朵莲花、十六只香炉，交错安置。用纯净的沉香水，庄严香炉，而且不可使人见到火光。

楞严坛场图说明表

楞严坛场

佛所设立的楞严坛城法，有事有理。事依理成，理得事显，所以坛仪并非徒壮观瞻。楞严坛城的事相从经文中可以知道，其所象征的理法则在后面有详述。

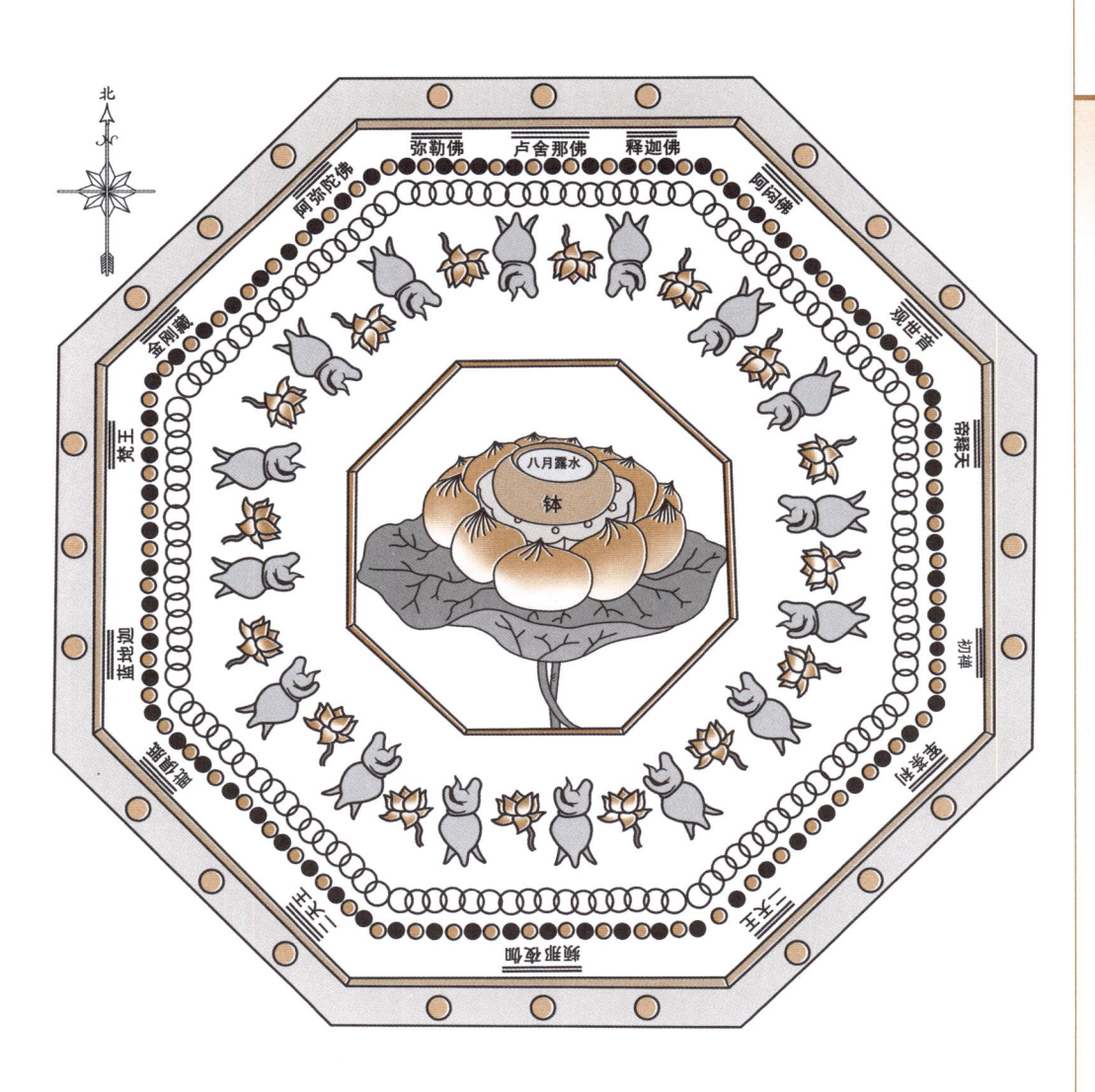

■ 第四步：供献时享

再取白牛乳，并准备十六种器皿，用以盛供品，然后以乳煎成饼，另加砂糖、油饼、乳糜、苏合、蜜姜、纯酥、纯蜜等物，分盛于各器皿中，于莲花外，各各十六，绕围莲花，用以供奉诸佛及大菩萨。

每日中午佛受食时，供以上供品；若在中夜，取蜜半斤、酥酪三盒，于坛场别安置一小火炉，以兜楼婆香，用水煎熬而成香水，浇于炭上，燃使猛炽，浇以酥蜜。于小火炉内，使完全燃烧到无烟为止，用以供养佛菩萨。

■ 第五步：所奉尊像

再于坛场四周壁外，遍悬幡华。坛室之中，四壁悬挂十方如来及诸菩萨圣像。于向阳壁面，张挂卢舍那佛、释迦佛、当来下生弥勒尊佛、阿閦佛、阿弥陀佛，以及各种变现的观世音菩萨形象，并以金刚藏菩萨安置左右。另外以帝释天主、初禅天主、乌刍瑟摩、青面金刚诸军荼利、毗俱胝、四大天王等护法诸天神及频那夜伽，安置坛场正门两侧。

■ 第六步：所取照映

最后以镜八面，覆悬虚空，使与坛内所安置的镜，依方相对，使镜中形影交相互照，重重无尽。

■ 第七步：三七初成定慧

行者于第一个七日中，至诚顶礼十方如来、诸大菩萨及阿罗汉。常于昼夜六时，诵咒围坛，以至诚心，绕行道场。每日六时礼拜，六时绕行，每时常行一百零八遍。第二七日中，完全专心发菩萨愿，不杂他行，务使心无间断，如我经中所说十大愿王（即普贤十愿）、菩萨四弘誓愿等。第三七日中，昼夜十二时，一心持佛般怛啰咒七日，十方如来会同时于镜中显现。于坛城的镜交会处，承佛亲自摩顶，即于道场修三摩地，就能成就首楞严定的耳根圆通。

这样发愿建立道场，虽在末世修学，也能令他发慧开悟，使根、尘、识应念而成无上正等正觉，身心光明清净，好像晶莹的琉璃一般。

■ 第八步：百日顿证果

若是这个比丘的传授戒法本师，以及同时受戒的十比丘，其中有任何一人心不清净，道场就不能成就。佛圣不临，龙天也不护法，必然难得正定，难发妙悟。

从第三个七日以后，可端身正坐，寂然安居，修习反闻自性功夫。百日之后，若是惑障俱轻、慧性明悟的利根之人，身不离座就可证得须陀洹果。纵然身心未成圣果，也能决定自知自性即佛，将来一定成佛无疑。

楞严坛场的象征体系

楞严坛场的构建极为精巧、严密，任何细微地方的安立都有深意。可以说，坛场就是对整个精深的佛法体系的象征性描述，同时对真修实证又有极高的实用价值。

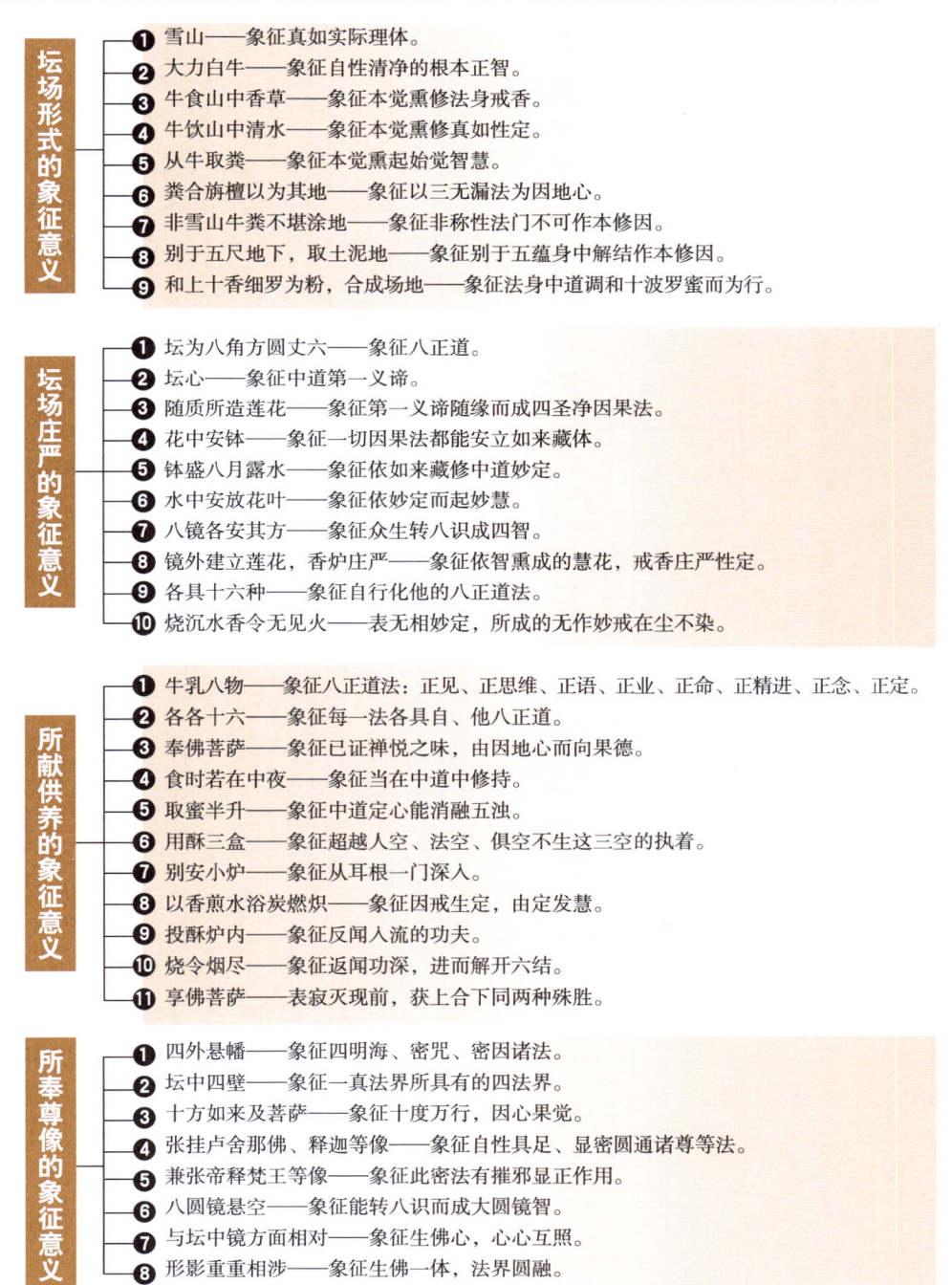

坛场形式的象征意义

1. 雪山——象征真如实际理体。
2. 大力白牛——象征自性清净的根本正智。
3. 牛食山中香草——象征本觉熏修法身戒香。
4. 牛饮山中清水——象征本觉熏修真如性定。
5. 从牛取粪——象征本觉熏起始觉智慧。
6. 粪合旃檀以为其地——象征以三无漏法为因地心。
7. 非雪山牛粪不堪涂地——象征非称性法门不可作本修因。
8. 别于五尺地下，取土泥地——象征别于五蕴身中解结作本修因。
9. 和上十香细罗为粉，合成场地——象征法身中道调和十波罗蜜而为行。

坛场庄严的象征意义

1. 坛为八角方圆丈六——象征八正道。
2. 坛心——象征中道第一义谛。
3. 随质所造莲花——象征第一义谛随缘而成四圣净因果法。
4. 花中安钵——象征一切因果法都能安立如来藏体。
5. 钵盛八月露水——象征依如来藏修中道妙定。
6. 水中安放花叶——象征依妙定而起妙慧。
7. 八镜各安其方——象征众生转八识成四智。
8. 镜外建立莲花，香炉庄严——象征依智熏成的慧花，戒香庄严性定。
9. 各具十六种——象征自行化他的八正道法。
10. 烧沉水香令无见火——表无相妙定，所成的无作妙戒在尘不染。

所献供养的象征意义

1. 牛乳八物——象征八正道法：正见、正思维、正语、正业、正命、正精进、正念、正定。
2. 各各十六——象征每一法各具自、他八正道。
3. 奉佛菩萨——象征已证禅悦之味，由因地心而向果德。
4. 食时若在中夜——象征当在中道中修持。
5. 取蜜半升——象征中道定心能消融五浊。
6. 用酥三盒——象征超越人空、法空、俱空不生这三空的执着。
7. 别安小炉——象征从耳根一门深入。
8. 以香煎水浴炭燃炽——象征因戒生定，由定发慧。
9. 投酥炉内——象征反闻入流的功夫。
10. 烧令烟尽——象征返闻功深，进而解开六结。
11. 享佛菩萨——表寂灭现前，获上合下同两种殊胜。

所奉尊像的象征意义

1. 四外悬幡——象征四明海、密咒、密因诸法。
2. 坛中四壁——象征一真法界所具有的四法界。
3. 十方如来及菩萨——象征十度万行，因心果觉。
4. 张挂卢舍那佛、释迦等像——象征自性具足、显密圆通诸尊等法。
5. 兼张帝释梵王等像——象征此密法有摧邪显正作用。
6. 八圆镜悬空——象征能转八识而成大圆镜智。
7. 与坛中镜方面相对——象征生佛心，心心互照。
8. 形影重重相涉——象征生佛一体，法界圆融。

首楞严大定的修持原理　坐道场修定慧的次第

咒中之王
修习"楞严咒"带来广大殊胜的功德利益

佛为利益诸修行佛教中人以及未来众生，使他们能远离磨难，破惑证真，宣说了"楞严咒"。"楞严咒"是佛教中最重要的一个咒，是咒中之王，也是最长的一个咒。佛告诉阿难，楞严神咒妙用无穷无尽，诵读、书写、佩戴、珍藏、供养、礼拜"楞严咒"能得到广大殊胜、不可思议的功德利益。

■ 诸佛要用
"楞严咒"属于秘密般若，十方如来因此咒而成佛，执此咒心以降魔，乘此咒心以应化微尘国土，含此咒心以转法轮，持此咒心以得摩顶授记，依此咒心以济拔群苦，随此咒心以供佛承法。行此咒能于十方摄受亲因，诵此咒成无上觉，传此咒悉得清净。

■ 众生自利之用
此神咒有多种大用：持诵此咒能使行者身心远离魔事；众生书写、佩戴此神咒能远离毒害；持咒能使恶神转恶心而为守护；行者诵持此神咒能顿破无明获宿命通；诵持神咒纯一无漏能永离恶趣；持诵、书写、佩戴、珍藏、供养"楞严咒"能不生贫穷下贱之处。

■ 众生利他之用
至心忆念、佩戴此咒能够使求子女、寿命、往生等愿。礼拜、供养、佩戴此咒能消除众生种种灾障，使风调雨顺，国泰民安，五谷丰登，万民安乐。

■ 保护初学诸修行者
保护后世一切初学的修行人，使能顺利入三摩地，身心泰然，得大安稳，不再有一切魔鬼神怪，以及无始以来冤横宿殃、旧业陈债，来扰乱他的身心，使不能获得正定。将来一切修行的人，若依佛所说的坛场轨则如法持戒，所受戒主是清净僧，持此咒心不生疑悔，这人当生必证道果。这位修行的善男子于此父母所生之身不能证得心地开通，那么十方如来便为妄语。

■ 会众愿护
对于如上诚修菩提者，金刚力士众、两天统尊众、八部统尊众、照临主宰众、地祇天神众等外众在佛前表示愿意守护；同时，恒河沙数俱胝金刚藏王菩萨也在佛前表示，常随"楞严咒"救护末世修三摩地的真正修行人。

"楞严咒"的内容

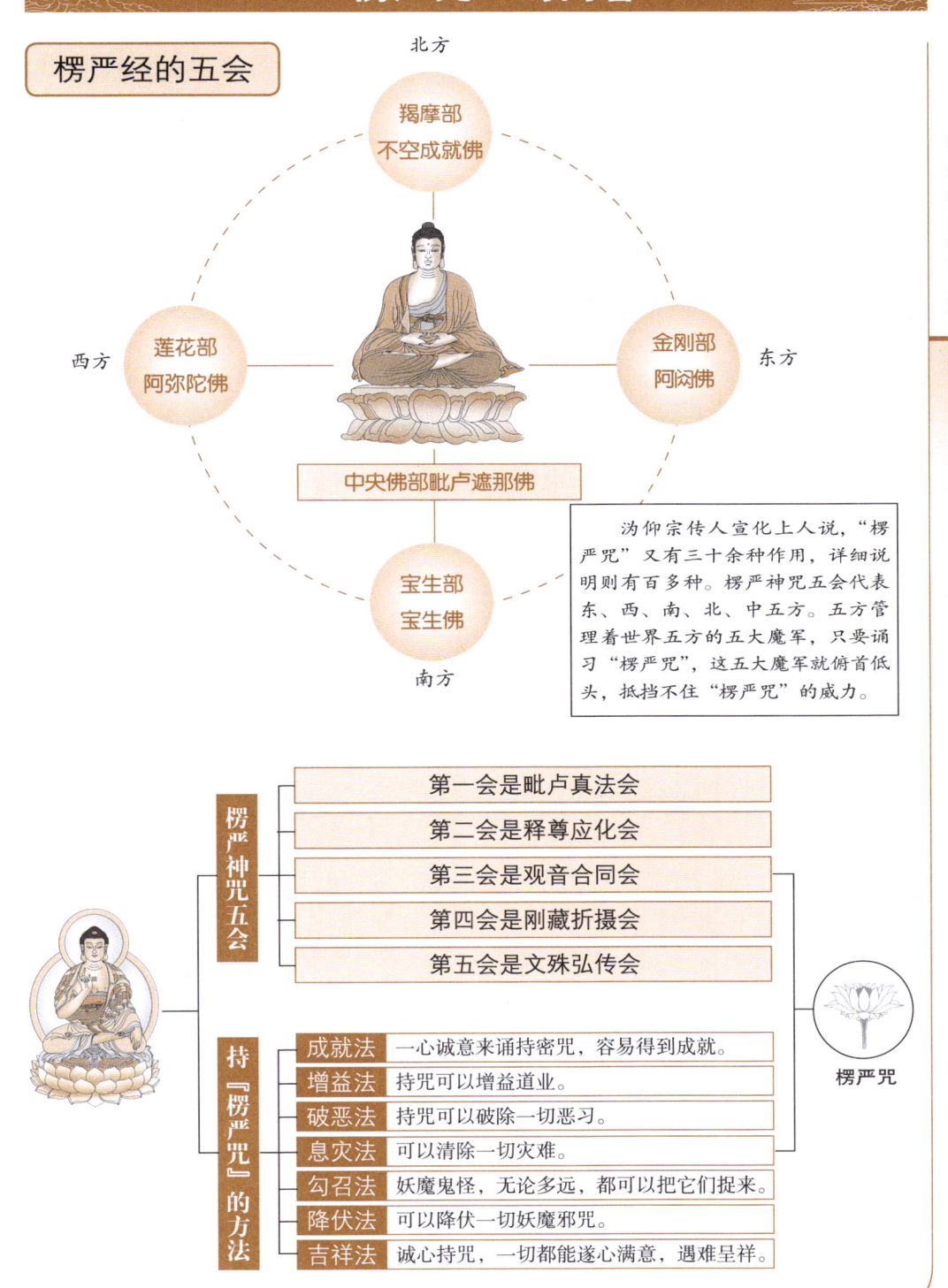

楞严经的五会

北方
羯摩部
不空成就佛

西方　莲花部 阿弥陀佛　　　　金刚部 阿閦佛　东方

中央佛部毗卢遮那佛

宝生部
宝生佛
南方

> 沩仰宗传人宣化上人说，"楞严咒"又有三十余种作用，详细说明则有百多种。楞严神咒五会代表东、西、南、北、中五方。五方管理着世界五方的五大魔军，只要诵习"楞严咒"，这五大魔军就俯首低头，抵挡不住"楞严咒"的威力。

首楞严大定的修持原理　修习「楞严咒」带来广大殊胜的功德利益

楞严神咒五会

- 第一会是毗卢真法会
- 第二会是释尊应化会
- 第三会是观音合同会
- 第四会是刚藏折摄会
- 第五会是文殊弘传会

持「楞严咒」的方法

成就法	一心诚意来诵持密咒，容易得到成就。
增益法	持咒可以增益道业。
破恶法	持咒可以破除一切恶习。
息灾法	可以清除一切灾难。
勾召法	妖魔鬼怪，无论多远，都可以把它们捉来。
降伏法	可以降伏一切妖魔邪咒。
吉祥法	诚心持咒，一切都能遂心满意，遇难呈祥。

楞严咒

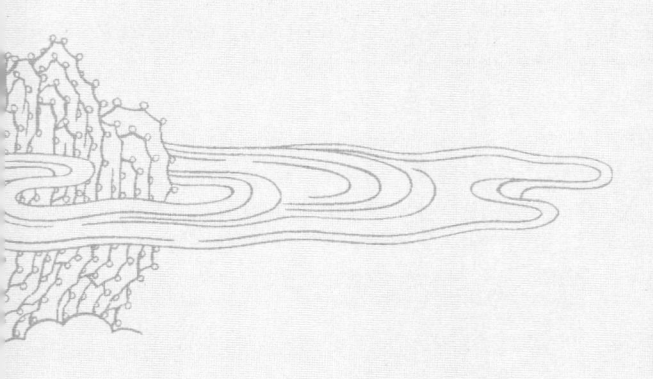

发起菩提心后，修行者便进入菩萨的行列。然而菩萨也分为凡夫和圣者两种——资粮道和加行道属于凡夫菩萨阶段，而见道、修道和无学道则是圣者菩萨阶位。在《楞严经》中，用十信、十住、十回向等阶位，来一一对应菩萨的五道修行次第，从而让我们明白，在不同的修行阶段，应该着重于修持哪一个方面、戒除哪一个方面，然后循序渐进，最后成为一生补处菩萨。

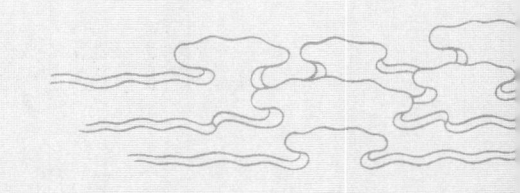

第4章
证道分：
修证圣位的次第

本章图版目录

无明与十二缘起 / 193

妄想熏变的十二类生 / 195

交光法师所列观音解结修证图表 / 197

《楞严经》中圣位的安立 / 199

十种菩萨行（一）/ 201

十种菩萨行（二）/ 203

《楞严经》与《华严经》圣位阶次对照表 / 205

两种颠倒
无明熏真如成染法

阿难请问从干慧地到等觉五十六位的修证次第，而如来先回答十二类众生生起的原因。这是因为这部大经依一真法界如来藏心为迷悟圣凡的根本。既然是由最初一念妄动而产生十二类众生，当然也可以因一念无生圆成佛果。

■ 众生颠倒

由本来性觉妙明的真心，性本自明，圆照法界，因为无明妄动，于是发生三细六粗等相。其实诸相非真能依于无明，因为无明没有自体。既然所住的无明本空，而能住的众生岂得实有？如果因为久处轮回，心生疲厌，将欲舍妄复真，但有想要复真的心仍是妄想，不是真正的真如本性；以生灭之心，求复真常之性，那么真常也成生灭虚妄之相。

无明、业识、见分、相分，一一非真，都是虚妄。但妄上加妄辗转发生的力量渐渐显著，渐渐具备了各种惑业。同业相感润生之惑，因而有中阴身投胎之事，从此产生了众生颠倒之相。

■ 世界颠倒

由能有的无明，与所有的众生根身，由于无明妄力揽尘结根，妄成分段的根身；以有虚妄的根身，而建立了虚妄界限，从而有了空间。无明本空，不是世界真正的成因，妄以为是世界成因。世界亦空，本来没有常住的境相，妄成所住的境相；皆由众生，妄执四大为身，从始至终，念念生灭，所以过去、现在、未来，迁流不住，因而有时间妄想的产生。

因无明风动，动则有声（因动有声）。因此动念习气熏变，所以有狂华，于湛精明无因乱起，无而忽有（因声有色）。因此色境，返熏妄心（因色有香）。以香有能熏之义，因此返熏气分，令心触境（因香有触）。因此心境相触，而生爱着（因触有味）。因此绵爱味着，揽为法尘（因味知法）。根尘相对，识生其中。六乱妄想，熏成造业的性能，这是十二类众生受生的原因。业因既然形成，必然招引业果，所以感召十二类生的果报，由此交织轮转诸道，生死不休。

无明与十二缘起

妙明真心本来清净，既没有世界，也没有众生，只因为最初忽起一念最微细的根本无明，妄加明于觉体之上，于是发生三细六粗等相。在十二缘起，无明是最根本的缘起相。

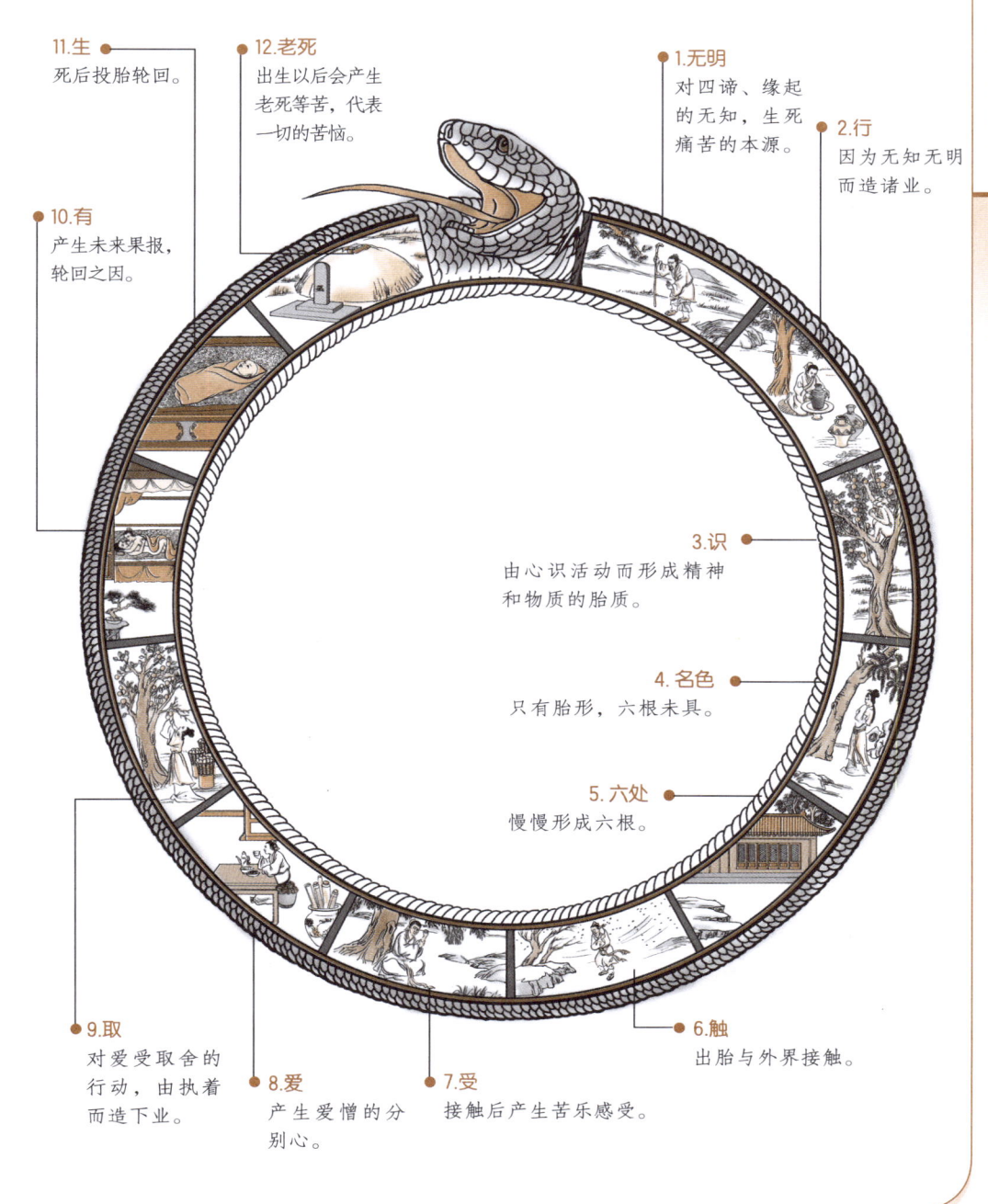

修证圣位的次第

无明熏真如成染法

- 11.生 死后投胎轮回。
- 12.老死 出生以后会产生老死等苦，代表一切的苦恼。
- 1.无明 对四谛、缘起的无知，生死痛苦的本源。
- 2.行 因为无知无明而造诸业。
- 10.有 产生未来果报，轮回之因。
- 3.识 由心识活动而形成精神和物质的胎质。
- 4.名色 只有胎形，六根未具。
- 5.六处 慢慢形成六根。
- 9.取 对爱受取舍的行动，由执着而造下业。
- 8.爱 产生爱憎的分别心。
- 7.受 接触后产生苦乐感受。
- 6.触 出胎与外界接触。

十二类生
因妄想而有的众生轮回世界

十二类生都是从如来藏心不觉起惑，世界颠倒，虚妄有生，遁业受报，辗转不息，遂成轮回。憨山大师说："妙净明心离诸名相，本来没有世界众生，是故世界众生但因妄想而有也！"

由十二轮回颠倒的惑，生起为十二妄想的业，才产生这十二类生的流转之苦。

卵生 由世界虚妄轮回辗转不息而成颠倒，合气成飞沉乱想，所以有鱼鸟、龟蛇类充塞世界。

胎生 由世界杂染轮回贪恋爱欲而成颠倒，滋润成横竖乱想，所以有人畜、龙仙类充塞于世界。

湿生 由世界执着轮回情执贪着而成颠倒，暖湿成翻覆乱想，所以有含蠢、蠕动类充塞世界。

化生 由世界变易轮回虚妄有生而成颠倒，合触成新故乱想，所以有转蜕、飞行类充塞世界。

有色 由世界留碍轮回突破障碍而成颠倒，执着成精耀乱想，所以有萤火、蚌珠类充塞世界。

无色 由世界销散轮回销碍入空而成颠倒，迷暗成阴隐乱想，所以有舜若多神、旋风魃鬼类充塞世界。

有想 由世界罔象轮回谬执影像而成颠倒，忆念成潜结乱想，所以有城隍、山精等类充塞世界。

无想 由世界愚钝轮回愚痴暗钝而成颠倒，愚顽成枯槁乱想，所以有精神化为土木、金石类充塞世界。

非有色 由世界相待轮回而虚幻浮伪成颠倒，染昧成因依乱想，所以有水母等以虾为目类充塞世界。

非无色 由世界相引轮回迷惑自性而成颠倒，合异成呼召乱想，所以有书符降仙、沙盘召鬼类充塞世界。

非有想 由世界合妄轮回性情罔昧而成颠倒，邪咒成回互乱想，所以有蒲芦、异质类充塞世界。

非无想 由世界怨害轮回杀心不止而成颠倒，怪诞成食父母乱想，所以有土枭、破镜鸟类充塞世界。

妄想熏变的十二类生

憨山大师说："今佛明言，因一念妄想，熏变十二类生；况众生日用，念念妄想，念念受熏，则一日一夜，生死无穷；况有识以来，乃至尽命，念念妄想，所作恶业安可筹算！且佛又云：此十二类，亦各各具十二类生，如此则交相熏发，业因苦果，又岂得而思议耶！"

十二类生	颠倒之惑	依惑造业	依业受报
卵生	虚妄轮回动颠倒故	气成飞沉乱想	鱼鸟、龟蛇
胎生	杂染轮回欲颠倒故	滋成横竖乱想	人畜、龙仙
湿生	执着轮回趣颠倒故	暖成翻覆乱想	含蠢、蠕动
化生	变易轮回假颠倒故	触成新故乱想	转蜕、飞行
有色	留碍轮回障颠倒故	着成精耀乱想	休咎、精明
无色	销散轮回惑颠倒故	暗成阴隐乱想	空散、消沉
有想	罔象轮回影颠倒故	忆成潜结乱想	神鬼、精灵
无想	愚钝轮回痴颠倒故	顽成枯槁乱想	土木、金石
非有色	相待轮回伪颠倒故	染成因依乱想	水母、虾目
非无色	相引轮回性颠倒故	咒成呼召乱想	咒诅、厌生
非有想	合妄轮回罔颠倒故	异成回互乱想	蒲芦、异质
非无想	怨害轮回杀颠倒故	怪成食父母想	土枭、破镜鸟

修证圣位的次第　因妄想而有的众生轮回世界

十二类生的分类

- 生殖方式
  - 卵生
  - 胎生
  - 湿生
  - 化生
- 形体有无
  - 有色
  - 无色
  - 非有色
  - 非无色
- 情想有无
  - 有想
  - 无想
  - 非有想
  - 非无想

三种渐次
菩萨为顿悟所做的准备

修证佛的三摩地不必别求，只要对于产生妄想的原因设立三种渐次，就可根除。犹如净器先前装有毒蜜，只要除掉毒物洗涤干净，就可以用来装甘露了。

■ 第一渐次：修习除其助因

　　大蒜、薤、慈葱、兰葱和兴渠称为五辛。它们气味恶臭，熟食能助发淫欲，生食会增长嗔恚。无明内熏使淫习鼓动，妄有缘气依附肉团为妄想心，所以必须断除这五辛。若不断五辛，天仙嫌其臭秽，各种鬼怪时常与其周旋，善神不守护，魔王得便，容易堕落邪途，成为下地狱的种子。所以修菩提者要永断五辛，神清气爽，观行容易成就，这就是第一增进修行的渐次。

■ 第二渐次：真修刳其正性

　　众生想出离轮回之苦，必须永远断除淫心。饮酒会使自性昏迷。食肉助长杀业，而且增加盗心和贪心，使得冤债相牵，没有办法脱离，所以要严持清净戒律。淫欲因为渴爱而生，如果不对它生起大的恐怖就不会厌离，所以要把淫欲看作毒蛇就不敢乱来，见淫欲如同怨家贼寇。严持小乘戒律只能执身不行而已，如果修菩萨行，用观智照破无明就能做到执心不起，所以说"摩登伽在梦，谁能留汝形"，这是观照的力量。不淫则不相生，不食肉则无杀业，不盗则免酬债，所以要守清净戒律，修三摩地，就能得大神通，宿命清净。

■ 第三渐次：增进违其现业

　　欲增进圣位者，必先要违逆现前的业行（六根奔六尘为现在惑业，又感将来生死的苦报；现在就耳根不许出流闻尘，而使入流照性，以违逆现业）。如前说持清净禁戒的人，心无贪淫，于外六尘不随流放逸。因为不流逸，加功进步，反闻照性，使耳根返归本有元明；既不缘尘，根也失去对象，因此六根反流全归一闻性。无复见、闻、嗅、尝、觉、知结根之用（六用不行）。由此十方国土皎然清净，好像琉璃内悬明月一样。这时身心快然，极为洒脱，妙圆平等，获大安稳。一切如来密圆净妙都现其中，这人即获得无生法忍。从此渐次进修，依所行持的成就，次第安立各种圣位。

交光法师所列观音解结修证图表

解六粗和三细	解六结	观音解结	破五蕴	越三空	所证位	所断
业系苦相 起业相	第六结 动结	渐次 入流亡所	色蕴	人空 出分段生死	圆教初信 齐初果	分别我执 界内见惑
计名字相	第五结 静结	二渐次 动静不生				
执取相	第四结 根结	三渐前半 闻所闻尽	受蕴		圆教七信 齐四果	俱生我执 界内思惑
相续相	第三结 觉结	三渐后半 尽闻不住 觉所觉空	想蕴	法空 出变易生死	圆教八信	分别法执 界外尘沙
智相	第二结 空结	三渐后半 空觉极圆 空所空灭	行蕴		圆教九信 齐辟支佛	俱生法执 伏界外无明
境界相 能见相 无明业相	第一结 灭结	三渐后半 生灭既灭 寂灭现前	识蕴	俱空 证无生法忍	十信 圆教初住	无明业识

修证圣位的次第　　菩萨为顿悟所做的准备

佛法对饮食的分类

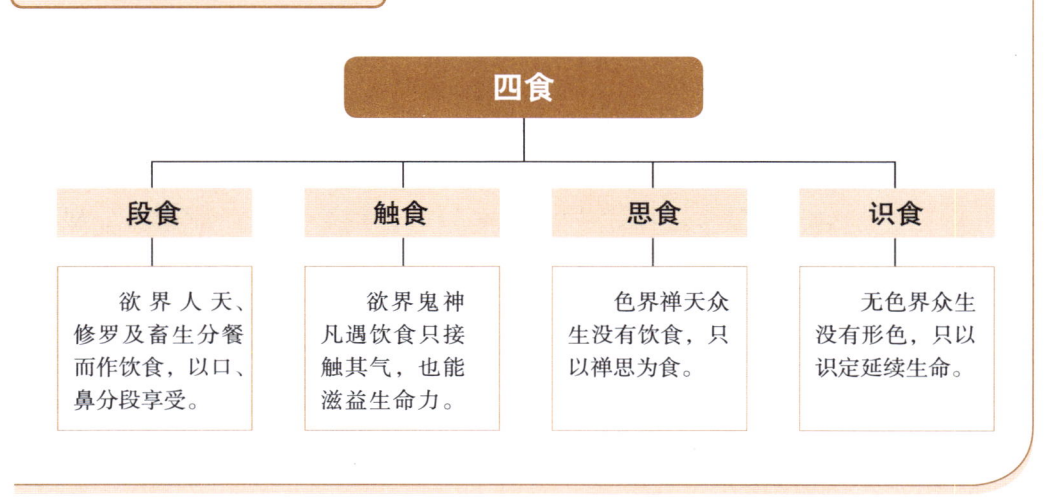

四食

段食：欲界人天、修罗及畜生分餐而作饮食，以口、鼻分段享受。

触食：欲界鬼神凡遇饮食只接触其气，也能滋益生命力。

思食：色界禅天众生没有饮食，只以禅思为食。

识食：无色界众生没有形色，只以识定延续生命。

五十七圣位
由三种渐次进修而安立的圣位

在三种渐次中，已经顿破根本无明，八识种子一时迸裂，所以后面的都是进修中的圣位。为此，《楞严经》开出干慧地、十信、十住、十行、十回向、四加行、十地、等觉、妙觉共五十七个圣位。

■ 干慧地一位

欲海干枯，根与境不相对峙，当生已是最后的身相，永不再受生。人、法二执之心虚而无障，明而无碍。至此，则纯是人空智与法空智。这慧性增明圆满，俱空之智显现普照十方世界。然而这只是欲爱最细微的习气初得干枯，从而使智慧显现，还不能与如来真如法性水相接，故无由滋润，所以名干慧地。

■ 十信十位

用干慧心中中流入妙觉果海，这时圆通妙性如莲花重重开发敷放。更向前进，已经亲证心、佛、众生三无差别，决定不退，一切我执、法执、空执的妄想灭尽无余；妄尽真纯，中道之理彰显，信心坚固，所以称为信心住。中道纯真之信明明了了，不为诸法所惑，于一切诸法都能以中道正理融会贯通。所以，五蕴、十二处、十八界不能互成障碍，都能圆融互摄。像这样，不但是现在，就是过去、未来无数劫中应当断除的种种习气都现在眼前。这样的善男子，一一都能忆念，全无遗忘，称为念心住。以妙圆之悟，与中道纯真之信，发挥到化境。久而久之，真精发化，生起融妄的力量，融解无始的生死习气，都化通为如如的精明智体。再以这唯一的智体，进而趋向如如的理体，以期达到真净，就称为精进心。前位既得进趋如如的理体，自得如如的智体时时现前，纯以智慧用事，一切迷惑习气都化成智慧，这就称为慧心住。以定力执持明照的智慧，则妄念不起，所以湛寂者得以周遍，寂妙者得以常凝然不动，这称为定心住。

定功极而慧光发明，慧性明而定力愈深，定慧等持，唯进无退，这称为不退心。定心日益增进，不假功力任运安然自在，永远保持不失，故能与十方如来气分相接，所以称为护法心。前以定心增进，而成护法之因。以慧明保持不失，而成回向之因。因保持不失故能以妙慧之力回答佛的慈光，向佛安住，犹如双镜光明相对，其中妙影重重相入，这称为回向心。自心与佛光冥应潜通。获得佛定，不但得定，也能得果，以

《楞严经》中圣位的安立

经中说，从三渐次中安立圣位，这说明用耳根圆通法门，达到六根六用不行的境界，就已经顿破根本无明，从互用中能进入菩萨金刚干慧地。从此超十信、十住、十行、十回向、四加行、十地，而进入如来妙庄严海，圆满菩提，归无所得。

	五十七圣位	备注
干慧一位	干慧地	概括三种渐次中所含的十信位为干慧地。
十信十位	1.信心住　6.不退心住 2.念心住　7.护法心住 3.精进心住　8.回向心住 4.慧心住　9.戒心住 5.定心住　10.愿心住	把初住分为十信，表示全根力而植佛种。
十住十位	1.发心住　6.正心住 2.治地住　7.不退住 3.修行住　8.童真住 4.生贵住　9.法王子住 5.方便具足住　10.灌顶住	生佛家而为佛子。
十行十位	1.欢喜行　6.善现行 2.饶益行　7.无著行 3.无嗔恨行　8.尊重行 4.无尽行　9.善法行 5.离痴乱行　10.真实行	广六度而行佛事，十度中的后四度是从慧度分出来的。
回向十位	1.救护一切众生离众生相回向　6.随顺平等善根回向 2.不坏回向　7.随顺等观一切众生回向 3.等三世一切佛所作回向　8.真如相回向 4.至一切处回向　9.无缚解脱回向 5.无尽功德藏回向　10.法界无量回向	回佛事而向佛心真如。
加行四位	1.暖地　3.忍地 2.顶地　4.世第一地	泯心佛而灭数量。
地上十位	1.欢喜地　6.现前地 2.离垢地　7.远行地 3.发光地　8.不动地 4.焰慧地　9.善慧地 5.难胜地　10.法云地	契真如而覆涅槃，依中道而趋佛果。
等觉一位	等觉	等觉后心破除生相无明，灭变易生死。
妙觉一位	妙觉	成无上道，圆满菩提，归无所得。

修证圣位的次第　由三种渐次进修而安立的圣位

无上妙净安住于无为，永不遗失，这称为戒心住。安住无住戒体，能从体起大自在之用，能游化十方，所去之处随心满愿，这称为愿心住。

■ 十住十位

修满前十信位的善男子，依本真如心，方便发此十信妙用。这十种心光显现，则前十用涉入本位，圆成一心。十信一心，本无二体，名发心住。依前妙心发明妙智，如净琉璃内现精金，内外明澈。又以真智契入真理，依真理起真修，履践真如，作为进入后位的基地，往后一切行持都由此起，所以名治地住。用前面的十种妙心，践履真如之地，都能得到明了。故能时时证真，真无不融，故能游履十方得无留碍。从此分身十方，上供诸佛，下利众生，名为修行住。前位所修妙行与佛行相同，故得领受佛的真如气分，将生佛家而为佛子。如中阴身自己寻求父母，必要自己业与父母业相同，互相感应，初托圣胎入于佛的种性，所以称为生贵住。

前位入如来种，即是游诸佛正道之胎，常蒙诸佛护念，为法身的胤嗣。方便智慧渐渐具足，故如胎已成，人相具足，所以称为方便具足住。前位权智外现，教化众生方便具足，是容貌如佛了；以权智资益实智，内照真如，心相圆满也都如佛，成正知正见，所以称为正心住。前位外貌内心表里如一，已同佛身、佛心了，于圣胎日增月长，时刻无间，所以称为不退住。前位身心合成增长，十身灵相一时具足。菩萨虽然具足这样的身相，还是微而不显，如胎方满初生六根，四体虽具而纯璞未散，所以称为童真住。

因已得大自在，顿超理障，堪任佛法大事，故亲为佛子，称为法王子住。

长大成人，佛想为他授记，先让他代佛宣扬佛法，教化众生，所以像刹利王在世子长成后，陈列四大海水为其灌顶，称为灌顶住。

■ 十行十位

修习十住的善男子，既已灌顶受职，成为诸佛真子，已具足无量无边如来藏中称性功德，能随顺十方众生，都令他们满足，生欢喜心，名欢喜行。已经得到欢喜后，又以戒德感化众生，名为饶益行。以自觉之理觉悟于他，已绝我、人、众生、寿者四相，得无违拒，甘受外辱，不生嗔恨，名无嗔恨行。既无嗔恨，故随众生一切种类处处受生，众生、世界无尽，菩萨的愿行也没有尽头，所以穷未来际。三世平等，十方通达，名为无尽行。空间和时间都能无尽随顺众生，合其心而同其事，于一切众生种种法门都能融合而为一体，故能随类说法，不会差错误谬，名离痴乱行。以

十种菩萨行（一）

① 欢喜行

为了利益一切众生，就算是我的眼耳、身体、血肉，都可以毫不吝啬地布施出去，还有什么不舍的呢？希望能以此善根，让我和食我肉的众生都获得阿耨多罗三藐三菩提。

② 饶益行

一切众生在茫茫的无明长夜中，贪着五欲，心也随之沉溺流转，不得自在。而我应当令诸魔以及诸天女，乃至一切众生都住于清净戒律中，从而于一切智中，心无退转。

③ 无嗔恨行

我应该常为众生说法，让他们远离一切恶行。即使众生诋毁辱骂我，甚至用各种器具来逼损我，如果我因为苦而动乱了自心，又怎么能让他人的心得到清净呢？

④ 无尽行

昔日，地藏菩萨曾立下誓愿："地狱未空，誓不成佛！众生度尽，方证菩提。"我愿为所有众生无数次进入地狱，直到每一个众生都进入无余涅槃，方成就无上菩提。

⑤ 离痴乱行

我将以我从诸佛菩萨和善知识那里听闻到的正法，运用世间的一切语言，令一切众生安住在无上清净念中，于一切智得不退转，究竟成就无余涅槃。

修证圣位的次第　由三种渐次进修而安立的圣位

一理之中显现一切事相，于一切事相各见全理。此菩萨于一一行中皆能真俗互融，事理无碍，名善现行。尘中现界，而界不小；界中现尘，而尘不大；同时俱现，不坏自相，事事无碍，名无着行。前面二位不只理事无碍和事事无碍，就是菩萨万行也无不具足，皆得现前。随举一行，都能达到最上究竟之处，故名尊重行。前位种种法门都是第一波罗蜜多，于一行中具足无边妙行，圆融无碍。能遍历十方助佛转法轮，教化众生，而一言一行自合诸佛规则，故名善法行。前面九行自利利他，每一行都清净无漏，一真无为，自性本然，故名为真实行。

■ 十回向位

这样的善男子，已满足了神通，已完成了佛事，清净无漏，纯洁精真，所以能远离一切留患。任运度生而不见有众生可度。回无为心向涅槃路，这就名为救护一切众生离众生相回向。灭除一切可灭除的，故能不着于生死有为法；能离一切诸离，故不滞守于涅槃无为法；仍不坏度生事业，依旧广行布施，名不坏回向。"本觉"心佛湛然澄净，与诸佛所证"妙觉"法身齐等，圆满无二，名等一切佛回向。本觉之体发挥妙用，即自己"因地"心中所含无边境界，正如诸佛果地理上所现无量佛土。因尽佛境界，故名至一切处回向。世界的依报和如来的正报互相涉入，没有挂碍，名无尽功德藏回向。身依于界，故于同佛地，成就无尽功德之藏，这就是成佛的清净因。依此因扩充，直趋佛果，取涅槃道，名为随顺平等善根回向。前位的随顺平等善根既已完成，由此重起大悲心，等观十方众生所具本觉的佛性与我本来同体；我性既已圆满成就，也当成就众生，不会遗失众生而不度，这就名随顺等观一切众生回向。即一切法，离一切相，即与离二无所着，双超空有的中道，名真如相回向。真如体遍十方，其行既为真如所如，自然应同真如于十方界，得无障碍，能成就遍法界的普贤行愿，名无缚解脱回向。第八位的无着（般若德），已得性德的全体；第九位的无碍（解脱德），应当得到性德的大用。体用俱备，随举一色一香无非中道，一尘一毛皆等法界，一一没有限量，这称为法界无量回向。

■ 四加行位

这样的善男子已得圆满成就清净的四十一心之后，还应当成就四种妙圆的加行。

十种菩萨行（二）

修证圣位的次第 | 由三种渐次进修而安立的圣位

❻ 善现行

我若不做到身、语、意的清净，悟入诸法实相，了解法界平等体性，永不舍离菩提心，那么由谁来成熟、教化、调伏、觉悟、清净众生呢？

❼ 无著行

以"无有执着"的心态来礼拜供养诸佛，对于诸佛所、佛刹，乃至佛的圆满相貌、佛法等都无所执着。正因为无所着、无所依，所以自利利他，没有障碍。

❽ 尊重行

已成就各种难得的善根，安住在诸多难得的行持中。虽然了知众生非实有，而不舍一切众生界。正如船夫般不住生死也不住涅槃，也不住生死中流，而能运度此岸众生到无畏无忧的彼岸。

❾ 善法行

已获得法、义、辞、辩四无碍陀罗尼门，辩才无碍，以种种方便饶益众生。正如清凉的池水一般，荡涤众生的热恼，令其流入佛法大海中。这便是善能守护正法，使佛种不绝。

❿ 真实行

已成就第一诚实语、谛实语，学习三世诸佛的真实语、言行不二语。因此说了便能行，如行便能说，语与行相应，身、口、意三业都顺应。

以初地所具的"佛觉"，用为自己加行的"因心"，欲证佛即是心之境。但因为心中的佛见欲亡未亡，果用将发未发，就好像钻木取火，要使木头燃烧，先要使暖相现前，名为暖地。又以自己加行的"因心"，成其初地"佛觉"之所履；心为佛依，如足履地，体观自心即佛境界。好像有依，但心相未能全忘。因为心相垂尽，如登高山，其身已入虚空，不过脚跟未离山顶，下有微碍，名为顶地。暖位以佛觉为己心，顶位以自心为佛境，仍然存留心和佛二相。再加功行，则心佛二同，即心即佛，不偏于二边，善得中道。但将证未证，心中明了，吐露不出，如忍事的人，若欲隐藏于心，又想告诉别人，好像想说出来，又觉难以表达，名为忍地。前面三位位位迁变，名为世数，中边各别名为间量。到此则数量消灭，中边不立。甚至下无己心，上无佛觉，心、佛双泯，中道名绝，名世第一地。

■ 地上十位

这样的善男子，由四加行胜进功圆，会入圆觉寂灭一心，所以善于通达菩提。觉通如来，尽佛境界，称为欢喜地。有差别的事理因果同归于一心，同性亦灭，称为离垢地。法界一心有大智慧光明，由净极而光明通达，称为发光地。光明到达极处，觉性圆满，称为焰慧地。从此，差别理事的同异都不可得，称为难胜地。无为真如全体显露，自然发露性净妙德，称为现前地。俱生无明称为远行，现在已经穷尽真如自性的边际，称为远行地。纯一真如不假功用，永绝动摇湛寂一心，称为不动地。《华严经》说不动地菩萨堕入寂灭真如，不舍离此定，所以十方诸佛劝而拔起，使他出真如定从体起用，便能说法，居于法师位，所以称为善慧地。在修习菩萨道的过程中，从此以后修习功毕，行极理圆，所以之前都称为修习位。到了第十地，法性空布，慈阴妙云覆涅槃海，称为法云地。

■ 等觉一位

如来圆证一心，虽然居于果位，但不舍众生，所以逆流而出。菩萨修行逆生死流顺法性流而入果海，始觉与妙觉相接，所以称为等觉。从干慧初心，中间所历十信、十住、十行、十回向、四加行、十地，而至等觉后心。在这等觉位中，才开始获得金刚心中的初干慧地。

■ 妙觉一位

这样从干慧初心，重重单复十二，经历十信、十住、十行、十回向、四加行、十地，到等觉后心等五十五个阶段，穷尽妙觉果位，才能成就至极无上之道。

《楞严经》与《华严经》圣位阶次对照表

《楞严经》中说："从干慧心，至等觉已，是觉始获金刚心中，初干慧地；如是重重，单复十二，方尽妙觉，成无上道。"对于"单复十二"，圆瑛大师认为，一位为单，分为干慧、暖、顶、忍、世第一、等觉、妙觉七位。五的二倍为复，如十信、十住、十行、十回向、十地这五种。因为单有七重，复有五重，所以说"重重单复十二"。

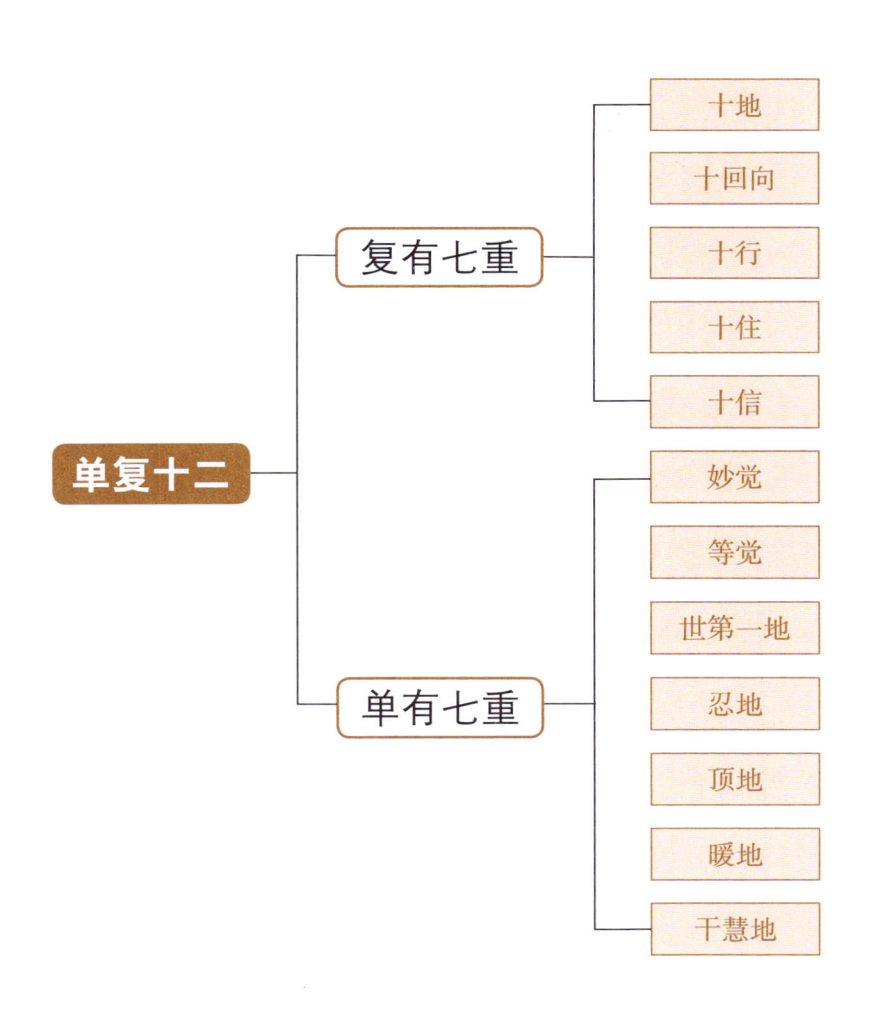

单复十二：
- 复有七重：
  - 十地
  - 十回向
  - 十行
  - 十住
  - 十信
- 单有七重：
  - 妙觉
  - 等觉
  - 世第一地
  - 忍地
  - 顶地
  - 暖地
  - 干慧地

修证圣位的次第 — 由三种渐次进修而安立的圣位

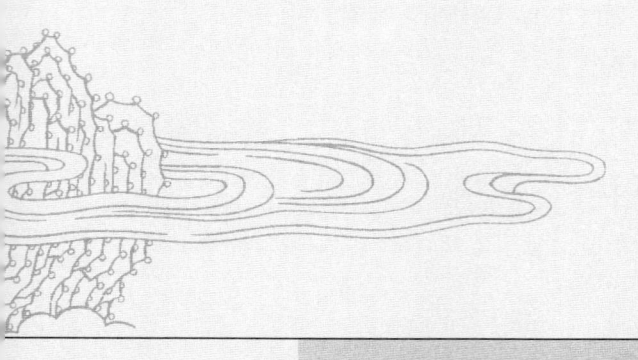

天、人、阿修罗、地狱、饿鬼、畜生，这是我们所熟知的"六趣"，在《楞严经》中，又从其中分出"仙趣"来，共列为七趣。导致众生投生于不同领域的原因是什么呢？每一种领域又有什么特质和环境？七趣因果将对其一一解说。而说到"五阴魔相"，就得提到此经的主线：从阿难遇魔障，到五十阴魔，一整部《楞严经》是"自破魔始，至破魔终"。修行道路上容易遇到的魔障，以及该怎样去处理，经书中列举得十分清楚。

第 5 章

助道分：

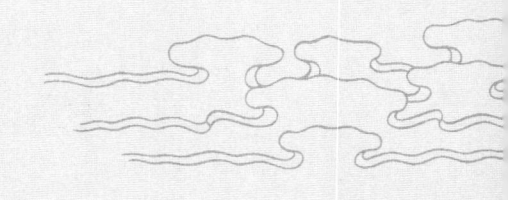

七趣因果与五阴魔相

本章图版目录

决定了人升堕的内分与外分 / 209
情、想的分配与六道轮回 / 211
地狱众生的悲惨景象 / 214
唐卡中的地狱景象 / 217
地藏王菩萨对地狱众生的拯救 / 219
饿鬼道众生的状况 / 221
畜生道众生的状况 / 223
人道众生的状况 / 225
仙境的种类 / 227
四天王天中的四大天王 / 229
天人的福报与情爱 / 231
三界二十八天 / 233
兜率陀天——弥勒佛的净土 / 235
阿修罗道众生的状况 / 237
成佛前必然经过的道路 / 239
五阴魔相总表 / 241
色阴十境（一）/ 243
色阴十境（二）/ 245
色阴十境（三）/ 247

受阴区宇中的魔事（一）/ 249
受阴区宇中的魔事（二）/ 251
受阴区宇中的魔事（三）/ 253
受阴区宇中的魔事（四）/ 255
想阴区宇中的魔境（一）/ 257
想阴区宇中的魔境（二）/ 259
想阴区宇中的魔境（三、四）/ 261
想阴区宇中的魔境（五、六）/ 263
想阴区宇中的魔境（七、八）/ 265
想阴区宇中的魔境（九、十）/ 267
不入涅槃的罗汉 / 269
行阴区宇的境界 / 271
有十六相的错误认知 / 273
行阴区宇中产生的断见与常见 / 275
识阴区宇的境界 / 277
识阴境界中发生的偏差（一）/ 279
识阴境界中发生的偏差（二）/ 281
二乘圣者的修行法 / 283

第一节 三界

七趣众生升堕的因果

三界七趣

为何一真法界会出现六道轮回

妙明真心本来妙明周遍，大地草木、蠕动含灵等一切无非依之而有。此一真如性，即是如来成佛真体，即是法身。既然佛体真实，为什么还有地狱、饿鬼、畜生、阿修罗和人、天等道？佛为此开示了内分与外分的道理。

■ **地狱是自然存在的吗？**

阿难问佛，六道是本来自有的，还是由众生的妄习生起的？如琉璃大王和善星比丘：琉璃大王为了屠杀释迦，善星妄说一切法空鼓励屠杀，都生身陷入阿鼻地狱。这些地狱是各有固定处所（别业同报），还是各自造业、各自受报（别业别报）？

■ **内分与外分**

佛认为阿难提的这个问题很好，可以使一般众生不致落入邪见。所以佛详细开示说，一切众生的本性，本来是清净无染的，只因为无始以来的无明妄见，于是产生了种种虚妄习气，这些虚妄习气又分为内分和外分两部分。

内分即是众生身分以内之事，因为种种爱染，发起妄情，这些情见积习不休，能生出爱水。这些贪爱虽然各各不同，然而或流或蕴结总是一样。水流润湿不能上升，自然随水之性下坠，这就名为内分。

外分即是众生身分以外之事。因为渴求仰慕之心启发清虚想念，想念积习不休，能生殊胜之气，超脱形累。所以众生如心持禁戒，就会全身轻快。心持咒印，就会顾盼雄毅。心里想要升天，就会在梦中飞升起来。一心观想佛国净土，就会在梦中或禅观中见到圣境界。事奉善知识，自然会不惜身命，为法忘躯。这些想虽然各有不同，然而都是以超胜之气，同样轻举。因为飞动不沉，所以自然超越，这就名为外分。

决定了人升堕的内分与外分

佛说，决定众生飞升天界或堕入地狱受苦的原因，不外乎众生自己造作的内分的情和外分的想。内分是指众生因为贪图一己私欲，为满足感官的享受而发起妄情，积习不休就会产生爱水，从而使众生神识下坠。外分是众生为追求伟大高尚的目标，启发清虚想念，产生殊胜之气，从而能使众生的神识升华向上。

佛国净土有弥陀净土、药师琉璃净土、弥勒净土、阿閦净土等，它们全都庄严美妙，受用殊妙，专为摄受学发大乘心而未得自在者所设立。天界虽然逊于佛国净土，但比起我们所在的娑婆世界来，又要好很多。

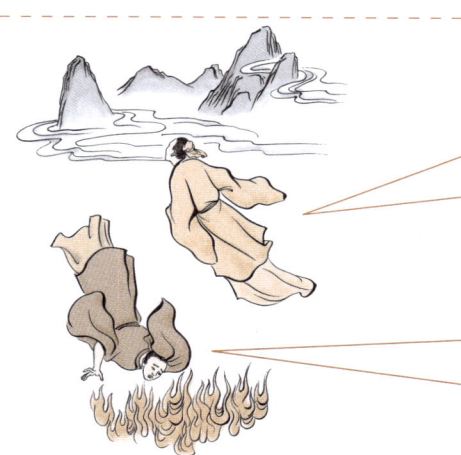

众生如果能发广利众生的菩提心，严守五戒十善，心持咒印，口念佛号，一心观想佛国净土，就会产生超胜之气，最终使神识升华而往生佛国净土，或者往生天国。

众生如果为了一己私欲，或为了五官享受，而造下十恶业，就会随着贪欲之水而下沉，最终使自己的神识下沉而坠入三恶道，例如堕落地狱中受无量苦楚。

不净

任何依于肉体或观想的觉察修学，都可以称为身念处，身念处就是观察自己之身和别人之身，得到观身不净的结论，认识到一切都是不值得执着的。

七趣因果与五阴魔相

为何一真法界会出现六道轮回

临终升坠
众生死后会投生到六道中的哪一道

佛说，一切世间生生死死，相续不断，生的时候顺从其习气而造善恶种种业，死时随业力迁变而流转于六道之中。在其临命将终时，还没有舍弃暖触之前，畏死求生之际，一生所造的善恶两种业力习气，随其情想轻重而同时顿然显现。

■ 飞升天界或净土

当命终时，平时有澄心观想、修习三昧的功夫，纯想即飞，最后必然升于天上。如果在纯想飞的心中，还兼有平日供佛、闻法、诵经、念佛等福慧，发愿常随佛学、蒙佛授记，以及发愿往生净土愿见于佛，此时自然心地开通，见到十方佛的一切净土，如西方的弥陀乐邦、东方的药师琉璃、弥勒的兜率内院等，随愿往生。

■ 轻举为天仙神道

如果情少想多，就算能轻举，但到不了太远，就成为飞仙、大力鬼王、飞行夜叉、地行罗刹，游于四天，所去无碍。其中若是有善愿善心，护持佛的教法；或跟随持戒的人，护持禁戒；或侍持咒的人，护持神咒；或者护持修行者，这些人都亲住如来座下。

■ 生在人间

情与想平均相等的，也不能上飞，也不会下坠，就生在人间，如果想心明慧的就聪慧过人，情心幽暗的就愚钝。

■ 流入畜生道

情多想少的就流入畜生当中，重的就为地上走的毛群走兽，轻的就成为羽族飞禽。

■ 沉入饿鬼道

七分情三分想，就沉于水轮之下，生于火轮之际，受猛火熏烤，结气成形。身为饿鬼常被焚烧，因为看见水变成火，水反能加害于己。无食无饮，经百千劫，常受饥饿之苦。

■ 堕入地狱道

九情一想，于是下沉愈低。前面只在火轮边际，现在更透过火轮，

情、想的分配与六道轮回

佛教中的轮回观是指在天道、阿修罗道、人道、畜生道、饿鬼道和地狱道的六道中轮回，如果不破除无明，将永远轮回下去。

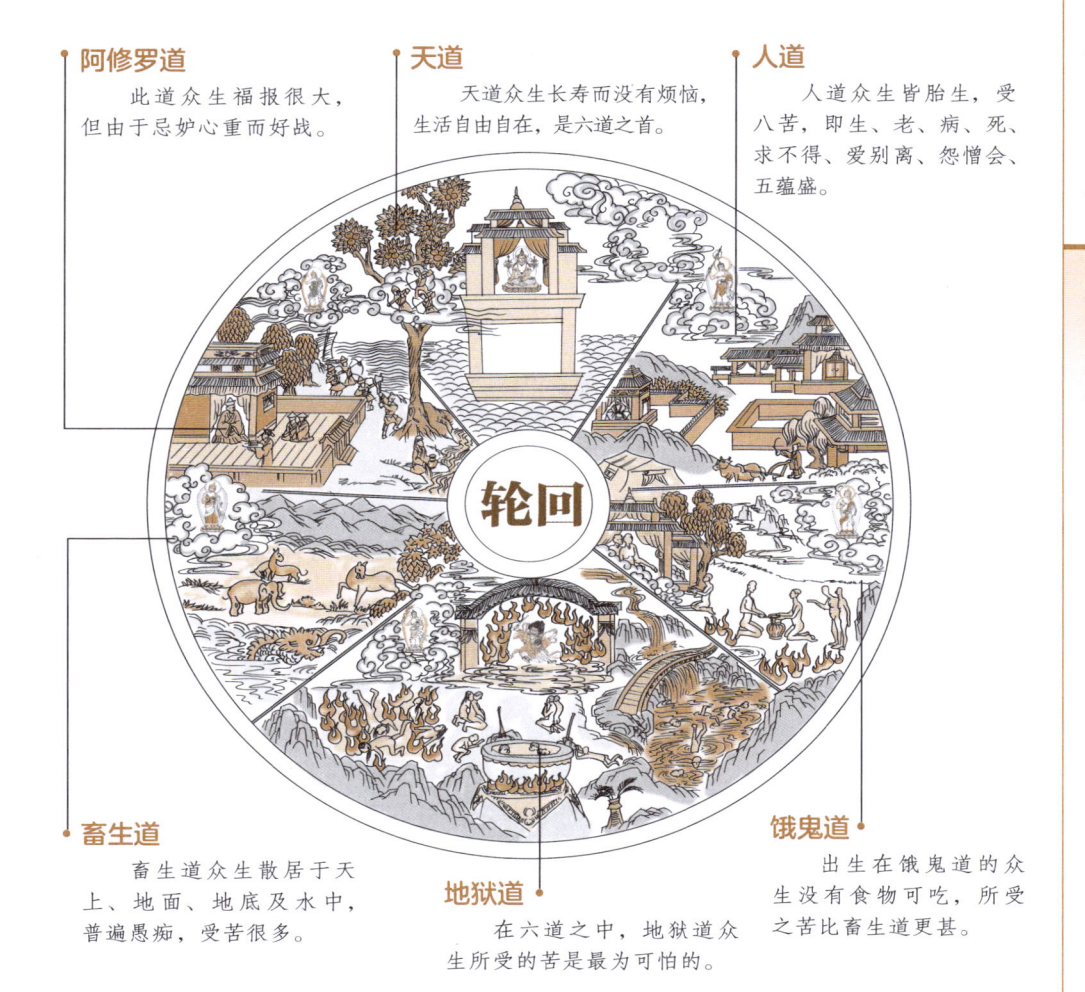

阿修罗道
此道众生福报很大，但由于忌妒心重而好战。

天道
天道众生长寿而没有烦恼，生活自由自在，是六道之首。

人道
人道众生皆胎生，受八苦，即生、老、病、死、求不得、爱别离、怨憎会、五蕴盛。

畜生道
畜生道众生散居于天上、地面、地底及水中，普遍愚痴，受苦很多。

地狱道
在六道之中，地狱道众生所受的苦是最为可怕的。

饿鬼道
出生在饿鬼道的众生没有食物可吃，所受之苦比畜生道更甚。

七趣因果与五阴魔相

众生死后会投生到六道中的哪一道

身入风火二轮相交之处。轻的生在有间地狱中，重的生在无间地狱中。要是纯情无想即坠入阿鼻地狱。假如下沉的心中有诽谤大乘，如大慢婆罗门等；毁弃佛的禁戒，如宝莲香比丘尼等；诳妄说法，如善星比丘等；以及无实行而虚贪信施的资财；无实德而滥膺四众的恭敬；甚而五逆十重，无业不造，本狱不足以偿，那就会辗转投生到十方的阿鼻地狱。

十习因
众生恶业所感召的地狱果报

地狱虽然是各循自造恶业而发生，然而众生共同所感的同分地狱有一定处所，都是众生各自造作罪业所感召的，众生有造十习的业因，受六交的果报。

■ 十习因

淫习 一是淫习交接，发于彼此相磨，研磨不休，于是有大猛火光，从中发动。如人用手自相摩擦，就会有暖相出现。两种习气相互增长的缘故，所以在临命终时，就会出现铁床、铜柱等事，因此十方如来，视行淫为欲火。菩萨见了淫欲，如避火坑一样，不敢稍犯。

贪习 二是过去与现生的贪习，交相计算，发于相吸。吸揽之心不止，最后就成为积寒坚冰，从中冻冽，如人以口吸缩风气，就有冷的感觉发生。过去和现生的两种习气相互陵夺，因此临命终时，就见有寒风、冰冻等现象出现。因此十方一切如来，视多求贪水。菩萨看待贪，如避开瘴海一样。

慢习 三是慢习，彼此交相陵越，自恃豪姓大贵、有势多财等，尊己卑他，好争上游。我慢属山，驰流属水。山峙水驰，必然导致水势奔腾，在自心中就显现积波为水之相。这就好像人以口中的舌头舐住上颚，深取其味，因而有口水产生。过去生中的习气与现生的余习二习交相鼓动，相激陵越，人于临命终时，神识就会见有血河、灰河、热沙毒海、融铜、灌吞等事。因此，十方一切如来，视我慢为饮痴水。菩萨见慢如避巨海洪波，没溺难出。有智之士不能不躲避。

嗔习 四是嗔恚习气在心中交相冲击，恨心不息。心热发火，铸肺气为金，因此心中有刀山、铁橛、剑树、剑轮、斧钺、枪锯等相。如同含冤不白，自然杀气飞腾。宿世的嗔恨习气和现世中的嗔恨，两种习气交相冲击，所以临命终时，有宫割、斩斫、锉刺、槌击等事在自心中显现。因此十方一切如来看待嗔恚如同锋利的刀剑一般。菩萨见嗔，如避诛杀一样。

诈习 五是欺诈习气交相引诱，最初开始于谄诈不实。牵引之心不肯住止，于是就有不能解开的绞结，有不能脱离的牢笼，就像水滋润田地，草木就会悄悄生长一样。宿世的习气和现生的习气交相延引，所以使人临命终时会看见有枢械、枷锁、鞭杖、棍棒等事。因此，十方一切如来看待奸伪欺诈，如同谗言哄诱的贼人。菩萨看见奸诈，如同害怕豺狼一样。

诳习 六是诳习交相欺骗，总不外出于诬罔。诬罔之心不止，又起心造设奸谋诡计，因此有尘土、屎尿等秽污不净在自心中显现，如尘随风势搅乱虚空，昏天黑地，令人对面各无所见。宿世的习气和现生习气相加，所以有沉溺、腾掷、飞坠、漂沦等事在临命终时显现于神识中。因此十方一切如来，看待欺诳等同于劫财杀命。菩萨见着欺诳，如同踩到含毒蜇人的蛇虺一样。

怨习 七是宿世有怨，今世交相憎嫌，心中衔冤怀恨，因此有飞石投砾、匣贮车槛、瓮盛囊扑等事，于自心中预先显现违害之相。如阴险毒恶之人怀仇蓄恨，誓期报复。宿世习气和现生习气交加，恨不能生吞其人。在临终时，神识中就会显现投掷、擒捉、击射、抛撮等事。因此，十方一切如来看待怨恨，如同暗中害人的极恶之鬼。菩萨对于怨恨之心，如同害怕喝能断肠的鸩酒一样。

见习 八是宿世恶见习气炽盛，今生余习仍在，彼此交相互明，分身见、边见、邪见、见取、戒禁取五种恶见。它们互相排斥，从而造作种种恶，业如此存心积业，于是有王使主吏证执文书、簿籍等，于自心中预先显现证据是非之相，如同行路人来往自然亲见。现世习气和往世宿习等事，彼此争执不解，因此在临命终时，神识现出勘问、权诈考讯、推鞠察访等事。如果仍不清楚，则有善恶童子手执文簿、记载详细事情。因此，十方一切如来看待恶见比深坑更可怕。菩萨害怕种种虚妄偏执，如面临毒壑。

枉习 九是诬枉。由于宿世习气和现生习气交加，发于诬谤之心。所以，在自心中预先显现合山合石、碾硙耕磨。如同谗贼之人逼迫诬枉，嫁祸于良善。宿世习气和今生习气互相排斥，于是在命终时，显现押捺、槌按、蹙漉、衡度等事。因此十方一切如来把怨谤叫作猛虎。菩萨害怕诬枉之心，如同害怕遭受到雷劈一般。

讼习 十是讼习，是宿生的好讼习气在现生表现出来，交相宣诉，开始于隐藏己罪，盖覆阴私。但自心难昧，所以在自心的镜子中显现其宿世罪业等相，正如身在日光照耀中，不能藏匿自己的身影一样。宿业未忘，现生余习仍在，二习交相陈露，所以在命终时，显现恶友。业镜显现平生罪业，大体照穿心中阴谋，验证所有罪业。因此十方一切如来把覆藏之心视为家贼。菩萨看待覆藏，如同头顶高山行走在大海上一样。

地狱众生的悲惨景象

智者大师所创立的天台宗，其判教方式是五时八教。这种判教方式极为灵活又极为精密，一经设立就被称为"弥天高判"，后世依此能够深入整理浩瀚的佛教典籍。

地狱是三界六道中最苦难的地方，为情重想轻的众生之所感召。有的地狱道中的众生，在人间一日夜中，要经历数万次的死与生。而且每一期的生死，都要受种种痛苦的折磨，如上刀山、下油锅、研磨成灰烬等种种难以想象的痛苦。

当众生的枉习过重时，就会在临命终堕入地狱，其诬枉之心会使他感受押捺、槌按等事。

当众生的诳习过重时，就会在临命终堕入地狱，其欺诳之心会使他感受沉溺、腾掷等事。

当众生的怨习过重时，就会在临命终堕入地狱，其怨恨之心会使他感受击射、抛撮等事。

当众生的诈习过重时，就会在临命终堕入地狱，其欺诈之心会使他感受枷锁、鞭杖等事。

当众生的淫习在生时过重时，就会在临命终堕入地狱，其欲火会使他感受铁床、铜柱等事。

七趣因果与五阴魔相

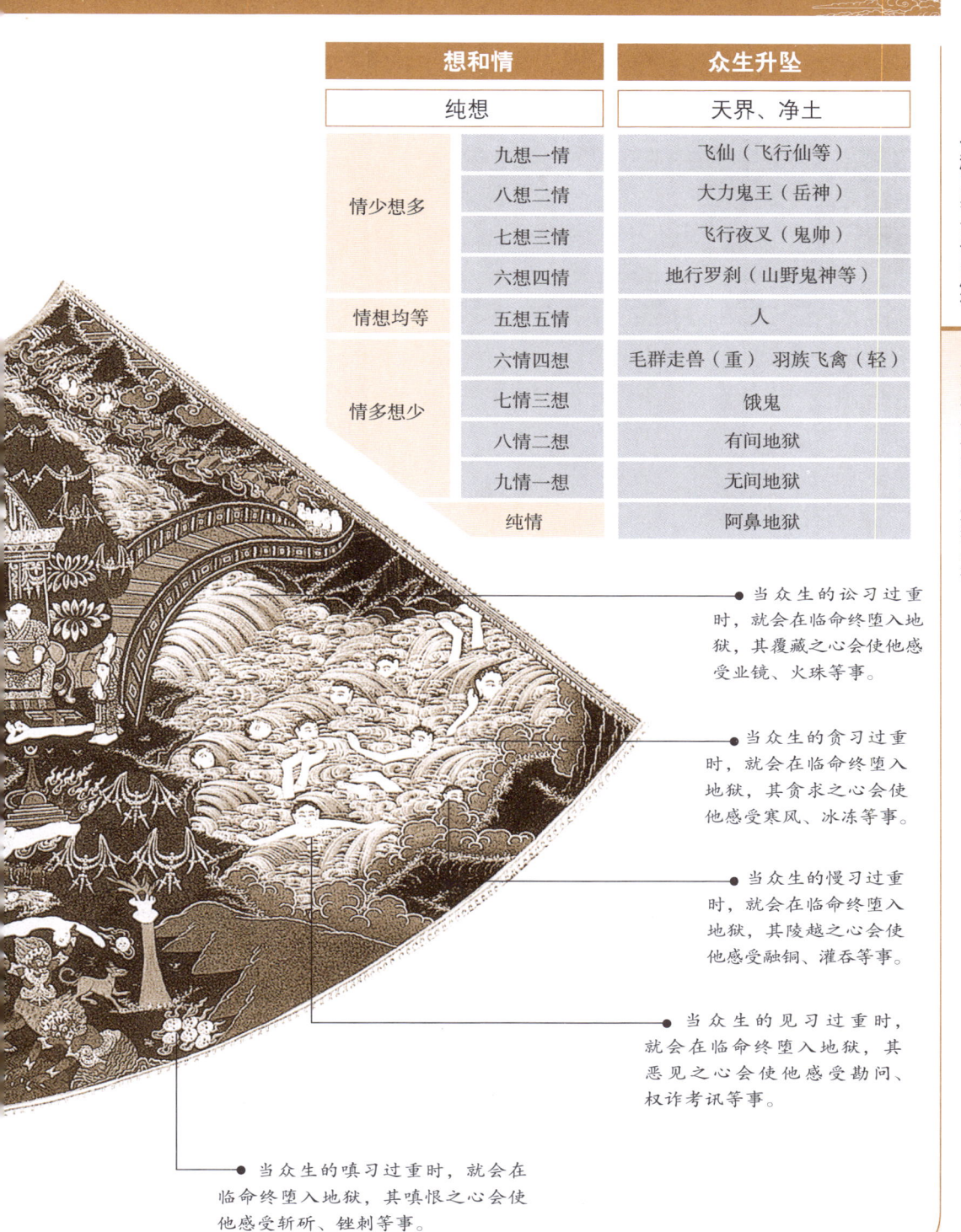

众生恶业所感召的地狱果报

想和情		众生升坠
纯想		天界、净土
情少想多	九想一情	飞仙（飞行仙等）
	八想二情	大力鬼王（岳神）
	七想三情	飞行夜叉（鬼帅）
	六想四情	地行罗刹（山野鬼神等）
情想均等	五想五情	人
情多想少	六情四想	毛群走兽（重） 羽族飞禽（轻）
	七情三想	饿鬼
	八情二想	有间地狱
	九情一想	无间地狱
纯情		阿鼻地狱

- 当众生的讼习过重时，就会在临命终堕入地狱，其覆藏之心会使他感受业镜、火珠等事。

- 当众生的贪习过重时，就会在临命终堕入地狱，其贪求之心会使他感受寒风、冰冻等事。

- 当众生的慢习过重时，就会在临命终堕入地狱，其陵越之心会使他感受融铜、灌吞等事。

- 当众生的见习过重时，就会在临命终堕入地狱，其恶见之心会使他感受勘问、权诈考讯等事。

- 当众生的嗔习过重时，就会在临命终堕入地狱，其嗔恨之心会使他感受斩斫、锉刺等事。

六交报

一切众生依六识而造业，所遭受的恶报也从六根而出。

见报 一是见报所招引的恶果，这个见业与其余五业一齐交作，所以在临命终时，先见猛火遍满十方世界。亡者神识从烟中飞坠，落入无间地狱中，显现明暗两种相。明亮时遍见种种凶恶之物，生起无量畏惧心。黑暗时寂然不见一物，自己不知落在何处，生无量恐惧。

如前所说见报之火，烧于耳根，就为镬汤、烊铜。烧于鼻根，就成为黑烟、紫焰。烧于舌根，就成为焦丸、铁糜。烧于身根，就成为热灰、炉炭。烧于意根，就成为星火迸洒、煽鼓空界。

闻报 二是闻报所招引的恶果，因于闻业而起见色、嗅、香等业。于临终时，先见波涛汹涌，没溺天地，亡者神识，为情所坠，下沉波中，愈沉愈下，终于乘流坠入无间狱中。既入无间狱中，依先前所造闻业显现两种现象：一是开听，听见种种闹声，使人惊心动魄，精神慌乱；二是闭听，寂然无闻，幽魄沉没。

前文所说闻报之报，注入耳根，就成为责问、诘难。注入眼根所造恶业，就为雷、为吼、为恶毒气。注入鼻根，就为雨、为雾，散布各种毒虫遍满身体。注入舌根，就为脓、为血，腥臭而兼浑浊污秽。注入身根，就为鬼、为牲畜、为粪尿等秽物。注入意根所造恶业，就为电、为雹，摧碎人的心魄。

嗅报 三是嗅报所招引的恶果，因嗅而起业，再引起现前见色、闻、声等业。众业交作，于是临命终时，先见毒气充塞远近，亡者神识从地下跃出，都堕入无间狱中，显出两种现象：一种是通闻，被种种恶气熏极难忍，心神扰乱；另一种是塞闻，气掩闭不通，最后闷极昏厥于地。

如此嗅报之气冲于现前鼻根，就成为质证其罪，履践其形；冲于见就为火、为炬；冲于听（耳根）就淹没于洋汤沸屎之中；冲于味就为腐烂的鱼虾、臭汤；冲于触就为皮开肉绽，为大肉山，有百千眼，其中有无量蛆虫咂食身体；冲于意根就为灰、为瘴，飞沙掷砾，击碎身体。

味报 四是因味造业所招引的恶果。此味业与余业交作，临命终时，先见铁网猛焰炽烈周覆世界，亡者神识，倒挂在网上，足上头下，不觉不知愈沉愈下，落入无间狱中，显现两种情况：一为吸气结成寒冰，终于冻裂身肉；二为吐气，终化为猛火，焦烂骨髓。

如此果报经历舌根，因为生前造业，所以只有承当忍受。历于眼根就看见燃金石之色，历于耳根就听到兵刃之声，历于鼻息就成为大铁笼弥覆国土。历于触就为弓、为箭、为弩、为射。历于意根就成为热铁，

唐卡中的地狱景象

据地狱所在之处及刑苦轻重,可把地狱分作三大类:一是根本地狱,分为八热地狱、八寒地狱,是最重罪业受报之处;二是近边地狱,为围绕根本地狱的副狱;三是孤独地狱,在人间山中、旷野、树下、空中等处。以下是清代西藏的唐卡对地狱的描绘。

七趣因果与五阴魔相

众生恶业所感召的地狱果报

从空中如雨落下。

触报 五是触报所招引的恶果。触业与其他业交作，成为入地狱之因。所以临终时，先见大山四面来合，没有出路。亡者神识又见大铁城，刚欢喜可以有躲避的地方，又见其中火蛇火狗、虎狼狮子之类。要想不入，又见牛头狱卒、马头罗刹手执枪矛，驱赶令入，入之即坠入了无间地狱。此中显现两种情况：一是合触，合山逼体，骨肉和血而溃烂；二是离触，刀剑刺身，心肝碎裂。

如此诸触逼迫所造成的恶果，历于耳根，就为撞为击、为刑、为射；诸触历于眼根就为炙、为烧；诸触历于耳根就为地狱道上的惨叫声、宣判声。历于鼻根就为缠缚刑罚，无法呼吸；历于舌根就为割拔舌头；历于意根就为坠为飞、为煎、为炙等。

思报 六是思业感报所招引的恶果，此思业与余业交作，就在临终时，先见恶风吹坏国土，亡者神识被风吹到空中，又被风旋落堕入无间地狱中，显出两种现象：一是不觉迷惘到极点，心神慌乱，奔走不息；二是不迷之相，觉知尽是苦境，无量煎烧痛入骨髓，无可忍受。

从上所说邪思所成恶报结合意根，就能成为受罪处所。结合眼根所造恶业，就成为业镜、人证。结合听（耳根）就成为压迫的巨石、为冰为霜，若水势劣于风，或风势劣于水，就能为尘土或为雾。结合息（鼻根），思业本属于风，息也是风，风遇风而摩荡成火，故能为大火车、火船、火槛，都是地狱受苦的刑具。结合味（舌根）就能为大叫唤、为悔、为泣，都是饥渴逼恼之声。结合触（身根），或遇风而展舒，即为大身；或遇风而局促，即为小身；或遇风忽活，即为生；或遇风而忽死，即为死；或被风吹而俯于地，或被风吹而面向于天。

地狱业的总结

上面所述的地狱业的十种因和六种果，都是众生迷情妄想所造。若是众生六根对十因，同时造作恶业，即沉入阿鼻狱受无量苦，经无量劫不得出离。如果是六根具造十因，但不同时造业，及它们所造恶业兼有境和根，这些人就入八种无间狱。若身、口、意三作杀盗淫恶业，就入十八地狱。三业不是兼具，中间或是一杀一盗，此人即入三十六地狱，所受苦又轻于上面的一种。妄见见于妄境之时，三业中又单犯一业，这样的人就入一百八地狱，受苦更轻。以上所说各种地狱，都是随众生各人所造之业，各人私受其报。业力相同的，就都处在世界同分地中。究其本源，这些都属于妄想发生，并不是本来自有。

地藏王菩萨对地狱众生的拯救

地藏王菩萨属于四大菩萨之一。他从久远劫以来，发愿深入最黑暗、最污秽、最罪恶的地狱深坑中教化济拔众生，有"地狱不空，誓不成佛"的宏愿。地藏王菩萨受到人们普遍的尊敬，每年七月十五日的盂兰盆法会、七月三十日的地藏法会在我国各地广泛流行，是地藏法门与中国孝道完美结合的有机表现。

梵语：**Ksitigarbha**

音译：乞叉底檗婆

意译：
- 地 — 安忍不动如大地
- 藏 — 静虑深密如秘藏

辨识特征
头戴毗卢冠。

衣饰
身披袈裟，为僧人相。

持物
左手持如意宝珠，右手持锡杖。

坐姿
跏趺坐于莲花台上。

七趣因果与五阴魔相

众生恶业所感召的地狱果报

当有曾造地狱业的众生，若能供奉、礼拜其圣像，常常恭敬持念"南无地藏王菩萨"名号，持诵《地藏菩萨本愿经》，都能灭除所造极重的地狱业，并且可以转生天界和净土。释迦牟尼佛赞叹地藏王菩萨的功德说："临命终时，闻地藏菩萨名一声历耳根者，是诸众生永不历三恶道苦。"

鬼趣的因果

地狱余业所感召的饿鬼道果报

这些众生由于从前破佛律仪，犯菩萨戒，毁谤佛的涅槃以及其他的杂业，历劫受地狱的大痛苦，业火烧干后，受十种鬼类之形。其实这都是自己的妄想业力所招引。若能悟得菩提，方知自性本妙圆明，本来无有一物。

- **怪鬼**

　　假如他堕地狱的原因，是因为贪图财物，此人在地狱中历劫烧尽罪业后，遇物成形，如山精石怪之类，名为怪鬼。

- **魃鬼**

　　因为本身淫习为贪求女色而造成入地狱之罪，在地狱中受罪完后，遇风成形，名为魃鬼。

- **魅鬼**

　　由于诳习而造成入地狱之罪，此人在地狱中受完罪后，诳惑余习不尽，遇上畜牲就成形，名为魅鬼。

- **蛊毒鬼**

　　由于嗔恨余习造成入地狱之罪，此人受罪完毕后，遇着毒虫就成形，名为蛊毒鬼。

- **厉鬼**

　　由于仇怨心不消，造成入地狱之罪。其后受罪完毕，因仇怨余习，感四时不正阴阳衰败之气，散瘟行疫，名为厉鬼。

- **饿鬼**

　　由于骄慢心而成为入地狱之因，在地狱受罪完毕后，遇着地上蒸发之气以成形，又无所主掌，得不到祭祀，常感饥饿，故名为饿鬼。

- **魇鬼**

　　由于贪于诬枉造成罪业，此人在地狱受完罪后，因为有贪求暗昧余习，所以遇着幽隐暗昧阴阳不分之气，就附之以成形，专门在暗中逼恼人，使人在睡梦中气不得伸，就名为魇鬼。

饿鬼道众生的状况

饿鬼道为六道之一，又作饿鬼趣。饿鬼道有很多鬼类，但饿鬼最多。饿鬼众生羸弱丑恶，使看见它们的人都生畏惧心。它们或居海底，或近山林，穷年卒岁得不到饮食，乐少苦多而寿命却极长。

佛法之中有专门帮助饿鬼道众生的方法，如蒙山施食供养法、熏烟施食供养法等，通过佛力和咒力的加持，可以使所施的净水、米粒变为救度饿鬼的甘露，能解除它们的痛苦。

鬼道众生在远远见到有食物时，它们只好跌跌撞撞地勉力向前走近，但当接近食物时，由于其业力的缘故，食物便会变为各种不能吃的东西，饮料也会化为痰、脓血、尿等不能饮用的液体。

鬼道众生口喷烈火，喉如针孔般小，所以即使成功觅得食物，也无法下咽。即使它们能咽下食物，这些食物入肚后，不但不令它们感饱，反而会令肚子如火烧，非常痛苦。

鬼道众生遭遇种种外在的障碍，令其不得进食。它们的肚子很大，永远不会吃饱。它们的脚十分细弱，犹如快断的干柴枝，几乎承受不住身体的重量。

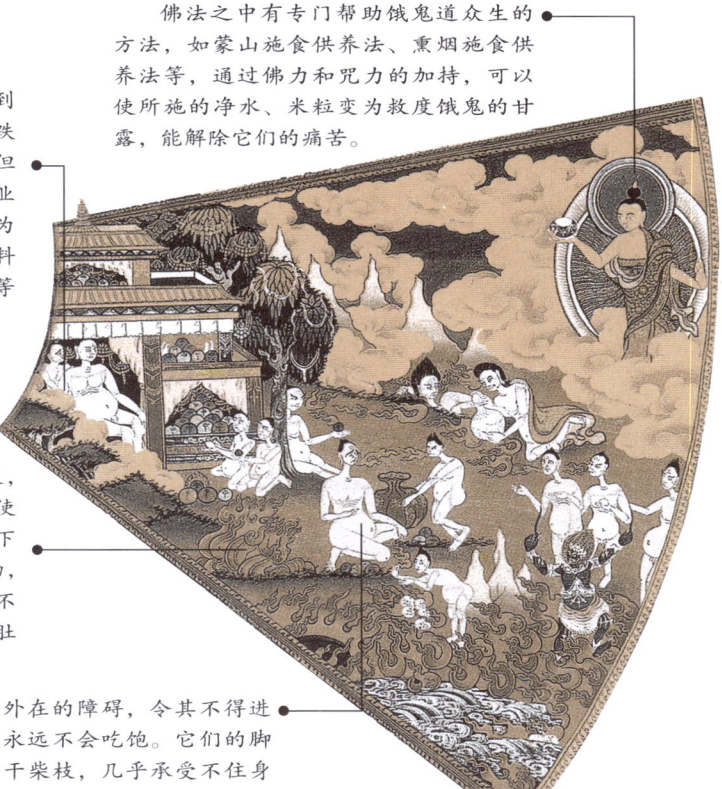

■ 魑魅鬼

贪于邪见、妄作聪明造成地狱罪业的，在地狱受罪完后，遇着日月精华就附以成形，显灵异于川泽间，就名为魑魅鬼。

■ 役使鬼

由于诈习好为诈骗之术造成入地狱之罪，此人在地狱受完罪后，遇着书符念咒之人，就附以成形，供人驱使，以作祸福，就名为役使鬼。

■ 传送鬼

由于讼习，贪求朋党，助恶兴讼，造成入地狱之罪。此人在地狱受完罪后，遇着巫祝等人，就附之成形，言人祸福吉凶之事，名为传送鬼。

畜生趣的因果
偿还宿债而感召的畜生果报

鬼业既尽之后，为偿还原来所欠他人的财物和形命，又投生为畜生以酬还过去的旧债。这些都是受虚妄业力的招引。这些果报，不从天降，不从地出，也不是人给予，都是自己妄想所招，还来自受。在菩提心中，这些都是浮虚妄想凝结所成。

■ 枭类
遇物成形之鬼，业尽形谢，苦完果坏，就从七情三想转为六情四想，流入世间，转入畜生道中。因有贪物为怪的余习，故多为枭类。

■ 异类
遇风成形之鬼，风销业报偿还完了后，转为六情四想的众生生于世间，多为不祥之征。如商羊舞而大雨，旱魃出而大旱之类。因有贪色余习，故多为淫兽色禽之类。

■ 狐类
遇畜成形之鬼，所附之畜死后，业报即销，此时他的苦也就完结，超出了鬼道，得生于世间，多为狐类。因为狐狸善媚人，犹有从前贪惑余习存在。

■ 毒类
遇虫成形之鬼，所依之虫死后，他的业果也就完结，转生于世间，多为毒虫类。因有贪恨余习，故多为毒蛇、蝮蝎、蜈蚣之类。

■ 蛔类
遇衰成形之鬼，业报尽时生于世间，多为蛔类。因有贪忆怀怨余习，常欲秽污于人，所以寄生于人的肠胃之中，常受粪污之报。

■ 食类
受气之鬼，久而所受之气消散，业报也就完结，出生于世间，就成为猪、羊、鸡、鸭、鱼、鳖之类，以身肉供人吞食。

■ 服类
遇幽成形之鬼，幽暗之气销时，业报也就完结，转生于世间，犹有贪罔余习，为蚕虫貂鼠等类，供人衣服；或为驴马骆驼等类，供人乘坐。

畜生道众生的状况

畜生，也译为"傍生"，相当于人们所说的"动物"。畜生道众生的种类极多，千差万别。有的佛经把畜生分为鱼、鸟、兽三大类，每一类中又有数千种；有的则说畜生种数多达四十亿，其形状、生存方式、寿命长短差别多多，难以尽述。愚痴、杀生二业是感受畜生道最主要的原因。

天上、地面、水中等处的畜类，其身体由微细四大构成，人的肉眼看不见，最著名的是列于"天龙八部"中的龙和金翅鸟。

畜类多数为粗四大所成身，与人同一物质层次，是人肉眼能见到的唯一异己生命种类。《新婆沙论》说畜类最先皆在大海中，后来才散居各处。

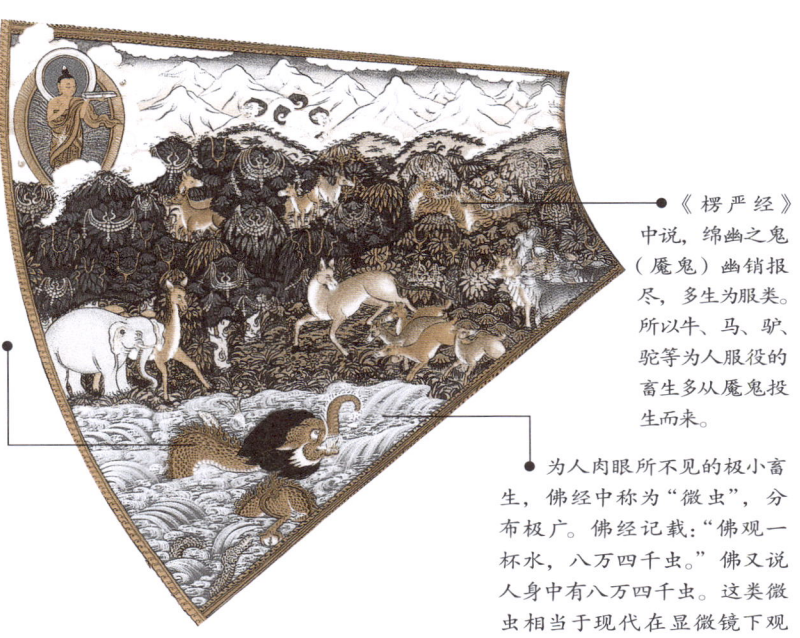

《楞严经》中说，绵幽之鬼（魔鬼）幽销报尽，多生为服类。所以牛、马、驴、驼等为人服役的畜生多从魔鬼投生而来。

为人肉眼所不见的极小畜生，佛经中称为"微虫"，分布极广。佛经记载："佛观一杯水，八万四千虫。"佛又说人身中有八万四千虫。这类微虫相当于现代在显微镜下观察到的微生物和细菌。

七趣因果与五阴魔相　偿还宿债而感召的畜生果报

■ 应类

遇精为形之鬼，所和之精既销后，业报也随之而完，再转生于世间。因有贪明余习存在，故成为候鸟转徙南北，顺时顺节而为去留。

■ 休类

遇明为形之鬼，一旦所附之明凋谢之后，所附之鬼也不再灵。此时鬼道之情想俱尽，出生于世间多为预兆吉祥的禽兽，如祥麟嘉凤之类，以及灵禽巧兽之类，能说话，随呼唤，都是役使鬼余习所致。

■ 家畜

依附于人之鬼，一旦人亡之后，鬼失于所依，业报也完结了，又重生于世间。因有传送余习，故多为猫狗等驯良家畜之类。

人趣的因果
佛法对人的心理的透视

在畜生道中酬完宿债后，这些众生重新投生人道中，因为余习而有种种不同身心行为。众生之间在六道轮回中，因为从无始以来妄计征偿，不知解脱。以肉还肉，以命还命，纵然经过微尘劫，递相报复，相杀相诛，互为高下，永无休止。除了得了奢摩他禅定和佛出世弘扬佛法外，不得停息。

■ 顽类
这些枭类畜生酬足了旧债，生在人道中，而顽嚚之性犹在，故参合于恶且愚之类。

■ 异类
咎征的旱魃鬼，在畜生道偿还宿债，再生人道。因宿世有贪淫习染，故多参合在怪异之类，如胎儿并体，有二头四足等。

■ 庸类
狐狸之类最擅于媚人，酬足宿债，生于人道中。因为宿习庸鄙，而没有超拔之志，以碌碌庸才媚世求荣，掺杂混合于庸类。

■ 狠类
蛊毒之类，因前世嗔习太重，等到偿还业债后再生人道，因仍有余习，所以多参合在凶狠类中，刚愎自用，毫无仁慈之心。

■ 微类
蛔虫、蛲虫之类，因前世积怨蓄恶习气，等到偿还业债后，再生人道。因余习未尽，故多参合在卑微下贱类中，不受人重视。

■ 柔类
供人食用的畜生，等到偿清业障之后再生人道，因为仍然有余习，故多参合在柔弱之类。因前生慢人过甚，现在反受人欺，软弱无能，不能自立。

■ 劳类
供人服用之类，因前生诬枉成习，故为魔为服。等到偿清业债之后，恢复原形，再生人道，因仍有余习，故多参合在劳苦类中，劳碌终生，不得安息。

人道众生的状况

佛法认为，人类最初是从天道中的光音天而来，这些天人由于贪爱地球上的美味，吃了以后身体变重，以致无法飞行，从此就在地上安居下来。人居住的地方有四大处，分别为：东胜神洲、西牛贺洲、南赡部洲、北俱芦洲，这四洲各有特点。

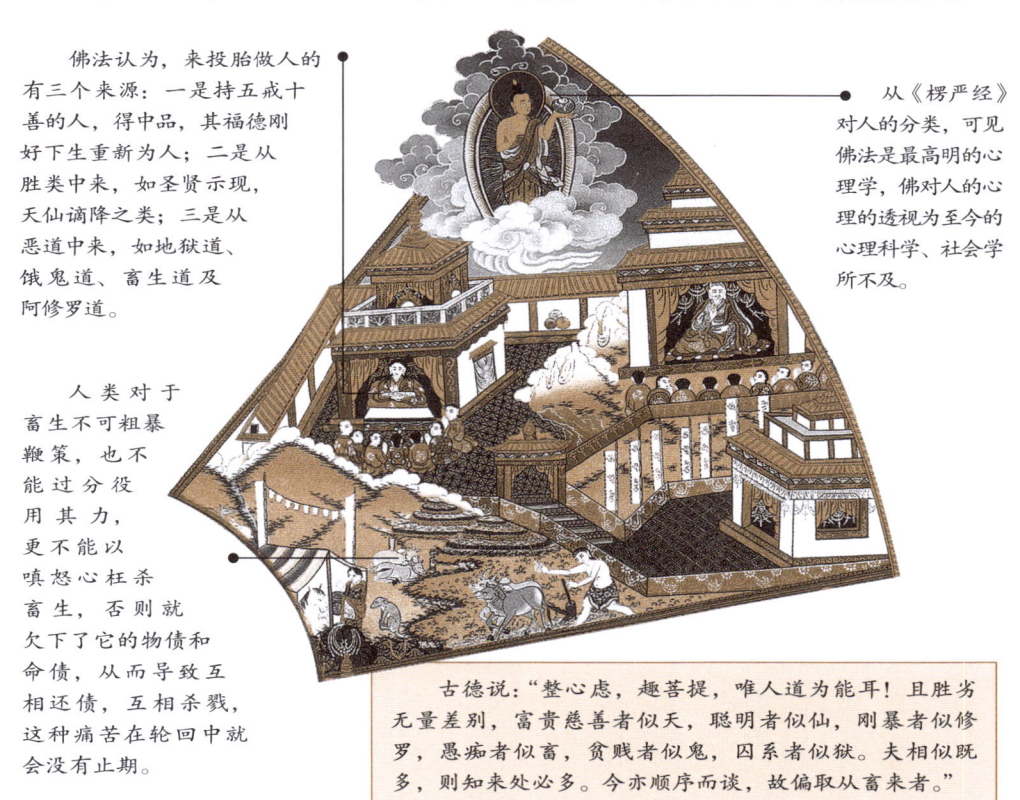

佛法认为，来投胎做人的有三个来源：一是持五戒十善的人，得中品，其福德刚好下生重新为人；二是从胜类中来，如圣贤示现，天仙谪降之类；三是从恶道中来，如地狱道、饿鬼道、畜生道及阿修罗道。

从《楞严经》对人的分类，可见佛法是最高明的心理学，佛对人的心理的透视为至今的心理科学、社会学所不及。

人类对于畜生不可粗暴鞭策，也不能过分役用其力，更不能以嗔怒心枉杀畜生，否则就欠下了它的物债和命债，从而导致互相还债，互相杀戮，这种痛苦在轮回中就会没有止期。

古德说："整心虑，趣菩提，唯人道为能耳！且胜劣无量差别，富贵慈善者似天，聪明者似仙，刚暴者似修罗，愚痴者似畜，贪贱者似鬼，囚系者似狱。夫相似既多，则知来处必多。今亦顺序而谈，故偏取从畜来者。"

七趣因果与五阴魔相　佛法对人的心理的透视

■ 文类

春燕秋鸿应时鸟类，因前生贪着邪见，自作聪明，故为魍魉，为应时鸟。虽偿清业债，恢复原形，再生人道，因仍有余习，故多参合在文人类中，小有文才，而不是有经天纬地的大才干。

■ 明类

能预卜休征之类，因前生诳诈诱骗成习，现虽偿还业债再生人道，因仍有余习，故多参合在明类中，为不明大义的世智辩聪之辈。

■ 达类

猫、狗、白鸽等循类，因好结党兴讼，现在虽然偿清业债再生人道，仍有余习，多参合在达类，能够通达人情，明白世故。

仙趣的因果
人类的妄念与十种神仙

又有些众生初得人身，不依佛法来修楞严大定，而是依妄想识心来修神仙，一心存想固守色身，所以常常游踪于名山洞穴，寿命可延长至千岁万岁，但他们一旦仙福报尽，依旧要堕落轮回，散入六道。

■ 地行仙
此仙想坚固形骸长生不死，长期专心服食各种药物，永不间断。日子久了，修炼成功，可以健身益寿，身体轻清，走路快捷，成为地行仙。

■ 飞行仙
此仙想坚固形骸，不食人间烟火，长期专心服食灵芝之类的草木，永不间断。日子久了，修炼成功，步行如飞，登山越岭，成为飞行仙。

■ 游行仙
此仙想坚固形骸，长期专心服食金石，永不间断。日子久了，修炼成功，可以脱胎换骨，点石成金，能超脱而游世外，成为游行仙。

■ 空行仙
此仙为坚固形骸，专心一致来修动功，练拳术；修静功，炼精化气，炼气化神，炼神还虚。可以入定出窍，腾云驾雾，成为空行仙。

■ 天行仙
此仙为坚固形骸，专心致志来吞咽津液，鼓天池，吞玉液，使水升火降，结成内丹，永不间断。终至水火相济，功夫成就，就能内润肠胃，外润面容，鹤发童颜不为物累。能乘正气，游于天上，成为天行仙。

■ 通行仙
此仙为坚固精色，故专心致志吸日月的精华。早上对太阳吸三百六十口气，夜间对太阴也吸三百六十口气。又以云霞的彩色为食，久行不息，修炼成功，就能精气潜通，形与气化，神与物通。可以穿金石、蹈水火，任运无碍，成为通行仙。

■ 道行仙
此仙坚固其心来专持神咒，以求延年长寿，又能严持禁戒，故能降妖驱魔。久行不息，修炼成功，故可以养身，可以医病，可以利人济世，成为道行仙。

仙境的种类

神仙的处所天上、地上、地下皆有，具体有天宫、仙山海岛、洞天福地、名山大川、人间宫观和地狱。

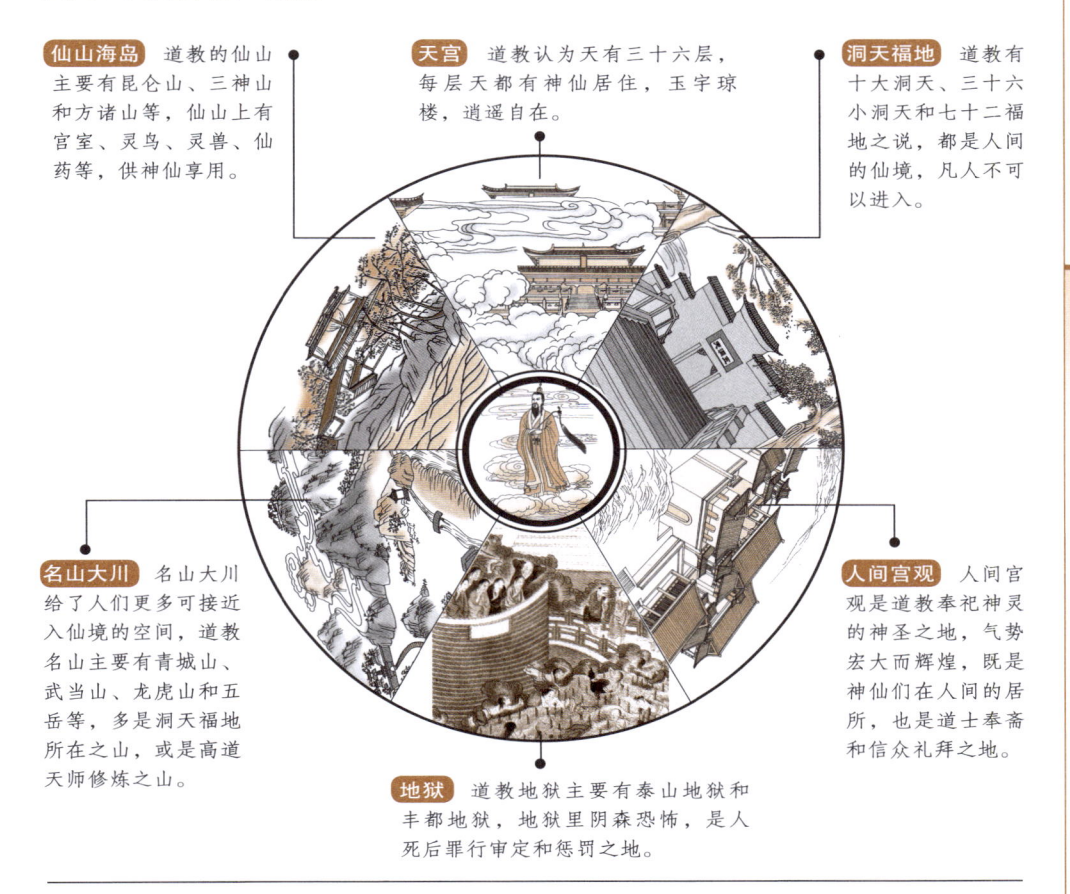

仙山海岛 道教的仙山主要有昆仑山、三神山和方诸山等，仙山上有宫室、灵鸟、灵兽、仙药等，供神仙享用。

天宫 道教认为天有三十六层，每层天都有神仙居住，玉宇琼楼，逍遥自在。

洞天福地 道教有十大洞天、三十六小洞天和七十二福地之说，都是人间的仙境，凡人不可以进入。

名山大川 名山大川给了人们更多可接近入仙境的空间，道教名山主要有青城山、武当山、龙虎山和五岳等，多是洞天福地所在之山，或是高道天师修炼之山。

人间宫观 人间宫观是道教奉祀神灵的神圣之地，气势宏大而辉煌，既是神仙们在人间的居所，也是道士奉斋和信众礼拜之地。

地狱 道教地狱主要有泰山地狱和丰都地狱，地狱里阴森恐怖，是人死后罪行审定和惩罚之地。

■ 照行仙

此仙坚固其心，沉思静念，存想顶门而出神，系心脐下而聚气。久行不息，修炼成功，神可以出入自在，气可以上下交通，形神照应，化成精光，成为照行仙。

■ 精行仙

此仙坚固其心以成交媾，久行不息，就能感应圆成，降火提水，得成仙胎，成为精行仙。

■ 绝行仙

此仙坚固其心立志研究物理变化，久而不息，修炼成功，发生奇悟，故能与造化相通，可以呼风唤雨，移山填海，还能调换四时次序，成为绝行仙。

七趣因果与五阴魔相

人类的妄念与十种神仙

天趣的因果
三界之内最殊胜最尊贵的地方

天人享受的快乐是人间帝王都无法比拟的，有五戒十善及禅定功夫才能生天。人严持五戒十善能感生欲界天。若有世间禅定功夫，则随所证禅定的深浅，得生色界天和无色界天。但是因为不明本心，生天并不能逃离日后堕落的轮回之苦。

■ 欲界六天

有的人想要离苦得乐，不求获得常住的妙果，不能舍弃妻妾的恩爱，但已经没有邪淫之心，心不流逸，澄莹生明。命终后舍人身而受天身，生须弥山腰，邻于日月宫，名为四天王天。有一类人于自己妻室淫爱心很微薄，然于清净独居之时，间有淫念生起，不得全其净味。命终之后，超日月的光明，生在须弥山的极顶，这样一类就名为忉利天。逢欲暂交，事前全无预念，事后也不复追想，于人间世，动少静多，得禅思全味；命终之后于虚空中朗然安住，日月光明上照不到，这些人身上自有光明，这样一类名为须焰摩天。有人逢欲也无交心，故一切时常在静中，如有相应之触来相逼迫，也不能拒绝，因此命终之后，上升精微，不与下界诸人天境相接，甚至于世界毁坏时的三灾也不能相波及，这样一类，就名为兜率陀天。如果能做到完全没有淫欲之心，只是为了应付而行欲事，在玉体横陈时味同嚼蜡，在命终之后，即时上升到超越下位之天，到达能变化五欲乐具自所受用的越化地，如此一类就名为乐变化天。厌弃世间淫欲，只是暂行男女婚配之事，于男女相交时神游境外，了然超越，所以在命终时，遍能出超化无化之境，如此一类就名为他化自在天。

上面六天的天人形体虽然相合，而心已超出，似乎出离了欲性的躁动，但其心迹尚然犹交，未离于男女之情。从这六天下至阿鼻地狱，都是属于欲界。

■ 色界十八天

初禅三天 世间一切修心的人，不修首楞严大定这样无漏的静虑，没有出世间的真正智慧，只会严持禁戒，执身不行淫欲。若行若坐，想念之心都没有，爱染不生，所以欲界没有可以卜居之地，因此在临命终时应念化身到上面的色界天，身为梵世伴侣，这样一类人，名为梵众天，寿二十小劫，身长半由旬。欲界淫习既得伏除，离欲净心，已得现前，

四天王天中的四大天王

　　四天王天是离我们所处的娑婆世界最近的第一重天，也是欲界六天最下面的一重天。四天王天位于须弥山腰的地界，因此又名为地居天。四大天王是佛教的护法，是佛教四天王天的四位天神。四大天王塑像通常分列在佛寺的第一重殿的两侧，天王殿因此得名。

东方持国天王

　　身白色，穿甲胄，手持琵琶。"持国"意为慈悲为怀，保护众生。他是主乐神，所以手持琵琶，代表他要用音乐来使众生皈依佛教。

西方广目天王

　　身红色，穿甲胄，手中缠一龙。"广目"意为能使净天眼随时观察世界，保护人民。他为群龙领袖，所以手缠一龙，看到有人不信佛教，就用绳索捉来，使其皈依佛教。

北方多闻天王

　　身绿色，穿甲胄，右手持宝伞，左手握神鼠。"多闻"比喻福德之名闻于四方。他手握宝伞，用以制服魔众，保护人民财产。

南方增长天王

　　身青色，穿甲胄，手握宝剑。"增长"意为能令众生增长善根，护持佛法。他手持宝剑，为的是保护佛法不受侵犯。

不假执持之力，自合梵世律仪，无须勉强，自能随顺爱乐，此人应时成就梵行，如此一类，即名为梵辅天，寿长四十小劫，身长一由旬。身心都得到妙圆，无论行住坐卧，威仪都具足无缺，不但禁戒清净，且能明悟了知，故此人应时即能统率梵众，为大梵天王，如此一类，即名为大梵天。

上面三类殊胜之天，一切苦恼所不能逼，虽然不算正修真三摩地，然而于持戒的清净心中，欲界的诸漏不能牵动，这就叫作初禅。

二禅三天 其次梵天统摄梵人，久久化他之功愈深，自己的梵行也更纯，净心的力量更为坚固，禅定之力也更强。寂然不动，而湛然澄清。身心内外皎洁光耀，这样一类名为少光天。定力更为增长，身光与心光，辗转增盛，映十方界，遍成琉璃，身心内外明澈，净无瑕秽，这样一类名为无量光天。吸持圆满光明，以成就教体，依于圆光，发宣梵行教化，清净无着，应用无有穷尽，这样一类，就名为光音天。

上面这三类殊胜之天，一切忧愁悬挂所不能逼，虽然不是正修的真三摩地，然而在清净心中，粗漏已伏，名为二禅。

三禅三天 这样的天人，圆满光明，成就音声，披发音声显露化理而成妙用，发成精行，通于寂灭之乐，如此一类，名为少净天。净空现前，引发无际，身心轻安，成寂灭乐，这样一类，名无量净天。世界身心，一切圆净，净德成就，自觉殊胜归托之处现前，以这种寂灭之乐作为归依之地，这样一类，名遍净天。

以上三类殊胜之天，具大随顺，身心都得至安稳，得无量乐。在安稳心中，欢喜毕具，名为三禅。

四禅九天 这样的天人，苦恼忧悬等苦因已经不再逼迫身心，此时定力转深，觉三禅之乐不能常住，久必坏生，由此离苦住乐二心同时顿然舍除，于是粗重相灭，净福性生，这样一类，名福生天。舍心圆融，胜解清净，所感净福没有遮限，于此无遮福中，得妙随顺，穷未来际，这样一类，名为福爱天。从此天中有两条歧路：若于先心，无量净光，福德圆明，修证而住，这样一类，就名为广果天。若于先心，双厌苦乐，精研舍心，相续不断，圆穷舍道，身心俱灭，心虑灰凝，经五百劫，这人既然以生灭为因，不能发明不生灭性，初半劫灭，后半劫生，这样一类，名为无想天。

以上四类殊胜之天，是一切世间的苦乐境界所不能动的。虽然不是

天人的福报与情爱

情欲之性躁动,世上一般人不会主动去节制。情欲躁动时,有如瀑流,有如野火,很难镇压和制伏它,但天人对情欲渐能节制而趋向于梵行清净。禅修者淫欲越轻,其生天的境界也就越高,寿命、长相、快乐等福报也越大。明朝交光大师用偈总结说:"《正脉》引偈云:'四王忉利欲交抱,夜摩执手兜率笑。化乐熟视他暂视,此是六天真快乐。'"

对淫欲的态度	命中所生天界	天界的福报	所在天界的情爱生活
遵守五戒,正淫虽有,身心丝毫不犯邪淫。	四天王天	此四天离人间地四万二千由旬,身长七十五丈,寿命长达人间的九百万岁。	与人间一样性交成淫,但过风不流秽。
没有邪淫,房帏之间淫欲爱念也微少淡薄,有时有节。	忉利天	此天离地八万四千由旬,身长一百五十丈,寿命长达人间的三千六百万岁。	
逢欲暂交,去无思忆,于人间世动少静多。	须焰摩天	此天离地十六万由旬,身长二十五丈,寿命相当于人间的一亿四千四百万岁。	执手成淫,无交媾事。
一切时静,有应触来,未能违戾。	兜率陀天	此天离地三十二万由旬,身长周尺三百丈,相当于人间五亿七千六百万岁。	对笑为淫,不必执手。
我无欲心,应汝行事,于横陈时,味如嚼蜡。	乐变化天	此天离地六十四万由旬,身长周尺三百七十五丈,当于人间二十三亿四百万岁。	熟视为淫。
无世间心,同世行事,于行事交,了然超越。	他化自在天	此天离地一百二十八万由旬,身长周尺四百五十丈,相当于人间九十二亿一千六百万岁。	暂视为淫。

七趣因果与五阴魔相

三界之内最殊胜最尊贵的地方

无为真不动地，有所得的心至此功用已经纯熟，名为四禅。

■ 五不还天

四禅天中，除了上述四天之外，另有五不还天是三果圣人的寄居之处。这些圣人在欲界中，九品思惑习气已经断尽，证三果圣位，再也不会在欲界受生。苦乐双亡，于色界三禅天也没有卜居之处，于四禅舍心众同分中安立居处。

既然苦乐两灭，厌苦欣乐二心不再交战于胸，如此一类，名为无烦天（于杂修五品中应属下品）。斗心发动为机，收摄不交为括，唯存一念独行，研交无地，如此一类，名为无热天（于杂修五品中应属中品）。前天已研交无地，定深慧明，至此更发天眼，见十方世界，妙见圆澄，更没有尘象和一切沉垢，这一类就名为善见天（于杂修五品中应属上品）。前天已妙见圆澄，用周体净，故精妙之见已至现前，如陶师烧土为瓦，铸匠铸金作像，任运成就，这样一类神足无碍，就名为善现天（在杂修五品中属上胜品）。究竟群动之微，穷尽一切色性至于空性，到于没有边际之处，这样一类，就名为色究竟天（于杂修五品中应属上极品）。

这五不还天，对于那些在第四禅天中的四位天王来说，只能钦仰和听闻，而不能知道他们的依正受用，更不能见到他们的胜妙之处。就像如今世间的旷野深山的圣道场地，都是阿罗汉所住持之所，世间的粗人不能见到一样。以上这十八梵天的天人，绝配偶，离情欲，只是形体未尽，还有色质之累，名为色界。

■ 无色界四天

从此有顶色边际中，这当中又有两条歧路：若于舍心，发明智慧，慧光圆通，便出尘界，成阿罗汉，入菩萨乘。这样一类，名为回心大阿罗汉。若在舍心，舍厌成就，觉身为碍，消除形碍以入于空，这样一类，名为空处。诸碍既消，无碍无灭，其中唯留阿赖耶识，于全分末那识中唯留内缘八识半分微细，这样一类，名为识处。空色既亡，幽微精细的半分微细也灭除了，十方寂然，昧为冥谛之处不再前进，这样一类，名无所有处。阿赖耶识性坚固不动，以灭定之力深穷研习，于无尽中，强以发宣尽性，虽见识性尽，其实未尽，有如残灯的半明，这样一类，名为非想非非想处。

上面的无色界四天，初天穷色令销，二天穷空令无，三天穷识令灭，

三界二十八天

天界众生所居住的住所，从下往上依次为欲界、色界、无色界，须焰摩天是欲界六天的第三层。须焰摩天以上都是凌空而处，因此名空居天；只有四王天和忉利天是依须弥山的地界而居的，因此名地居天。

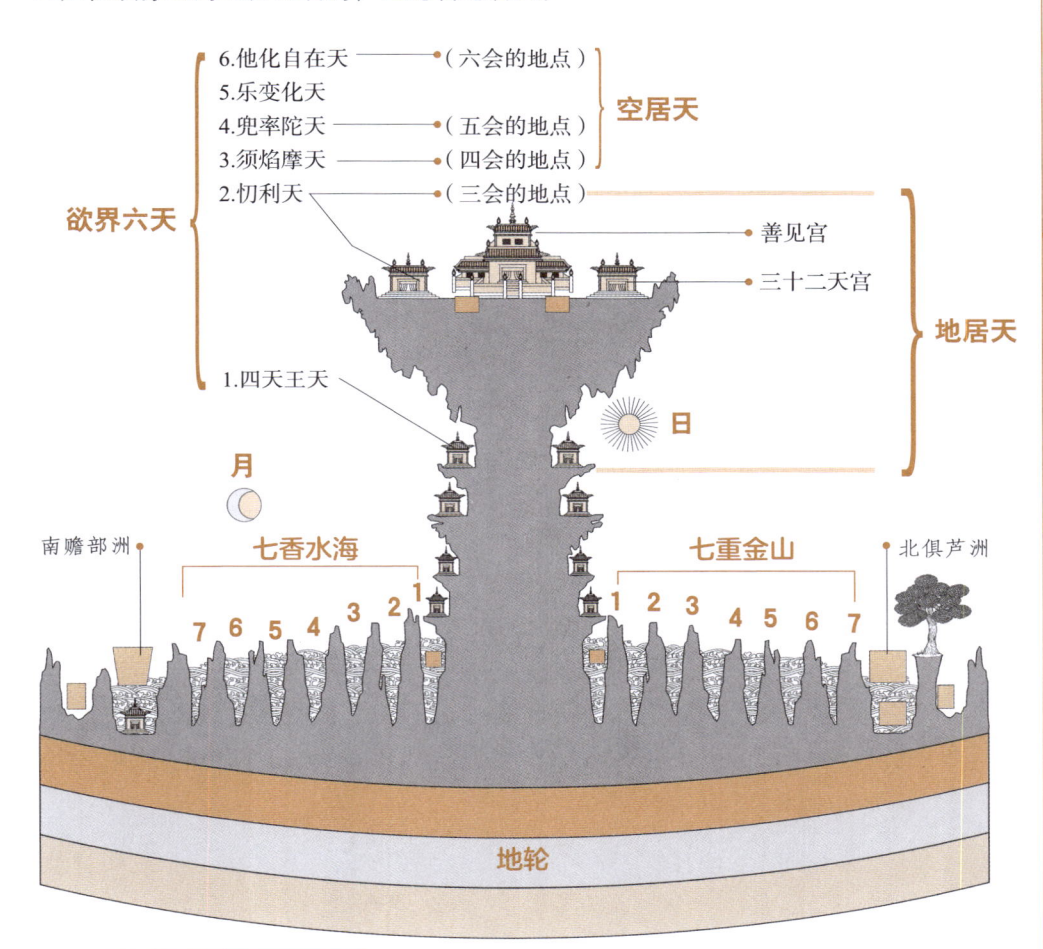

七趣因果与五阴魔相

三界之内最殊胜最尊贵的地方

欲界六天
- 6.他化自在天 —— （六会的地点）
- 5.乐变化天
- 4.兜率陀天 —— （五会的地点） **空居天**
- 3.须焰摩天 —— （四会的地点）
- 2.忉利天 —— （三会的地点）
- 1.四天王天

地居天
- 善见宫
- 三十二天宫

月　日

南赡部洲　七香水海　7 6 5 4 3 2 1　　1 2 3 4 5 6 7　七重金山　北俱芦洲

地轮

色界与无色界诸天

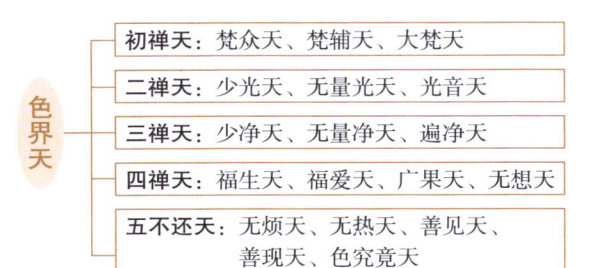

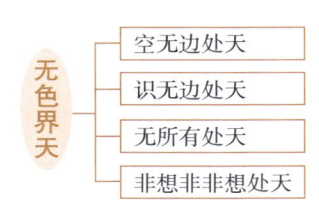

色界天
- 初禅天：梵众天、梵辅天、大梵天
- 二禅天：少光天、无量光天、光音天
- 三禅天：少净天、无量净天、遍净天
- 四禅天：福生天、福爱天、广果天、无想天
- 五不还天：无烦天、无热天、善见天、善现天、色究竟天

无色界天
- 空无边处天
- 识无边处天
- 无所有处天
- 非想非非想处天

四天穷性令尽，想使心境全部都空掉。但凡外未了人空之理，小圣不达法空之理，不尽空理。如果是从五不还天修习圣道，穷空而来者，以穷空的定力经历四天断四地惑，三十六品已尽，证我空理，成为阿罗汉，即跳出三界之外。这样一类，名不回心钝阿罗汉。若从无想、广果等天中，只修习有漏禅定以穷空而来者，则迷于有漏天以作无为想。无多闻性，不知三界之内，没有安身立命之处。所以八万劫满，无所归托就会下坠而入轮回，随其宿业依然流转诸趣中。

■ **对天界的总结**

这些六欲天、四禅天、四空天上的天人（五不还天除外），因为只修十善八定等有漏善业，都是凡夫各人自己所造业果，纵获胜福，不过酬答前因，天福享尽后还会再入轮回。这些天中的各位天王都是大乘菩萨住于三摩地，游戏神通寄位于天王之位，济物利生成就己德。行渐次而增，位渐次而进，无非借这些天位，同向无上菩提之果。他们所修的是楞严大定，即所谓妙修行路，所以不落轮回。

这四空天身境全空，心识也不起，定性现前，没有欲界和色界众生所感受的依正的业果色。从最初空处到非想非非想处，三界终极于此，虽然还有天的名称，而无色可见，所以称为无色界。

这些有漏天人都不能了悟自己的妙觉明心，从迷积迷，以妄起妄，于是有业转现，有三细六粗等发生。惑、业、苦三种全都具备，所以妄有三界在此中间，以妄为实，取着造业，故妄随七趣有情而沉溺，各从其类而轮转于生死中。

兜率陀天——弥勒佛的净土

弥勒佛的净土

梵语：
Maitreya

音译：弥勒

意译：慈心

在传统的佛教见解中，弥勒其实早在无量劫前便已成佛，他是释迦牟尼佛祖的弟子，先于佛祖入灭，上生于兜率天内院中教化菩萨，并将在未来世下生人间成佛。画面中弥勒佛正在兜率天宫说法，两侧有阿底峡、仲敦巴、宗喀巴、根敦珠巴等佛学大师，表明他们圆寂后都升入了兜率天宫，聆听弥勒说法。

七趣因果与五阴魔相

三界之内最殊胜最尊贵的地方

兜率陀天的结构

外院为天道
兜率天外院与其他天一样，都属于六道中的天道，住着因福德因缘而生于此处的天界众生。

内院为净土
兜率天内院是娑婆世界中的净土，是一生补处菩萨即下一步将要成佛的菩萨们居住的净土。

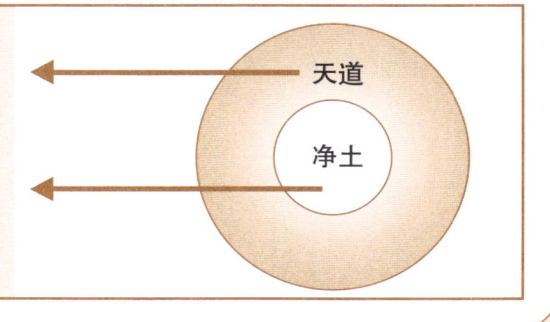

天道 ←

净土 ←

阿修罗趣
修正定以除尽杀、盗、淫三妄惑

阿修罗道所生女子端正美丽，所生男子多丑陋。阿修罗所居住的地方似乎只局限于欲界天内，依种族而划分有卵生、胎生、湿生、化生四类，而分为天、人、鬼、畜四种阿修罗。种族虽然有四种，但性格的多嗔、行为的多妒则很类似。

■ 四种阿修罗类

在这三界中有四种阿修罗类。若是远因从鬼道而来，以护法之力而升入于修罗道中，故能乘通入空界而居。此类阿修罗从卵而生飞空，为鬼趣所摄。若是在天上因为梵行稍亏，情欲稍重，因而被降德贬坠下来，改生在阿修罗道中，其所居住之处邻于日月，这一类阿修罗从胎而出，为人趣所摄。有阿修罗王，能执持世界，力能洞达无碍，能与梵天及天帝释、四天争权，这类阿修罗，因变化而有，为天趣所摄。另外还有一部分下劣阿修罗，生于大海中心，沉下水穴之口，白昼游于虚空，黑夜回归水宿，这类阿修罗感湿气而生，为畜生趣所摄。

■ 七趣的总结

这样地狱道、饿鬼道、畜生道，人道和仙道，以及天道、阿修罗道，精心研究这七趣的本因，都是随妄想以受生，随妄业以受报，所谓惑、业、苦三种如恶叉聚。于妙圆明无作本心上，这七趣都如虚空中的幻花一样，当处出生，随处灭尽，元无所着。所以说这七趣只是一个虚妄名相而已，更没有根本头绪可供研究。

这些众生因为不能认识本有妙明真心，以致妄受轮回之苦；在轮回中，经过无量劫，不得真净。都是由于不是随顺杀、盗、淫三业，就是违反这三业而又生出无杀、无盗、无淫的业力。有三业则进入鬼类所摄的三恶道之中，违反三业就进入天趣所摄的四善道之中。有、无这两种业力互相倾夺，譬如车轮之中忽高忽低不能停止，于是产生了轮回性。若是得到妙发三摩地，就证得妙常寂。这时有之三恶、无之四善都没有了，就能迥超凡外分段生死，先得人空，证有余涅槃而出离三界了。若能将无二之性也消灭掉，达到"断性亦无"的境界，那就能迥超权小的变易生死，空性圆明，成法解脱。再向上俱空不生，就能证得无余涅槃，安住于首楞严大定中。这时有和无都不存在，无二之无也不存在。当此之时，尚且没有权小的不杀、不盗、不淫，怎么可能还会有凡夫所做的杀、盗、淫之事？

阿修罗道众生的状况

阿修罗凶猛好斗，一般男的极丑，而女的极美。由于帝释天有美食而无美女，阿修罗有美女而无美食，双方相互忌妒，因而阿修罗经常与帝释天争斗不休。阿修罗道又称"非天界"，能生活得犹如天人般享福，却没有天人的德行。

阿修罗本性善良，也是善道之一，但因其常常带有嗔恨之心，执着争斗之意志，终非真正的善类。男阿修罗于各道中，常常兴风作浪，好勇斗狠，于诸天中，不时攻打天王，以谋夺其位。

女阿修罗貌美，时常迷惑众生，使难修行。故此阿修罗虽然不用受苦，但死后堕落三恶道机会甚大，所以一般将它列为恶道。

人投生阿修罗道有十种原因：身行微恶，口行微恶，意行微恶，起骄慢，起我慢，起增上慢，起大慢，起邪慢，起慢慢，回诸善根。

阿修罗所持有之琴，特称为阿修罗琴。阿修罗想听特别的乐曲时，则有曲音从琴中自然弹出。这也是阿修罗所具有的福德。

第二节 五阴魔相

端正发心，防治魔障

五十重阴境

修行证果前会发生的现象

佛对五阴魔境的揭示，彰显了佛法的大智慧。修行中的种种魔境并不是佛教特有的，而是世界上所有宗教的修行者都会碰到的问题。

■ 佛无问自说

佛慈悲心切地说："你们这些有学、声闻、缘觉，今天回心向大菩提无上妙觉，我现在已对你们说了真正修行的方法，你们还不能认识修自性本定微密观照中的微细魔事。一旦魔境现前，你不能识得，纵然以定水洗心也不能得正，而落于邪见中。有的是你自身的阴魔，有的是天魔，有的是鬼神着身，有的是遭遇魑魅，因为心中不明，以致认贼为子。又有一类修行人，得少为足，如第四禅无闻比丘，妄言证得圣位，天报已毕，衰相现前，谤阿罗汉，身遭后有，堕在阿鼻狱中。你们应当仔细听，我现在为你仔细分别清楚。"

■ 大定致魔的因缘

佛接着说："十方像微尘一样多的国土并不是无漏的，而是从迷顽妄想中安立起来的。应当知道虚空生于你本觉妙明真心中，犹如一片浮云点缀在天空中一样，何况这些世界存在于虚空之中呢？假设你们能有一人心光内照，发明本有真心，返本归元，那么这十方虚空都将全部销殒，何以存在于虚空中的国土能不振裂呢？

一切欲界顶天的魔王以及魔民、魔女，还有大力鬼神、夜叉罗刹等所在的六欲天和四禅天，以及外道的无想天等，见其宫殿忽然无故崩坏破裂，并诸大地也都震摇开坼，以上凡夫天的水居、陆居、飞腾三居众生无不惊惶恐惧。在人间的凡夫昏迷暗钝，不觉迁讹，而天魔、鬼神都得了五种神通，在六通中唯除漏尽通不能得到，留恋现前尘劳之境，如

成佛前必然经过的道路

从凡夫开始精进修行到最终成佛，对于许多人来说都不是一蹴而就的，其中必然有许多磨难，而每战胜一层磨难，离成佛的目标就近了一步。其中色、受、想、行、识五阴中的很多魔境是每一个禅修者必然要经历的事情。进入三渐次，超越了五阴，就真正进入了圣人的行列。

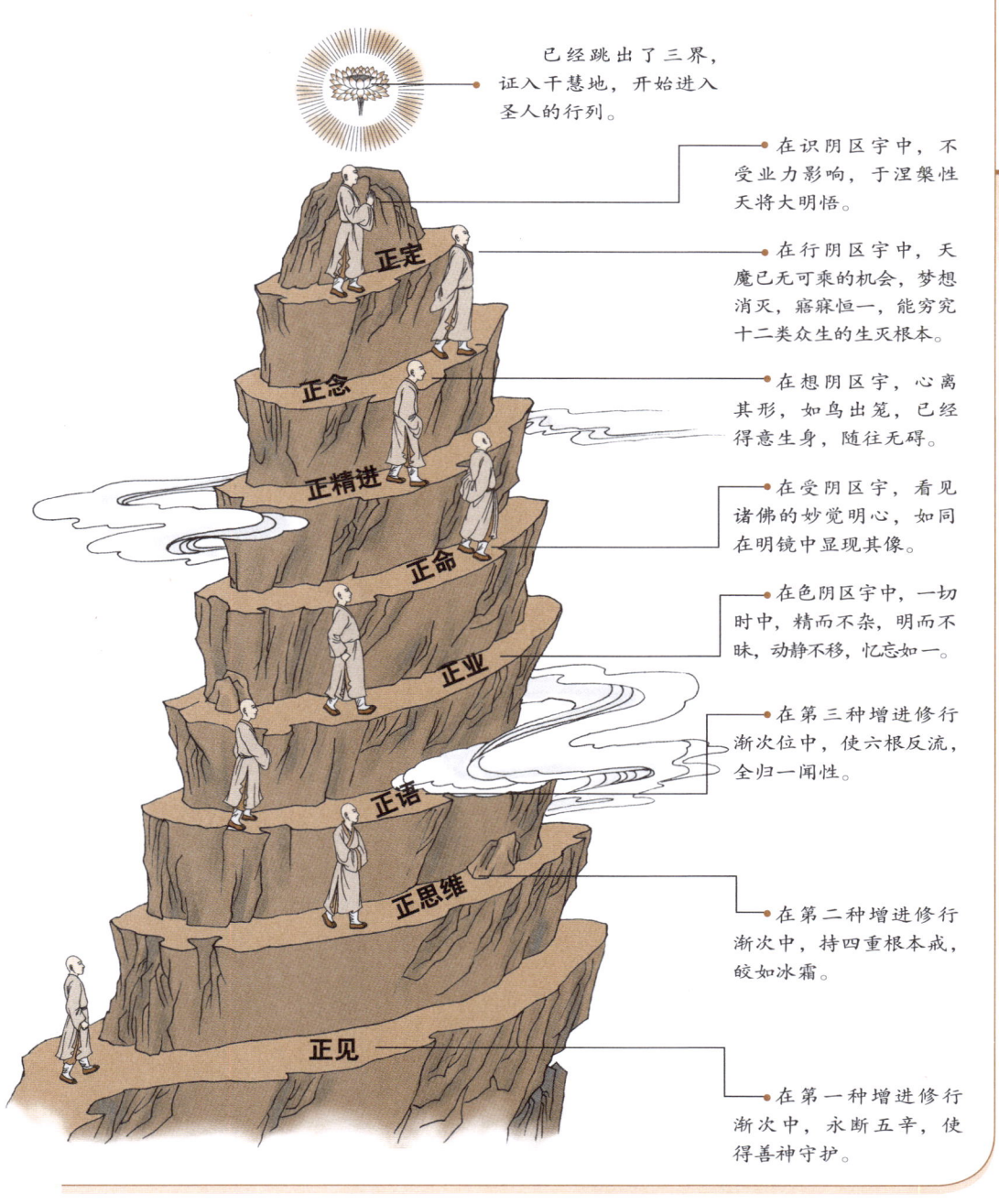

七趣因果与五阴魔相

修行证果前会发生的现象

已经跳出了三界，证入干慧地，开始进入圣人的行列。

- 在识阴区宇中，不受业力影响，于涅槃性天将大明悟。

正定

- 在行阴区宇中，天魔已无可乘的机会，梦想消灭，寤寐恒一，能穷究十二类众生的生灭根本。

正念

- 在想阴区宇，心离其形，如鸟出笼，已经得意生身，随往无碍。

正精进

- 在受阴区宇，看见诸佛的妙觉明心，如同在明镜中显现其像。

正命

- 在色阴区宇中，一切时中，精而不杂，明而不昧，动静不移，忆忘如一。

正业

- 在第三种增进修行渐次位中，使六根反流，全归一闻性。

正语

正思维

- 在第二种增进修行渐次中，持四重根本戒，皎如冰霜。

正见

- 在第一种增进修行渐次中，永断五辛，使得善神守护。

何能令你随意成道，摧裂他们的住处。所以一切天魔魍魉妖精，在你静修三昧时都来恼乱你，使你三昧不得成就。"

■ 悟则胜邪，迷则邪胜

"然而这些众魔，虽然怒气很大，但是他们在尘劳之内，你处在妙觉当中，就如风吹光、如刀断水一样，永远不能相触。你像沸汤，他们像坚冰，暖气一接近后不久自然消灭，他们徒自仗恃神力，但丝毫不能成为主人，只能成为客人，不久自去。成就破你戒律，扰乱你的定心，其过在于你心中的五重阴境和观照之智。如果主人是迷惑的，客人便有机可乘了。当你处于禅那中时，如能觉悟不被他所惑，那么这些魔事，无奈你何。阴境消除，而入大光明藏。这些魔鬼，都是禀受幽暗之气而存在。明能破暗，他们若接近你，自己就销殒了，如何敢留下来扰乱你的禅定呢？若不明其是魔，悟非善境，被阴境所迷，那你阿难，必然会亡失正见，流入邪思，终为魔子，成就魔业。如摩登伽女危害并不太大，不过用咒术咒你，使你破佛的律仪，这在八万行中，将毁一戒。你因为心地清净并没有破戒，尚不至于沦溺。而现在阴境所生之魔，是要坏你法身，丧你慧命，就如在一个宰官的家中忽然被抄没一样，宛转零落，无可哀救。"

■ 五十种阴魔之境

五阴魔相在《楞严经》中，佛把修行会经历的每一阴魔相都概括分成十种魔境，所以魔境总共有五十种。佛把五十魔境一一作了详尽分析：既分析发生时的身心变化，也讲解发生现象时的典型特征，以及生起魔境的根源和魔事消失后的境相。同时在每一个魔境之后，佛都慈悲心切地叮嘱："这些现象都是暂时用功得以如此，心中不要产生胜解，不要未证言证，不要得少为足。末法时代的行人在事先如果能精通佛所开示的辨魔法要，自然能够脱离天魔和心魔等张罗的魔力和邪见网中，破除魔障，成就无上菩提道。"

五阴魔相总表

《楞严经》在阐述五蕴区宇的境界外，还列出需要破除的五阴境界中种种微细魔相，使行者如得明灯，自能不入歧途。正如宣化上人所说："五十阴魔的境界，好像照妖镜，使旁门外道原形毕露，妖魔鬼怪无处藏身。"禅修者不熟读《楞严经》五十阴魔，正如同入海探宝却没有航海地图，那是很危险的事。

五阴	妄想之源	中间十境	五浊
色阴【五根及六尘】	坚固妄想	1. 身能出碍　6. 暗中见物 2. 内彻拾虫　7. 身同草木 3. 精魄离合　8. 遍见无碍 4. 境变佛现　9. 遥见遥闻 5. 空成宝色　10. 妄见妄说	劫浊
受阴【前五识】	虚明妄想	1. 抑己悲生　6. 觉安生喜 2. 扬己齐佛　7. 见胜成慢 3. 定偏多忆　8. 慧安自足 4. 慧偏多狂　9. 着空毁戒 5. 历险生忧　10. 着有恣淫	见浊
想阴【第六意识】	融道妄想	1. 贪求善巧　6. 贪求静谧 2. 贪求经历　7. 贪求宿命 3. 贪求契合　8. 贪求神力 4. 贪求辨析　9. 贪求深空 5. 贪求冥感　10. 贪求永岁	烦恼浊
行阴【第七识：末那识】（意根）	幽隐妄想	1. 二种无因　6. 有十六相 2. 四种遍常　7. 八种无相 3. 四种颠倒　8. 八种俱非 4. 四种有边　9. 七际断灭 5. 四种矫乱　10. 五现涅槃	众生浊
识阴【第八识：阿赖耶识】	虚无妄想	1. 因所因执　6. 归无归执 2. 能非能执　7. 贪非贪执 3. 常非常执　8. 真无真执 4. 知无知执　9. 定性声闻 5. 生无生执　10. 定性辟支	命浊

> 五阴区宇，以色阴区宇为始，色阴尽者，已处于受阴区宇；受阴尽者，已处于想阴区宇。以此类推，至识阴尽相为终。

七趣因果与五阴魔相　修行证果前会发生的现象

色阴区宇
色阴禅境中的十种魔事

行者处于色阴区宇中，对种种境界能够不把它当作登圣位的证明，不起执着心，那就是色阴将破的吉祥之兆。假如贪着种种境界，以此作为登圣位来看待，阴魔就会乘隙而入。

■ 色阴区宇的境界

佛对阿难说："你应当知道，你坐道场时，销落一切心念。心念若是尽时，那么这离念之心，本具根性，即时显现，一切时，一切处，精而不杂，明而不昧。动静不移，忆忘如一。当其住于此处，入三摩提，正如明目的人处于大幽暗中，虽然六精之性的妙净明心本来周遍法界，无奈色阴未开，心光未发，这时名为色阴区宇。如果目的明白朗照，内彻五脏百骸，外彻山河大地，虽然未能圆鉴大千，而眼前十方所有之处，没有不洞达开通的，不再幽暗，就称为色阴尽。这个人从此能超越劫浊，观看色阴所生起的缘由，是以坚固妄想作为它的根本。"

■ 第一相：身能出碍

在这色阴区宇之中，精研妙明之时，妄想不起，定力增强，于是内外四大虚融，如云如影，不再密织而成坚实。顷刻之间，这色身就能穿墙透壁，无所障碍，这名为心精妙明流溢于当前根、尘坚实之境，由于定力的逼使，暂得虚融之相，稍懈即失。如果不把它当作登圣位的证明，即是善境界。假如以此作为登圣来看待，阴魔就会乘隙而入。

■ 第二相：内彻拾虫

复次，以这禅定心精研妙明之时，反闻功深，光明内照，身中莹彻，此人忽然于自身内拾出蛲蛔等虫，而身体完好，毫无毁伤，这就名叫心精妙明流溢于形体，使五脏虚融，四肢透彻。这不过是精研功行的逼拶，暂得身内莹彻。如果不把它当作登圣位的证明，即是善境界。假如以此作为登圣位来看待，阴魔就会乘隙而入。

■ 第三相：精魄离合

又以这禅定心，精研内身、外境，悉皆虚融，定力增胜，这时魂、魄、意、志、精、神等，除却能感受的身体不改常态外，其他皆交相涉

色阴十境（一）

色境从前向后，次第相生，透过一层又现一层。这些境界都是禅修者在色阴之中，正定没有达到精纯，偶然心光发露而显现的殊胜境界。这只是功用暂时得以如此，不是达到了圣人所证的境界。不要高兴，也不必害怕，当作没看见、没听见、没发生一样，继续一心不动地用功，正定能降魔，所有魔事自然消灭。

身能出碍

身心变化
四大虚融，如云如影，不再密织。

现象
身能穿墙透壁，没有障碍。

原因
心精妙明流溢于当前根、尘坚实之境。

内彻拾虫

身心变化
光明内照，身中莹彻。

现象
于自身内，拾出蛲蛔等虫，而身体完好，毫无毁伤。

原因
心精妙明流溢于形体。

精魄离合

身心变化
魂、魄、意、志、精、神等皆交相涉入，互为宾主。

现象
听到空中有说法的声音，或能听到十方，同时宣说微密妙义。

原因
精与魄等递次互相离合，暂时显现夙昔所成就的善因种习。

入，互为宾主，会忽然听到空中有说法的声音，或能听到十方同时宣说微密妙义。这名为精与魄等，依次互相离合，夙昔所成就的善因种习暂时地显现。如果不把它当作登圣位的证明，即是善境界。假如以此作为登圣位来看待，阴魔就会乘隙而入。

■ **第四相：境变佛现**

又以这禅定心澄净独露，皎然莹彻，心光明照，遍见十方世界皆成阎浮檀金色，各种众生都化为如来。这时会忽然看见毗卢遮那佛踞坐于天光台上，受千佛围绕，百亿国土以及莲花，也同时出现。这名为心魂灵悟所染的习气，由于心光研究发明，故能照诸世界，这不过偶然发露，暂得这种特尊身相。如果不把它当作登圣位的证明，即是善境界。假如以此作为登圣位来看待，阴魔就会乘隙而入。

■ **第五相：空成宝色**

又以这禅定心精研妙明的闻性，不断地观察（慧），抑制自心（定），降伏妄念，并欲阻止定超于慧，期使定、慧均等，因用功太过，这时会忽然见到十方虚空皆成七宝颜色，甚至百宝颜色，虽色彩各异，但同时遍满虚空，互不相碍，青、黄、赤、白各各保持纯色。这名为抑制的功力过强，反使定超于慧，暂时所现的幻象。如果不把它当作登圣位的证明，即是善境界。假如以此作为登圣位来看待，阴魔就会乘隙而入。

■ **第六相：暗中见物**

又以这禅定心，因精研穷究而澄寂明彻，心光凝然，不因明暗而变易扰乱。这时会忽然于黑夜中，或暗室内，也能见种种对象，和白天一样。而暗室中物，一如往常也不会消失。这名为心光细密，密澄其见，所以能见幽察微，但这是暂时的发露。如果不把它当作登圣位的证明，即是善境界。假如以此作为登圣位来看待，阴魔就会乘隙而入。

■ **第七相：身同草木**

又以这禅定心反闻自性的功深，内身外境一片虚融，忘身如遗，四肢忽然如同草木，火烧刀砍，毫无感觉；火烧不热，刀割其肉，也像削木头一样。这名为诸尘并销，排遣四大性，一向反闻，既专且切，纯觉遗身，偶然如此。如果不把它当作登圣位的证明，即是善境界。假如以此作为登圣位来看待，阴魔就会乘隙而入。

色阴十境（二）

境变佛现

身心变化
此心澄净独露，皎然莹彻，心光明照。

现象
遍见十方世界皆成阎浮檀金色，各种众生都化为如来。看见毗卢遮那佛踞坐于天光台上，受千佛围绕。百亿国土以及莲花也同时出现。

原由
精魄互为宾主，心魂灵悟所染的习气，因此心光研究发明，故能照诸世界。

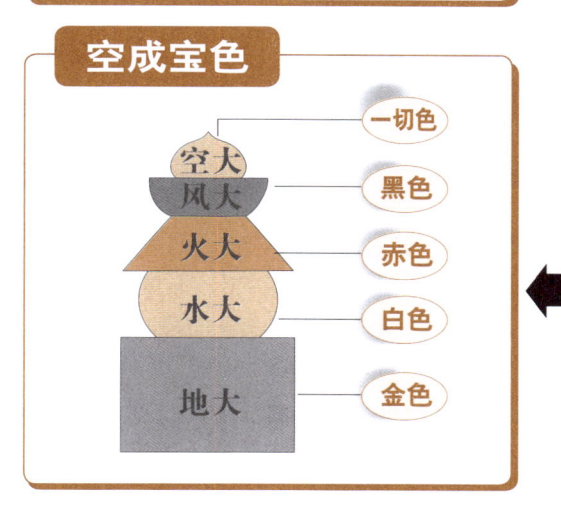

空成宝色

空大	一切色
风大	黑色
火大	赤色
水大	白色
地大	金色

身心变化
精进研究妙明闻性，用心绵密抑止妄念，得以降伏内心烦恼。

现象
见到十方虚空皆成七宝颜色，甚至百宝颜色，互不相碍，各各保持纯色。

原由
抑制的功力过强，使定力超过慧力。

暗中见物

身心变化
澄寂明彻，心光凝然，不因明暗而变易扰乱。

现象
在夜半中或暗室内，能见种种暗中出现之物和白天一样分明。

原由
心光细密，见也精明，能见幽察微。

七趣因果与五阴魔相　色阴禅境中的十种魔事

■ 第八相：遍见无碍

又以这禅定心精研妙明，成就清净之心，净心观照之功到达极点，因而净极光通，会忽见十方大地山河皆成佛国，七宝具足，光明遍照。又见恒河沙数诸佛遍满空界，宫殿楼阁庄严华丽，无与伦比。下视地狱，上观天宫，毫无障碍。这名为听说净秽二土，随着而起欣上厌下的凝想，日久想深所化成，今于定中，偶然影现，虽似实境，仍同幻化。如果不把它当作登圣位的证明，即是善境界。假如以此作为登圣位来看待，阴魔就会乘隙而入。

■ 第九相：遥见遥闻

又以这禅定心穷究至极深远之处，色境已不能为碍，忽于中夜遥见远方的市井街巷，亲族眷属历历分明，或听到他们交谈共语。这名为禅定迫心，迫到极处致令心光外射，故多能隔物可见可闻，然这只是暂现光景。如果不把它当作登圣位的证明，即是善境界。假如以此作为登圣位来看待，阴魔就会乘隙而入。

■ 第十相：妄见妄说

又以这禅定心，穷究到至精至极境地，色阴将破而未破之时，魔宫震动，魔心恼怒，必多方扰乱。行者这时会见自身作善知识，形体也随时变易，或作佛身，或化菩萨身等，无缘无故作种种变迁，顷刻不停。这名为心中本含藏有的魑魅邪妄种子在定中发现，原属虚妄不实。有的是天魔乘隙进入行者心腹，把持他的心神无端说法，并启发他的狂慧，使他通达高深的理论，这完全是魔力使然，并不是自己真正心得开悟。若不作证圣果想，生欢喜心，魔事自然消失；若作证圣果解，便会被群邪所惑，无可哀救。

■ 对色阴魔事的总结

以上所说，禅中所现的十种境界，都是行者于色阴中，见理不曾透彻，正定没有达到精纯，不过是禅观与妄想，两相交战于心中，互为胜负的结果。禅观胜，就心光发露，现善境界；妄想胜，善境即失，依然如故。

众生钝顽，迷昧无知，不自揣度思量自己是薄地凡夫，怎能忽然获得这等圣贤境界？遇到这种暂现的因缘，迷昧不能辨识，自以为已证圣位，这是未证言证，未得言得，成大妄语，致堕无间地狱，受无量苦，经无量劫，不得出离。修行人当依佛说，于如来灭度之后，宣讲此理，不要使天魔得到机会，覆护正修，使成无上佛道。

色阴十境（三）

身同草木

身心变化

内身外境，一片虚融，忘身如遗。

现象

四肢火烧刀砍都毫无感觉：火烧不热，刀割其肉也像削木头一样。

原由

由定力并销诸尘，排遣四大种性，一向反闻专切，纯觉遗身。

遍见无碍

身心变化

净心观照之功，到达极点，因而净极光通。

现象

见十方大地山河都成佛国，七宝具足，光明遍照。又见恒河沙数诸佛遍满空界，宫殿楼阁庄严华丽，无与伦比。下视地狱，上观天宫，毫无障碍。

原由

听说净秽二土，而起欣上厌下的凝想，日久想深所化成。

遥见遥闻

身心变化

此心穷究至极深远之处，色境已不能为碍。

现象

于中夜，遥见远方的市井街巷，亲族眷属，历历分明，或听到他们交谈共语。

原由

禅定迫心，迫到极处，致令心光外射。

妄见妄说

身心变化

此心穷究到至精至极境地，色阴将破而未破之时，魔宫震动，魔心恼怒，必多方扰乱。

现象

见自身作善知识，形体也随时变易，或作佛身，或化菩萨等。无缘无故，作种种变迁，顷刻不停。

原由

心中本含藏有魑魅邪妄种子，或是天魔乘隙进入行者心腹，把持他的心神，无端说法，并启发他的狂慧，使他通达高深的理论。这是魔力使然，不是真正心得开悟。

七趣因果与五阴魔相　色阴禅境中的十种魔事

受阴区宇
受阴禅境中的十种魔事

色阴区宇所现十境次第相生，受阴十境随缘个别显现，不出苦、乐、忧、喜、舍五相。觉悟之后，随缘利生，不失正受，就没有过失。若误以为是证入圣位的证明，狂妄自大，易沦为魔眷而堕落。

■ 受阴区宇的境界

佛说，彼善男子继续精研，在修三摩提微密观照中，到了空色俱忘、心光遍圆的境界，称为色阴尽。看见诸佛的妙觉明心，如同在明镜中显现其像。虽然若有所得，然而还不能取用，犹如梦魇之人，手足仍在，也能见能闻，但力不从心而身不能动，此时就名为受阴区宇。若是魔咎销歇，自心脱离色身，能够反观自己的面目，此时来去自由，色身不能成为阻碍，就名为受阴尽。至此，此人即能超越见浊，回观受阴之所由生，是因虚明妄想为其本源。

■ 第一魔事：抑己悲生

善男子在禅定中，在色阴已尽、受阴未破之时，得大光耀，自见己心和佛心相同，深自刻责不度众生。刻责过分出无穷悲悯，凡见一切，乃至看见蚊虻都好像自己的赤子一样心生怜悯，不觉流泪，这就名为功用心抑责、摧伤过分所显的现象。觉悟之后，随缘利生，不失正受，就没有过失，这不是证入圣位的证明。觉了不迷，渐悟渐止，还复正念，久自消歇。

若作为已证得诸佛的同体大悲来看待，则有悲魔入其心腑，见人则悲，啼泣无限，由此起诸颠倒，故失于正受，非但不能增进，当从沦坠。

■ 第二魔事：扬己齐佛

又彼定中诸善男子，见色阴已消，受阴虚明，殊胜境界现前，感激之心过分，忽于自己心中，生无限勇气，自觉立地可以成佛。自谓三大阿僧祇劫，一念可以超越。这就名为功用心太锐，志欲陵跨佛乘，过分超越的现象。觉了不迷，这种现象久了自然消歇。如果误以为已登圣位，就会有狂魔入其心腑，见人则骄慢自夸，傲慢无比，其心甚而至于上不见佛，下不见人，失于正受，起诸邪见，当从沦坠。

受阴区宇中的魔事（一）

色阴中魔相可称为善境界，在受阴中的魔相则不能称为善境界，如果没有办法走出来就会沦坠，所以至此境界不能用感情做事，七情六欲、忧喜苦乐，一切的感情作用都要克制。

抑己悲生

身心变化
发起无穷的悲心，观见蚊虫好像赤子一样心生怜悯，不觉痛哭流泪。

现象
悲魔入其心腑，见人就悲伤流泪，啼哭不休。

原由
用心力把能发光的心强予压抑，不让它发光，以致压抑过分。

扬己齐佛

身心变化
过分感激，产生无限的勇气，心意非常猛利，志齐诸佛，以为三大阿僧祇劫，一念之间就能超越。

现象
有狂魔入其心腑，逢人就自夸己德，傲慢无比，在他的心目中，上不见佛，下不见人。

原由
功用心太锐，志欲陵跨佛乘，轻率自任，急而越理。

定偏多忆

身心变化
心中忽然产生一种如大旱望雨，如渴待饮的急迫之感，于一切时中，忆念这中堕之境，不敢散乱。

现象
有忆想魔入其心腑，日夜摄取其心，悬挂在一处。

原由
修心偏于定力，没有智慧相济——定强慧弱，自失方便。

■ 第三魔事：定偏多忆

又彼定中诸善男子，见色阴已消，受阴明白。要想前进，却未能照破受阴，要想仍回色身，然而色阴已消，无可依托。定强慧弱，智力衰微，进退不得，突然心中枯竭，于一切时中沉忆此境，不敢散乱。误认此即勤精进相。这就名为修心偏用定力，没有智慧相资，自失方便。觉悟了就没有什么过失，不能作为登圣位的证明。若作圣解，就会有忆魔入其心腑，早晚撮心，系于一处，失于正受，当从沦坠。

■ 第四魔事：慧偏多狂

又彼定中诸善男子，见色阴已消，受阴明白，见胜相现前，慧力过定者，失于过猛过利。以为自心即是佛心，常怀此心，怀疑自身是卢舍那佛，得少为足。这是亡失恒常审察自己分位，一味溺于悟证知见。了悟即无过失，悟则无咎，仍然增修本定，但这并不是进入圣位的证明。若自误以为已登圣位，就会有下劣易知足魔入其心腑。见人自说我得无上第一义谛，失于正受，当从沦坠。

■ 第五魔事：历险生忧

又彼定中诸善男子，见色阴已消，受阴明白，新证未获得，故心已灭，瞻前顾后，进退艰险，心中忽然生出无尽的忧虑，如坐铁床，如饮毒药，心中不想活，常求别人结束他的命，希望早得到解脱。这就名为修行失于智慧观照的方便。悟知改过忘忧，则无过咎，自可复归本修，这不是圣证境界。若作圣解，则有一分常忧愁魔，入其心腑，控制神识，手执刀剑，自割其肉，乐其舍寿速死。或常怀忧愁，遁入山林，深厌世间，不愿见人，此心为魔习所熏，不能自返，故致失于正受，当从沦坠。

■ 第六魔事：觉安生喜

又彼定中，诸善男子，见色阴消，受阴明白，处清净中，内心宁谧，自觉安妥稳顺，忽然自有无限喜生，心中欢悦不能自止，这就名为轻安无慧自禁。悟之不以为喜，即无过失，不是圣证。若作圣解，则有一分好喜乐魔入其心腑，见人即笑，于街头路边，自歌自舞，毫无忌惮，自谓已得无碍解脱。失于正受，当从沦坠。

受阴区宇中的魔事（二）

慧偏多狂

身心变化

过分珍重自己的所见所证，以为心佛一如，自性本来是佛，常以所见，萦绕心中，怀疑己身，就是卢舍那佛，不假修成，得少为足。

现象

有下劣的易知足魔入其心腑，见人就自夸称：我已证得无上菩提第一义谛。

原由

用心有偏，定力微弱，慧强定弱忘失了恒常审察，致陶醉于自己的知见中。

历险生忧

身心变化

徘徊于色、受二际之间，心中忽然有无限的忧愁焦虑，如坐铁床，如饮毒药，烦躁不安，简直就不想活了，以致常求别人结束他的生命，希望早得解脱。

现象

有一分常忧愁魔入其心腑，重则手执刀剑，自割身肉，乐求速死；轻则常怀忧愁，遁入山林，逃避现实，不愿见人。

原由

修行时，对当前的境相，失去了智慧观照，以致产生过分的恐惧。

觉安生喜

身心变化

心安隐后，忽然会产生无限的欢喜情绪，心中的欢悦，不能自止。

现象

有一分好喜乐魔入其心腑，见人就笑，常于街头、路边，自歌自舞，任情放纵，自以为已得无碍解脱。

原由

定心成就，暂发轻安，因缺乏智慧观照，故不能自制。

七趣因果与五阴魔相 — 受阴禅境中的十种魔事

■ 第七魔事：见胜成慢

又彼定中诸善男子，见色阴消，受阴明白，自谓已得满足，忽然无端心中生出傲慢心理，单慢、过慢、慢过慢、增上慢、卑劣慢等七种傲慢心理，心中甚至轻视十方如来，何况下位菩萨以及声闻、缘觉，这就名为唯见己灵尊胜，慢气所使，且无智慧自救其病。如果能用慧照观察，观察种种法性平等，尚且不敢怠慢众生，哪里敢慢十方圣贤？这不是圣人的实证境界，觉悟后诸慢自消。

若作圣解，则有一分大我慢魔入其心腑，控制其神识，不礼塔庙，摧毁经像。假设遇到施主谏阻，就说："佛像是金、铜、土、木塑的，经典是树叶绢帛写的，我这肉身真佛你们不恭敬，却崇拜经像，实在是颠倒！"大言不惭，贻误众生。有人深信他说的话的，跟随他毁碎经像埋弃于地中，造无量罪，入无间狱。失于正受而起邪受，当从沦坠。

■ 第八魔事：慧安自足

又彼定中诸善男子，见色阴消，受阴明白，于识精元明之中圆悟至精之理。得大无碍，莫不随心顺意，心中生出无量轻安，自言成就圣位，得到大自在，这就名为因慧获诸轻安澄清之境，离诸粗重之相。悟则无咎，乘此圆悟之慧，增修本定，自然没有过失。这些境界正堕在受阴区宇之中，故不是圣证。若作圣解，则有一分好轻清魔入其心腑，自觉满足，不求上进。这类人多为无闻比丘，贻误众生，堕阿鼻狱，失于正受，当从沦坠。

■ 第九魔事：着空毁戒

又彼定中诸善男子，见色阴消，受阴明白，于明悟中，得虚明性，体观受阴，唯是虚明妄想，于其心中，忽然生起空净之念，永沉断灭，遂致否定因果，从此不再修为。一向入空，断空之心现前，乃至心中生出永远断灭的见解。这名为定心沉空滞寂，失于慧照观察。悟此断空不是究竟处，仍依本修，则无过咎。这不是圣人实证的真空境界。

若以断灭空作为证圣之解，则有空魔乘间入其心腑，持其神识，资助其断灭谬解，故诽谤持戒之人为小乘，说菩萨因为悟空所以不用持戒。常在三宝弟子前饮酒吃肉，广行淫秽，自以为行于非道，通达佛道。因为魔附之力的缘故，善于花言巧语，掩盖恶行，让人信而不疑。魔鬼之心入之既久，熏染已深，甚至食屎尿与酒肉等，说是净秽俱空，自己破

受阴区宇中的魔事（三）

见胜成慢

身心变化

以为妄惑已尽，圆证一真，故自谓已足，忽然无端起大我慢，十方如来，都不放在心上，佛果以下的声闻、缘觉，更不放在眼里。

现象

有一分大我慢魔入其心腑，不礼敬塔寺，摧毁经像。

原由

唯见已灵的尊胜，起诸慢心，而缺乏自救的智慧。

慧安自足

身心变化

其心忽生无限轻安，于是自言已成圣果，得大自在。

现象

有一分好轻清魔入其心腑，以为功行已满，福慧具足，不再求进修。

原由

在识精元明之中，圆悟至精之理的智慧，获得轻安的清净境界，暂离粗重之尘相。

着空毁戒

身心变化

于十方洞开的明悟中，观受阴虚明的体性，朗然显现，无一物可得，心中忽然产生一种空净的感受，永远沉醉于空明寂灭中，致否定因果，一向入空，净空的心念现前，由是而产生长远断灭之见解。

现象

常在正信三宝弟子的面前，饮酒食肉，广行淫秽。日深甚至吃屎饮尿，饮酒食肉等，以为净秽皆空，破坏佛制的戒律威仪。

原由

定心沉空滞寂，未免过于沉没，失于慧照观察。

七趣因果与五阴魔相

受阴禅境中的十种魔事

佛所制戒律威仪。又以错误的言论引导他人犯罪，失于正受，起诸邪受，当从沦坠。

■ 第十魔事：着有恣淫

又彼定中诸善男子，见色阴消，受阴明白，贪图虚明之境以致深入心骨，心中忽然产生无限爱意，爱极发狂便为贪欲，这就名为定中贪图安然顺适之境，入于定心，爱极情狂，无慧自持，故误入诸欲。若以慧照观察，这是妙触受用，不生耽着，一悟则无过咎，这不是圣人的实证境界。

若作圣解，则有欲魔入其心腑增长其欲念，常说淫欲为菩提之道，诱引在家居士，平等行欲，与其说行淫者为持法子，因神鬼之力，能于末法时期，摄受凡愚之辈，数且至百，乃至二百或五六百，甚至于千万，最后身衰力微，魔心生厌，离开他的身体，失去神通。平时又没有威德，罪行暴露，难逃正法。迷惑误导众生进入无间地狱，失于正受，当从沦坠。

■ 对受阴魔事的总结

如此十种禅那现境，都是受阴未破，用心不当，禅观和妄想交战互为胜负，所以显现这些境相。众生顽迷不知轻重，遇着如此的因缘，迷不自识，自谓已登圣位，成大妄语致堕无间地狱。

你们应当将佛的话，在佛灭度之后传示给修行的众生，使他们都能明白这个道理，不要让天魔得到机会，护持修行人，使他们能成就无上菩提道。

受阴区宇中的魔事（四）

着有恣淫

身心变化
常细玩味此虚明的体性，贪着不舍，深入心骨，心中忽然产生无限的爱欲，爱到极处，情动发狂，欲境当前，狂难自制，便成为贪欲。

现象
有欲魔入其心腑，说淫欲就是菩提圣道，自己常行淫欲，又教别人行淫欲事，不分僧俗，平等行淫。又说行淫的人，名持法子。因仗鬼神的魔力，摄受凡愚妇女，以供淫乐，其数百千，至于千万。

原由
对安顺的定境（定中妙触受用），爱入心骨，没有慧力以自把持，致误入诸淫欲。

受持净戒脱离魔难

禅修者若能皈依佛门，且能持戒，必能避免上述种种魔难的困扰。修正法的人，一定有善神保护，诸佛菩萨加持。如果没有贪的念头，没有逾跨戒律的念头，天魔也就不会有下手的机会。

禅修者如能受持菩萨戒，就是菩萨。如果德行高超，因缘成熟，受戒是水到渠成的。有障碍的话，要受戒就有诸多不如意事来障道，这都是冤亲债主在作祟，不要因此就不去受戒。

受持菩萨戒可以避免种种困扰，一切的魔境、冤亲债主，或者是魑魅魍魉。只要心不执着，以空、无碍心对境，不对境抱着不正当或有期待心态的话，什么事都能化解掉。

想阴区宇

想阴禅境中的十种魔事

《宝镜疏》说："以上（想阴）十种，皆由圆定心中，妄起贪求之念，以致然耳。若是如法精进，一念不生，如幻修证，则何善巧之不得，何法界之不历，何机理之不契，何根本之不析，何感应之不成，何静谧之不入，何宿命之不知，何神通之不具，何深空之不证，何常住之不获，而乃忽生心爱贪求？"

■ 想阴区宇的境界

佛说，彼善男子，修三摩提时，受阴尽时，虽然没有得漏尽通，但心能离开自己的形体，就像鸟出笼一样。已能从此凡夫身，上历菩萨六十圣位，得意生身，随往无碍。譬如有人在熟睡的梦中呓语，此人虽然不知道自己说了什么，但他所说的话清楚有序，令清醒的人都能明白他的话，这时就名为想阴区宇。若是第八识所含六识种子除尽，浮想消除，于觉明心中，如去尘垢。三界十二类众生所有生死，从卵生，至非无想生，都能圆明照察他们生从何来、死向何去，这就名为想阴尽。此人于此时即能超越烦恼浊，回观想阴之所由来，是由融通妄想以为其根本。

■ 第一魔事：贪求善巧

禅修者在禅定心中，忽起一念爱着圆明，于三摩地中，勇锐其志，精进思维，贪求变化，更进善巧。其时，天魔得到机会，飞遣精魅附在旁人的身上，由魔力资助旁人的邪慧，口里说着相似的经法。此人也不自知是魔附在身上，自言已得了无上涅槃，来到那个追求善巧的善男子的身边，敷座说法。其形貌在少顷之间现作比丘身让人看见，一下又变为帝释身，一下又变为妇女身，或为比丘尼身。或睡在暗室中，身上发出种种光明。

那禅修者愚迷不辨邪正，误认他为菩萨，信受他的教化，所习定心都被此魔摇荡，所秉持戒律都被此魔破坏，又被他诱导潜行贪欲。被魔附体之人喜欢说各处的灾祥变异，或是说如来在某处出世，或是说某处当有劫火之灾，或是说某处将有刀兵之难，令人心生恐怖，为消灭灾难而使家产耗散。此魔名为怪鬼，年老成魔，恼乱修禅定的人，久久使所附之人色力衰微，使修禅定之人定慧俱失，魔心生厌，此时魔就离开所

想阴区宇中的魔境（一）

色、受阴两种魔相能度过去时，魔就不容易钻到行者心腹中来。到了想阴魔相中，魔众等会依附在那些修行比较差的人身上，显现出一些怪力乱神的能力，让禅修者误认为此着魔的人是菩萨或佛的化身，也许就这样误入歧途，最终堕入无间地狱受苦。

贪求善巧而遭遇的魔事

❸ 天魔以魔力资助旁人的邪慧，口里说着相似的经法。旁人也不自知是魔附在身上，自言已得了无上涅槃。

❷ 欲界他化自在天的一些邪知邪见的天神，便趁此机会附在另一个持戒不严的人身上。

❽ 此魔名为怪鬼，年老成魔，恼乱修禅定的人。

❺ 被魔鬼附身的人经魔鬼的驱使，来到禅修者住的地方，开始说起种种相似佛法来。

❹ 这个魔附之人能够将他的形象在须臾间变化种种形象，甚至可以在黑暗中使他的身体发光。

❻ 这个人愚迷不辨邪正，误认他为菩萨，信受他的教化，所习定心都被此魔摇荡。

❼ 所秉持戒律都被此魔破坏，又被他诱导潜行贪欲。

❶ 禅修者想要精锐其思维，用不正当的心思来助显特殊功能，以满足其未净尽的贪求之欲。

《金刚经》说："若以色见我，以音声求我，是人行邪道，不能见如来。"
如果我们见到修行者贪求利养，贡高我慢，诱淫毁戒，就算他能现佛身三十二相，放光动地，神通广大，也不过是魔王转世或附体，绝非佛菩萨示现，不能信其邪说。禅修者应该谨记佛入灭前"以戒为师"的教诫。

七趣因果与五阴魔相　想阴禅境中的十种魔事

附的人体。此人魔既不附体，就没有威德了，执法者就以妖言惑众、败坏风俗之罪加以处罚，株连余党，使贪求善巧之人和被魔附惑之人同时陷于王难。

所以修行人应当听言察理，预先觉知此等魔事，不为所惑，从而超出生死，不入轮回。倘若迷惑不知，受其恼乱，最终必然堕落到无间地狱中。

■ 第二魔事：贪求经历

禅修者在三摩地中，心爱游荡，所以飞其精思，贪求经历刹土，大作佛事。其时天魔得到机会，飞遣精魅附在旁人的身上，由魔力资助旁人的邪慧，口里说着相似的经法，煽惑众人。邪魔附体之人也自言得无上涅槃，来彼求游善的修行人之处，敷座说法。自己形体没有改变，但凡在座听法者，都看见自己身体坐在宝莲花上，全身化成紫金光聚，一众在座之人，各人都自见如此，大家都欢喜庆幸，以为是未曾有的瑞相。众人愚迷，以此魔人为菩萨，身命皈依，恣淫纵逸其心，游戏放荡无所忌惮。人们所秉持戒律都被此魔破坏，又被他诱导潜行贪欲。着魔之人口中好说诸佛应世，某处某人就是某佛化身，某人即是某菩萨来度化世人的事迹。

修三摩地的行者见后，心生倾慕渴仰，日亲日近，时熏时染，邪见日兴，正见日晦，致令种智消灭。此魔名为魃鬼，年老成魔，恼乱修行人，久久使所附之人色力衰微，使修禅定之人定慧俱失，魔心生厌，此时魔就离开所附的人体，此人就没有威德了。执法者就以妖言惑众、败坏风俗之罪加以处罚，株连余党，使贪求善巧之人和被魔附惑之人同时陷于王难。

所以修行人应当先警觉此等魔事，不为所惑，从而超出生死，不入轮回。倘若迷惑不知，受其恼乱，最终必然堕落到无间地狱中。

■ 第三魔事：贪求契合

禅修者在三摩地中，精进思维，贪求契合真实圆通体用。其时，天魔得到机会，飞遣精魅附在旁人的身上，由魔力资助旁人的邪慧，口里说着相似的经法，煽惑众人。邪魔附体之人也自言已得无上涅槃，来到禅修者之处，敷座说法。此魔附之人的自形和听法诸人的外形都没有迁变，而使听者在未闻法之前，心自开悟，念念移易，或得宿命通，或得

想阴区宇中的魔境（二）

贪求经历而遭遇的魔事

❽ 此是所谓的魅鬼年老成魔，作怪来扰乱此法执深重的禅修者。

❼ 着魔的人把禅修者严持戒律的心松弛掉，破坏佛所规定的律仪，还教他在暗地里行贪欲事。

❸ 这个被魔依附的人，不知道自己已经着魔，却以为已证得无上涅槃。

❶ 禅修者处在正定中，自心已能遨游于十方界，常以贪心来学习一些经验。

❷ 天魔了知禅修者的所好后，就附在另一个人身上。

❺ 着魔的人自己的形体并没什么变化，却可使听法的人看到自己另外一个身躯，坐在宝莲花上，整个身体化成紫金光色，光芒聚集整个色身。

❻ 禅修者本来能够不为情所动，现却因迷于神通瑞相，因而误把着魔的人看成真菩萨。

❹ 着魔的人受魔的驱使，来到禅修者之处，开始敷座说法。

当此魅鬼成魔的魔道之物，玩弄修行人玩得差不多时，就会抽腿而去。禅修者和他的弟子等因迷失所干的都不是好事，违犯王法，最终要被判刑。

所以修行人应当先警觉此等魔事，不为所惑，从而超出生死，不入轮回。倘若迷惑不知，受其恼乱，最终必然堕落到无间地狱中。

七趣因果与五阴魔相

想阴禅境中的十种魔事

259

他心通，或见地狱之苦，或知人间好事或恶事，或是口说偈赞，或是自能背诵经言，各各欢娱，共同感到稀有。人们被此魔迷惑，认此魔附之人为菩萨，于是缠绵恩爱密结于心，信其教而破佛律仪，潜行贪欲。着魔之人口中好言佛有大小，某佛为先佛，某佛为后佛，其中也有真佛假佛、男佛女佛，菩萨也是这样。

修禅定者看到这一切，舍弃本所修心，容易入于邪悟。此名魅鬼，年老成魔，恼乱此人。久而远之魔鬼餍足心生，离开了所附的人体，使弟子与师同时陷入王难。你应当先警觉此等魔事，不被此魔迷惑而牵入轮回。如果迷惑不知，必堕在无间狱中。

■ 第四魔事：贪求辨析

禅修者在三摩地中，穷览万物生化之情，根究性之终始，贪求辨析。其时，天魔得到机会，飞遣精魅附在旁人的身上，由魔力资助旁人的邪慧，口里说着相似的经法，煽惑众人。邪魔附体之人也自言得无上涅槃，来那个贪求物化根源的修行人之处，敷座说法。此魔附之人身上自然具足威神，能使座下听众虽然还没有闻法，自然心伏。着魔之人宣说佛涅槃法身，即是现前我的肉身；父父子子递代相生，即是法身常住不绝，并没有别的净居和金色相。修禅定者信受其教，忘失先前本所修心，舍命皈依，还以为得未曾有。此类愚迷之人为魔所迷惑，把魔看成菩萨，推究其心之所好，无不承顺。以缠缚为解脱，破佛律仪；以淫爱为佛性，潜行贪欲。此魔口中好言：眼、耳、鼻、舌都是净土，男女二根即是菩提涅槃真处。无知之辈相信这种污秽之言。这是蛊毒厌胜恶鬼年老成魔，恼乱禅修者，最后餍足心生，离开了所附之人，弟子与师，都陷入王难。你应当先警觉此等魔事，不被此魔所迷惑而牵入轮回。如果迷惑不知，必然堕在无间狱中。

■ 第五魔事：贪求冥感

又禅修者在三摩地中心爱悬应，周流精研，贪求冥感。其时，天魔得到机会，飞遣精魅附在旁人的身上，由魔力资助旁人的邪慧，口里说着相似的经法，煽惑众人。邪魔附体之人也自言得无上涅槃，来那个贪求冥感悬应的修行人之处，敷座说法。他能令听众暂见其身如百千岁，宛然深修久证。众人于是心生爱染，不能舍离，愿身为奴仆，四事供养而不觉得疲劳。此魔附之人能令其徒众各各心知此先世师，本是善知识，

想阴区宇中的魔境（三、四）

贪求契合而遭遇的魔事

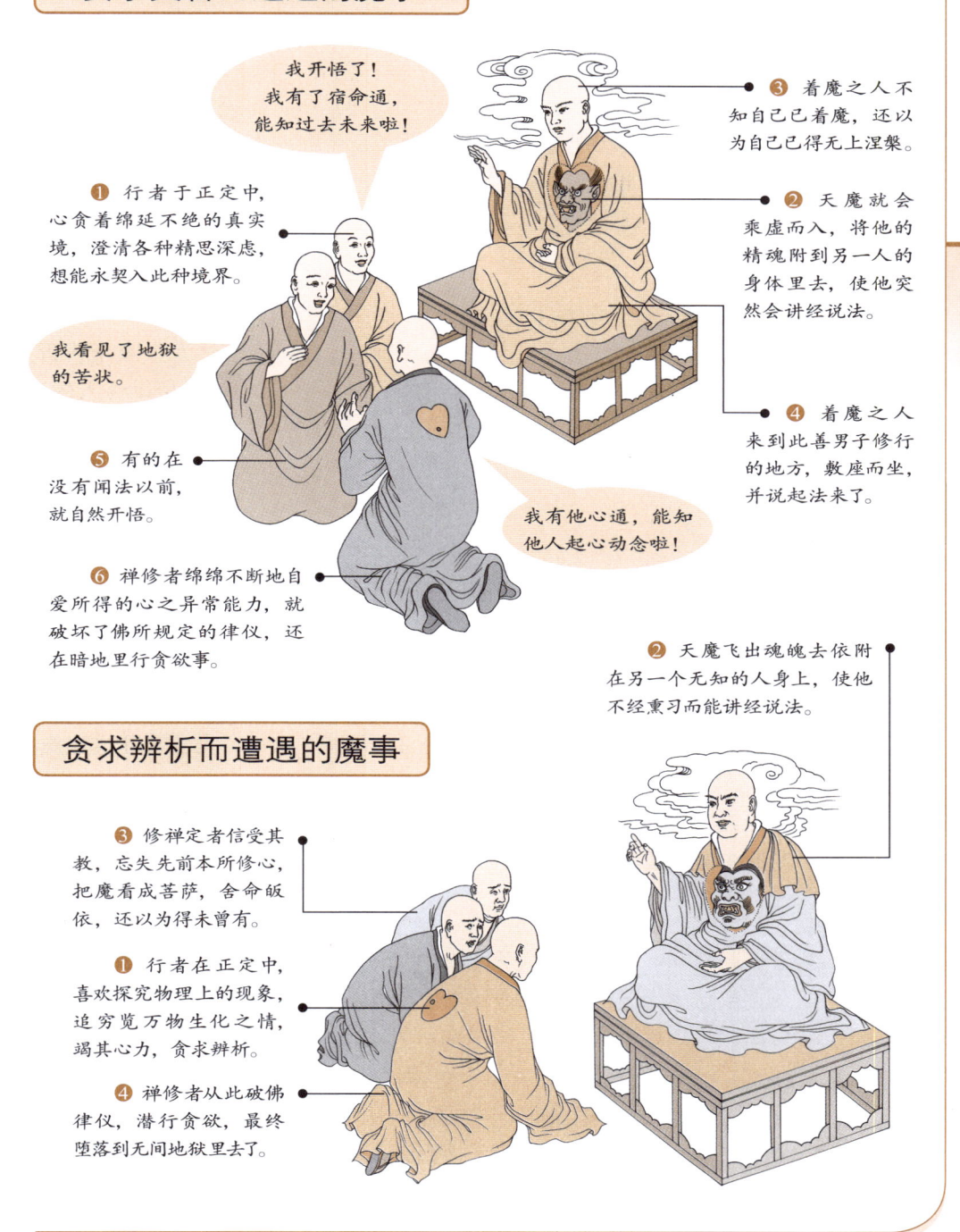

❶ 行者于正定中，心贪着绵延不绝的真实境，澄清各种精思深虑，想能永契入此种境界。

我开悟了！我有了宿命通，能知过去未来啦！

我看见了地狱的苦状。

❺ 有的在没有闻法以前，就自然开悟。

❻ 禅修者绵绵不断地自爱所得的心之异常能力，就破坏了佛所规定的律仪，还在暗地里行贪欲事。

我有他心通，能知他人起心动念啦！

❸ 着魔之人不知自己已着魔，还以为自己已得无上涅槃。

❷ 天魔就会乘虚而入，将他的精魂附到另一人的身体里去，使他突然会讲经说法。

❹ 着魔之人来到此善男子修行的地方，敷座而坐，并说起法来了。

贪求辨析而遭遇的魔事

❸ 修禅定者信受其教，忘失先前本所修心，把魔看成菩萨，舍命皈依，还以为得未曾有。

❶ 行者在正定中，喜欢探究物理上的现象，追穷览万物生化之情，竭其心力，贪求辨析。

❹ 禅修者从此破佛律仪，潜行贪欲，最终堕落到无间地狱里去了。

❷ 天魔飞出魂魄去依附在另一个无知的人身上，使他不经熏习而能讲经说法。

七趣因果与五阴魔相　想阴禅境中的十种魔事

别生一种为法相爱之心,如胶似漆,黏不可解,得未曾有。禅修者愚迷,错误地把着魔者当成菩萨,亲近其心,破佛律仪,染其邪行,潜行贪欲。

此魔附之人口中好言:"我于前世,于某生中,先度某人,当时是我妻妾兄弟,今来相度,与你相随归某世界供养某佛。"有时候说:"另外有一个大光明天,佛在其中居住,是一切如来所休居地。"那些无知的人相信这种虚诳之言,遗失本所修心。此魔名为疠鬼,年老成魔,故意来恼乱禅修者,久而餍足心生,离开所附之人。弟子与师,俱陷王难。你应当先警觉此等魔事,不被此魔所迷惑而牵入轮回。如果迷惑不知,必堕在无间狱中。

■ 第六魔事:贪求静谧

禅修者如果在三摩地中,心爱深穷契入的克己功夫,不计辛勤,只希望得以深入圆通。乐于处在阴隐寂寞之处,以求安静宁谧地修行。一涉贪求,魔得其便,飞遣精灵,密附他人,口说经法。邪魔附体之人也自言得无上涅槃,来到禅修者之处,敷座说法。此魔能令其听众各知过去的宿业,有时在那个地方对一人说:"你现在虽然未死,但已作畜生。"命令一人,在后面踏着他的尾巴,马上使他不能起身。于是众人看见,倾心钦伏。设若有人起心,此魔马上就知道他起心的根源;在佛的律仪之外,更加种种精苦之行;诽谤比丘,责骂徒众,讦露人的阴私之事,不避人讥刺嫌怨;口中喜欢说未来的祸福之事,并且一丝一毫都能准确应验。

这是大力鬼年老成魔,来恼乱修禅定者,久而餍足心生,离开所附之人。弟子与师,俱陷王难。你应当先警觉此等魔事,不被此魔所迷惑而牵入轮回。如果迷惑不知,必堕在无间狱中。

■ 第七魔事:贪求宿命

禅修者如果在三摩地中,精勤研寻,贪求宿命,天魔就会飞遣精魅附在旁人的身上,由魔力资助旁人的邪慧,使他口里说着相似的经法,自言得无上涅槃。然后来到禅修者之处,敷座说法。

魔附之人先现邪惑之事,无端在说法之处得到大宝珠;此魔有时化为畜生,口衔其珠与其他珍宝、简策符牍之类奇异之物,先授予其人,后附着在他身上;或引诱听众藏于地下,有明月珠照耀其处。这些听众,从未见过此等异事。此魔平日多食药草,不吃美味饮食,或有时日食一

想阴区宇中的魔境（五、六）

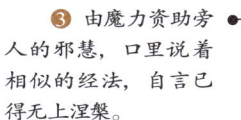

贪求冥感而遭遇的魔事

❸ 由魔力资助旁人的邪慧，口里说着相似的经法，自言已得无上涅槃。

❹ 听众暂见其身如百千岁，宛然深修久证，于是心生爱染，不能舍离。

❶ 禅修者在三摩地中，心爱悬应，周流精研，贪求冥感。

❷ 天魔得到机会，飞遣精魅附在旁人的身上。此魔名为疠鬼，年老成魔，故来恼乱修定者。

❺ 修禅定之善男子愚迷，错误地把他当成菩萨，破佛律仪，潜行贪欲。

贪求静谧而遭遇的魔事

❶ 心爱深穷契入的克己功夫，贪求安静宁谧的修行。

❹ 此魔能令其听众各知过去的宿业。

❸ 由魔力资助旁人的邪慧，口里说着相似的经法，自言已得无上涅槃。

❷ 天魔得到机会，飞遣精魅附在旁人的身上。

❺ 这是大力鬼年老成魔，来恼乱修禅定者。

你现在虽然未死，但已作畜生！

七趣因果与五阴魔相 — 想阴禅境中的十种魔事

263

麻一麦，身体仍很肥壮，这是因为有魔力的支援。此魔又经常诽谤比丘，责骂徒众，不避讥嫌；口中好说他方宝藏和十方圣贤藏匿之处。人们跟随在他身后，往往会见到奇异之人。

此魔是山林、土地、城隍、川岳鬼神年老成魔。或是宣说淫秽，破佛清净戒律，潜行世间五欲；或是盲修精进，只吃草木，一味恼乱修禅定之人，久而餍足心生，离开所附之人，弟子与师都陷入王难。禅修者应当先警觉此等魔事，不被此魔所迷惑而牵入轮回。如果迷惑不知，必堕在无间狱中。

■ 第八魔事：贪求神力

禅修者在三摩地中，心爱神通种种变化，研究化元，贪取神力。其时，天魔等到机会，飞遣精魅附在旁人的身上，由魔力资助旁人的邪慧，口里说着相似的经法，煽惑众人。邪魔附体之人也自言得无上涅槃，来那个贪求神通变化的修行人之处，敷座说法。

此魔能手执火光，以手撮取其光，分在所听四众头上。这些人头上火光都有数尺长，也无热的感觉，并不焚烧；能在水面上行走和在地上行走一样；也能安坐在空中不动；或是钻入瓶内，或是处在囊中；或是穿墙入壁毫无障碍。只是对于刀枪、兵器不能自在。此魔自言是佛，以在家人身份，却受比丘的礼；诽谤禅修和戒律，责骂徒众，讦露人的阴私之事，不避人的讥嫌；口中常说神通自在，或又令人旁见佛土，这都是魔鬼的力量迷惑人所起的作用，并不是真实的现象；赞叹淫欲，将种种淫秽的行为看成是传法。

此魔是天地间大力的山精、海精、风精、河精、土精等，和一切草木积劫而成的精魅；或是龙魅，或是寿终之仙再活为魅；或是仙期已尽，计年应死，但其形体不化，为他怪所附，年老成魔，恼乱修禅定之人。久而餍足心生，离开所附之人，弟子与师，都陷入王难。你应当先警觉此等魔事，不被此魔所迷惑而牵入轮回。如果迷惑不知，必堕在无间狱中。

■ 第九魔事：贪求深空

又善男子，受阴虚妙，不遭邪虑，圆定发明，三摩地中，心爱入灭，研究化性，贪求深空。此时，天魔等到机会，飞遣精魅附在旁人的身上，由魔力资助旁人的邪慧，口里说着相似的经法，煽惑众人。邪魔附体之

想阴区宇中的魔境（七、八）

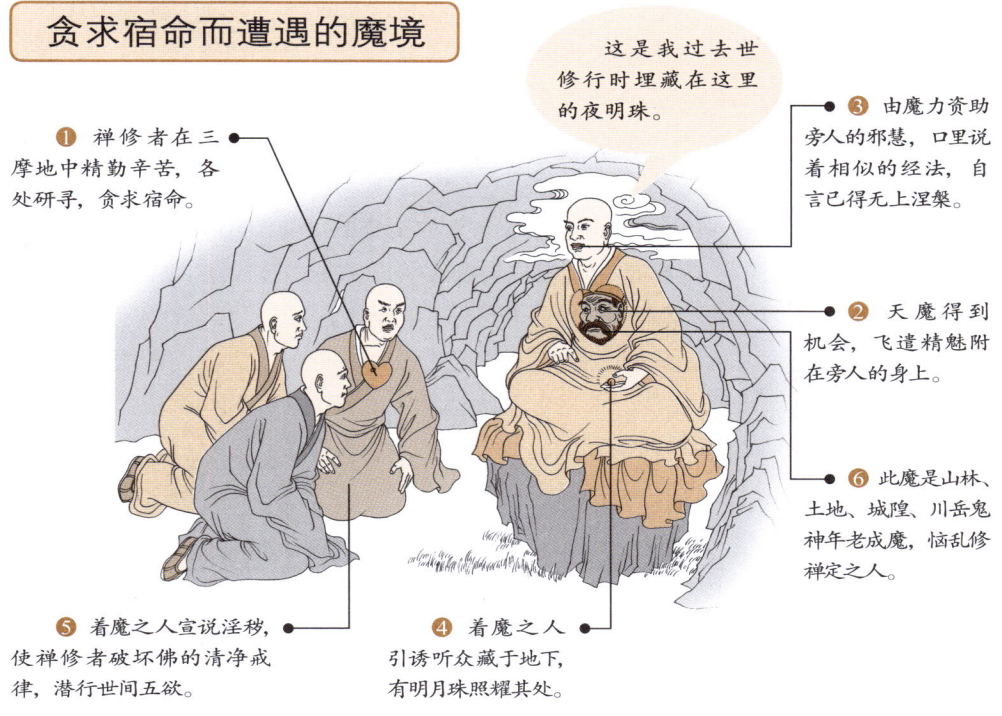

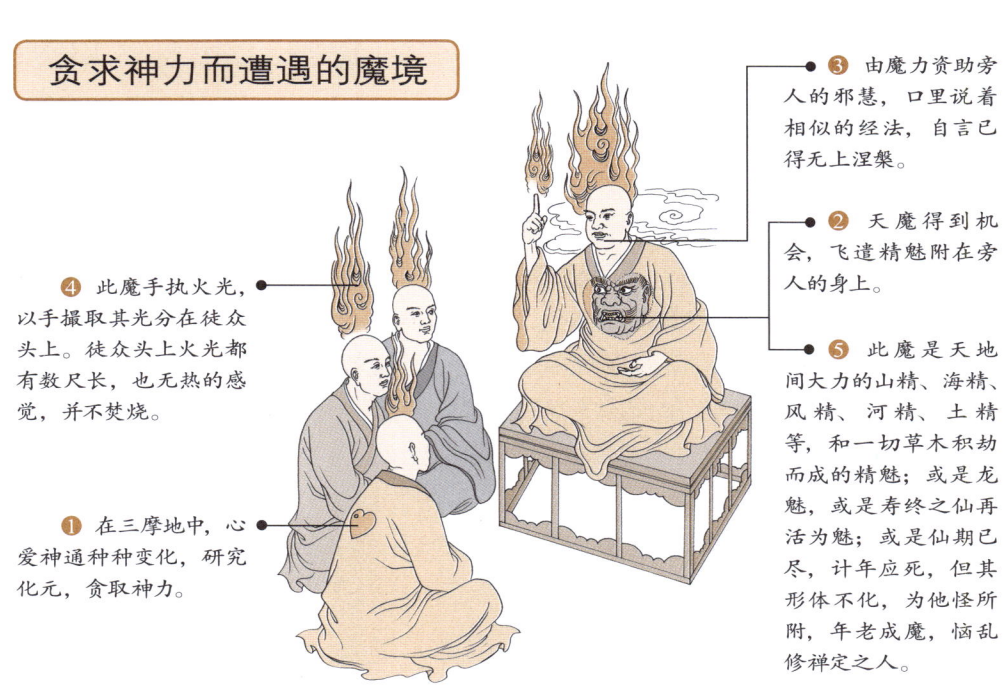

贪求宿命而遭遇的魔境

❶ 禅修者在三摩地中精勤辛苦，各处研寻，贪求宿命。

这是我过去世修行时埋藏在这里的夜明珠。

❸ 由魔力资助旁人的邪慧，口里说着相似的经法，自言已得无上涅槃。

❷ 天魔得到机会，飞遣精魅附在旁人的身上。

❻ 此魔是山林、土地、城隍、川岳鬼神年老成魔，恼乱修禅定之人。

❺ 着魔之人宣说淫秽，使禅修者破坏佛的清净戒律，潜行世间五欲。

❹ 着魔之人引诱听众藏于地下，有明月珠照耀其处。

贪求神力而遭遇的魔境

❸ 由魔力资助旁人的邪慧，口里说着相似的经法，自言已得无上涅槃。

❹ 此魔手执火光，以手撮取其光分在徒众头上。徒众头上火光都有数尺长，也无热的感觉，并不焚烧。

❷ 天魔得到机会，飞遣精魅附在旁人的身上。

❶ 在三摩地中，心爱神通种种变化，研究化元，贪取神力。

❺ 此魔是天地间大力的山精、海精、风精、河精、土精等，和一切草木积劫而成的精魅；或是龙魅，或是寿终之仙再活为魅；或是仙期已尽，计年应死，但其形体不化，为他怪所附，年老成魔，恼乱修禅定之人。

七趣因果与五阴魔相

想阴禅境中的十种魔事

人也自言得无上涅槃，来那个贪求神通变化的修行人之处，敷座说法。

此魔先现邪惑事：在大众中，形体忽空，众人都无所见，一下子又从虚空突然而出，忽有忽无，存没自在；或现其身，透明如琉璃；有时垂手足，作旃檀香气；有时大小便，其味如石蜜一样甜；诽毁戒律，轻贱出家；口中常说"无因无果"、一死永灭、没有来生的断灭见；宣说不存四凡六圣种种差别的邪说；以断灭为得空寂，却又潜行贪欲；受其欲者，名持法子，传授断灭之法，也得心空，拨无因果，生大邪见。

此魔名日月薄蚀精气，金玉芝草、麟凤龟鹤经千万年，不死为灵出生在国土上，年老成魔，恼乱修禅定之人。餍足心生，就离开所附之人，弟子与师，多陷王难。你应当先警觉此等魔事，不被此魔所迷惑而牵入轮回。如果迷惑不知，必堕在无间狱中。

第十魔事：贪求永岁

又善男子，受阴虚妙，不遭邪虑，圆定发明，在三摩地中，心爱长寿，辛苦研究几微动相，贪求永岁，舍弃分段生死，希求变易生死，希望细相常住。此时，天魔等到机会，飞遣精魅附在旁人的身上，由魔力资助旁人的邪慧，口里说着相似的经法，煽惑众人。邪魔附体之人也自言得无上涅槃，来那个贪求永岁的修行人之处，敷座说法。

此魔附之人好说他方和此地往还无阻，或是经过万里之外，瞬息再来，都能在彼方取得物品为证；或是在一处，于一处房内，数步之间，可以令人从东壁到西壁，急行多年走不到，因此博得人的信心，疑是佛现前。此魔附之人口中常说："十方众生，都是我的儿子；我生诸佛，我造出世界，我是元佛出世，自然不因修而得。"

此魔名为住世自在天魔，使其眷属，如遮文茶和四天王管辖的毗舍童子等未发心者，利用修行人定心虚明来资发邪慧，食修行人的精气来助养魔躯。此魔有时不需要所附身之人，直接能令修行人亲自观见，称执金刚给你长命。此魔然后现美女身，引诱迷惑。修禅定者如果与之盛行贪欲，不到一年半载就肝脑枯竭。修禅定者与魔对语时，旁人不晓，以为是他一个人在自言自语，所说没有一定的，听起来像妖魅。前面的是修行人未详，多陷王难，这里是还来不及遇刑，就先已自己干死。此二者皆足以恼乱行人，以致殂丧殒亡。你当预先警觉，不要陷入轮回，若是迷惑不知，必然堕入无间狱。

想阴区宇中的魔境（九、十）

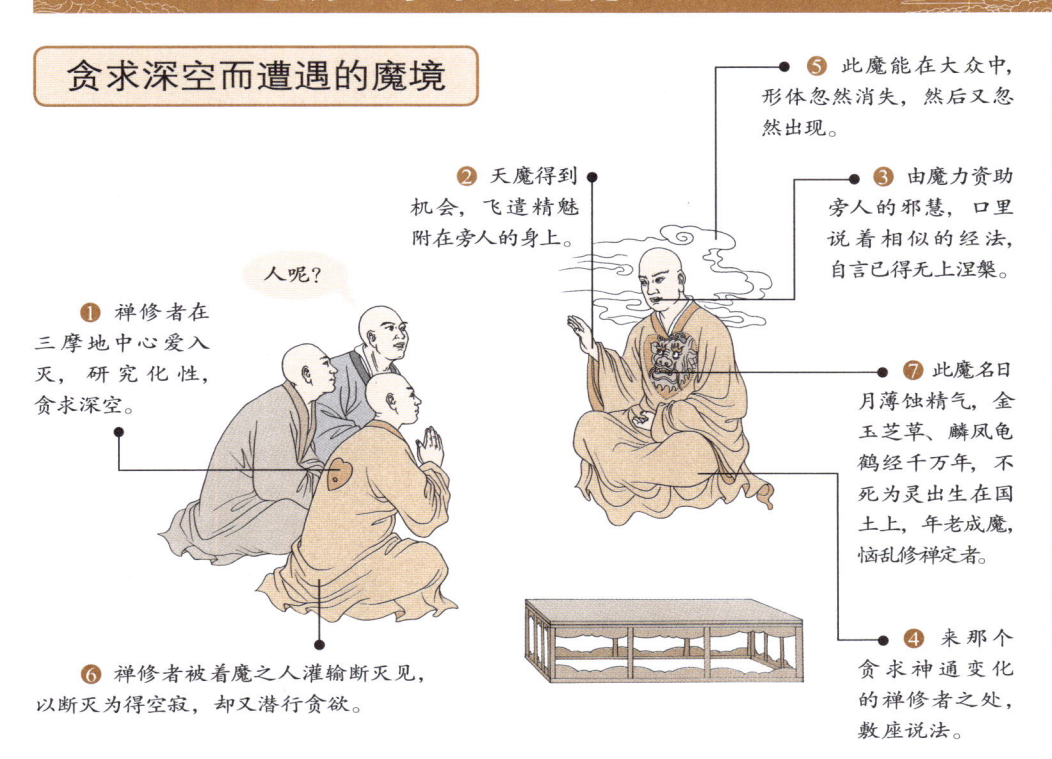

贪求深空而遭遇的魔境

❶ 禅修者在三摩地中心爱入灭，研究化性，贪求深空。

❷ 天魔得到机会，飞遣精魅附在旁人的身上。

人呢？

❺ 此魔能在大众中，形体忽然消失，然后又忽然出现。

❸ 由魔力资助旁人的邪慧，口里说着相似的经法，自言已得无上涅槃。

❼ 此魔名日月薄蚀精气，金玉芝草、麟凤龟鹤经千万年，不死为灵出生在国土上，年老成魔，恼乱修禅定者。

❹ 来那个贪求神通变化的禅修者之处，敷座说法。

❻ 禅修者被着魔之人灌输断灭见，以断灭为得空寂，却又潜行贪欲。

贪求永岁而遭遇的魔境

师兄这段日子怎么老是一个人在房间里胡言乱语呢？

我用金刚杵给你加持，使你长命吧！还有，我的女儿也送给你了！

好啊！好啊！

❶ 禅修者在三摩地中，心爱长寿，辛苦研究几微动相，贪求永岁。

❷ 利用修行人定心虚明来资发邪慧，食修行人的精气来助养魔躯。

❸ 魔有时不需要所附身之人，直接能令修行人亲自观见。

❹ 禅修者如果与妖精盛行贪欲，不到一年半载就会肝脑枯竭而死。

七趣因果与五阴魔相　想阴禅境中的十种魔事

267

■ 对想阴的总结

以上十种魔，在佛法中出家修道，有的附人体，有的自己现形，都说自己已成正遍知觉，赞叹淫欲，破佛的律仪。前面十种魔附之人，与其座下弟子以淫传淫，延害后世。如此邪精魅其心腑，近则九生，多逾百世，令修行人总为魔眷。命终之后，必为魔民，失掉正遍知，堕入无间狱。阿难等不必先取寂灭，纵然得到无学，仍要发愿进入末法之世，起大慈悲心，救度正心深信的众生，使他们不着魔，得到正确知见，这就可以称为报佛的恩。

这样十种禅那中所现境相都是想阴所覆，观力与妄想交战心中，互为胜负。如果妄想胜时，就现上面种种事情。众生顽迷，不自忖量，遇上如此因缘，迷惑不能自识，以为已登圣位。大妄语造成后，将来必堕无间地狱中。阿难，你必须将如来所说言语，于佛灭度之后，传示于末法时期，遍使众生能明白开悟此义，不让天魔得到下手的机会，保持覆护众生，能使他们成就正等正觉之道。

不入涅槃的罗汉

依据唐代玄奘大师翻译的《大阿罗汉难提密多罗所说法住记》记载，在释迦牟尼佛涅槃时，有十六位大阿罗汉曾受释迦牟尼佛嘱托，不入涅槃，留形住在世间各处，受世人的供养，为众生作福田，流通、护持佛法，直到弥勒菩萨在人间成佛。后人加上两位罗汉成十八罗汉。

七趣因果与五阴魔相　想阴禅境中的十种魔事

宾度罗跋啰惰阇尊者
戍博迦尊者
伐阇罗弗多罗尊者
那迦犀那尊者
半托迦尊者
因揭陀尊者

迦理迦尊者
迦诺迦跋厘惰阇尊者
苏频陀尊者
迦诺迦伐蹉尊者
阿氏多尊者
宾头罗尊者

难提密多尊者
注茶半托迦尊者
罗睺罗尊者
伐那婆斯尊者
跋陀罗尊者
诺距罗尊者

269

行阴区宇
行阴禅境中的十种心魔

在行阴区宇中，行者已经不属外境魔事的干扰，而是自己就禅定中所观察到的现象而生起种种错误知见，只是自心邪解作祟，所以称为心魔。就其中的十种狂妄知见来看，不出断见与常见两种。

■ 行阴区宇的境界

佛说，禅修者在修三摩提中，想阴尽后，动念全消，浮想亦除，故昼则无想，夜也无梦，平常梦想消灭，寤寐如一，觉明虚静犹如晴空。此时不再有粗重前尘影事，观察世间大地山河，虽然万象俱现而无所分别，如镜鉴明，来无所黏，过无踪迹。境现识中，不过虚受照应，绝六尘之杂染，故来无所黏；了无陈习，知六识的伪妄，故过无踪迹，只留有唯一精真的第八本识。

作为第八识中所含七识种子的生灭根源，从此披露。虽未得通达十二类生，各各受命元由头绪，而见七识种子同分生基，犹如野马熠熠清扰。浮根四尘是众生的根身。十二种类各各不同，而究竟转变之机完全在于行阴。由于行阴的存在，根尘得以生灭。行相不尽，生死难脱，所以这种境界名为行阴区宇。

若此清扰熠熠元性，性入元澄，一澄元习，如波澜灭，化为澄水。至此即名为行阴尽，此时即能超众生浊。回观产生行阴的根源，在于第八识中的七识种子，幽深隐微，生灭妄想以它为本。

■ 第一外道：两种无因

禅修者如果能正确地认识到，在圆定发明中，诸善男子，不动不惑，定慧均等，不起十种邪求，十类天魔无隙可乘，方得精心研究，力破想阴，行阴即现，才能穷究十二类众生的生灭根本。欲于本类中研求生灭，根源显露。观察行阴幽隐轻清，以迁流的微细动相为圆扰群动之元。于圆扰群动之元，为诸行之本，是生灭之元。如是观察，执为殊胜之性，所以生起计度。却不知道有不扰不动的真如，亡失本修，因此落入本无因和末无因两种无因论的窠臼中。如此错误认知，以致堕落成外道恶见，惑乱菩提正觉之性。

行阴区宇的境界

禅修者修反闻自性的楞严大定，想阴已破，行阴现前时，就完全没有梦想，醒和睡是一样的。寤寐恒一是想阴破尽的必要标准。

想阴破尽的标准

昼则无想

破想阴的禅修者日理万机而均能一念不生，而且是自然的一念不生。苍雪大师说"不是息心除妄想，只缘无事可思量"，可能是指这种境界。

夜则无梦

破想阴的禅修者能达到《心经》里讲的"远离颠倒梦想"的境界。儒家的孔子也说："久矣，吾不复梦见周公。"孔子没有做梦，是因为他当时已破了想阴，只需要极少的睡眠时间。

二种无因论

禅修者在证入行阴区宇时，发起宿命通，在观察众生的生命因缘本源中，往前推八万劫之起点开始，到往后推八万劫后结尾，对这么长时间众生的生死轮回、种种因缘能有清楚的了解。

宿命通被局限在八万劫内，禅修者不能了解八万劫以前的因缘，因此堕入本无因论。

宿命通被局限在八万劫内，禅修者不能了解八万劫以后的因缘，因此堕入末无因论。

■ 第二外道：四种遍常

禅修者在三摩地中定慧均等，魔不得便，于是穷究十二类众生的生灭根本，观彼幽清常扰动的根源。于圆常中妄起计度之念，以致堕入心境计常、四大计常、八识计常、想尽计常这四遍常论中，堕落成外道，惑乱了菩提正觉自性。

■ 第三外道：四种颠倒

禅修者在三摩地中定慧均等，坚凝正心，魔得不到机会。于是禅修者穷究十二类众生生灭的根本，观察行阴幽隐轻清，观彼幽清常扰动的根源，自他身心都依它而建立。于自他法中，起种种妄计，禅修者就会堕入双约自他、约他国土、约自身心、双非自他这四种颠倒见中、双计无常和常的见解中，堕落成外道，惑菩提性。

■ 第四外道：四种有边

禅修者在三摩地中坚凝正心，魔得不到机会，于是禅修着穷究十二类众生的生灭根本。他观察行阴幽隐轻清，常常现出清扰冲动的生命受生的根源，于是计三际（过去、现在、未来），计八万劫内外的见闻，计彼我之性，计四阴的生灭这四种边见，从而堕入四种有边论中，就成为外道，迷惑了中道的菩提正性。

■ 第五外道：四种矫乱

禅修者在三摩地中坚凝正心，魔得不到机会，穷尽十二类众生生灭的根本，观察行阴幽隐轻清，常常现出清扰冲动的生命受生的根源。禅修者在定中所知所见不能抉择明了，而妄生周遍计度，从而堕入四种颠倒不死的矫乱遍计的虚论中，堕落成外道，迷惑菩提真性。

■ 第六外道：有十六相

禅修者在三摩地中坚凝正心，魔不得便。于是，他能穷尽十二类众生生灭的根本，观察行阴幽隐轻清，常常现出清扰冲动的生命受生的根源。禅修者用妙明真精观照行阴迁流不息之相，产生自我知见后推测计度，而引发十六种有相之见。如此错误地认知，就堕落成外道，迷惑了菩提的正性。

■ 第七外道：八种无相

禅修者在三摩地中，坚凝正心，魔不得便，于是能穷尽十二类众生生灭的根本，观察行阴幽隐轻清，常常现出清扰冲动的生命受生的根源。

有十六相的错误认知

永嘉大师在《证道歌》中说："法身觉了无一物，本源自性天真佛。五蕴浮云空去来，三毒水泡虚出没。"对于真正觉悟的人来说，色蕴像泡沫，受蕴像水泡，想蕴像海市蜃楼，行蕴像芭蕉树，识蕴像幻影，他已经超越了在禅定中产生的十六种相的错误认知。

对色阴的四种错误认知
- 即色是我
- 我中有色
- 色属于我
- 我在色中

对受阴的四种错误认知
- 即受是我
- 我中有受
- 受属于我
- 我在受中

对想阴的四种错误认知
- 即想是我
- 我中有想
- 想属于我
- 我在想中

对行阴的四种错误认知
- 即行是我
- 我中有行
- 行属于我
- 我在行中

七趣因果与五阴魔相　行阴禅境中的十种心魔

对于前面已经除灭的前三阴中产生错误认知，人就堕入死后无相的执空颠倒中，就堕落成外道，迷惑了菩提的正性。

■ 第八外道：八种俱非

禅修者在三摩地中，坚凝正心，魔不得便，于是能穷尽十二类众生生灭的根本，观察行阴幽隐轻清，常常现出清扰冲动的生命受生的根源。由后观前，由前观后，穷尽色、受、想、行四阴界限，有无俱非，成为八种俱非相；也就是非有色、受、想、行，非无色、受、想、行。随举一阴作为研究的对象，都可以说死后非有相、非无相，从而堕落成外道，迷惑菩提的正性。

■ 第九外道：七际断灭

禅修者在三摩地中，坚凝正心，魔不得便，穷尽十二类众生生灭的根本，观察行阴幽隐轻清，常常现出清扰冲动的生命受生的根源。见行阴念念灭处，生起错误知见，禅修者便坠入处处皆断灭的七处断灭论，错误地认为死后断灭，堕落成为外道，迷惑了菩提种性。

■ 第十外道：五现涅槃

禅修者在三摩地中，坚凝正心，魔不得便，穷尽十二类众生生灭的根本，观察行阴幽隐轻清，常常现出清扰冲动的生命受生的根源。于行阴念念相续无间的后后有生起错误知见，这人就堕入五涅槃论，把五种有漏之处当成涅槃之地，堕落成外道，迷惑了菩提种性。

■ 对行阴的总结

以上所说，禅那中所现的十种狂妄知解（即心魔），都是行者于行阴中，见理不曾透彻，正定没有达到精纯，不过是禅观与妄想；两相交战于心中互为胜负的结果；妄想胜于观照时，就会出现这些邪悟。众生钝顽，迷昧无知，不自揣度思量，我是何根器，遇到这种悟境出现，以迷惑为解悟，自以为已证圣位，这是未证言证，未得言得，成大妄语，以致堕落无间地狱，受无量苦，经无量劫，不得出离。

在佛灭度之后，必须将如来的教诲，传示给末法时代的禅修者，使他们普遍觉察明白这些道理，不要让自己心魔，自起深重罪孽。要保持他们的真心，庇护他们的禅定，消灭他们边邪之见，使他们身心开显，觉悟真心实义，于求无上佛道途中，不走迂回歧路，不要得少为满足。

行阴区宇中产生的断见与常见

禅修者在行阴区宇中，见行阴念念迁流不住，因不住则后必有灭，故名后后无。因此妄计生人天七处，后皆断灭，从而成为堕入持断灭论的外道。又有禅修者看见行阴念念相续无间，因无间则后必是有，故名后后有。因此妄计，现在五处就是涅槃，不待灰身泯智，从而成为持五现涅槃论的外道。

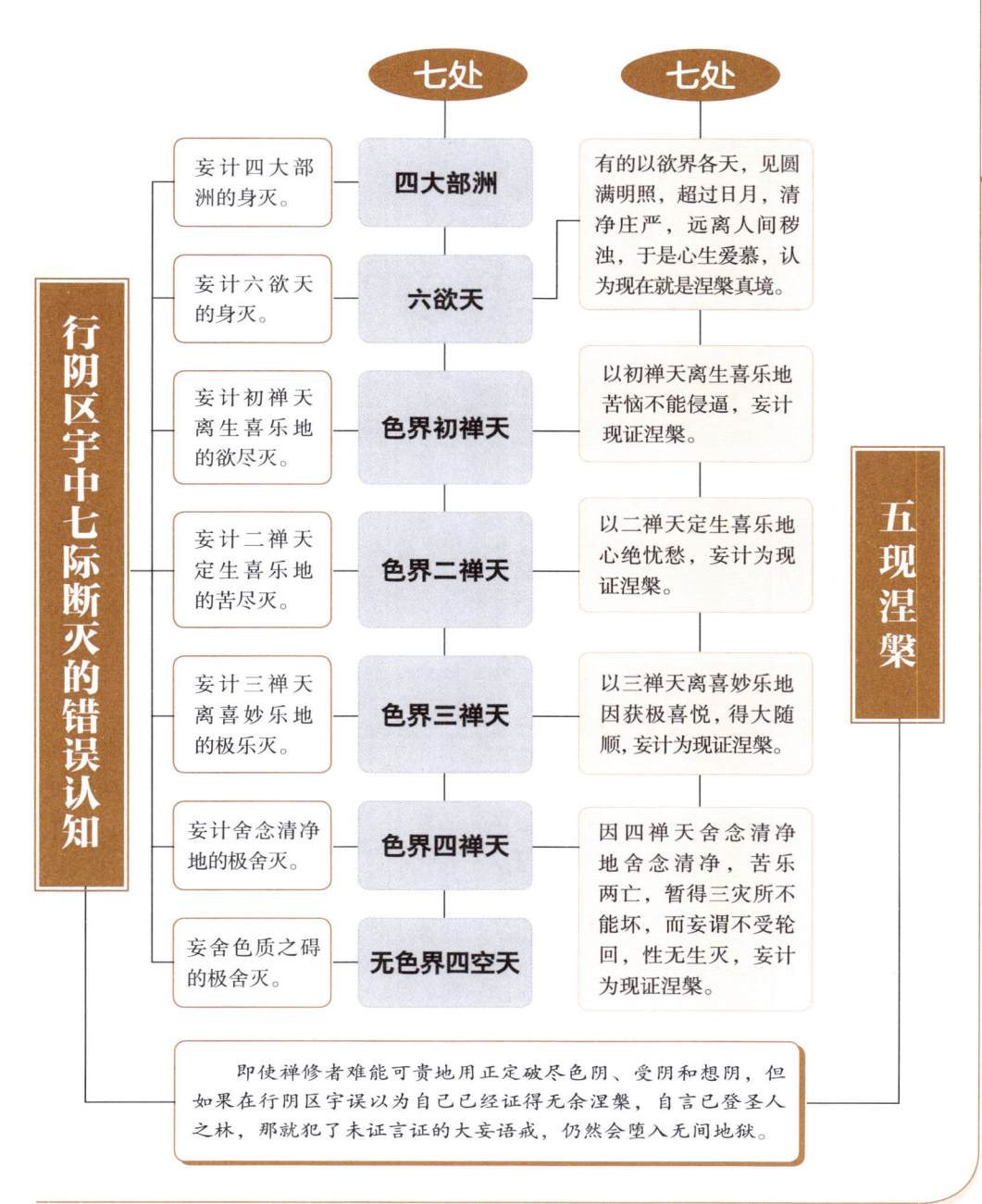

七处

行阴区宇中七际断灭的错误认知

	七处
妄计四大部洲的身灭。	四大部洲
妄计六欲天的身灭。	六欲天
妄计初禅天离生喜乐地的欲尽灭。	色界初禅天
妄计二禅天定生喜乐地的苦尽灭。	色界二禅天
妄计三禅天离喜妙乐地的极乐灭。	色界三禅天
妄计舍念清净地的极舍灭。	色界四禅天
妄舍色质之碍的极舍灭。	无色界四空天

七处

五现涅槃

- 有的以欲界各天，见圆满明照，超过日月，清净庄严，远离人间秽浊，于是心生爱慕，认为现在就是涅槃真境。
- 以初禅天离生喜乐地苦恼不能侵逼，妄计现证涅槃。
- 以二禅天定生喜乐地心绝忧愁，妄计为现证涅槃。
- 以三禅天离喜妙乐地因获极喜悦，得大随顺，妄计为现证涅槃。
- 因四禅天舍念清净地舍念清净，苦乐两亡，暂得三灾所不能坏，而妄谓不受轮回，性无生灭，妄计为现证涅槃。

即使禅修者难能可贵地用正定破尽色阴、受阴和想阴，但如果在行阴区宇误以为自己已经证得无余涅槃，自言已登圣人之林，那就犯了未证言证的大妄语戒，仍然会堕入无间地狱。

识阴区宇
识阴境界中的十种偏差

识阴十境中，前八种是外道、天、仙、魔王错修妄本，贪恋尘劳，不出三界，枉受生死。后两种的定性声闻和辟支佛，都已断惑证真，已出三界而了生死，但不知更求无上菩提妙果，以得少为足。

■ 识阴区宇的境界

佛说，彼善男子修三摩提，行阴尽后，观察诸世间幽隐轻清扰动的根源，十二类生的同分生机忽然隳裂它的沉细纲纽。因此，三界诸趣受生偿业的深脉感应全都悬离隔绝，于涅槃天将大明悟。如同天将晓时公鸡作最后一遍打鸣，瞻视东方已露曙色。六根虚静不再弛逸，内根外尘化为一味湛明之境。内不见有能入之根，外不见有所入之尘，深达十二类生各各受命的原由。观此受命原由，又把它当成本元真心，不受十二类生的牵召。唯见十方世界同一识性，识精元明常得现前，能发现暗中之物。这就称为识阴区宇。

十二类众生已不再受业报之牵召而去受生，又见十方世界同是唯识一体变现之中，微密观照，销磨六门，使其分者得合，以六根为一根用，一根能作六根用，互用清净。于是十方世界及身心融合明澈，如琉璃内外明澈，这就称为识阴尽，行者则能于此超越命浊。观察识阴的来由，是以罔象虚无的颠倒妄想作为它的根本。

■ 第一偏差：因所因执

禅修者能令自己的六根隔碍消融，合六根为一根之用，开一根为六根之用。也与十方十二类众生共同一见闻觉知，同归圆元的识阴。假如对于所归依之处妄立真常因，生殊胜之解，那么行者就堕入因所因执，黄发外道所归的冥谛就成了他的同类，他就迷了佛果菩提无得的真道，亡失了自己因地正知正见的妙心。这违反并远离了圆通，背离了涅槃城，当生于外道种类之中。

■ 第二偏差：能非能执

禅修者假如将识阴作为所归依的极果，以识心为自体，于是以为尽虚空界十二类众生都是从我身中一类流出，生起殊胜的见解。那么，这人就堕入以非能为能的邪执中，成为大自在天摩醯首罗的伴侣，迷失了

识阴区宇的境界

行阴破尽后的境界

禅修者对于众生有情五蕴、十二处、十八界等诸法相同受生之众同分根基机缘，倏然间毁裂而不存在了，对业缘感召已能悬绝，对于涅槃天的境界将要彻底明了。这就好像凌晨时鸡作最后一次的晨啼，此时东方已能看见天色泛白的曙色。

识阴破尽后的境界

禅修者对于十二类业缘的感召已获得一同相，不会有异相生。且能消灭六门的差别性，使其六根合一或一成六门。六根互用，清净自在。

七趣因果与五阴魔相

识阴境界中的十种偏差

两种错误的执着

禅修者把识阴的圆元作为自己所归依之处，并妄立真常因，生殊胜之解。

因所因执

禅修者因此和归依冥谛的黄发外道成了同类，并迷失了佛果菩提无得的真道。

禅修者将识阴作为所归依的极果，并以识心为自体，认为尽虚空界十二类众生都是从我身中一类流出。

能非能执

禅修者因此成为自在天摩醯首罗的伴侣，迷失了佛果菩提归无所得的真道。

十方十二类众生

佛所证菩提的果觉，亡失了正知正见。这就称为第二邪境，立能为心，成能事果，违远圆通，背涅槃城，当生于妄计我遍摄一切众生的大慢天外道种类之中。

■ 第三偏差：常非常执

禅修者假如将识阴作为归依处，还自疑身心从那儿流出，十方虚空也全都从此处生起。于是，识阴，被此人作为真常之身，没有生灭。把有生灭的识阴早早计为常住真心，不但是不明了妙明真心的不生灭性，也不了解识阴犹属微细生灭。安住在这真妄双迷之中，生起殊胜的见解，这人则堕入了以非常为常的邪执中，成了自在天魔王波旬的伴侣，迷失了佛果菩提无得的真道，亡失了正知正见。这就称为第三种邪境，立识阴为能生我身心之因，又看成是我所归依之处，亡失本修，自与圆通相违远，流入外道，背涅槃城，当生于颠倒圆满的外道种类之中。

■ 第四偏差：知无知执

禅修者假如对于所观识阴，见它的知性无处不遍，无境不圆，由此妄立知解，认为万物既由同一知性产生，人与物既同出一源，十方草木，当然与人无异，都应当称为有情。草木为人，人死还为草木。不分有情无情，遍皆有知。若妄作这样的殊胜解释，这人就堕入以无知作有知的邪执中。如婆咤、霰尼等外道，执一切有情、无情都有知觉，成了他们的同类，迷失菩提佛果，亡失因地正知正见的妙心。这就是第四种邪境，计圆遍一切的有知为因心，成虚无谬误之果，去圆通妙定日远，与涅槃城背道而驰，反入生死途，生于颠倒知见的外道种类之中。

■ 第五偏差：生无生执

禅修者假如以当前的六根圆融，相互为用，没有阻碍之中已能随顺，便于这圆融变化的理上妄生计度，以为一切万象都是由四大产生，误认为四大常住不变（因有四大才能生出圆融的六根），于是背自性的性火，乐求外火的光明，乐水的清净，爱风的周遍流动，观大地的成就等等，各随己执，崇拜事奉四大。以这四大尘为产生一切万法的根本原因，立四大为常住，这人就会堕入生无生的谬执中。四大本不是能生圣凡因果，妄以为是万法的能生者。如诸迦叶波及婆罗门，或诚心以身事火，或崇拜水，希望求得脱离生死的圣果，而成了他们的同类，迷失菩提佛果，丧失因地正知正见的妙心。

识阴境界中发生的偏差（一）

知无知执

禅修者错误地认为草木也是有情众生。

禅修者错误地认为人死后也会变成十方界的花草、树木等。

禅修者在识阴区宇中，能以识心体知草木中有灵魂的现象，错误地认为十方草木也各各具有知觉性，也可称为有情众生。

识阴破尽后，才会彻底知道"山河应念化为无上知觉"的境界。

本来只有唯一的妙明真心，因为迷惑而分为见相二分，所以妄见山河大地等无情没有知觉。大悟之人复归唯一妙明真心，则通一知觉。

七趣因果与五阴魔相

识阴境界中的十种偏差

生无生执

禅修者以识阴心想求火大现起光明时，即能如实而现出大光明。因为尊崇此能力，所以就尊奉火神，认为这就是一切有相的本生因缘。

禅修者以识阴心想求地大，即能应心产生世界微尘相来。因为尊崇此能力，所以就尊奉地神，认为这就是一切有相的本生因缘。

禅修者以识阴心想到风大周流无碍，即能现起旋风之流动相来。因为尊崇此能力，所以就尊奉风神，认为这就是一切有相的本生因缘。

禅修者以识阴心想得水大现起清净浩瀚大水的乐趣时，即能应心而现出大量净水来。因为尊崇此能力，所以就尊奉水神，认为这就是一切有相的本生因缘。

这是识阴第五种谬执，崇事邪业，迷于一真灵觉的本心，依四大无知之物，立虚妄的因，求虚妄的实果，错乱修习，离圆通妙定日远，与涅槃城背道而驰，致入生死途，当生颠倒圆化之理的外道种类之中。

■ 第六偏差：归无归执

禅修者若于当前圆明的识阴境相，而不知仍是罔象虚无妄想，妄计圆明中虚无体性，为究竟地。欲毁灭群尘所化的根身国土，以永灭群化所依的空，为究竟的归依处，舍弃本修不再前进。不知这仍是虚而不实的境界，却作究竟可依的实境解，这人就会堕归无归的谬执，以空无本不是归依之处为实在的归依之处。如无想天中诸舜若多（趣空）的天众，成了他们的伴侣，迷失菩提佛果，丧失了因地正知正见的妙心。这是识阴第六种邪境，以圆明中的虚无心为因，成就空亡断灭果，离圆通妙定日远，与涅槃城背道而驰，反入生死途，当生断灭种的外道种类之中。

■ 第七偏差：贪非贪执

禅修者若对识阴精明的体性，湛然而不摇动，就妄计以为是圆满常住。因见识阴为一身之主，自可使这身体坚固常存，同识精圆明，长生不死，妄作这样殊胜解，这人就堕入贪非贪执。妄想贪求长生，而实在是无可贪着的。如那些阿斯陀勤求长生不老一样，成了他们的伴侣，迷失菩提佛果，丧失因地正知正见的妙心。这是识阴第七种邪境，执着识阴为受命的根源，于是立坚固幻妄的色身，以圆常识阴为因心，趋向长恋尘劳的果报，而不再求解脱之道。舍弃本修，离圆通妙定日远，与涅槃城背道而驰，反入生死途，当生妄想延长寿命的外道种类之中。

■ 第八偏差：真无真执

禅修者以见命元既与尘劳连持，则命和尘存则俱存，亡则俱亡；于是妄想留住尘劳，恐尘劳销尽，命亦随着断绝。而且行阴尽识阴现者，圆化随心，得大自在；这人便于这时坐庄严香洁的莲花宫，广化七珍至宝，多增名媛美女，纵情声色。以无常的声色之乐，作真常的妙乐胜解，这人就堕入真无真的谬执中，妄执业识的命元为真常，而实非真常。如咤枳、迦罗一样，自以为变化欲境，成了他们的伴侣，迷失菩提佛果，丧失因地正知正见的妙心。这是识阴第八种邪境，以邪思纵欲为因心，以炽盛的尘劳为果觉，离圆通妙定日远，与涅槃城背道而驰，不断欲而修禅，终落魔道，当生魔种的外道种类之中。

识阴境界中发生的偏差（二）

贪求长生不老的阿斯陀仙人

禅修者经历千辛万苦证到这种境界，自想若是色身又舍去死亡又得从头一关又一关开始修行，希望色身能长寿，亡失菩提知见，感召五通俱足勤求长生不老的阿斯陀仙人为其伴侣。

当世尊出生后，净饭王皇宫现出种种稀有瑞相，大家都赶来庆贺。

已达到识阴境界的阿斯陀仙与其侍者那罗陀赶到净饭王皇宫，为太子占相，预言王子必定出家成佛，得无上菩提时转正法轮。但阿斯陀自知已命不久远，不能得到世尊成佛后的教化，因而悲叹号泣。

天魔种性

修得识精元明的禅修者，能体知十二类众生于我身中，也能知道自己身心从虚空化出，也能以自性与诸根互用随顺。但在此时耐不住寂静，怕一切相破灭，产生真无真执。

禅修者以神通化成一座莲花宫，并于宫中增设七宝以装潢其宫。

禅修者恣情纵欲，认为这是修行后应该得到的，他能变、能化、能享受，并认为这就是人生最高的境界。

禅修者引诱、广招境界在其之下不断淫的修行者，使他们化生成为其宫中的魔王、魔民和魔女。其中魔女配有诸多宝物以增其华丽。

七趣因果与五阴魔相　识阴境界中的十种偏差

■ 第九偏差：定性声闻

禅修者假如明白各自受命的由来，知道识阴普遍包容一切有漏与无漏的种子，为凡、圣所共依，因而分别圣位的变易精微，凡位的分段粗显，条疏抉择，认圣道为真，外道为伪，以为世间法与出世法，皆依因感果，自相酬答。急欲易粗为精，舍伪从真，唯求真修实证速出三界，以致背弃一乘实相的清净道。所谓见苦而断集，为证寂灭而修道，停留于寂灭的化城，作涅槃的胜解，得少为足，以为所作已办，生死已了，不再前进以求大乘中道，进趋究竟涅槃。这人就会堕入定性声闻，即不发回小向大之心，为钝根阿罗汉，或四禅天中的无闻比丘，增上慢人，成了他的伴侣，迷失菩提佛果，丧失因地正知正见的妙心。这是识阴中第九种境界，虽然不是邪境，也仅仅是圆精应心，成就沉空趣寂，而得定性声闻的小果，离圆通的妙定日远，与涅槃城背道而驰，当生缠于偏空种类之中。

■ 第十偏差：定性辟支

禅修者若于六根互用圆融，清净不染诸尘，照见各自受命原由之时，寂居观物迁变而无师自悟，或以顺逆观察因缘悟知无性，就以这悟境作涅槃的胜境解，以为究竟的归依处，安住不前，不再追求真如不动的寂灭场地及性海圆融、缘起无碍的境界。这人就会堕定性辟支佛，即缘觉和独觉小果一类，不肯前进，也不回小向大，成了他们的伴侣，迷失了菩提佛果，丧失因地正知正见的妙心。这是识阴第十境，虽非邪执以圆遍诸类，但仅仅是觉知通吻的识阴悟境为因心，成就湛明的道果，离圆通妙定日远，与涅槃城背道而驰，生觉圆明而不化圆的种族。

■ 对识阴的总结

以上所说，禅那中所现的十种谬执，都是修行者识阴中，见理不曾透彻，误入歧途，生起狂解，或者执所非执，本没有到涅槃境界，妄计以为是圆满常住。众生迷昧无知，加上积劫的习染，执着现境，亡失了正知正见，以为这就是安心立命之所，未证言证，未得言得，所招感有漏的禅定福业若尽，必堕无间地狱，不得出离。

要怀有大悲心，秉承如来教诲，传示末法时代的禅修者，使其觉察通达这些道理，不要让他们自作沉重罪孽。保护禅定众生，慈心救苦，消灭他们邪见的机缘，自然而入佛的知见，不走歧路，求无上佛道。

二乘圣者的修行法

二乘圣者指的是声闻和缘觉，他们都属于修行小乘之法的人。

声闻的修行

苦谛
说明世间诸受皆苦的道理，有四苦、八苦、无量苦等说法。

集谛
说明苦的根源是无明，即不明白世间的真相，把虚幻的东西当成实有。它指出了我们生死流转的原因。

灭谛
要想消灭所有的苦，只能通过修行证入不生不死的涅槃境界。证得涅槃是佛教修行的最终目的。

道谛
"道"就是道路、方法，指修行方法，小乘之人修行八正道、三十七道品，大乘菩萨修行六度法。

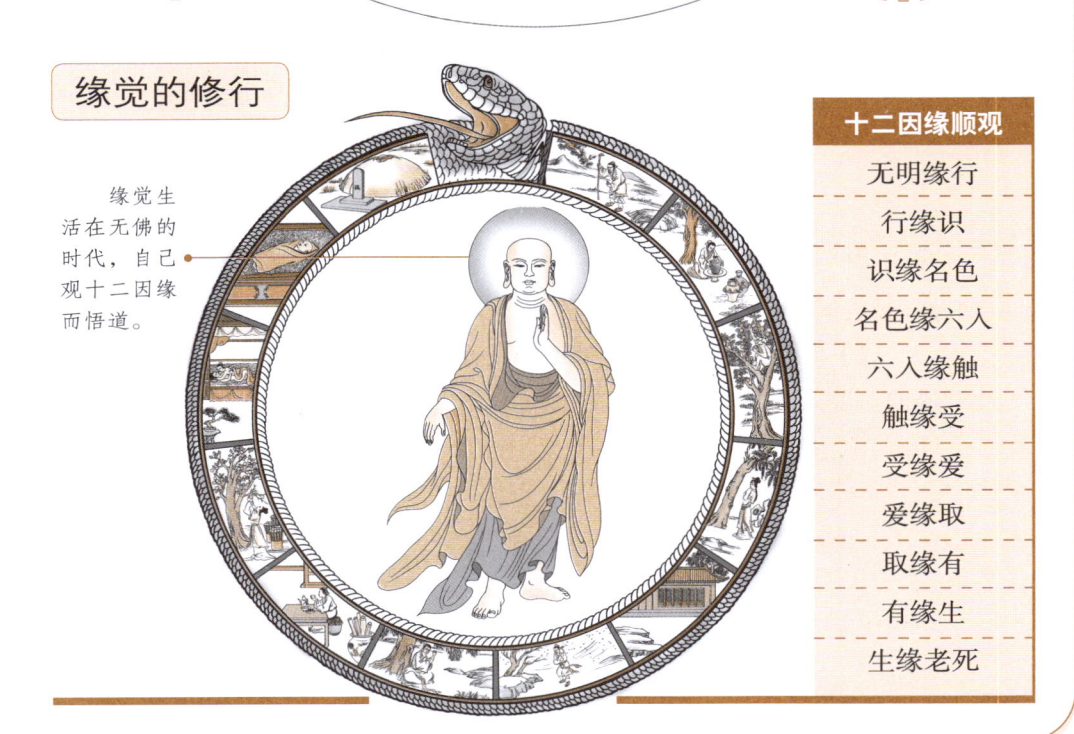

声闻听佛说法，修行四圣谛。

缘觉的修行

缘觉生活在无佛的时代，自己观十二因缘而悟道。

十二因缘顺观
无明缘行
行缘识
识缘名色
名色缘六入
六入缘触
触缘受
受缘爱
爱缘取
取缘有
有缘生
生缘老死

七趣因果与五阴魔相　识阴境界中的十种偏差

附录

《大佛顶首楞严经》全文

卷一

一、首楞严会

如是我闻：一时佛在室罗筏城祇桓精舍。与大比丘众千二百五十人俱。皆是无漏大阿罗汉：佛子住持，善超诸有。能于国土成就威仪。从佛转轮，妙堪遗嘱，严净毗尼，弘范三界。应身无量，度脱众生，拔济未来，越诸尘累。其名曰：大智舍利弗、摩诃目犍连、摩诃拘𫄨罗、富楼那弥多罗尼子、须菩提、优波尼沙陀等而为上首。复有无量辟支无学，并其初心。同来佛所。属诸比丘休夏自恣。十方菩萨咨决心疑，钦奉慈严，将求密义。即时如来敷座宴安，为诸会中宣示深奥。法筵清众，得未曾有。迦陵仙音遍十方界。恒沙菩萨来聚道场，文殊师利而为上首。

时波斯匿王，为其父王讳日营斋，请佛宫掖。自迎如来，广设珍馐无上妙味，兼复亲延诸大菩萨。城中复有长者、居士，同时饭僧，伫佛来应。佛敕文殊分领菩萨及阿罗汉，应诸斋主。唯有阿难先受别请，远游未还，不遑僧次。既无上座及阿阇黎，途中独归，其日无供，即时阿难执持应器。于所游城次第循乞。心中初求最后檀越以为斋主，无问净秽、刹利尊姓及旃陀罗。方行等慈，不择微贱，发意圆成一切众生无量功德。阿难已知如来世尊诃须菩提及大迦叶，为阿罗汉心不均平。钦仰如来，开阐无遮，度诸疑谤。经彼城隍，徐步郭门，严整威仪肃恭斋法。

尔时，阿难因乞食次，经历淫室。遭大幻术摩登伽女，以娑毗迦罗先梵天咒摄入淫席，淫躬抚摩，将毁戒体。如来知彼淫术所加，斋毕旋归，王及大臣、长者、居士，俱来随佛愿闻法要。于时世尊顶放百宝无畏光明，光中出生千叶宝莲，有佛化身结跏趺坐，宣说神咒。敕文殊师利将咒往护，恶咒销灭，提奖阿难及摩登伽归来佛所。

二、请菩提道

阿难见佛，顶礼悲泣。恨无始来一向多闻，未全道力。殷勤启请：十方如来得成菩提，妙奢摩他、三摩、禅那最初方便。于时复有恒沙菩萨及诸十方大阿罗汉、辟支佛等，俱愿乐闻。退坐默然承受圣旨。

三、演究竟法

佛告阿难："汝我同气，情均天伦，当初发心，于我法中见何胜相？顿舍世间深重恩爱！"阿难白佛："我见如来三十二相，胜妙殊绝，形体映彻犹如琉璃。常自思惟，此相非是欲爱所生。何以故？欲气粗浊，腥臊交遘，脓血杂乱，不能发生胜净妙明紫金光聚。是以渴仰，从佛剃落。"佛言："善哉，阿难！汝等当知：一切众生。从无始来生死相续，皆由不知常住真心性净明体。用诸妄想，此想不真故有轮转。汝今欲研无上菩提真发明性，应当直心酬汝所问。十方如来同一道故，出离生死，皆以直心！心言直故，如是乃至终始地位，中间永无诸委曲相。阿难！我今问汝：当汝发心缘于如来三十二相，将何所见？谁为爱乐？"

阿难白佛言："世尊！如是爱乐，用我心目。由目观见如来胜相，心生爱乐，故我发心愿舍生死。"

佛告阿难："如汝所说真所爱乐因于心目，若不识知心目所在，则不能得降伏尘劳。譬如国王为贼所侵，发兵讨除，是兵要当知贼所在。使汝流转，心目为咎；吾今问汝：唯心与目，今何所在？"

四、七处征心
（一）执心身内

阿难白佛言："世尊！一切世间十种异生，同将识心居在身内。纵观如来青莲华眼，亦在佛面。我今观此浮根四尘，只在我面！如是识心，实居身内。"

佛告阿难："汝今现坐如来讲堂。观祇陀林今何所在？""世尊！此大重阁清净讲堂在给孤园。今祇陀林实在堂外。""阿难，汝今堂中先何所见？""世尊！我在堂中。先见如来，次观大众，如是外望方瞩林园。""阿难！汝瞩林园因何有见？""世尊！此大讲堂户牖开豁，故我在堂得远瞻见。"

尔时世尊，在大众中，舒金色臂摩阿难顶，告示阿难及诸大众！有三摩提，名大佛顶首楞严王，具足万行，十方如来一门超出妙庄严路，汝今谛听！阿难顶礼，伏受慈旨。

佛告阿难："如汝所言：身在讲堂，户牖开豁，远瞩林园！亦有众生在此堂中，不见如来见堂外者？"阿难答言："世尊！在堂不见如来，能见林泉，无有是处。""阿难！汝亦如是。汝之心灵一切明了，若汝现前所明了心实在身内，尔时先合了知内身；颇有众生先见身中，后观外物？纵不能见心、肝、脾、胃、爪生、发长，筋转、脉摇，诚合明了，如何不知？必不内知，云何知外？是故应知：汝言觉了能知之心，住在身内无有是处。"

（二）执心身外

阿难稽首而白佛言："我闻如来如是法音，悟知我心实居身外。所以者何？譬如灯光然于室中，是灯必能先照室内，从其室门后及庭际。一切众生不见身中独见身外，亦如灯光居在室外，不能照室。是义必明，将无所惑；同佛了义，得无妄耶？"

佛告阿难："是诸比丘，适来从我室罗筏城：循乞抟食，归祇陀林，我已宿斋。汝观比丘一人食时，诸人饱不？"阿难答言："不也，世尊！何以故？是诸比丘虽阿罗汉，躯命不同，云何一人能令众饱？"佛告阿难："若汝觉了知见之心，实在身外，身心相外，自不相干。则心所知，身不能觉，觉在身际，心不能知。我今示汝兜罗绵手，汝眼见时，心分别不？"阿难答言："如是，世尊！"佛告阿难："若相知者，云何在外，是故应知：汝言觉了能知之心住在身外，无有是处。"

（三）潜伏根里

阿难白佛言："世尊！如佛所言：不见内故，不居身内；身心相知不相离故，不在身外。我今思惟，知在一处。"佛言："处今何在？"阿难言："此了知心既不知内而能见外，如我思忖，潜伏根里。犹如有人取琉璃碗，合其两眼，虽有物合而不留碍，彼根随见即随分别。然我觉了能知之心不见内者，为在根故；分明瞩外，无障碍者，潜根内故。"

佛告阿难："如汝所言。潜根内者，犹如琉璃。彼人当以琉璃笼眼，当见山河见琉璃不？""如是，世尊！是人当以琉璃笼眼，实见琉璃。"佛告阿难："汝心若同琉璃合者，当见山河，何不见眼？若见眼者，眼即同境，不得成随；若不能见，云何说言此了知心潜在根内如琉璃合？是故应知：汝言觉了能知之心潜伏根裹如琉璃合，无有是处。"

（四）内外两在

阿难白佛言："世尊！我今又作如是思惟：是众生身腑藏在中，窍穴居外。有藏则暗，有窍则明。今我对佛，开眼见明，名为见外；闭眼见暗，名为见内；是义云何？"

佛告阿难："汝当闭眼见暗之时，此暗境界为与眼对，为不对眼？若与眼对，暗在眼前，云何成内？若成内者，居暗室中无日月灯，此室暗中皆汝焦腑。若不对者，云何成见？若离外见，内对所成，合眼见暗，名为身中；开眼见明，何不见面？若不见面，内对不成。见面若成，此了知心及与眼根，乃在虚空，何成在内？若在

284

虚空，自非汝体，即应如来今见汝面，亦是汝身。汝眼已知，身合非觉。必汝执言身，眼两觉，应有二知，即汝一身应成两佛！是故应知：汝言见暗名见内者，无有是处。"

（五）随合随有

阿难言："我尝闻佛开示四众：由心生故种种法生，由法生故种种心生。我今思惟：即思惟体实我心性。随所合处，心则随有。亦非内、外、中间三处。"

佛告阿难："汝今说言，由法生故种种心生，随所合处心随有者，是心无体则无所合；若无有体而能合者，则十九界因七尘合，是义不然。若有体者，如汝以手自挃其体，汝所知心为复内出，为从外入？若复内出还见身中；若从外来先合见面。"阿难言："见是其眼，心知非眼，为见非义。"佛言："若眼能见，汝在室中门能见不？则诸已死尚有眼存，应皆见物。若见物者，云何名死？阿难！又汝觉了能知之心，若必有体，为复一体？为有多体？今在汝身，为复遍体？为不遍体？若一体者，则汝以手挃一肢时，四肢应觉；若咸觉者，挃应无在。若挃有所，则汝一体自不能成。若多体者，则成多人。何体为汝？若遍体者，同前所挃！若不遍者，当汝触头亦触其足，头有所觉，足应无知。今汝不然。是故应知随所合处心则随有，无有是处。"

（六）心在间中

阿难白佛言："世尊！我亦闻佛与文殊等诸法王子谈实相时，世尊亦言：心不在内，亦不在外。如我思惟：内无所见，外不相知；内无知故在内不成，身心相知在外非义。今相知故，复内无见，当在中间。"

佛言："汝言中间，中必不迷，非无所在。今汝推中，中何为在？为复在处？为当在身？若在身者在边非中，在中同内。若在处者，为有所表？为无所表？无表同无，表则无定。何以故？如人以表表为中时，东看则西，南观成北，表体既混，心应杂乱。"

阿难言："我所说中，非此二种。如世尊言：眼、色为缘生于眼识，眼有分别，色尘无知，识生其中则为心在。"佛言："汝心若在根、尘之中，此之心体为复兼二？为不兼二？若兼二者，物体杂乱。物非体知，成敌两立，云何为中？兼二不成。非知不知，即无体性，中何为相？是故应知：当在中间，无有是处。"

（七）一切无著

阿难白佛言："世尊！我昔见佛与大目连、须菩提、富楼那、舍利弗四大弟子共转法轮，常言：觉知分别心性，既不在内，亦不在外，不在中间，俱无所在；一切无著，名之为心。则我无著，名为心不？"

佛告阿难："汝言觉知分别心性俱无在者，世间虚空、水、陆、飞行诸所物象，名为一切。汝不著者，为在为无？无则同于龟毛兔角，云何无著？有不著者，不可名无。无相则无，非无即相：相有则在，云何无著？是故应知：一切无著名觉知心，无有是处。"

五、乞奢摩路

尔时，阿难在大众中，即从座起，偏袒右肩，右膝着地，合掌恭敬而白佛言："我是如来最小之弟，蒙佛慈爱，虽今出家，犹恃憍怜，所以多闻未得无漏；不能折伏娑毗罗咒，为彼所转溺于淫舍，当由不知真际所诣。惟愿世尊。大慈哀愍，开示我等奢摩他路，令诸阐提隳弥戾车！"作是语已，五体投地。及诸大众，倾渴翘伫，钦闻示诲。

六、二种根本

尔时，世尊从其面门放种种光，其光晃耀如百千日，普佛世界六种震动。如是十方微尘国土，一时开现，佛之威神，令诸世界合成一界。其世界中，所有一切诸大菩萨，皆住本国合掌承听。

佛告阿难："一切众生，从无始来种种颠倒，业种自然如恶叉聚。诸修行人，不能得成无上菩提，乃至别成声闻、缘觉，及成外道、诸天魔王及魔眷属，皆由不知二种根本错乱修习；犹如煮沙欲成嘉馔，

纵经尘劫终不能得。云何二种？阿难！一者，无始生死根本，则汝今者与诸众生，用攀缘心为自性者。二者，无始菩提、涅槃元清净体，则汝今者识精元明，能生诸缘缘所遗者。由诸众生遗此本明，虽终日行而不自觉，枉入诸趣。"

七、辨晰心目

"阿难！汝今欲知奢摩他路，愿出生死，今复问汝！"即时，如来举金色臂，屈五轮指，语阿难言："汝今见不？"阿难言："见。"佛言："汝何所见？"阿难言："我见如来举臂屈指为光明拳，耀我心目。"佛言："汝将谁见？"阿难言："我与大众同将眼见。"

佛告阿难："汝今答我：如来屈指为光明拳，耀汝心目，汝目可见，以何为心，当我拳耀？"阿难言："如来现今征心所在，而我以心推穷寻逐，即能推者我将为心。"

佛言："咄！阿难！此非汝心。"阿难矍然，避座合掌，起立白佛："此非我心，当名何等？"佛告阿难："此是前尘虚妄相想，惑汝真性！由汝无始至于今生，认贼为子，失汝元常，故受轮转。"

阿难白佛言："世尊！我佛宠弟，心爱佛故，今我出家；我心何独供养如来，乃至遍历恒沙国土，承事诸佛及善知识，发大勇猛行诸一切难行法事，皆用此心；纵令谤法永退善根，亦因此心。若此发明不是心者，我乃无心同诸土木，离此觉知更无所有，云何如来说此非心？我实惊怖，兼此大众无不疑惑，唯垂大悲开示未悟！"

尔时，世尊开示阿难及诸大众，欲令心入无生法忍。于师子座摩阿难顶而告之言："如来常说诸法所生，唯心所现。一切因果、世界、微尘，因心成体。阿难！若诸世界一切所有，其中乃至草叶缕结，诘其根元咸有体性；纵令虚空亦有名貌；何况清净妙净明心，性一切心而自无体？若汝执吝分别觉观，所了知性必为心者，此心即应离诸一切色、香、味、触诸尘事业别有全性。如汝今者承听我法，此则因声而有分别。纵灭一切见、闻、觉、知，内守幽闲，犹为法尘分别影事。我非敕汝执为非心，但汝于心微细揣摩，若离前尘有分别性，即真汝心；若分别性离尘无体，斯则前尘分别影事。尘非常住，若变灭时此心则同龟毛兔角，则汝法身同于断灭，其谁修证无生法忍？"即时阿难与诸大众，默然自失。

佛告阿难："世间一切诸修学人，现前虽成九次第定，不得漏尽成阿罗汉，皆由执此生死妄想，误为真实。是故汝今虽得多闻，不成圣果。"阿难闻已，重复悲泪，五体投地，长跪合掌而白佛言："自我从佛发心出家，恃佛威神，常自思惟：无劳我修，将谓如来惠我三昧，不知身心本不相代，失我本心，虽身出家，心不入道，譬如穷子舍父逃逝。今日乃知，虽有多闻，若不修行与不闻等，如人说食终不能饱。世尊！我等今者二障所缠，良由不知寂常心性，惟愿如来哀愍穷露，发妙明心，开我道眼。"

即时如来从胸卍字涌出宝光，其光晃昱有百千色。十方微尘普佛世界一时周遍，遍灌十方所有宝刹诸如来顶，旋至阿难及诸大众。告阿难言："吾今为汝建大法幢，亦令十方一切众生，获妙微密性净明心，得清净眼。"

八、十番显见

（一）显见是心

"阿难！汝先答我见光明拳，此拳光明因何所有？云何成拳？汝将谁见？"阿难言："由佛全体阎浮檀金，赩如宝山，清净所生，故有光明；我实眼观。五轮指端屈握示人，故有拳相。"

佛告阿难："如来今日实言告汝：诸有智者要以譬喻而得开悟。阿难，譬如我拳，若无我手不成我拳，若无汝眼不成汝见；以汝眼根例我拳理，其义均不？"阿难言："唯然，世尊！既无我眼，不成见；以我眼根例如来拳，事义相类。"

佛告阿难："汝言相类，是义不然。何以故？如无手人，拳毕竟灭；彼无眼者，非见全无。所以者何？汝试于途询问盲人：汝何所

见？彼诸盲人必来答汝：我今眼前唯见黑暗，更无他瞩。以是义观，前尘自暗，见何亏损？"

阿难言："诸盲眼前唯睹黑暗，云何成见？"佛告阿难："诸盲无眼唯观黑暗，与有眼人处于暗室，二黑有别、为无有别？""如是，世尊！此暗中人与彼群盲，二黑校量，曾无有异。""阿难！若无眼人全见前黑，忽得眼光，还于前尘见种种色，名眼见者；彼暗中人全见前黑，忽获灯光，亦于前尘见种种色，应名灯见。若灯见者，灯能有见，自不名灯。又则灯观，何关汝事？是故当知：灯能显色；如是见者是眼非灯。眼能显色；如是见性是心非眼。"

（二）显见不动

阿难虽复得闻是言，与诸大众口已默然，心未开悟。犹冀如来慈音宣示，合掌清心伫佛悲诲。

尔时，世尊舒兜罗绵网相光手，开五轮指，诲敕阿难及诸大众："我初成道，于鹿园中，为阿若多五比丘等及汝四众言：一切众生不成菩提及阿罗汉，皆由客尘烦恼所误。汝等当时因何开悟，今成圣果？"

时憍陈那起立白佛："我今长老，于大众中独得解名，因悟客尘二字成果。世尊！譬如行客寄寓旅亭，或宿或食，食宿事毕，俶装前途，不遑安住；若实主人，自无攸往。如是思惟：不住名客，住名主人；以不住者名为客。又如新霁，清旸升天，光入隙中，发明空中诸有尘相；尘质摇动，虚空寂然。如是思惟：澄寂名空，摇动名尘；以摇动者名为尘义。"佛言："如是。"

即时如来于大众中，屈五轮指，屈已复开，开已又屈，谓阿难言："汝今何见？"阿难言："我见如来百宝轮掌，众中开合。"佛告阿难："汝见我手众中开合，为是我手有开有合？为复见有开有合？"阿难言："世尊！宝手众中开合，我见如来手自开合，非我见性有开有合。"佛言："谁动谁静？"阿难言："佛手不住，而我见性尚无有静，谁为无住？"佛言："如是。"如来于是从轮掌中，飞一宝光在阿难右，即时阿难回首右盼；又放一光在阿难左，阿难又则回首左盼。佛告阿难："汝头今日因何摇动？"阿难言："我见如来出妙宝光来我左右，故左右观，头自摇动。""阿难！汝盼佛光左右动头，为汝头动？为复见动？""世尊！我头自动，而我见性尚无有止，谁为摇动？"佛言："如是。"

于是如来普告大众："若复众生，以摇动者名之为尘，以不住者名之为客；汝观阿难头自动摇，见无所动。又汝观我手自开合，见无舒卷。云何汝今以动为身，以动为境？从始至终念念生灭，遗失真性，颠倒行事，性心失真，认物为己；轮回是中，自取流转？"

卷二

（三）显见不灭

尔时阿难及诸大众，闻佛示诲，身心泰然。念无始来，失却本心，妄认缘尘分别影事；今日开悟，如失乳儿忽遇慈母，合掌礼佛，愿闻如来，显出身心，真妄虚实，现前生灭与不生灭，二发明性。

时波斯匿王起立白佛："我昔未承诸佛诲敕；见迦旃延、毗罗胝子，咸言此身死后断灭，名为涅槃。我虽值佛，今犹狐疑，云何发挥证知此心，不生灭地？今此大众，诸有漏者，咸皆愿闻。"佛告大王："汝身现在，今复问汝：汝此肉身，为同金刚，常住不朽？为复变坏？""世尊！我今此身终从变灭。"

佛言："大王汝未曾灭，云何知灭？""世尊！我此无常变坏之身，虽未曾灭，我观现前。念念迁谢，新新不住；如火成灰，渐渐销殒，殒亡不息，决知此身当从灭尽。"佛言："如是，大王！汝今生龄已从衰老，颜貌何如童子之时？""世尊！我昔孩孺，肤腠润泽，年至长成血气充满，而今颓龄迫于衰耄，形色枯悴，精神昏昧，发白面皱，逮将不久，如何见比充盛之时？"

佛言："大王，汝之形容应不顿朽。"王言："世尊！变化密移，我诚不觉，寒暑迁流，渐至于此。何以故？我年二十虽号年少，颜貌已

老初十岁时；三十之年又衰二十；于今六十又过于二，观五十时宛然强壮。世尊！我见密移，虽此殂落其间流易且限十年。若复令我微细思惟：其变宁唯一纪二纪，实为年变；岂唯年变，亦兼月化；何直月化，兼又日迁。沉思谛观，刹那刹那、念念之间不得停住，故知我身终从变灭。"

佛告大王："汝见变化迁改不停，悟知汝灭，亦于灭时，汝知身中有不灭耶？"波斯匿王合掌白佛："我实不知！"佛言："我今示汝不生灭性。大王！汝年几时见恒河水？"王言："我生三岁，慈母携我谒耆婆天，经过此流，尔时即知是恒河水。"佛言："大王！如汝所说，二十之时衰于十岁，乃至六十，日月岁时念念迁变；则汝三岁见此河时，至年十三，其水云何？"王言："如三岁时宛然无异；乃至于今年六十二，亦无有异。"佛言："汝今自伤发白面皱，其面必定皱于童年；则汝今时观此恒河，与昔童时观河之见，有童耄不？"王言："不也世尊！"佛言："大王！汝面虽皱，而此见精性未曾皱！皱者为变，不皱非变，变者受灭，彼不变者元无生灭，云何于中受汝生死？而犹引彼末伽梨等，都言此身死后全灭？"王闻是言，信知身后舍生趣生，与诸大众踊跃欢喜，得未曾有。

（四）显见不失

阿难即从座起，礼佛合掌，长跪白佛："世尊！若此见闻必不生灭，云何世尊名我等辈遗失真性，颠倒行事？愿兴慈悲洗我尘垢！"

即时如来垂金色臂，轮手下指，示阿难言："汝今见我母陀罗手为正为倒？"阿难言："世间众生以此为倒，而我不知谁正谁倒。"佛告阿难："若世间人以此为倒，即世间人将何为正？"阿难言："如来竖臂，兜罗绵手上指于空，则名为正。"即时佛竖臂，告阿难："若此颠倒，首尾相换，诸世间人一倍瞻视，则知汝身兴诸如来清净法身，比类发明：如来之身名正遍知，汝等之身性颠倒。随汝谛观汝身、佛身，称颠倒者，名字何处号为颠倒？"

于时阿难与诸大众，瞪瞢瞻佛目睛不瞬，不知身心颠倒所在。佛兴慈悲，哀愍阿难及诸大众，发海潮音遍告同会："诸善男子！我常说言：色心诸缘及心所使诸所缘法，唯心所现。汝身、汝心，皆是妙明真精妙心中所现物。云何汝等遗失本妙圆妙明心，宝明妙性，认悟中迷？晦昧为空，空晦暗中结暗为色。色杂妄想，想相为身。聚缘内摇，趣外奔逸，昏扰扰相以为心性。一迷为心，决定惑为色身之内。不知色身外洎山河虚空大地，咸是妙明真心中物。譬如澄清百千大海，弃之，唯认一浮沤体，目为全潮，穷尽瀛渤，汝等即是迷中倍人！如我垂手等无差别，如来说为可怜愍者。"

（五）显见无还

阿难承佛悲救深诲。垂泣叉手而白佛言："我虽承佛如是妙音，悟妙明心元所圆满常住心地。而我悟佛现说法音，现以缘心，允所瞻仰；徒获此心，未敢认为本元心地。愿佛哀愍宣示圆音，拔我疑根归无上道！"

佛告阿难："汝等尚以缘心听法，此法亦缘，非得法性。如人以手指月示人，彼人因指当应看月，若复观指以为月体，此人岂唯亡失月轮，亦亡其指。何以故？以所标指为明月故。岂唯亡指，亦复不识明之与暗。何以故？即以指体为月明性，明暗二性无所了故。汝亦如是，若以分别我说法音为汝心者，此心自应离分别音、有分别性。譬如有客寄宿旅亭，暂止便去，终不常住；而掌亭人都无所去，名为亭主。此亦如是，若真汝心，则无所去，云何离声无分别性？斯则岂唯声分别心，分别我容，离诸色相无分别性；如是乃至分别都无，非色非空，拘舍离等昧为冥谛。离诸法缘无分别性；则汝心性各有所还，云何为主？"

阿难言："若我心性各有所还，则如来说妙明元心，云何无还？惟垂哀愍为我宣说。"

佛告阿难："且汝见我见精明元，此见虽非妙明心，如第二月，非是月影。汝应谛听！今当示汝无所还地。阿难！此大讲堂洞开东

方，日轮升天则有明耀；中夜黑月，云雾晦暝，则复昏暗；户牖之隙则复见通；墙宇之间则复见壅；分别之处则复见缘；顽虚之中遍是空性；郁埻之象则纡昏尘；澄霁敛氛又观清净。阿难！汝咸看此诸变化相，吾今各还本所因处。云何本因？阿难！此诸变化，明还日轮；何以故？无日不明，明因属日，是故还日。暗还黑月；通还户牖；壅还墙宇；缘还分别；顽虚还空；郁埻还尘；清明还霁。则诸世间一切所有，不出斯类。汝见八种见精明性，当欲谁还？何以故？若还于明，则不明时无复见暗。虽明暗等种种差别，见无差别，诸可还者自然非汝；不汝还者非汝而谁？则知汝心本妙明净，汝自迷闷丧本受轮，于生死中常被漂溺，是故如来名可怜悯。"

（六）显见不杂

阿难言："我虽识此见性无还，云何得知是我真性？"

佛告阿难："吾今问汝：今汝未得无漏清净，承佛神力见于初禅，得无障碍；而阿那律见阎浮提，如观掌中庵摩罗果；诸菩萨等见百千界；十方如来穷尽微尘，清净国土无所不瞩；众生洞视不过分寸。阿难！且吾与汝观四天王所住宫殿，中间遍览水陆空行，虽有昏明种种形象，无非前尘分别留碍。汝应于此分别自他。今吾将汝择于见中，谁是我体？谁为物象？阿难！极汝见源，从日月宫是物非汝；至七金山周遍谛观，虽种种光亦物非汝；渐渐更观云腾、鸟飞、风动、尘起、树木、山川、草芥、人畜、咸物非汝。阿难！是诸近远诸有物性，虽复差殊，同汝见精清净所瞩。则诸物类自有差别，见性无殊。此精妙明，诚汝见性。若见是物，则汝亦可见吾之见。若同见者名为见吾，吾不见时，何不见吾不见之处？若见不见，自然非彼不见之相。若不见吾不见之地，自然非物，云何非汝？又则今汝见物之时，汝既见物，物亦见汝；体性纷杂，则汝与我并诸世间不成安立。阿难！若汝见时，是汝非我；见性周遍，非汝而谁？云何自疑汝之真性，性汝不真，取汝求实！"

（七）显见无碍

阿难白佛言："世尊！若此见性必我非余，我与如来观四天王胜藏宝殿，居日月宫，此见周圆遍娑婆国；退归精舍只见伽蓝，清心户堂但瞻檐庑。世尊！此见如是，其体本来周遍一界，今在室中唯满一室，为复此见缩大为小？为当墙宇夹令断绝？我今不知斯义所在，愿垂弘慈为我敷演！"

佛告阿难："一切世间大小、内外诸所事业，各属前尘，不应说言见有舒缩。譬如方器中见方空，吾复问汝：此方器中所见方空，为复定方？为不定方？若定方者，别安圆器空应不圆；若不定者，在方器中应无方空。汝言不知斯义所在，义性如是，云何为在？阿难！若复欲令入无方圆，但除器方。空体无方，不应说言更除虚空方相所在。若如汝问：入室之时缩见令小，仰观日时，汝岂挽见齐于日面？若筑墙宇能夹见断，穿为小窦，宁无续迹？是义不然。一切众生从无始来迷己为物，失于本心，为物所转；故于是中观大、观小。若能转物，则同如来身心圆明，不动道场，于一毛端遍能含受十方国土。"

（八）显见不分

阿难白佛言："世尊！若此见精必我妙性，今此妙性现在我前，见必我真，我今身心复是何物？而今身心分别有实，彼见无别分辨我身。若实我心，令我今见，见性实我，而身非我，何殊如来先所难言物能见我？惟垂大慈，开发未悟。"

佛告阿难："今汝所言见在汝前，是义非实。若实汝前，汝实见者，则此见精既有方所，非无指示。且今与汝坐祇陀林，遍观林渠及与殿堂，上至日月，前对恒河，汝今于我师子座前，举手指陈是种种相：阴者是林，明者是日，碍者是壁，通者是空；如是乃至草树纤毫，大小虽殊，但可有形无不指着。若必其见现在汝前，汝应以手确实指陈何者是见？阿难！当知若空是见，既已成见，何者是空？若物是见，既已是见，何者为物？汝可微细披剥万象，析出精明净妙见元，指陈示我，同彼诸物分明无惑。

阿难言："我今于此重阁讲堂，远洎恒河，上观日月，举手所指，纵目所观，指皆是物，无是见者。世尊！如佛所说，况我有漏初学声闻，乃至菩萨亦不能于万物象前剖出精见，离一切物别有自性。"佛言："如是，如是！"

佛复告阿难："如汝所言：无有见精，离一切物别有自性，则汝所指是物之中，无是见者。今复告汝：汝与如来坐祇陀林，更观林苑及至日月种种象殊，必无见精受汝所指；汝又发明此诸物中何者非见？"阿难言："我实遍见此祇陀林，不知是中何者非见。何以故？若树非见，云何见树？若树即见，复云何树？如是乃至空非见。云何是空？空即见者，复云何空？我又思惟：是万象中微细发明，无非见者！"佛言："如是，如是！"

于是大众非无学者，闻佛此言，茫然不知是义终始，一时惶悚，失其所守。如来知其魂虑变慑，心生怜悯，安慰阿难及诸大众："诸善男子！无上法王是真实语！如所如说，不诳不妄，非末伽梨四种不死矫乱论议。汝谛思惟，无忝哀慕。"

是时，文殊师利法王子悯谙四众，在大众中即从座起，顶礼佛足，合掌恭敬而白佛言："世尊！此诸大众，不悟如来发明二种精见色空，是非是义。世尊！此前缘色空等象，若是见者，应有所指；若非见者，应无所瞩。而今不知是义所归，故有惊怖，非是畴昔善根轻鲜，惟愿如来大慈发明，此诸物象与此见精，元是何物？于其中间无是非是。"

佛告文殊及诸大众："十方如来及大菩萨，于其自住三摩地中，见与见缘，并所想相，如虚空花本无所有；此见及缘，是菩提妙净明体，云何于中有是非是？文殊！吾今问汝：如汝文殊，更有文殊是文殊者？为无文殊？""如是，世尊！我真文殊，无是文殊。何以故？若有是者，则二文殊。然我今日非无文殊，于中实无是非二相。"佛言："此见妙明与诸空尘，亦复如是。本是妙明无上菩提净圆真心，妄为色空及与闻见，如第二月，谁为是月？又谁非月？文殊，但一月真，中间自无是月非月。是以汝今观见与尘种种发明，名为妄想，不能于中出'是'非'是'。由是真妙觉明性，故能令汝出'指'非'指'！"

（九）显见超情

阿难白佛言："世尊！诚如法王所说，觉缘遍十方界湛然常住，性非生灭。与先梵志娑毗迦罗所谈冥谛，及投灰等诸外道种说有真我遍满十方，有何差别？世尊亦曾于楞伽山，为大慧等敷演斯义：彼外道等常说自然，我说因缘非彼境界。我今观此觉性自然，非生非灭，远离一切虚妄颠倒，似非因缘与彼自然；云何开示，不入群邪，获真实心妙觉明性？"

佛告阿难："我今如是开示方便，真实告汝，汝犹未悟，惑为自然。阿难！若必自然，自须甄明有自然体。汝且观此妙明见中，以何为自？此见为复以明为自？以暗为自？以空为自？以塞为自？阿难！若明为自，应不见暗。若复以空为自体者，应不见塞。如是乃至诸暗等相以为自者，则于明时见性断灭，云何见明？"

阿难言："必此妙见性非自然，我今发明是因缘生。心犹未明，咨询如来，是义云何合因缘性？"佛言："汝言因缘，吾复问汝：汝今因见，见性现前，此见为复因明有见？因暗有见？因空有见？因塞有见？阿难！若因明有，应不见暗；如因暗有，应不见明。如是乃至因空、因塞，同于明、暗。复次，阿难！此见又复缘明有见？缘暗有见？缘空有见？缘塞有见？阿难！若缘空有，应不见塞；若缘塞有，应不见空。如是乃至缘明、缘暗，同于空塞。当知如是精觉妙明，非因、非缘，亦非自然、非不自然；无非、不非，无是、非是；离一切相，即一切法。

"汝今云何于中措心，以诸世间戏论名相而得分别？如以手掌撮摩虚空，只益自劳。虚空云何随汝执捉？"

（十）显见离见

阿难白佛言："世尊！必妙觉性非因非缘。世尊！云何常与比丘宣说见性具四种缘：所谓因空、因明、因心、因眼，是义云何？"佛言："阿难！我说世间诸因缘相，非第一义。阿难！吾复问汝：诸世间人说我能见，云何名见？云何不见？"阿难言："世人因于日、月、灯光见种种相，名之为见。阿复无此三种光明，则不能见。"阿难！若无明时名不见者，应不见暗；若必见暗，此但无明，云何无见？阿难！若在暗时，不见明故名为不见；今在明时，不见暗相还名不见；如是二相俱名见。若复二相自相陵夺，非汝见性于中暂无；如是则知二俱名见，云何不见？是故阿难！汝今当知：见明之时见非是明，见暗之时见非是暗，见空之时见非是空，见塞之时见非是塞，四义成就。汝复应知：见见之时见非是见，见犹离见，见不能及；云何复说因缘自然及和合相？汝等声闻狭劣无识，不能通达清净实相。吾今诲汝，当善思惟，无得疲怠妙菩提路！"

九、二种妄见

阿难白佛言："世尊！如佛世尊为我等辈宣说因缘及与自然，诸和合相与不和合，心犹未开；而今更闻见见非见，重增迷闷。伏愿弘慈施大慧目，开示我等觉心明净！"作是语已，悲泪顶礼，承受圣旨。

尔时，世尊怜悯阿难及诸大众，将欲敷演大陀罗尼诸三摩提妙修行路，告阿难言："汝虽强记，但益多闻，于奢摩他微密观照，心犹未了。汝今谛听！吾当为汝分别开示，亦令将来诸有漏者获菩提果。阿难！一切众生轮回世间，由二颠倒分别见妄，当处发生，当业轮转，云何二见？一者，众生别业妄见；二者，众生同分妄见。"

（一）别业妄见

云何名为别业妄见？阿难！如世间人目有赤眚，夜见灯光别有圆影五色重叠。于意云何？此夜灯明所现圆光，为是灯色？为当见色？阿难！此若灯色，则非眚人何不同见，而此圆影唯眚之观？若是见色，见已成色，则彼眚人见圆影者为何等？复次，阿难！若此圆影离灯别有，则合傍观屏帐、几筵有圆影出。离见别有，应非眼瞩，云何眚人目见圆影？是故当知色实在灯，见病为影；影见俱眚，见眚非病。终不应言是灯是见，于是中有非灯非见；如第二月，非体非影。何以故？第二之观，捏所成故。诸有智者，不应说言此捏根元，是形非形，离见非见。此亦如是，目眚所成，今欲名谁是灯、是见？何况分别非灯非见！

（二）同分妄见

云何名为同分妄见？阿难！此阎浮提，除大海水，中间平陆有三千洲。正中大洲，东西括量，大国凡有二千三百；其余小洲，在诸海中，其间或有三两百国，或一或二，至于三十、四十、五十。阿难！若复此中有一小洲，只有两国。唯一国人同感恶缘，则彼小洲当土众生，睹诸一切不祥境界；或见二日，或见两月，其中乃至晕蚀佩玦、彗孛飞流、负耳虹霓、种种恶相，但此国见。彼国众生，本所不见，亦复不闻。

十、二事合明

阿难！吾今为汝，以此二事进退合明：

（一）别业合明

阿难！如彼众生别业妄见，瞩灯光中所现圆影，虽似境现，终彼见者目眚所成。眚即见劳，非色所造；然见眚者终无见咎。例汝今日，以目观见山河、国土及诸众生，皆为无始见病所成。见与见缘似现前境，元我觉明见所缘眚。觉见即眚，本觉明心觉缘非眚；觉所觉眚，觉非眚中。此实见见，云何复名觉、闻、知、见？是故，汝等今见我及汝并诸世间十类众生，皆即见眚，非见眚者。彼见真精性非眚者，故不名见。

（二）同分合明

阿难！如彼众生同分妄见，例彼妄见别业一人，一病目人同彼一国。彼见圆影，眚妄所生。此众同分所现不祥，同见业中瘴恶所起，

俱是无始见妄所生。例阎浮提三千洲中，兼四大海、娑婆世界，并洎十方诸有漏国及诸众生，同是觉明无漏妙心，见、闻、觉、知虚妄病缘，和合妄生，和合妄死。若能远离诸和合缘及不和合，则复灭除诸生死因；圆满菩提不生灭性，清净本心本觉常住。

十一、二种破解

阿难！汝虽先悟本觉妙明，性非因缘、非自然性，而犹未明如是觉元非和合生及不和合。

（一）破斥和合

阿难！吾今复以前尘问汝：汝今犹以一切世间妄想和合诸因缘性，而自疑惑证菩提心和合起者。则汝今者妙净见精，为与明和？为与暗和？为与通和？为与塞和？若明和者，且汝观明，当明现前，何处杂见？见相可辨，杂何形象？若非见者，云何见明？若即见者，云何见见？必见圆满，何处和明？若明圆满，不合见和，见必异明，杂则失彼性明名字；杂失明性，和明非义。彼暗与通及诸群塞，亦复如是。

复次，阿难！又汝今者妙净见精，为与明合？为与暗合？为与通合？为与塞合？若明合者，至于暗时，明相已灭，此见即不与诸暗合，云何见暗？若见暗时不与暗合，与明合者应非见明。既不见明，云何明合，了明非暗？彼暗与通及诸群塞，亦复如是。

（二）破非和合

阿难白佛言："世尊！如我思惟：此妙觉元与诸缘尘及心念虑，非和合耶？"佛言："汝今又言觉非和合。吾复问汝：此妙见精非和合者，为非明和？为非暗和？为非通和？为非塞和？若非明和，则见与明必有边畔。汝且谛观：何处是明？何处是见？在见在明，自何为畔？阿难！若明际中必无见者，则不相及，自不知其明相所在，畔云何成？彼暗与通及诸群塞，亦复如是。

"又妙见精非和合者，为非明合？为非暗合？为非通合？为非塞合？若非明合，则见与明性相乖角，如耳与明了不相触。见且不知明相所在，云何甄明合非合理？彼暗与通及诸群塞亦复如是。"

十二、会通四科

阿难！汝犹未明一切浮尘诸幻化相，当处出生，随处灭尽；幻妄称相，其性真为妙觉明体。如是乃至五阴、六入，从十二处至十八界，因缘和合虚妄有生，因缘别离虚妄名灭。殊不能知生灭去来，本如来藏常住妙明不动周圆妙真如性。性真常中求于去来、迷悟、死生，了无所得。

十三、五阴

阿难！云何五阴本如来藏妙真如性？

（一）色阴

阿难！譬如有人，以清净目观晴明空，唯一晴虚，迥无所有。其人无故不动目睛，瞪以发劳，则于虚空别见狂花；复有一切狂乱非相。色阴当知，亦复如是。阿难！是诸狂花，非从空来，非从目出。如是，阿难！若空来者，既从空来还从空入，若有出入即非虚空。空若非空，自不容其花相起灭，如阿难体不容阿难。若目出者，既从目出还从目入，即此花性从目出故，当合有见。若有见者，去既花空，旋合见眼。若无见者，出既翳空，旋当翳眼。又见花时目应无翳，云何晴空号清明眼？是故当知：色阴虚妄，本非因缘，非自然性。

（二）受阴

阿难！譬如有人，手足宴安，百骸调适，忽如忘生，性无违顺。其人无故以二手掌于空相摩，于二手中妄生涩、滑、冷、热诸相。受阴当知，亦复如是。阿难！是诸幻触，不从空来，不从掌出。如是，阿难！若空来者，既能触掌何不触身？不应虚空选择来触。若从掌出，应非待合。又掌出故，合则掌知，离即触入；臂腕骨髓，应亦觉知入

时踪迹。必有觉心知出知入，自有一物身中往来，何待合知要名为触？是故当知：受阴虚妄，本非因缘，非自然性。

（三）想阴

阿难！譬如有人，谈说醋梅口中水出，思踏悬崖足心酸涩。想阴当知，亦复如是。阿难！如是醋说不从梅生，非从口入。如是，阿难！若梅生者，梅合自谈何待人说？若从口入，自合口闻，何须待耳？若独耳闻，此水何不耳中而出？思踏悬崖，与说相类。是故当知：想阴虚妄，本非因缘，非自然性。

（四）行阴

阿难！譬如暴流波浪相续，前际后际不相逾越。行阴当知，亦复如是。阿难！如是流性，不因空生，不因水有；亦非水性，非离空水。如是，阿难！若因空生，则诸十方无尽虚空成无尽流，世界自然俱受沦溺。若因水有，则此暴流性应非水，有所、有相，今应现在。若即水性，则澄清时应非水体。若离空水，空非有外，水外无流。是故当知：行阴虚妄，本非因缘，非自然性。

（五）识阴

阿难！譬如有人，取频伽瓶塞其两孔，满中擎空，千里远行用饷他国。识阴当知，亦复如是。阿难！如是虚空，非彼方来，非此方入。如是，阿难！若彼方来，则本瓶中既贮空去，于本瓶地应少虚空。若此方入，开孔倒瓶，应见空出。是故当知：识阴虚妄，本非因缘，非自然性。

卷三

十四、六入

复次，阿难！云何六入本如来藏妙真如性？

（一）眼入

阿难！即彼目睛瞪发劳者，兼目与劳，同是菩提瞪发劳相。因于明暗二种妄尘，发见居中，吸此尘象，名为见性。此见离彼明暗二尘，毕竟无体。如是，阿难！当知是见非明暗来，非于根出，不于空生。何以故？若从明来，暗即随灭，应非见暗。若从暗来，明即随灭，应无见明。若从根生，必无明暗。如是见精本无自性。若于空出，前瞩尘象，归当见根；又空自观，何关汝入？是故当知：眼入虚妄，本非因缘，非自然性。

（二）耳入

阿难！譬如有人，以两手指急塞其耳，耳根劳故头中作声；兼耳与劳，同是菩提瞪发劳相。因于动静二种妄尘，发闻居中，吸此尘象，名听闻性。此闻离彼动静二尘，毕竟无体。如是，阿难！当知是闻，非动静来，非于根出，不于空生。何以故？若从静来，动即随灭，应非闻动。若从动来，静即随灭，应无觉静。若从根生，必无动静。如是闻体本无自性。若于空出，有闻成性，即非虚空；又空自闻，何关汝入？是故当知：耳入虚妄，本非因缘，非自然性。

（三）鼻入

阿难！譬如有人急畜其鼻，畜久成劳，则于鼻中闻有冷触。因触分别通塞、虚实，如是乃至诸香、臭气；兼鼻与劳，同是菩提瞪发劳相。因于通塞二种妄尘，发闻居中，吸此尘象，名嗅闻性。此闻离彼通塞二尘，毕竟无体。当知是闻，非通塞来，非于根出，不于空生。何以故？若从通来，塞则闻灭，云何知塞？如因塞有，通则无闻，云何发明香、臭等触？若从根生，必无通塞。如是闻机本无自性。若从空出，是闻自当回嗅汝鼻；空自有闻，何关汝入？是故当知：鼻入虚妄，本非因缘，非自然性。

（四）舌入

阿难！譬如有人以舌舐吻，熟舐令劳，其人若病则有苦味，无病

之人微有甜触；由甜与苦显此舌根，不动之时淡性常在。兼舌与劳，同是菩提瞪发劳相。因甜苦、淡二种妄尘，发知居中，吸此尘象，名知味性。此知味性，离彼甜、苦及淡二尘，毕竟无体。如是，阿难！当知如是尝苦、淡知，非甜、苦来，非因淡有，又非根出，不于空生。何以故？若甜、苦来，则淡则知灭，云何知淡？若从淡出，甜即知亡，复云何知甜、苦二相？若从舌生，必无甜、淡及与苦尘，斯知味根本无自性。若于空出，虚空自味，非汝口知。又空自知，何关汝入？是故当知舌入虚妄，本非因缘，非自然性。

（五）身入

阿难！譬如有人，以一冷手触于热手，若冷势多热者从冷，若热功胜冷者成热。如是以此合觉之触，显于离知；涉势若成，因于劳触。兼身与劳，同是菩提瞪发劳相。因于离、合二种妄尘，发觉居中，吸此尘象，名知觉性。此知觉体，离彼离、合、违、顺二尘，毕竟无体。如是，阿难！当知是觉，非离、合来，非违、顺有，不于根出，又非空生。何以故？若合时来，离当已灭，云何觉离？违、顺二相，亦复如是。若从根出，必无离、合、违、顺四相，则汝身知元无自性。必于空出，空自觉，何关汝入？是故当知：身入虚妄，本非因缘，非自然性。

（六）意入

阿难！譬如有人，劳倦则眠，睡熟便寤，览尘斯忆，失忆为忘；是其颠倒生、住、异、灭，吸习中归，不相逾越，称意知根。兼意与劳，同是菩提瞪发劳相。因于生、灭二种妄尘，集知居中，吸撮内尘，见闻逆流，流不及地，名觉知性。此觉知性，离彼寤寐、生灭二尘，毕竟无体。如是，阿难！当知如是觉知之根，非寤寐来，非生灭有，不于根出，亦非空生。何以故？若从寤来，寐随即灭，将何为寐？必生时有，灭即同无，令谁受灭？若从灭有，生即灭无，谁知生者？若从根出，寤、寐二相随身开合，离斯二体，此觉知者同于空花，毕竟无性。若从空生，自是空知，何关汝入？是故当知：意入虚妄，本非因缘，非自然性。

十五、十二处

复次，阿难！云何十二处本如来藏妙真如性？

（一）眼色处

阿难！汝且观此祇陀树林及诸泉池，于意云何？此等为是色生眼见，眼生色相？阿难！若眼根生色相者，见空非色，色性应销；销则显发一切都无；色相既无，谁明空质？空亦如是。若复色尘生眼见者，观空非色，见即销亡；亡则都无，谁明空色？是故当知：见与色、空俱无处所，即色与见二处虚妄，本非因缘，非自然性。

（二）耳声处

阿难！汝更听此祇陀园中食办击鼓，众集撞钟，钟鼓音声前后相续。于意云何？此等为是声来耳边，耳往声处？阿难！若复此声来于耳边，如我乞食室罗筏城，在祇陀林则无有我，此声必来阿难耳处，目连、迦叶应不俱闻，何况其中一千二百五十沙门，一闻钟声同来食处。若复汝耳往彼声边，如我归住祇陀林中，在室罗城则无有我。汝闻鼓声，其耳已往击鼓之处，钟声齐出，应不俱闻，何况其中象、马、牛、羊种种音响。若无来、往，亦复无闻？是故当知：听与音声俱无处所，即听与声二处虚妄，本非因缘，非自然性。

（三）鼻香处

阿难！汝又嗅此炉中栴檀，此香若复燃于一铢，室罗筏城四十里内同时闻气。于意云何？此香为复生栴檀木？生于汝鼻？为生于空？阿难！若复此香生于汝鼻，称鼻所生，当从鼻出；鼻非栴檀，云何鼻中有栴檀气？称汝闻香，当于鼻入，鼻中出香，说闻非义。若生于空，空性常恒，香应常在，何藉炉中爇此枯木？若生于木，则此香质因爇成烟，若鼻得闻，合蒙烟气？其烟腾空未及遥远，四十里内云何已闻？是故当知：香、鼻与闻俱无处所，即嗅与香二处虚妄，本非因缘，非自然性。

（四）舌味处

阿难！汝常二时众中持钵，其间或遇酥酪醍醐名为上味。于意云何？此味为复生于空中？生于舌中？为生食中？阿难！若复此味生于汝舌，在汝口中只有一舌，其舌尔时已成酥味，遇黑石蜜应不推移。若不变移，不名知味；若变移者，舌非多体，云何多味一舌之知？若生于食，食非有识，云何自知？又食自知，即同他食，何预于汝名味之知？若生于空，汝啖虚空，当作何味？必其虚空若作咸味，既咸汝舌，亦咸汝面，则此界人同于海鱼。既常受咸，了不知淡。若不识淡亦不觉咸，必无所识，云何名味？是故当知：味、舌与尝俱无处所，即尝与味二俱虚妄，本非因缘，非自然性。

（五）身触处

阿难！汝常晨朝以手摩头，于意云何？此摩所知，谁为能触？能为在手？为复在头？若在于手，头则无知，云何成触？若在于头，手则无用，云何名触？若各各有，则汝阿难应有二身。头与手，一触所生，则手与头当为一体。若一体者，触则无成。若二体者，触谁为在？在能非所，在所非能；不应虚空与汝成触。是故当知：觉、触与身俱无处所，即身与触二俱虚妄，本非因缘，非自然性。

（六）意法处

阿难！汝常意中所缘善、恶、无记三性，生成法则；此法为复即心所生？为当离心别有方所？阿难！若即心者，法则非尘，非心所缘，云何成处？若离于心别有方所，则法自性为知非知？知则名心，异汝心尘，同他心量。即汝即心，云何汝心更二于汝？若非知者，此尘既非色、声、香、味、离、合、冷、暖及虚空相，当于何在？今于色、空都无表示，不应人间更有空外。心非所缘，处从谁立？是故当知：法则与心俱无处所，则意与法二俱虚妄，本非因缘，非自然性。

十六、十八界

复次，阿难！云何十八界本如来藏妙真如性？

（一）眼色识界

阿难！如汝所明，眼、色为缘，生于眼识，此识为复因眼所生，以眼为界？因色所生，以色为界？阿难！若因眼生，既无色、空，无可分别，纵有汝识，欲将何用？汝见又非青、黄、赤、白，无所表示，从何立界？若因色生，空无色时汝识应灭，云何识知是虚空性？若色变时，汝亦识其色相迁变；汝识不迁，界从何立？从变则变，界相自无；不变则恒。既从色生，应不识知虚空所在。若兼二种，眼、色共生，合则中离、离则两合，体性杂乱，云何成界？是故当知：眼、色为缘，生眼识界，三处都无，则眼与色及色界三，本非因缘，非自然性。

（二）耳声识界

阿难！又汝所明，耳、声为缘，生于耳识，此识为复因耳所生，以耳为界？因声所生，以声为界？阿难！若因耳生，动、静二相既不现前，根不成知，必无所知。知尚无成，识何形貌？若取耳闻，无动、静故，闻无所成。云何耳形杂色、触尘名为识界？则耳识界复从谁立？若生于声，识因声有，则不关闻，无闻则亡声相所在。识从声生，许声因闻而有声相，闻应闻识。不闻，非界；闻则同声。识已被闻，谁知闻识？若无知者，终如草木。不应声、闻杂成中界。界无中位，则内、外相复从何成？是故当知：耳、声为缘，生耳识界，三处都无，则耳与声及声界三，本非因缘，非自然性。

（三）鼻香识界

阿难！又汝所明，鼻、香为缘，生于鼻识，此识为复因鼻所生，以鼻为界？因香所生，以香为界？阿难！若因鼻生，则汝心中以何为鼻？为取肉形双爪之相？为取嗅知动摇之性？若取肉形，肉质乃身，身知即触，名身非鼻，名触即尘；鼻尚无名，云何立界？若取嗅知，又汝心中以何为知？以肉为知，则肉之知元触非鼻。以空知，空则

自知，肉应非觉。如是则应虚空是汝，汝身非知，今日阿难应无所在。以香为知，知自属香，何预于汝？若香、臭气必生汝鼻，则彼香、臭二种流气，不生伊兰及栴檀木。二物不来，汝自嗅鼻为香为臭？则臭非香，香则非臭。若香、臭二俱能闻者，则汝一人应有两鼻，对我问道二阿难，谁为汝体？若鼻是一，香、臭无二，臭既为香，香复成臭，二性不有，界从谁立？若因香生，识因香有，如眼有见不能观眼；因香有故不知香。知即非生，不知非识，香非知有，香界不成。识不知香，因界则非从香建立。既无中间，不成内、外，彼诸闻性毕竟虚妄！是故当知鼻：香、为缘，生鼻识界，三处都无，则鼻与香及香界三，本非因缘，非自然性。

（四）舌味识界

阿难！又汝所明，舌味为缘，生于舌识。此识为复舌所生，以舌为界？因味所生以味为界？阿难！若因舌生。则诸世间甘蔗、乌梅、黄连、石盐、细辛、姜桂都无有味。汝自尝舌为甜为苦？若舌性苦，谁来尝舌？舌不自尝，孰为知觉？舌性非苦，味自不生，云何立界？若因味生，识自为味，同于舌根，应不自尝，云何识知是味非味？又一切味非一物生，味既多生，识应多体。识体若一，体必味生，咸淡甘辛和合俱生。诸变异相同为一味，应无分别。分别既无，则不名识，云何复名舌味识界？不应虚空生汝心识。舌味和合，即于是中元无自性，云何界生？是故当知：舌味为缘，生舌识界，三处都无，则舌与味及舌界三，本非因缘，非自然性。

（五）身触识界

阿难！又汝所明，身、触为缘，生于身识，此识为复因身所生，以身为界？因触所生，以触为界？阿难！若因身生，必无合离、二觉观缘，身何所识？若因触生，必无汝身，谁有非身知合、离者？阿难！物不触知，身知有触。知身即触，知触即身；即触非身，即身非触。身、触二相元无处所。合身即为身自体性，离身即是虚空等相。内、外不成，中云何立？中不复立，内、外性空，则汝识生从谁立界？是故当知：身、触为缘，生身识界，三处都无，则身与触及身界三，本非因缘，非自然性。

（六）意法识界

阿难！又汝所明，意、法为缘，生于意识，此识为复因意所生，以意为界？因法所生，以法为界？阿难！若因意生，于汝意中必有所思发明汝意，若无前法，意无所生，离缘无形，识将何用？又汝识心与诸思量，兼了别性，为同为异？同意即意，云何所生？异意不同，应无所识！若无所识，云何意生？若有所识，云何识意？唯同与异二性无成，界云何立？若因法生，世间诸法不离五尘。汝观色法及诸声法、香法、味法、及与触法，相状分明以对五根，非意所摄。汝识决定依于法生，今汝谛观法法何状？若离色空、动静、通塞、合离、生灭，越此诸相，终无所得。生则色、空诸法等生，灭则色、空诸法等灭：所因既无，因生有识，作何形相？相状不有，界云何生？是故当知意、法为缘，生意识界，三处都无，则意与法及意界三，本非因缘，非自然性。

十七、圆彰七大

阿难白佛言："世尊！如来常说和合因缘，一切世间种种变化，皆因四大和合发明。云何如来因缘、自然二俱排摈？我今不知斯义所属，惟垂哀愍，开示众生，中道了义无戏论法！"

尔时，世尊告阿难言："汝先厌离声闻、缘觉诸小乘法，发心勤求无上菩提，故我今时为汝开示第一义谛；如何复将世间戏论、妄想因缘而自缠绕？汝虽多闻，如说药人，真药现前不能分别，如来说为真可怜愍！汝今谛听！吾当为汝分别开示；亦令当来修大乘者通达实相。"阿难默然，承佛圣旨。

阿难！如汝所言："四大和合发明世间种种变化。"阿难！若彼大性体非和合，则不能与诸大杂和；犹如虚空不和诸色。若和合者同于

变化，始终相成，生灭相续，生死死生、生生死死，如旋火轮未有休息。阿难！如水成冰，冰还成水。

（一）地大

汝观地性，粗为大地，细为微尘；至邻虚尘，析彼极微色边际相，七分所成；更析邻虚，即实空性。阿难！若此邻虚析成虚空，当知虚空出生色相。汝今问言：由和合故，出生世间诸变化相？汝且观此一邻虚尘，用几虚空和合而有？不应邻虚合成邻虚。又邻虚尘析入空者，用几色相合成虚空？若色合时：合色非空；若空合时，合空非色。色犹可析，空云何合？汝元不知：如来藏中性色真空、性空真色，清净本然周遍法界，随众生心应所知量，循业发现。世间无知，惑为因缘及自然性；皆是识心分别计度，但有言说，都无实义。

（二）火大

阿难！火性无我，寄于诸缘。汝观城中未食之家，欲炊爨时，手执阳燧日前求火。阿难！名和合者，如我与汝一千二百五十比丘，今为一众；众虽为一，诘其根本各各有身，皆有所生氏族名字。如舍利弗，婆罗门种；优楼频螺，迦叶波种；乃至阿难，瞿昙种姓。阿难！若此火性因和合有，彼手执镜于日求火，此火为从镜中而出？为从艾出？为于日来？阿难！若日来者，自能烧汝手中之艾，来处林木皆应受焚。若镜中出，自能于镜出然于艾，镜何不镕？纡汝手执尚无热相，云何融泮？若生于艾，何藉日、镜、光明相接，然后火生？汝又谛观：镜因手执，日从天来，艾本地生，火从方游历于此？日、镜相远，非和非合；不应火光无从自有。汝犹不知：如来藏中，性火真空，性空真火，清净本然周遍法界，随众生心。应所知量。阿难！当知世人一处执镜，一处火生，遍法界执，满世间起。起遍世间，宁有方所？循业发现。世间无知，惑为因缘及自然性；皆是识心分别计度，但有言说，都无实义！

（三）水大

阿难！水性不定，流息无恒。如室罗城迦毗罗仙、斫迦罗仙及钵头摩诃萨多等诸大幻师，求太阴精用和幻药。是诸师等，于白月昼，手执方诸，承月中水。此水为复从珠中出？空中自有？为从月来？阿难！若从月来，尚能远方令珠出水，所经林木皆应吐流。流则何待方诸所出？不流，明水非从月降。若从珠出，此珠中常应流水；何待中宵承白月昼？若从空生，空性无边，水当无际？从人洎天，皆同滔溺，云何复有水、陆、空行？汝更谛观：月从天陟，珠因手持，承珠水盘本人敷设，水从何方流注于此？月珠相远，非和非合；不应水精无从自有。汝尚不知：如来藏中，性水真空。性空真水，清净本然周遍法界，随众生心应所知量。一处执珠，一处水出，遍法界执，满法界生。生满世间，宁有方所？循业发现。世间无知，惑为因缘及自然性，皆是识心分别计度，但有言说，都无实义。

（四）风大

阿难！风性无体，动静不常。汝常整衣于入大众，僧伽梨角动及傍人，则有微风拂彼人面：此风为复出袈裟角？发于虚空？生彼人面？阿难！此风若复出袈裟角，汝乃披风；其衣飞摇，应离汝体？我今说法，会中垂衣，汝看我衣，风何所在？不应衣中有藏风地。若生虚空，汝衣不动，何因无拂？空性常住，风应常生；若无风时，虚空当灭，灭风可见，灭空何状？若有生灭，不名虚空；名为虚空，云何风出？若风自生被拂之面，从彼面生，当应拂汝！自汝整衣，云何倒拂？汝审谛观：整衣在汝，面摇彼人，虚空寂然不参流动，风自谁方鼓动来此？风、空性隔，非和非合；不应风性无从自有。汝宛不知：如来藏中，性风真空、性空真风，清净本然周遍法界，随众生心应所知量。阿难！如汝一人微动服衣，有微风出；遍法界拂，满国土生。周遍为风，宁有方所？循业发现。世间无知，惑为因缘及自然性；皆是识心分别计度，但有言说，都无实义。

（五）空大

阿难！空性无形，因色显发。如室罗城去河遥处，诸刹利种及婆罗门、毗舍、首陀，兼颇罗堕、旃陀罗等，新立安居，凿井求水。出土一尺，于中则有一尺虚空。如是乃至出土一丈，中间还得一丈虚空。空虚浅深，随出多少。此空为当因土所出？因凿所有？无因自生？阿难！若复此空无因自生，未凿土前何不无碍？唯见大地迥无通达？若因土出，则土出时应见空入。若土先出无空入者，云何虚空因土而出？若无出入，则应空土元无异因；无异则同，则土出时空何不出？若因凿出，则凿出空，应非出土；不因凿出，凿自出土，云何见空？汝更审谛，谛审、谛观：凿从人手随方运转，土因地移，如是虚空因何所出？凿、空、虚实不相为用，非和非合；不应虚空无从自出。若此虚空性圆周遍，本不动摇，当知现前地、水、火、风均名五大。性真圆融，皆如来藏，本无生灭。阿难！汝心昏迷，不悟四大元如来藏，当观虚空为出为入为非出入？汝全不知：如来藏中，性觉真空、性空真觉，清净本然周遍法界，随众生心应所知量。

阿难！如一井空，空生一井，十方虚空亦复如是，圆满十方，宁有方所？循业发现，世间无知，惑为因缘及自然性；皆是识心分别计度，但有言说，都无实义。

（六）见大

阿难！见觉无知，因色空有。如汝今者在祗陀林，朝明、夕昏，设居中宵，白月则光，黑月便暗；则明暗等见分析。此见为复与明暗相，并太虚空为同一体？为非一体？或同非同？或异非异？阿难！此见若复与明与暗及与虚空元一体者，则明与暗二体相亡，暗时无明，明时无暗。若与暗一，明则见亡；必一于明，暗时当灭，灭则云何见明见暗？若明殊暗，见无生灭，一云何成？若此见精与明与暗非一体者，汝离明暗及与虚空，分析见元作何形相？离明、离暗及离虚空，是见元同龟毛、兔角。明、暗虚空三事俱异，从何立见？明、暗相背，云何或同？离三元无，云何或异？分空、分见本无边畔，云何非同？见暗、见明性非迁改，云何非异？汝更细审，微细审详，审谛审观：明从太阳，暗随黑月，通属虚空，壅归大地；如是见精因何所出？见觉、空顽，非和非合，不应见精无从自出。若见、闻、知性圆周遍，本不动摇，当知无边不动虚空，并其动摇地、水、火、风均名六大。性真圆融，皆如来藏，本无生灭。阿难！汝性沉沦，不悟汝之见、闻、觉、知，本如来藏。汝当观此见、闻、觉知，为生、为灭？为同、为异？为非生灭？为非同异？汝曾不知：如来藏中，性见觉明、觉精明见，清净本然周遍法界，随众生心应所知量。如一见根见周法界，听、嗅、尝、触、觉触觉知，妙德莹然，遍周法界。圆满十虚，宁有方所？循业发现，世间无知，惑为因缘及自然性，皆是识心分别计度，但有言说，都无实义。

（七）识大

阿难！识性无源，因于六种根尘妄出。汝今遍观此会圣众，用目循历，其目周视，但如镜中无别分析；汝识于中次第标指，此是文殊，此富楼那，此是目犍连，此须菩提，此舍利弗。此识了知，为生于见？为生于相？为生虚空？为无所因突然而出？阿难！若汝识性生于见中，如无明、暗及与色、空，四种必无，元汝见性；见性尚无，从何发识？若汝识性生于相中，不从见生，既不见明，亦不见暗，明暗不瞩，即无色、空；彼相尚无，识从何发？若生于空，非相、非见，非见无辨，自不能知明、暗、色、空；非相灭缘，见、闻、觉、知无处安立。处此二非，空则同无，有非同物，纵发汝识，欲何分别？若无所因突然而出，何不日中别识明月？汝更细详、微细详审：见托汝睛，相推前境，可状成有，不相成无，如是识缘因何所出？识动、见澄，非和非合；闻、听、觉、知，亦复如是，不应识缘无从自出。若此识心本无所从，当知了别见、闻、觉、知，圆满湛然，性非从所；兼彼虚空、地、水、火、风，均名七大。性真圆融，皆如来藏，本无生灭。阿难！汝心粗浮，不悟见、闻发明了知本如来藏。汝应观此六处识心，为同、为异？为空、为有？为非同异？为非空有？汝元不知如来藏中性识明知，觉明真识，妙觉湛然遍周法界。含吐十虚，宁有方所？循业发现。世间无知，惑为因缘及自然性；皆是识心分别计度，但有言说，都无实义。

十八、开悟妙心

尔时，阿难及诸大众，蒙佛如来微妙开示，身心荡然，得无挂碍。是诸大众，各各自知心遍十方，见十方空如观手中所持叶物。一切世间诸所有物，皆即菩提妙明元心，心精遍圆含裹十方。反观父母所生之身，犹彼十方虚空之中吹一微尘，若存若亡；如湛巨海流一浮沤，起灭无从。了然自知，获本妙心，常住不灭。礼佛合掌，得未曾有，于如来前说偈赞佛。

十九、偈赞发愿

> 妙湛总持不动尊，首楞严王世希有！
> 销我亿劫颠倒想，不历僧祇获法身。
> 愿今得果成宝王，还度如是恒沙众；
> 将此深心奉尘刹，是则名为报佛恩。
> 伏请世尊为证明：五浊恶世誓先入，
> 如一众生未成佛，终不于此取泥洹。
> 大雄大力大慈悲！希更审除微细惑；
> 令我早登无上觉，于十方界坐道场。
> 舜若多性可销亡，烁迦罗心无动转。

卷四

二十、历举疑端

尔时，富楼那弥多罗尼子，在大众中即从座起，偏袒右肩，右膝着地，合掌恭敬而白佛言："大威德世尊！善为众生敷演如来第一义谛。世尊常推说法人中我为第一，我闻如来微妙法音，犹如聋人逾百步外聆于蚊蚋，本所不见，何况得闻？佛虽宣明令我除惑，今犹未详斯义究竟无疑惑地。世尊！如阿难辈，虽则开悟，习漏未除；我等会中登无漏者，虽尽诸漏，今闻如来所说法音，尚纡疑悔。世尊！若复世间一切根、尘、阴、处、界等皆如来藏，清净本然，云何忽生山河大地诸有为相，次第迁流，终而复始？又如来说地、水、火、风本性圆融，周遍法界，湛然常住。世尊！若地性遍，云何容水？水性周遍，火则不生。复云何明水、火二性俱遍虚空不相陵灭？世尊！地性障碍，空性虚通，云何二俱周遍法界？而我不知是义攸往，惟愿如来宣流大慈，开我迷云及诸大众！"作是语已，五体投地，钦渴如来无上慈诲。

二十一、宣说胜义

尔时，世尊告富楼那，及诸会中漏尽无学诸阿罗汉："如来今日普为此会宣胜义中真胜义性，令汝会中定性声闻，及一切未得二空回向上乘阿罗汉等，皆获一乘寂灭场地、真阿练若正修行处。汝今谛听！当为汝说。"富楼那等钦佛法音，默然承听。

佛言："富楼那！如汝所言，清净本然，云何忽生山河大地？汝常不闻如来宣说性觉妙明，本觉明妙？"富楼那言："唯然，世尊！我常闻佛宣说斯义。"佛言："汝称觉明，为复性明称名为觉？为觉不明称为明觉？"富楼那言："若此不明名为觉者，则无所明。"佛言："若无所明，则无明觉。有所非觉，无所非明。无明又非觉湛明性。性觉必明，妄为明觉。觉非所明，因明立所。所既妄立，生汝妄能。无同异中炽然成异。异彼所异，因异立同。同异发明，因此复立无同无异。如是扰乱，相待生劳。劳久发尘，自相浑浊，由是引起尘劳烦恼。起为世界，静成虚空。虚空为同，世界为异。彼无同异，真有为法。"

二十二、三相相续

（一）世界相续

觉明空昧，相待成摇。故有风轮执持世界。因空生摇，坚明立碍。彼金宝者，明觉立坚，故有金轮保持国土。坚觉宝成，摇明风出，风、金相摩，故有火光为变化性。宝明生润，火光上蒸，故有水轮含十方界。火腾、水降，交发立坚，湿为巨海，干为洲潬。以是义故，彼大海中火光常起；彼洲潬中江河常注。水势劣火，结为高山；是故山石击则成焰，融则成水。土势劣水，抽为草木；是故林薮遇烧成土，因绞成水。交妄发生，递相为种，以是因缘世界相续。

（二）众生相续

复次，富楼那！明妄非他，觉明为咎！所妄既立，明理不逾。以是因缘，听不出声，见不超色；色、香、味、触六妄成就，由是分开见、觉、闻、知。同业相缠，合离成化，见明色发，明见想成。异见成憎，同想成爱，流爱为种，纳想为胎。交媾发生，吸引同业，故有因缘生羯罗蓝、遏蒲昙等。胎、卵、湿、化，随其所应。卵唯想生，胎因情有，湿以合感，化为离应。情、想、合、离更相变易，所有受业逐其飞沈，以是因缘众生相续。

（三）业果相续

富楼那！想爱同结，爱不能离；则诸世间父母子孙相生不断；是等则以欲贪为本。贪爱同滋，贪不能止，则诸世间卵、化、湿、胎，随力强弱递相吞食；是等则以杀贪为本。以人食羊，羊死为人，人死为羊，如是乃至十生之类，死死生生互来相啖，恶业俱生穷未来际；是等则以盗贪为本。汝负我命，我还汝债，以是因缘，经百千劫常在生死。汝爱我心，我怜汝色，以是因缘，经百千常在缠缚。唯杀、盗、淫三为根本，以是因缘业果相续。

二十三、相续通结

富楼那！如是三种颠倒相续，皆是觉明明了知性，因了发相，从妄见生。山河大地诸有为相，次第迁流；因此虚妄，终而复始。

二十四、除疑解惑

富楼那言："若此妙觉本妙觉明与如来心不增不减，无状忽生山河大地诸有为相；如来今得妙空明觉，山河大地有为习漏何当复生？"

佛告富楼那："譬如迷人，于一聚落惑南为北，此迷为复因迷而有？因悟所出？"富楼那言："如是迷人，亦不因迷又不因悟。何以故？迷本无根，云何因迷？悟非生迷，云何因悟？"佛言："彼之迷人正在迷时，倏有悟人指示令悟；富楼那！于意云何？此人纵迷，于此聚落更生迷不？""不也，世尊！""富楼那！十方如来，亦复如是。此迷无本，性毕竟空。昔本无迷，似有迷觉，觉迷迷灭，觉不生迷。亦如翳人见空中花，翳病若除，华于空灭。忽有愚人，于彼空华所灭空地，待华更生；汝观是人为愚为慧？"富楼那言："空元无华，妄见生灭，见华灭空已是颠倒，敕令更出斯实狂痴；云何更名如是狂人为愚为慧？"佛言："如汝所解，云何问言诸佛如来妙觉明空，何当更出山河大地？又如金矿杂于精金，其金一纯，更不成杂；如木成灰，不重为木；诸佛如来菩提涅槃，亦复如是。"

二十五、性相参观

"富楼那！又汝问言：地、水、火、风本性圆融周遍法界，疑水、火性不相陵灭？又征虚空及诸大地俱遍法界，不合相容？富楼那！譬如虚空体非群相，而不拒彼诸相发挥。所以者何？富楼那！彼太虚空，日照则明，云屯则暗，风摇则动，霁澄则清，气凝则浊，土积成霾，水澄成映。于意云何？如是殊方诸有为相，为因彼生？为复空有？若彼所生，富楼那！且日照时既是日明，十方世界同为日色，云何空中更见圆日？若是空明，空应自照，云何中宵云雾之时，不生光耀？当知是明，非日、非空，不异空日。观相元妄，无可指陈，犹邀空华结为空果，云何诘其相陵灭义？观性元真，唯妙觉明，妙觉明心先非水、火；云何复问不相容者？真妙觉明，亦复如是。汝以空明则有空现，地、水、火、风各各发明，则各各现；若俱发明，则有俱现。云何俱现？富楼那！如一水中现于日影，两人同观水中之日，东西各行，则各有日随二人去；一东一西，先无准的。不应难言：此日是一，云何各行？各日既双，云何现一？宛转虚妄，无可凭据。

二十六、倾夺藏心

富楼那！汝以色空相倾相夺于如来藏，而如来藏随为色空，周遍法界，是故于中风动、空澄、日明、云暗。众生迷闷背觉合尘，故发尘劳有世间相。

二十七、妙合藏心

我以妙明不灭不生合如来藏，而如来藏唯妙觉明，圆照法界，是故于中：一为无量，无量为一；小中现大，大中现小；不动道场遍十方界，身含十方无尽虚空；于一毛端现宝王刹，坐微尘里转大法轮。灭尘合觉，故发真如妙觉明性。

二十八、藏心俱非

而如来藏本妙圆心，非心、非空、非地、非水、非风、非火；非眼、非耳、鼻、舌、身、意；非色、非声、香、味、触、法；非眼识界，如是乃至非意识界；非明、无明，明、无明尽，如是乃至非老、非死、非老死尽；非苦、非集、非灭、非道；非智、非得；非檀那、非尸罗、非毗梨耶、非羼提、非禅那、非般剌若、非波罗蜜多；如是乃至非怛闼阿竭、非阿罗诃、三耶三菩；非大涅槃；非常、非乐、非我、非净。以是俱非世出世故。

二十九、藏心俱即

即如来藏元明心妙，即心、即空、即地、即水、即风、即火；即眼、即耳、鼻、舌、身、意；即色、即声、香、味、触、法；即眼识界，如是乃至即意识界；即明、无明，明、无明尽，如是乃至即老、即死、即老死尽；即苦、即集、即灭、即道；即智、即得；即檀那、即尸罗、即毗梨耶、即羼提、即禅那、即般剌若、即波罗蜜多；如是乃至即怛闼阿竭、即阿罗诃、三耶三菩；即大涅槃；即常、即乐、即我、即净；以是俱即世出世故。

三十、即非圆融

即如来藏妙明心元，离即、离非、是即、非即。如何世间三有众生，及出世间声闻、缘觉，以所知心测度如来无上菩提？用世语言入佛知见！譬如琴、瑟、箜篌、琵琶，虽有妙音，若无妙指终不能发。汝与众生亦复如是。宝觉真心各各圆满，如我按指，海印发光；汝暂举心，尘劳先起，由不勤求无上觉道，爱念小乘，得少为足。

三十一、开释妄因

富楼那言："我与如来宝觉圆明真妙净心无二圆满；而我昔遭无始妄想久在轮回，今得圣乘犹未究竟。世尊！诸妄一切圆灭，独妙真常。敢问如来：一切众生何因有妄，自蔽妙明，受此沦溺？"佛告富楼那："汝虽除疑，余惑未尽。吾以世间现前诸事，今复问汝：汝岂不闻室罗城中演若达多，忽于晨朝以镜照面，爱镜中头眉目可见，嗔责己头不见面目，以为魑魅，无状狂走。于意云何？此人何因无故狂走？"

富楼那言："是人心狂更无他故。"佛言："妙觉明圆，本圆明妙，既称为妄云，何有因？若有所因，云何名妄？自诸妄想展转相因，从迷积迷以历尘劫；虽佛发明，犹不能返。如是迷因，因迷自有。识迷无因，妄无所依；尚无有生，欲何为灭？得菩提者，如寤时人，说梦中事；心纵精明，欲何因缘取梦中物？况复无因本无所有。如彼城中演若达多，岂有因缘自怖头走？忽然狂歇，头非外得。纵未歇狂，亦何遗失？富楼那！妄性如是，因何为在？汝但不随分别世间、业果、

众生三种相续，三缘断故，三因不生；则汝心中演若达多狂性自歇。歇即菩提，胜净明心本周法界，不从人得；何藉劬劳肯綮修证？譬如有人，于自衣中系如意珠，不自觉知，穷露他方，乞食驰走；虽实贫穷，珠不曾失。忽有智者指示其珠，所愿从心，致大饶富，方悟神珠非从外得。"

三十二、开释迷闷

即时阿难在大众中，顶礼佛足，起立白佛："世尊现说杀、盗、淫业，三缘断故，三因不生；心中达多狂性自歇，歇即菩提，不从人得。斯则因缘皎然明白，云何如来顿弃因缘？我从因缘心得开悟。世尊！此义何独我等年少有学声闻，今此会中大目犍连、及舍利弗、须菩提等，从老梵志，闻佛因缘，发心开悟得成无漏。今说菩提不从因缘，则王舍城拘舍梨等所说自然，成第一义！惟垂大悲开发迷闷！"

佛告阿难："即如城中演若达多，狂性因缘，若得灭除，则不狂性自然而出。因缘、自然，理穷于是。阿难！演若达多头本自然，本自其然，无然非自，有因缘故怖头狂走？若自然头因缘故狂，何不自然因缘故失？本头不失，狂怖妄出，曾无变易，何藉因缘？本狂自然，本有狂怖，未狂之际狂何所潜？不狂自然，头本无妄，何为狂走？若悟本头，识知狂走，因缘、自然俱为戏论。是故我言：三缘断故即菩提心，菩提心生，生灭心灭，此但生灭。灭生俱尽，无功用道。若有自然，如是则明自然心生，生灭心灭，此亦生灭。无生灭者名为自然；犹如世间诸相杂和成一体者，名和合性；非和合者称本然性。本然非然，和合非合，合然俱离，离合俱非，此句方名无戏论法。菩提涅槃尚在遥远，非汝历劫辛勤修证，虽复忆持十方如来十二部经，清净妙理如恒河沙，只益戏论。汝虽谈说因缘、自然决定明了，人间称汝多闻第一，以此积劫多闻熏习，不能免离摩登伽难。何须待我佛顶神咒，摩登伽心淫火顿歇得阿那含？于我法中成精进林，爱河干枯，令汝解脱？是故，阿难！汝虽历劫忆持如来秘密妙严，不如一日修无漏业，远离世间憎、爱二苦。如摩登伽宿为淫女，由神咒力销其爱欲，法中今名性比丘尼。与罗睺罗母耶输陀罗同悟宿因，知历世因贪爱为苦。一念熏修无漏善故，或得出缠，或蒙授记。如何自欺，尚留观听。"

三十三、求最上乘

阿难及诸大众，闻佛示诲，疑惑销除，心悟实相；身意轻安得未曾有。重复悲泪，顶礼佛足，长跪合掌而白佛言："无上大悲清净宝王善开我心！能以如是种种因缘方便提奖，引诸沈冥出于苦海。世尊！我今虽承如是法音，知如来藏妙觉明心遍十方界，含育如来十方国土，清净宝严妙觉王刹；如来复责多闻无功，不逮修习。我今犹如旅泊之人，忽蒙天王赐与华屋。虽获大宅，要因门入，惟愿如来不舍大悲，示我在会诸蒙暗者捐舍小乘，毕获如来无余涅槃本发心路！令有学者，从何摄伏畴昔攀缘，得陀罗尼，入佛知见！"作是语已，五体投地。在会一心，伫佛慈旨。

三十四、二决定义

（一）修因同果，并释五重浑浊

1. 修因同果

尔时，世尊哀悯会中缘觉、声闻于菩提心未自在者，及为当来佛灭度后末法众生发菩提心，开无上乘妙修行路。宣示阿难及诸大众：汝等决定发菩提心，于佛如来妙三摩提不生疲倦，应当先明发觉初心二决定义。云何初心二义决定？阿难！第一义者：汝等若欲捐舍声闻，修菩萨乘，人佛知见，应当审观因地发心，与果地觉为同、为异？阿难！若于因地，以生灭心为本修因，而求佛乘不生不灭，无有是处。以是义故，汝当照明诸器世间可作之法，皆从变灭。阿难！汝观世间可作之法，谁为不坏？然终不闻烂坏虚空。何以故？空非可作，由是始终无坏故灭。则汝身中坚明为地润湿为水，暖触为火，动

摇为风。由此四缠，分汝湛圆妙觉明心为视、为听、为觉、为察，从始入终五叠浑浊。

2. 五重浑浊

云何为浊？阿难譬如清水清洁本然：即彼尘土灰沙之伦，本质留碍，二体法尔性不相循。有世间人，取彼土尘投于净水，土失留碍，水亡清洁，容貌汩然，明之为浊。汝浊五重，亦复如是。阿难！汝见虚空遍十方界，空见不分。有空无体，有见无觉，相织妄成；是第一重名为劫浊。汝身现抟四大为体，见、闻、觉、知壅令留碍，水、火、风、土旋令觉知，相织妄成；是第二重名为见浊。又汝心中忆识诵习，性发知见，容现六尘，离尘无相，离觉无性，相织妄成；是第三重名烦恼浊。又汝朝夕生灭不停，知见每欲留于世间，业运每常迁于国土，相织妄成，是第四重名众生浊。汝等见闻元无异性，众尘隔越，无状异生，性中相知，用中相背，同异失准，相织妄成；是第五重名为命浊。

阿难！汝今欲令见、闻、觉、知远契如来常、乐、我、净，应当先择死生根本，依不生灭圆湛性成，以湛旋其虚妄灭生，伏还元觉，得元明觉无生灭性，为因地心；然后圆成果地修证。如澄浊水贮于静器，静深不动，沙土自沉，清水现前，名为初伏客尘烦恼。去泥纯水，名为永断根本无明。明相精纯，一切变现不为烦恼，皆合涅槃清净妙德。

（二）解结从根

第二义者：汝等必欲发菩提心，于菩萨乘生大勇猛，决定弃捐诸有为相，应当审详烦恼根本。此无始来发业润生，谁作谁受？阿难！汝修菩提，若不审观烦恼根本，则不能知虚妄根尘何处颠倒？处尚不知，云何降伏取如来位？阿难！汝观世间解结之人，不见所结，云何知解？不闻虚空被汝堕裂。何以故？空无形相无结、解故。则汝现前眼、耳、鼻、舌、及与身、心，六为贼媒，自劫家宝；由此无始众生世界生缠缚故，于器世间不能超越。阿难！云何名为众生世界，世为迁流，界为方位。汝今当知东、西、南、北，东南、西南、东北、西北、上、下为界。过去、未来、现在为世。方位有十，流数有三。一切众生织妄相成，身中贸迁，世界相涉。而此界性设虽十方定位可明，世间只目东、西、南、北、上、下五位，中无定方。四数必明，与世相涉；三四、四三，宛转十二；流变三叠，一十百千。总括始终，六根之中，各各功德有千二百。阿难！汝复于中克定成否：如眼观见，后暗前明，前方全明，后方全暗，左右旁观三分之二，统论所作功德不全；三分言功，一分无德，当知眼唯八百功德。如耳周听十方无遗，动若迩遥，静无边际，当知耳根圆满一千二百功德。如鼻嗅闻通出入息，有出有入而阙中交，验于鼻根三分阙一，当知鼻唯八百功德。如舌宣扬尽诸世间、出世间智，言有方分，理无穷尽，当知舌根圆满一千二百功德。如身觉触识于违顺，合时能觉，离中不知，离一合双，验于身根三分阙一，当知身唯八百功德。如意默容十方三世一切世间出世间法，惟圣与凡无不包容尽其涯际，当知意根圆满一千二百功德。阿难！汝今欲逆生死欲流，返穷流根至不生灭；当验此等六受用根，谁合、谁离、谁深、谁浅？谁为圆通？谁不圆满？若能于此悟圆通根，逆彼无始织妄业流，得循圆通；与不圆根日劫相倍。我今备显六湛圆明本所功德，数量如是。随汝详择其可入者，吾当发明令汝增进。十方如来于十八界一一修行，皆得圆满无上菩提。于其中间，亦无优劣。但汝下劣，未能于中圆自在慧；故我宣扬，令汝但于一门深入。入一无妄，彼六知根一时清净。

三十五、修断虚习

阿难白佛言："世尊！云何逆流深入一门，能令六根一时清净？"

佛告阿难："汝今已得须陀洹果，已灭三界众生世间见所断惑；然犹未知根中积生无始虚习，彼习要因所断得，何况此中生、住、

异、灭分剂头数？今汝且观现前六根，为一、为六？阿难！若言一者，耳何不见？目何不闻？头奚不履？足奚无语？若此六根决定成六，如我今会与汝宣扬微妙法门，汝之六根谁来领受？"阿难言："我用耳闻。"佛言："汝耳自闻，何关身、口？口来问义，身起钦承。是故应知：非一终六，非六终一。终不汝根元一、元六。阿难！当知是根非一非六，由无始来颠倒沦替，故于圆湛一、六义生。汝须陀洹虽得六销，犹未亡一。如太虚空参合群器，由器形异名之异空，除器观空说空为一。彼太虚空，云何为汝成同、不同？何况更名是一、非一？则汝了知六受用根，亦复如是。"

三十六　六根受用

由明暗等，二种相形，于妙圆中黏湛发见；见精映色。结色成根。根元目为，清净四大，因名眼体，如蒲萄朵，浮根四尘，流逸奔色。由动、静等二种相击，于妙圆中黏湛发听，听精映声，卷声成根；根元目为清净四大，因名耳体，如新卷叶，浮根四尘，流逸奔声。由通、塞等二种相发，于妙圆中黏湛发嗅。嗅精映香，纳香成根，根元目为清净四大，因名鼻体，如双垂爪，浮根四尘，流逸奔香。由恬、变二种相参，于妙圆中黏湛发尝，尝精映味，绞味成根；根元目为清净四大，因名舌体，如初偃月，浮根四尘，流逸奔味。由离、合等二种相摩，于妙圆中黏湛发觉，觉精映触，抟触成根；根元目为清净四大，因名身体，如腰鼓颡，浮根四尘，流逸奔触。由生、灭等二种相续，于妙圆中黏湛发知，知精映法，揽法成根；根元目为清净四大，因名意根，如幽室见，浮根四尘，流逸奔法。

三十七、脱黏尘妄

阿难！如是六根，由彼觉明有明明觉，失彼精了，黏妄发光。是以汝今离暗、离明无有见体，离动、离静元无听质，无通、无塞嗅性不生，非变、非恬尝无所出，不离、不合觉触本无，无灭、无生了知安寄！汝但不循动静、合离、恬变、通塞、生灭、明暗，如是十二诸有为相；随拔一根，脱黏内伏，伏归元真，发本明耀，耀性发明，诸余五黏应拔圆脱，不由前尘所起知见。明不循根，寄根明发，由是六根互相为用。

三十八、六根互用

阿难！汝岂不知今此会中，阿那律陀无目而见；跋难陀龙无耳而听，殑伽神女非鼻闻香，骄梵钵提异舌知味，舜若多神无身觉触；如来光中映令暂现，既为风质，其体元无；诸灭尽得寂声闻，如此会中摩诃迦叶，久灭意根，圆明了知不因心念。

三十九、根尘并销

阿难，今汝诸根若圆拔已，内莹发光；如是浮尘及器世间诸变化相，如汤销冰，应念化成无上知觉。阿难！如彼世人聚见于眼，若令急合，暗相现前。六根黯然，头足相类。彼人以手循体外绕，彼虽不见，头足一辨，知觉是同。缘见因明，暗成无见，不明自发，则诸暗相永不能昏。根尘既销，云何觉明不成圆妙？

四十、误疑断灭

阿难白佛言："世尊！如佛说言：因地觉心欲求常住，要与果位名目相应。世尊！如果位中，菩提、涅槃、真如、佛性、庵摩罗识、空如来藏、大圆镜智，是七种名称谓虽别，清净圆满体性坚凝，如金刚王常住不坏。若此见听离于明暗、动静、通塞，毕竟无体，犹如念心离于前尘，本无所有。云何将此毕竟断灭以为修因，欲获如来七常住果？世尊！若离明暗，见毕竟空，如无前尘，念自性灭。进退循环，微细推求，本无我心及我心所，将谁立因求无上觉？如来先说湛精圆常，违越诚言，终成戏论，云何如来真实语者？惟垂大慈开我蒙悋。"

四十一、击钟验常

佛告阿难："汝学多闻，未尽诸漏，心中徒知颠倒所因，真倒现前实未能识。恐汝诚心犹未信伏，吾今试将尘俗诸事，当除汝疑。"即时如来敕罗睺罗击钟一声，问阿难言："汝今闻不？"阿难大众俱言："我闻。"钟歇无声，佛又问言："汝今闻不？"阿难大众俱言："不闻。"时罗睺罗又击一声，佛又问言："汝今闻不？"阿难大众又言："俱闻。"佛问阿难："汝云何闻？云何不闻？"阿难大众俱白佛言："钟声若击则我得闻；击久声销，音响双绝，则名无闻。"如来又敕罗睺罗击钟，问阿难言："汝今声不？"阿难大众俱言："有声。"少选声销，佛又问言："尔今声不？"阿难大众答言："无声。"有顷，罗睺罗更来撞钟。佛又言："尔今声不？"阿难大众俱言："有声。"佛问阿难："汝云何声？云何无声？"阿难大众俱白佛言："钟声若击则名有声；击久声销，音响双绝，则名无声。"佛语阿难及诸大众："汝今云何自语矫乱？"大众阿难俱时问佛："我今云何名为矫乱？"佛言："我问汝闻，汝则言闻；又问汝声，汝则言声；唯闻与声报答无定，如是云何不名矫乱？阿难！声销无响，汝说无闻；若实无闻，闻性已灭同于枯木，钟声更击，汝云何知？知有、知无，自是声尘或无、或有，岂彼闻性为有为、无？闻实云无，谁知无者？是故，阿难！声于闻中自有生灭；非为汝闻声生、声灭，令汝闻性为有、为无。汝尚颠倒，惑声为闻，何怪昏迷，以常为断？终不应言：离诸动静、闭塞、开通，说闻无性。"

四十二、引梦验常

如重睡人眠熟床枕，其家有人于彼睡时捣练舂米，其人梦中闻舂捣声则作他物，或为击鼓，或为撞钟；即于梦时，自怪其钟为木石响。于时忽寤，遄知杵音。自告家人：我正梦时，惑此舂音将为鼓响。阿难！是人梦中，岂忆静摇、开闭、通塞。其形虽寐，闻性不昏。纵汝形销命光迁谢，此性云何为汝销灭？以诸众生从无始来，循诸色、声逐念流转，曾不开悟性净妙常。不循所常，逐诸生灭，由是生生杂染流转。若弃生灭，守于真常，常光现前，根、尘、识心应时销落。想相为尘，识情为垢，二俱远离；则汝法眼应时清明，云何不成无上知觉？

卷五

四十三、结解同因　世尊说偈

阿难白佛言："世尊！如来虽说第二义门，今观世间解结之人，若不知其所结之元，我信是人终不能解。世尊！我及会中有学声闻，亦复如是。从无始际，与诸无明俱灭俱生。虽得如是多闻善根，名为出家，犹隔日疟。惟愿大慈哀愍沦溺！今日身心云何是结？从何名解？亦令未来苦难众生，得免轮回不落三有。"作是语已，普及大众五体投地，雨泪翘诚。伫佛如来无上开示。

尔时，世尊怜悯阿难及诸会中诸有学者，亦为未来一切众生为出世因，作将来眼。以阎浮檀紫光金手摩阿难顶，即时十方普佛世界六种震动，微尘如来住世界者，各有宝光从其顶出，其光同时于彼世界来祇陀林灌如来顶。是诸大众得未曾有！于是阿难及诸大众，俱闻十方微尘如来异口同音告阿难言："善哉，阿难！汝欲识知俱生无明，使汝轮转生死结根，唯汝六根更无他物！汝复欲知无上菩提，令汝速证安乐解脱寂静妙常，亦汝六根非他物矣！"阿难虽闻如是法音，心犹未明，稽首白佛："云何令我生死轮回，安乐妙常，同是六根更非他物？"佛告阿难："根、尘同源，缚、脱无二，识性虚妄，犹如空华。阿难！由尘发知，因根有相，相见无性同于交芦，是故。汝今知见立知即无明本；知见无见斯即涅槃。无漏真净。云何是中更容他物？"

尔时，世尊欲重宣此义，而说偈言：

真性有为空，缘生故如幻；
无为无起灭，不实如空华。
言妄显诸真，妄真同二妄。
犹非真非真，云何见所见？
中间无实性，是故若交芦。
结解同所因，圣凡无二路。
汝观交中性，空有二俱非。
迷晦即无明，发明便解脱。
解结因次第，六解一亦亡。
根选择圆通，入流成正觉。
陀那微细识，习气成暴流。
真非真恐迷，我常不开演。
自心取自心，非幻成幻法。
不取无非幻，非幻尚不生。
幻法云何立，是名妙莲华，
金刚王宝觉，如幻三摩提。
弹指超无学，此阿毗达磨。
十方薄伽梵，一路涅槃门。

四十四、绾巾六结

于是阿难及诸大众，闻佛如来无上慈诲，祇夜伽陀杂糅精莹，妙理清彻，心目开明，叹未曾有。阿难合掌，顶礼白佛："我今闻佛无遮大悲，性净妙常真实法句，心犹未达六解一亡舒结伦次；惟垂大慈，再愍斯会及与将来，施以法音洗涤沉垢！"

即时如来于狮子座，整涅槃僧，敛僧伽梨，揽七宝几，引手于几，取劫波罗天所奉花巾，于大众前绾成一结。示阿难言："此名何等？"阿难大众俱白佛言："此名为结。"于是如来绾叠花巾，又成一结。重问阿难："此名何等？"阿难大众又白佛言："此亦名结。"如是伦次绾叠花巾，总成六结。一一结成，皆取手中所成之结持问阿难："此名何等？"阿难大众亦复如是，次第酬佛："此名为结。"佛告阿难："我初绾巾。汝名为结；此叠花巾先实一条。第二、第三云何汝曹复名为结？"阿难白佛言："世尊！此宝叠华绩缉成巾，虽本一体。如我思惟。如来一绾得一结名，若百绾成终名百结。何况此巾只有六结，终不至七，亦不停五。云何如来只许初时，第二、第三不名为结？"佛告阿难："此宝花巾，汝知此巾元止一条，我六绾时名有六结。汝审观察：巾体是同，因结有异。于意云何？初绾结成名为第一，如是乃至第六结生，吾今欲将第六结成第一不？""不也，世尊！六结若存，斯第六名终非第一，纵我历生尽其明辩，如何令是六结乱名？"佛言："如是，六结不同，循顾本因一巾所造，令其杂乱终不得成。则汝六根亦复如是，毕竟同中生毕竟异。"

四十五、六解一亡

佛告阿难："汝必嫌此，六结不成，愿乐一成，复云何得？"阿难言："此结若存，是非锋起，于中自生，此结非彼，彼结非此。如来今日若总解除，结若不生，则无彼此。尚不名一，六云何成？"佛言："六解一亡，亦复如是。由汝无始心性狂乱，知见妄发，发妄不息，劳见发生，如劳目睛，则有狂华，于湛精明，无因乱起。一切世间山河大地、生死涅槃，皆即狂劳颠倒华相。"

四十六、解结次第

阿难言："此劳同结，云何解除？"如来以手将所结巾偏掣其左，问阿难言："如是解不？""不也，世尊！旋复以手偏牵右边。"又问阿难："如是解不？""不也，世尊！"佛告阿难："吾今以手左右各牵，竟不能解，汝设方便云何解成？"阿难白佛言："世尊！当于结心。解即分散。"佛告阿难："如是，如是！若欲除结，当于结心。阿难！我说佛法从因缘生，非取世间和合粗相。如来发明世出世法，知其本因随所缘出，如是乃至恒沙界外一滴之雨，亦知头数；现前种种松直、棘曲、鹄白、乌玄皆了元由。是故，阿难！随汝心中选择六根，根结若除，尘相自灭；诸妄销亡，不真何待？阿难！吾今问汝：此劫波罗巾六结现前，同时解萦，得同除不？""不也，世尊！是结本以次第绾生，今日当须次第而解。六结同体，结不同时，则结解时云何同除？"佛言："六根解除，亦复如是。此根初解，先得人空；空性圆明，成法解脱；解脱法已，俱空不生，是名菩萨从三摩地，得无生忍。"

四十七、圆通方便

阿难及诸大众蒙佛开示，慧觉圆通，得无疑惑。一时合掌，顶礼双足而白佛言："我等今日，身心皎然，快得无碍。虽复悟知一六亡义。然犹未达圆通本根。世尊！我辈飘零，积劫孤露，何心何虑预佛天伦，如失乳儿忽遇慈母！若复因此际会道成，所得密言还同本悟，则与未闻无有差别。惟垂大悲，惠我秘严，成就如来最后开示！"作是语已，五体投地，退藏密机，冀佛冥授。

尔时，世尊普告众中诸大菩萨及诸漏尽大阿罗汉："汝等菩萨及阿罗汉，生我法中得成无学。吾今问汝：最初发心悟十八界，谁为圆通？从何方便入三摩地？"

四十八、六根圆通

（一）陈那声尘

时憍陈那五比丘，即从座起，顶礼佛足而白佛言："我在鹿苑及于鸡园，观见如来最初成道，于佛音声悟明四谛。佛问比丘，我初称解；如来印我名阿若多，妙音密圆，我于音声得阿罗汉，如我所证音声为上。"

（二）优婆色尘

优婆尼沙陀即从座起，顶礼佛足而白佛言："我亦观佛最初成道，观不净相，生大厌离。悟诸色性。以从不净、白骨、微尘归于虚空；空色二无，成无学道。如来印我名尼沙陀，尘色既尽，妙色密圆，我从色相得阿罗汉。佛问圆通，如我所证色因为上。"

（三）香严香尘

香严童子即从座起，顶礼佛足而白佛言："我闻如来教我谛观诸有为相。我时辞佛。宴晦清斋，见诸比丘烧沉水香，香气寂然来入鼻中。我观此气，非木、非空、非烟、非火，去无所著，来无所从，由是意销，发明无漏，如来印我得香严号，尘气倏灭，妙香密圆，我从香严得阿罗汉。佛问圆通，如我所证香严为上。"

（四）药王味尘

药王、药上二法王子，并在会中五百梵天即从座起，顶礼佛足而白佛言："我无始劫为世良医，口中尝此娑婆世界草木、金石。名数凡有十万八千。如是悉知苦、醋、咸、淡、甘、辛等味，并诸和合，俱生、变异，是冷、是热，有毒、无毒，悉能遍知。承事如来，了知味性非空、非有，非即身心，非离身心。分别味因，从是开悟，蒙佛如来印我昆季药王、药上二菩萨名，今于会中为法王子。因味觉明，位登菩萨，佛问圆通，如我所证味因为上。"

（五）跋陀触尘

跋陀婆罗并其同伴十六开士，即从座起，顶礼佛足而白佛言："我等先于威音王佛闻法出家，于浴僧时随例入室。忽悟水因，既不洗尘，亦不洗体，中间安然，得无所有。宿习无忘，乃至今时从佛出家，令得无学。彼佛名我跋陀婆罗。妙触宣明，成佛子住。佛问圆通，如我所证触因为上。"

（六）迦叶法尘

摩诃迦叶及紫金光比丘尼等，即从座起，顶礼佛足而白佛言："我于往劫，于此界中，有佛出世名日月灯。我得亲近闻法修学。佛灭度后供养舍利，然灯续明，以紫光金涂佛形象。自尔已来，世世生身常圆满紫金光聚。此紫金光比丘尼等，即我眷属，同时发心。我观世间六尘变坏，唯以空寂修于灭尽，身心乃能度百千劫犹如弹指。我以空法成阿罗汉，世尊说我头陀为最。妙法开明，销灭诸漏。佛问

圆通，如我所证法因为上。"

四十九、五根圆通

（一）那律眼根

阿那律陀即从座起，顶礼佛足而白佛言："我初出家常乐睡眠，如来诃我为畜生类。我闻佛诃啼泣自责，七日不眠，失其双目。世尊示我乐见照明金刚三昧，我不因眼观见十方精真洞然，如观掌果。如来印我成阿罗汉。佛问圆通，如我所证，旋见循元斯为第一。"

（二）周利鼻根

周利槃特迦即从座起，顶礼佛足而白佛言："我阙诵持，无多闻性，最初值佛闻法出家。忆持如来一句伽陀，于一百日得前遗后！得后遗前。佛悯我愚，教我安居调出入息。我时观息，微细穷尽，生、住、异、灭，诸行刹那，其心豁然得大无碍，乃至漏尽成阿罗汉，住佛座下印成无学。佛问圆通，如我所证，反息循空斯为第一。"

（三）憍梵舌根

憍梵钵提即从座起，顶礼佛足而白佛言："我有口业，于过去劫轻弄沙门，世世生生有牛呞病。如来示我一味清净心地法门，我得灭心入三摩地，观味之知非体非物，应念得超世间诸漏。内脱身心，外遗世界，远离三有，如鸟出笼；离垢销尘，法眼清净，成阿罗汉，如来亲印登无学道。佛问圆通，如我所证，还味旋知斯为第一。"

（四）毕陵身根

毕陵伽婆蹉即从座起，顶礼佛足而白佛言："我初发心从佛入道，数闻如来说诸世间不可乐事。乞食城中，心思法门，不觉路中毒刺伤足，举身疼痛。我念有知，知此深痛，虽觉觉痛，觉清净心无痛痛觉。我又思惟：如是一身宁有双觉？摄念未久，身心忽空；三七日中诸漏虚尽，成阿罗汉，得亲印记，发明无学。佛问圆通，如我所证，纯觉遗身斯为第一。"

（五）空生意根

须菩提即从座起，顶礼佛足而白佛言："我旷劫来心得无碍，自忆受生如恒河沙。初在母胎即知空寂，如是乃至十方成空，亦令众生证得空性。蒙如来发性觉真空，空性圆明得阿罗汉，顿入如来宝明空海。同佛知见，印成无学，解脱性空我为无上。佛问圆通。如我所证，诸相入非，非所非尽，旋法归无，斯为第一。"

五十、六识圆通

（一）秋子眼识

舍利弗即从座起，顶礼佛足而白佛言："我旷劫来心见清净，如是受生如恒河沙，世出世间种种变化，一见则通，获无障碍。我于路中逢迦叶波兄弟相逐，宣说因缘，悟心无际，从佛出家，见觉明圆，得大无畏。成阿罗汉，为佛长子。从佛口生，从法化生。佛问圆通，如我所证，心见发光，光极知见，斯为第一。"

（二）普贤耳识

普贤菩萨即从座起，顶礼佛足而白佛言："我已曾与恒沙如来为法王子。十方如来教其弟子菩萨根者修普贤行，从我立名。世尊！我用心闻，分别众生所有知见，若于他方恒沙界外，有一众生心中发明普贤行者，我于尔时乘六牙象，分身百千皆至其处。纵彼障深未得见我。我与其人暗中摩顶，拥护安慰，令其成就。佛问圆通，我说本因，心闻发明，分别自在，斯为第一！"

（三）孙陀鼻识

孙陀罗难陀即从座起，顶礼佛足而白佛言："我初出家从佛入道，虽具戒律。于三摩地，心常散动，未获无漏。世尊教我及拘絺罗观鼻端白。我初谛观经三七日，见鼻中气出入如烟，身心内明，圆洞世界，遍成虚净，犹如琉璃。烟相渐销，鼻息成白，心开漏尽；诸出入息化为光明，照十方界，得阿罗汉，世尊记我，当得菩提。佛问圆

通，我以销息，息久发明，明圆灭漏，斯为第一。"

（四）满慈舌识

富楼那弥多罗尼子即从座起。顶礼佛足而白佛言："我旷劫来辩才无碍。宣说苦、空，深达实相，如是乃至恒沙如来秘密法门，我于众中微妙开示，得无所畏。世尊知我有大辩才，以音声轮教我发扬。我于佛前助佛转轮，因狮子吼成阿罗汉。世尊印我，说法无上。佛问圆通，我以法音降伏魔怨，销灭诸漏，斯为第一。"

（五）波离身识

优波离即从座起，顶礼佛足而白佛言："我亲随佛逾城出家，亲观如来六年勤苦，亲见如来降伏诸魔，制诸外道，解脱世间贪欲诸漏。承佛教戒，如是乃至三千威仪、八万微细，性业、遮业，悉皆清净。身心寂灭，成阿罗汉。我是如来众中纲纪，亲印我心，持戒修身众推无上。佛问圆通，我以执身身得自在，次第执心心得通达，然后身心一切通利，斯为第一。"

（六）目连意识

大目犍连即从座起，顶礼佛足而白佛言："我初于路乞食，逢遇优楼频螺、伽耶、那提三迦叶波，宣说如来因缘深义。我顿发心，得大通达。如来惠我袈裟着身，须发自落。我游十方得无挂碍。神通发明推为无上，成阿罗汉。宁唯世尊，十方如来叹我神力，圆明清净自在无畏。佛问圆通，我以旋湛心光发宣，如澄浊流久成清莹，斯为第一。"

五十一、七大圆通

（一）乌刍火大

乌刍瑟摩于如来前，合掌顶佛之双足而白佛言："我常先忆久远劫前，性多贪欲。有佛出世名曰空王。说多淫人成猛火聚。教我遍观百骸、四肢、诸冷暖气；神光内凝，化多淫心成智慧火。从是诸佛皆呼召我名为火头。我以火光三昧力故，成阿罗汉。心发大愿，诸佛成道我为力士，亲伏魔怨。佛问圆通，我以谛观身心暖触。无碍流通，诸漏既销，生大宝焰，登无上觉，斯为第一！"

（二）持地地大

持地菩萨即从座起，顶礼佛足而白佛言："我念往昔普光如来出现于世，我为比丘。常于一切要路津口、田地险隘，有不如法、妨损车马，我皆平填，或作桥梁，或负沙土。如是勤苦，经无量佛出现于世。或有众生于阛阓处，要人擎物，我先为擎，至其所诣放物即行，不取其直。毗舍浮佛现在世时，世多饥荒，我为负人，无问远近唯取一钱。或有车牛被于泥溺，我有神力为其推轮，拔其苦恼。时国大王延佛设斋。我于尔时平地待佛。毗舍如来摩顶谓我：当平心地。则世界地一切皆平！我即心开，见身微尘，与造世界所有微尘等无差别，微尘自性不相触摩，乃至刀兵亦无所触。我于法性悟无生忍，成阿罗汉。回心今入菩萨位中，闻诸如来宣《妙莲花》佛知见地，我先证明而为上首。佛问圆通，我以谛观身界二尘等无差别，本如来藏虚妄发尘，尘销智圆，成无上道，斯为第一。"

（三）月光水大

月光童子即从座起，顶礼佛足而白佛言："我忆往昔恒河沙劫，有佛出世名为水天，教诸菩萨修习水观入三摩地。观于身中水性无夺，初从涕唾，如是穷尽津液精血、大小便利，身中旋复水性一同；见水身中，与世外浮幢王刹诸香水海，等无差别。我于是时初成此观，但见其水，未得无身。当为比丘室中安禅。我有弟子窥窗观室，唯见清水遍在室中，了无所见。童稚无知，取一瓦砾投于水内，激水作声，顾盼而去。我出定后，顿觉心痛，如舍利弗遭违害鬼。我自思惟：今我已得阿罗汉道，久离病缘，云何今日忽生心痛。将无退失？尔时童子捷来我前，说如上事。我则言告：汝更见水，可即开门入此水中，除去瓦砾。童子奉教，后入定时，还复见水，瓦砾宛然。开门除出。我后出定，身质如初。逢

无量佛，如是至于山海自在通王如来，方得亡身：与十方界诸香水海，性合真空，无二无别。今于如来得童真名，预菩萨会。佛问圆通，我以水性一味流通，得无生忍，圆满菩提，斯为第一！"

（四）琉璃风大

琉璃光法王子即从座起，顶礼佛足而白佛言："我忆往昔经恒沙劫，有佛出世名无量声，开示菩萨本觉妙明，观此世界及众生身，皆是妄缘风力所转。我于尔时观界安立，观世动时，观身动止，观心动念，诸动无二等无差别。我时觉了此群动性，来无所从，去无所至；十方微尘颠倒众生，同一虚妄。如是乃至三千大千一世界内所有众生，如一器中贮百蚊蚋啾啾乱鸣，于分寸中鼓发狂闹。逢佛未几，得无生忍。尔时心开，乃见东方不动佛国，为法王子，事十方佛。身心发光，洞彻无碍。佛问圆通，我以观察风力无依，悟菩提心入三摩地，合十方佛，传一妙心，斯为第一！"

（五）空藏空大

虚空藏菩萨即从座起，顶礼佛足而白佛言："我与如来定光佛所，得无边身。尔时手执四大宝珠，照明十方微尘佛刹，化成虚空，又于自心现大圆镜，内放十种微妙宝光，流灌十方，尽虚空际，诸幢王刹，来入镜内，涉入我身。身同虚空，不相妨碍。身能善入微尘国土，广行佛事，得大随顺。此大神力，由我谛观，四大无依，妄想生灭，虚空无二，佛国本同。于同发明，得无生忍。佛问圆通，我以观察虚空无边，入三摩地，妙力圆明，斯为第一！"

（六）弥勒识大

弥勒菩萨即从座起，顶礼佛足而白佛言："我忆往昔经微尘劫，有佛出世名日月灯明，我从彼佛而得出家，心重世名，好游族姓。尔时，世尊教我修习唯心识定，入三摩地。历劫以来，以此三昧事恒沙佛，求世名心歇灭无有。至然灯佛出现于世，我乃得成无上妙圆识心三昧；乃至尽空如来国土，净秽有无，皆是我心变化所现。世尊！我了如是唯心识故，识性流出无量如来，今得授记次补佛处。佛问圆通，我以谛观十方唯识，识心圆明入圆成实，远离依他及遍计执，得无生忍，斯为第一。"

（七）势至根大

大势至法王子与其同伦五十二菩萨，即从座起，顶礼佛足而白佛言："我忆往昔恒河沙劫，有佛出世名无量光。十二如来相继一劫，其最后佛名超日月光。彼佛教我念佛三昧：譬如有人，一专为忆，一人专忘，如是二人若逢不逢，或见非见，二人相忆，二忆念深，如是乃至从生至生，同于形影不相乖异。十方如来怜念众生，如母忆子，若子逃逝，虽忆何为！子若忆母如母忆时，母子历生不相违远。若众生心忆佛念佛，现前当来必定见佛，去佛不远。不假方便自得心开。如染香人，身有香气，此则名曰香光庄严。我本因地，以念佛心入无生忍。今于此界，摄念佛人归于净土。佛问圆通，我无选择。都摄六根净念相继，得三摩地。斯为第一！"

卷六

五十二、观音耳根

尔时，观世音菩萨即从座起，顶礼佛足而白佛言："世尊！忆念我昔无数恒河沙劫，于时有佛出现于世，名观世音。我于彼佛发菩提心，彼佛教我从闻思修入三摩地。初于闻中，入流亡所。所入既寂，动静二相了然不生。如是渐增，闻所闻尽；尽闻不住，觉所觉空；空觉极圆，空所空灭；生灭既灭，寂灭现前。忽然超越世出世间，十方圆明，获二殊胜：一者，上合十方诸佛本妙觉心，与佛如来同一慈力。二者，下合十方一切六道众生，与诸众生同一悲仰。

"世尊！由我供养观音如来，蒙彼如来授我如幻闻熏闻修金刚三昧。与佛如来同慈力故，令我身成三十二应入诸国土。"

五十三、三十二应

（一）应现四圣法界

世尊！若诸菩萨，入三摩地，进修无漏，胜解现圆，我现佛身而为说法，令其解脱。若诸有学，寂静妙明，胜妙现圆，我于彼前现独觉身而为说法，令其解脱。若诸有学，断十二缘，缘断胜性，胜妙现圆，我于彼前现缘觉身而为说法，令其解脱。若诸有学，得四谛空，修道入灭，胜性现圆，我于彼前现声闻身而为说法，令其解脱。

（二）应现六凡法界

若诸众生，欲心明悟，不犯欲尘，欲身清净，我于彼前现梵王身而为说法，令其解脱。若诸众生，欲为天主，统领诸天，我于彼前现帝释身而为说法，令其成就。若诸众生，欲身自在游行十方，我于彼前现自在天身而为说法，令其成就。若诸众生，欲身自在飞行虚空，我于彼前现大自在天身而为说法，令其成就。若诸众生，爱统鬼神，救护国土，我于彼前现天大将军身而为说法，令其成就。若诸众生，爱统世界，保护众生，我于彼前现四天王身而为说法，令其成就。若诸众生，爱生天宫，驱使鬼神，我于彼前现四天王国太子身而为说法，令其成就。若诸众生，乐为人王，我于彼前现人王身而为说法，令其成就。若诸众生，爱主族姓，世间推让，我于彼前现长者身而为说法，令其成就。若诸众生，爱谈名言，清净自居，我于彼前现居士身而为说法，令其成就。若诸众生，爱治国土，剖断邦邑，我于彼前现宰官身而为说法，令其成就。若诸众生，爱诸数术，摄卫自居，我于彼前现婆罗门身而为说法，令其成就。若有男子，好学出家，持诸戒律，我于彼前现比丘身而为说法，令其成就。若有女人，好学出家，持诸禁戒，我于彼前现比丘尼身而为说法，令其成就。若有男子，乐持五戒，我于彼前现优婆塞身而为说法，令其成就。若有女子，五戒自居，我于彼前现优婆夷身而为说法，令其成就。若有女人，内政立身，以修家国，我于彼前现女主身，及国夫人命妇大家而为说法，令其成就。若有众生，不坏男根，我于彼前现童男身而为说法，令其成就。若有处女，爱乐处身，不求侵暴，我于彼前现童女身而为说法，令其成就。若有诸天，乐出天伦。我现天身而为说法，令其成就。若有诸龙，乐出龙伦。我现龙身而为说法，令其成就。若有药叉，乐度本伦，我于彼前现药叉身而为说法，令其成就。若乾闼婆，乐脱其伦，我于彼前现乾闼婆身而为说法，令其成就。若阿修罗，乐脱其伦，我于彼前现阿修罗身而为说法，令其成就。若紧那罗，乐脱其伦，我于彼前现紧那罗身而为说法，令其成就。若摩呼罗伽，乐脱其伦，我于彼前现摩呼罗伽身而为说法，令其成就。若诸众生，乐人修人。我现人身而为说法，令其成就。若诸非人，有形无形，有想无想，乐度其伦，我于彼前皆现其身而为说法，令其成就。是名妙净三十二应，入国土身。皆以三昧闻熏修无作妙力，自在成就。

五十四、明十四无畏

世尊！我复以此闻熏闻修金刚三昧无作妙力，与诸十方三世六道一切众生，同悲仰故；令诸众生，于我身心获十四种无畏功德：一者，由我不自观音以观观者，令彼十方苦恼众生，观其音声，即得解脱。二者，知见旋复，令诸众生，设入大火，火不能烧。三者，观听旋复，令诸众生，大水所漂，水不能溺。四者，断灭妄想，心无杀害，令诸众生入诸鬼国，鬼不能害。五者，熏闻成闻，六根销复同于声听，能令众生临当被害，刀段段坏，使其兵戈犹如割水，亦如吹光，性无摇动。六者，闻熏精明，明明遍法界，则诸幽暗性不能全，能令众生，药叉、罗刹、鸠槃茶鬼及毗舍遮、富单那等，虽近其旁，目不能视。七者，音性圆销，观听返入离诸尘妄，能令众生，禁系枷锁所不能著。八者，灭音圆闻，遍生慈力，能令众生，经过险路贼不能劫。九者，熏闻离尘，色所不劫，能令一切多淫众生，远离贪欲。十者，纯音无尘，根境圆融，无对、所对，能令一切忿恨众生，离诸嗔恚。十一者，销尘旋明，法界身心犹如琉璃，朗彻无碍，能令一切昏钝性障诸阿颠迦，永离痴暗。十二者，融形复闻，不动道场涉入世间，不坏世界，能遍十方，供养微尘诸佛如来，各各佛边为法王子，能令法界无子众生，欲求男者，诞生福德智慧之男。十三者，六根圆通明照无二，含十方界，立大圆镜空如来藏，承顺十方微尘如来，秘密法门受领无失，能令法界无子众生，欲求女者，诞生端正福德柔顺，众人爱敬有相之女。十四者，此三千大千世界百亿日月，现住世间诸法王子有六十二恒河沙数，修法垂范，教化众生，随顺众生，方便智慧各各不同。由我所得圆通本根，发妙耳门，然后身心微妙含容周遍法界，能令众生持我名号，与彼共持六十二恒河沙诸法王子，二人福德正等无异。世尊！我一名号，与彼众多名号无异，由我修习得真圆通。是名十四施无畏力。福备众生。

五十五、明四不思议

世尊！我又获是圆通，修证无上道故。又能善获四不思议无作妙德。

（一）妙容说咒

一者，由我初获妙妙闻心，心精遗闻，见、闻、觉、知不能分隔，成一圆融清净宝觉。故我能现众多妙容，能说无边秘密神咒。其中或现一首、三首、五首、七首、九首、十一首，如是乃至一百八首，千首，万首，八万四千烁迦罗首。二臂、四臂、六臂、八臂、十臂、十二臂、十四、十六、十八、二十至二十四，如是乃至一百八臂，千臂，万臂，八万四千母陀罗臂。二目、三目、四目、九目，如是乃至一百八目，千目、万目、八万四千清净宝目。或慈、或威、或定、或慧，救护众生得大自在。

（二）妙形说咒

二者，由我闻思脱出六尘，如声度垣，不能为碍，故我妙能现一一形，诵一一咒。其形、其咒，能以无畏施诸众生。是故十方微尘国土，皆名我为施无畏者。

（三）博施恳求

三者，由我修习本妙圆通，清净本根，所游世界，皆令众生舍身珍宝，求我哀愍。

（四）供佛利生

四者，我得佛心，证于究竟。能以珍宝种种，供养十方如来，傍及法界六道众生，求妻得妻，求子得子，求三昧得三昧，求长寿得长寿，如是乃至求大涅槃得大涅槃。

五十六、耳犯通结

佛问圆通，我从耳门圆照三昧，缘心自在，因入流相，得三摩提，成就菩提，斯为第一。世尊！彼佛如来叹我善得圆通法门，于大会中授记我为观世音号。由我观听十方圆明，故观音名遍十方界。

五十七、法音自演

尔时，世尊于狮子座，从其五体同放宝光，远灌十方微尘如来，及法王子诸菩萨顶。彼诸如来亦于五体同放宝光，从微尘方来灌佛顶，并灌会中诸大菩萨及阿罗汉。林木池沼皆演法音，交光相罗，如宝丝网。是诸大众得未曾有，一切普获金刚三昧。即时天雨百宝莲花，青黄赤白间错粉糅，十方虚空成七宝色。此娑婆界，大地山河俱时不现，唯见十方微尘国土合成一界，梵呗咏歌自然敷奏。

五十八、由文殊代当机撰 耳门为圆通根本

于是，如来告文殊师利法王子："汝今观此二十五无学诸大菩萨及阿罗汉，各说最初成道方便，皆言修习真实圆通；彼等修行，实无优劣，前后差别。我今欲令阿难开悟，二十五行谁当其根？兼我灭后，此界众生入菩萨乘求无上道，何方便门得易成就？"

文殊师利法王子奉佛慈旨，即从座起，顶礼佛足，承佛威神说偈对佛：

觉海性澄圆，圆澄觉元妙；
元明照生所，所立照性亡。
迷妄有虚空，依空立世界。
想澄成国土，知觉乃众生。
空生大觉中，如海一沤发：
有漏微尘国，皆依空所生。
沤灭空本无，况复诸三有？
归元性无二，方便有多门。
圣性无不通，顺逆皆方便。
初心入三昧，迟速不同伦：
色想结成尘，精了不能彻，
如何不明彻，于是获圆通？
音声杂语言，但伊名句味，
一非含一切，云何获圆通？
香以合中知，离则元无有，
不恒其所觉，云何获圆通？
味性非本然，要以味时有，
其觉不恒一，云何获圆通？
触以所触明，无所不明触，
合离性非定，云何获圆通？
法称为内尘，凭尘必有所？
能所非遍涉，云何获圆通？
见性虽洞然，明前不明后，
四维亏一半，云何获圆通？
鼻息出入通，现前无交气，
支离匪涉入，云何获圆通？
舌非入无端，因味生觉了，
味亡了无有，云何获圆通？
身与所触同，各非圆觉观，
涯量不冥会，云何获圆通？
知根杂乱思，湛了终无见，
想念不可脱，云何获圆通？
识见杂三和，诘本称非相，
自体先无定，云何获圆通？
心闻洞十方，生于大因力，
初心不能入，云何获圆通？
鼻想本权机，只令摄心住，
住成心所住，云何获圆通？
说法弄音文，开悟先成者，
名句非无漏，云何获圆通？
持犯但束身，非身无所束，
元非遍一切，云何获圆通？
神通本宿因，何关法分别，
念缘非离物，云何获圆通？
若以地性观，坚碍非通达，
有为非圣性，云何获圆通？
若以水性观，想念非真实，
如如非觉观，云何获圆通？
若以火性观，厌有非真离，
非初心方便，云何获圆通？
若以风性观，动寂非无对，
对非无上觉，云何获圆通？
若以空性观，昏钝先非觉，
无觉异菩提，云何获圆通？
若以识性观，观识非常住，
存心乃虚妄，云何获圆通？
诸行是无常，念性无生灭，

因果今殊感，云何获圆通？
我今白世尊：佛出娑婆界，
此方真教体，清净在音闻，
欲取三摩提，实以闻中入。
离苦得解脱，良哉观世音！
于恒沙劫中，入微尘佛国，
得大自在力，无畏施众生。
妙音观世音，梵音海潮音，
救世悉安宁，出世获常住。
我今启如来，如观音所说。
譬如人静居，十方俱击鼓，
十处一时闻，此则圆真实。
目非观障外，口鼻亦复然。
身以合方知，心念纷无绪；
隔垣听音响，遐迩俱可闻；
五根所不齐，是则通真实。
音声性动静，闻中为有无；
无声号无闻，非实闻无性。
声无既无灭，声有亦非生；
生灭二圆离，是则常真实。
纵令在梦想，不为不思无，
觉观出思惟，身心不能及。
今此娑婆国，声论得宣明，
众生迷本闻，循声故流转。
阿难纵强记，不免落邪思，
岂非随所沦，旋流获无妄？
阿难汝谛听，我承佛威力，
宣说金刚王，如幻不思议，佛母真三昧。
汝闻微尘佛，一切秘密门，
欲漏不先除，畜闻成过误。
将闻持佛佛，何不自闻闻？
闻非自然生，因声有名字，
旋闻与声脱，能脱欲谁名？
一根既返源，六根成解脱。
见闻如幻翳，三界若空华。
闻复翳根除，尘销觉圆净。
净极光通达，寂照含虚空，
却来观世间，犹如梦中事。
摩登伽在梦，谁能留汝形？
如世巧幻师，幻作诸男女，
虽见诸根动，要以一机抽。
息机归寂然，诸幻成无性。
六根亦如是，元依一精明，
分成六和合，一处成休复。
六用皆不成，尘垢应念销，成圆明净妙。
余尘尚诸学，明极即如来。
大众及阿难，旋汝倒闻机，
反闻闻自性，性成无上道，圆通实如是。
此是微尘佛，一路涅槃门，
过去诸如来，斯门已成就；
现在诸菩萨，今各入圆明；
未来修学人，当依如是法。
我亦从中证，非唯观世音。
诚如佛世尊，询我诸方便，
以救诸末劫，求出世间人。
成就涅槃心，观世音为最。
自余诸方便，皆是佛威神。

即事舍尘劳，非是长修学，浅深同说法。
顶礼如来藏，无漏不思议，
愿加被未来，于此门无惑，方便易成就。
堪以教阿难，及末劫沉沦，
但以此根修，圆通超余者，
真实心如是。

五十九、发心度众

于是阿难及诸大众，身心了然，得大开示，观佛菩提及大涅槃，犹如有人，因事远游未得归还，明了其家所归道路。普会大众，天龙八部，有学二乘及诸一切新发心菩萨，其数凡有十恒河沙，皆得本心，远尘离垢，获法眼净。性比丘尼闻说偈已，成阿罗汉。无量众生。皆发无等等阿耨多罗三藐三菩提心。

阿难整衣服，于大众中合掌顶礼。心迹圆明悲欣交集，欲益未来诸众生故，稽首白佛："大悲世尊！我今已悟成佛法门，是中修行得无疑惑。常闻如来说如是言：自未得度先度人者，菩萨发心；自觉已圆能觉他者，如来应世。我虽未度，愿度末劫一切众生。世尊！此诸众生去佛渐远，邪师说法如恒河沙，欲摄其心入三摩地，云何令其安立道场，远诸魔事？于菩提心得无退屈？"

六十、三无漏学

尔时，世尊于大众中称赞阿难："善哉！善哉！如汝所问安立道场，救护众生末劫沉溺。汝今谛听，当为汝说。"阿难大众，唯然奉教。

佛告阿难："汝常闻我毗奈耶中，宣说修行三决定义：所谓摄心为戒，因戒生定，因定发慧，是则名为三无漏学。"

六十一、四种律仪

（一）断淫

阿难！云何摄心我名为戒？若诸世界六道众生，其心不淫，则不随其生死相续，汝修三昧本出尘劳，淫心不除，尘不可出。纵有多智，禅定现前。如不断淫，必落魔道：上品魔王，中品魔民，下品魔女。彼等诸魔亦有徒众，各各自谓成无上道。我灭度后，末法之中多此魔民，炽盛世间。广行贪淫，为善知识，令诸众生落爱见坑，失菩提路。汝教世人修三摩地，先断心淫，是名如来先佛世尊第一决定清净明诲。是故，阿难！若不断淫，修禅定者，如蒸沙石欲其成饭，经百千劫只名热沙。何以故？此非饭本沙石成故。汝以淫身，求佛妙果，纵得妙悟皆是淫根。根本成淫，轮转三途，必不能出，如来涅槃，何路修证，必使淫机身心俱断，断性亦无；于佛菩提斯可希冀。如我此说，名为佛说；不如此说，即波旬说。

（二）断杀

阿难！又诸世界六道众生，其心不杀，则不随其生死相续。汝修三昧本出尘劳，杀心不除，尘不可出。纵有多智，禅定现前，如不断杀，必落神道：上品之人为大力鬼，中品则为飞行夜叉、诸鬼帅等，下品则为地行罗刹。彼诸鬼神亦有徒众，各各自谓成无上道。我灭度后，末法之中，多此神鬼炽盛世间。自言食肉得菩提路。阿难！我令比丘食五净肉，此肉皆我神力化生，本无命根。汝婆罗门地多蒸湿，加以砂石，草菜不生；我以大悲神力所加。因大慈悲假名为肉，汝得其味。奈何如来灭度之后，食众生肉，名为释子？汝等当知，是食肉人，纵得心开似三摩地，皆大罗刹。报终必沉生死苦海，非佛弟子。如是之人，相杀、相吞、相食未已，云何是人得出三界？汝教世人修三摩地，次断杀生，是名如来先佛世尊第二决定清净明诲。是故，阿难！若不断杀，修禅定者，譬如有人自塞其耳，高声大叫求人不闻，此等名为欲隐弥露。清净比丘及诸菩萨，于歧路行不踏生草，况以手拔？云何大悲，取诸众生血肉充食？若诸比丘不服东方丝绵绢帛，及是此土靴履裘毳、乳酪醍醐，如是比丘于世真脱，酬还宿债，不游三界。何以故？服其身分皆为彼缘。如人食其地中百谷，足不离地。

使身心，于诸众生若身、身分，身心二途不服不食，我说是人真解脱者。如我此说，名为佛说；不如此说，即波旬说。

（三）断盗

阿难！又复世界六道众生，其心不偷，则不随其生死相续，汝修三昧本出尘劳，偷心不除，尘不可出。纵有多智，禅定现前，如不断偷，必落邪道：上品精灵，中品妖魅，下品邪人，诸魅所著。彼等群邪亦有徒众，各各自谓成无上道。我灭度后末法之中，多此妖邪炽盛世间。潜匿奸欺，称善知识，各自谓得上人法。诳惑无识，恐令失心。所过之处，其家耗散。我教比丘循方乞食，令其舍贪，成菩提萨道。诸比丘等不自熟食，寄于残生，旅泊三界，示一往还去已无返。云何贼人假我衣服，裨贩如来？造种种业，皆言佛法。却非出家具戒比丘，为小乘道。由是疑误无量众生，堕无间狱。若我灭后，其有比丘，发心决定修三摩提，能于如来形像之前，身然一灯，烧一指节，及于身上热一香炷。我说是人无始宿债一时酬毕，长揖世间，永脱诸漏。虽未即明无上觉路，是人于法已决定心。若不为此舍身微因，纵成无为，必还生人酬其宿债。如我马麦正等无异。汝教世人修三摩地，后断偷盗，是名如来先佛世尊第三决定清净明诲。是故，阿难！若不断偷修，禅定者，譬如有人水灌漏卮，欲求其满，纵经尘劫，终无平复。若诸比丘，衣钵之余分寸不蓄，乞食余分施饿众生，于大集会合掌礼众，有人捶詈同于称赞。必使身心二俱捐舍，身肉骨血与众生共。不将如来不了义说，回为已解，以误初学。佛印是人，得真三昧。如我所说，名为佛说；不如此说，即波旬说。

（四）断妄

阿难！如是世界六道众生，虽则身心无杀、盗、淫，三行已圆；若大妄语，即三摩提不得清净，成爱见魔，失如来种。所谓未得谓得，未证言证，或求世间尊胜第一。谓前人言：我今已得须陀洹果、斯陀含果、阿那含果、阿罗汉道、辟支佛乘、十地地前诸位菩萨。求彼礼忏，贪其供养，是一颠迦，销灭佛种。如人以刀断多罗木，佛记是人永殒善根，无复知见，沉三苦海，不成三昧。我灭度后，敕诸菩萨及阿罗汉，应身生彼末法之中，作种种形，度诸轮转：或作沙门、白衣居士、人王、宰官、童男、童女，如是乃至淫女、寡妇、奸偷、屠贩，与其同事，称叹佛乘，令其身心入三摩地；终不自言我真菩萨、真阿罗汉，泄佛密因，轻言末学。唯除命终，阴有遗付。云何是人惑乱众生，成大妄语，汝教世人修三摩地。后复断除诸大妄语。是名如来先佛世尊第四决定清净明诲。是故，阿难！若不断其大妄语者，如刻人粪为栴檀形，欲求香气，无有是处。我教比丘直心道场，于四威仪一切行中尚无虚假，云何自称得上人法？譬如穷人妄号帝王，自取诛灭。况复法王，如何妄窃？因地不真，果招纡曲。求佛菩提，如噬脐人欲谁成就？若诸比丘心如直弦，一切真实，入三摩提永无魔事。我印是人，成就菩萨无上知觉。如我所说，名为佛说；不如此说，即波旬说。

卷七

六十二、持戒发愿

阿难！汝问摄心，我今先说入三摩地修学妙门。求菩萨道，要先持此四种律仪，皎如冰霜，自不能生一切枝叶。心三口四，生必无因。阿难！如是四事若不失遗。心尚不缘色、香、味、触，一切魔事云何发生？若有宿习不能灭除，汝教是人一心诵我佛顶光明摩诃萨怛多般怛啰无上神咒。斯是如来无见顶相无为心佛，从顶发辉，坐宝莲花所说心咒。且汝宿世与摩登伽，历劫因缘恩爱习气，非是一生及与一劫，我一宣扬，爱心永脱成阿罗汉。彼尚淫女无心修行，神力冥资速证无学，云何汝等在会声闻，求最上乘决定成佛。譬如以尘扬于顺风，有何艰险？若有末世欲坐道场，先持比丘清净禁戒，要当选择戒清净者第一沙门以为其师。若其不遇真清净僧，汝戒律仪必不成就。戒成以后，著新净衣，然香闲居。诵此心佛所说神咒一百八遍，然后结界建立道场。求于十方现住国土无上如来，放大悲光来灌其顶。阿难！如是末世清净比丘，若比丘尼、白衣檀越，心灭贪淫持佛净戒；于道场中发菩萨愿，出入澡浴，六时行道，如是不寐，经三七日，我自现身至其人前，摩顶安慰，令其开悟。

六十三、建立道场

阿难白佛言："世尊！我蒙如来无上悲诲，心已开悟，自知修证无学道成；末法修行建立道场，云何结界，合佛世尊清净轨则？"

（一）香土涂地

佛告阿难："若末世人愿立道场，先取雪山大力白牛，食其山中肥腻香草，此牛唯饮雪山清水；其粪微细，可取其粪和合栴檀，以泥其地。若非雪山，其牛臭秽不堪涂地。别于平原穿去地皮，五尺已下取黄土，和上栴檀、沉水、苏合、薰陆、郁金、白胶、青木、零陵、甘松及鸡舌香，以此十种细罗为粉，合土成泥以涂场地。"

（二）坛式庄严

方圆丈六，为八角坛。坛心置一金、银、铜、木所造莲花，华中安钵，钵中先盛八月露水，水中随安所有华叶。取八圆镜各安其方，围绕花钵。镜外建立十六莲华，十六香炉间华铺设。庄严香炉，纯烧沉水，无令见火。

（三）供献时享

取白牛乳置十六器，乳为煎饼，并诸砂糖、油饼、乳糜、苏合、蜜姜、纯酥、纯蜜，于莲花外各十六，围绕华外，以奉诸佛及大菩萨。每以食时，若在中夜，取蜜半升，用酥三合；坛前别安一小火炉，以兜楼婆香，煎取香水，沐浴其炭，然令猛炽；投是酥蜜于炎炉内，烧令烟尽，享佛菩萨。

（四）悬像仪轨

令其四外遍悬幡华。于坛室内，四壁敷设十方如来及诸菩萨所有形像。应于当阳，张卢舍那、释迦、弥勒、阿閦、弥陀，诸大变化观音形象兼金刚藏安其左右。帝释、梵王、乌刍瑟摩，并蓝地迦、诸军茶利与毗俱胝、四天王等，频那夜迦，张于门侧左右安置。

（五）镜光相对

又取八镜，覆悬虚空。与坛场中所安之镜，方面相对，使其形影重重相涉。

（六）三七持咒

于初七中，至诚顶礼十方如来，诸大菩萨、阿罗汉号。恒于六时诵咒围坛，至心行道。一时常行一百八遍。第二七中，一向专心发菩萨愿，心无间断。我毗奈耶，先有愿教。第三七中，于十二时一向持佛般怛啰咒。

（七）镜中像现

至第七日，十方如来一时出现，镜交光处承佛摩顶。即于道场修三摩地，能令如是末世修学，身心明净犹如琉璃。阿难！若此比丘本受戒师及同会中十比丘等，其中有一不清净者，如是道场多不成就。

（八）百日证果

从三七后，端坐安居经一百日，有利根者不起于座，得须陀洹。纵其身心圣果未成，决定自知成佛不谬。汝问道场，建立如是。

六十四、重请说咒

阿难顶礼佛足而白佛言："自我出家，恃佛憍爱，求多闻故未证无为，遭彼梵天邪术所禁，心虽明了力不自由，赖遇文殊令我解脱。虽蒙如来佛顶神咒，冥获其力，尚未亲闻。惟愿大慈重为宣说，悲救此会诸修行辈，末及当来在轮回者，承佛密音身意解脱！"于时会中一切大众，普皆作礼，伫闻如来秘密章句。

尔时，世尊从肉髻中涌百宝光，光中涌出千叶宝莲，有化如来坐宝花中。顶放十道百宝光明，一一光明，皆遍示现十恒河沙金刚密迹，擎山持杵遍虚空界。大众仰观，畏爱兼抱，求佛哀佑，一心听佛无见顶相放光如来宣说神咒。

六十五、中印度 那兰陀 曼荼罗 灌顶 金刚 大道场 神咒

第一会

南无萨怛他苏伽多耶阿罗诃帝三藐三菩陀写（一）萨怛他佛陀俱胝瑟尼钐（二）南无萨婆勃陀勃地萨跢鞞弊（三）南无萨多南三藐三菩陀俱知喃（四）娑舍啰婆迦僧伽喃（五）南无卢鸡阿罗汉跢喃（六）南无苏卢多波那喃（七）南无娑羯唎陀伽弥喃（八）南无卢鸡三藐伽跢喃（九）三藐伽波罗底波多那喃（十）南无提婆离瑟赧（十一）南无悉陀耶毗地耶陀啰离瑟赧（十二）舍波奴揭啰诃娑诃娑啰摩他喃（十三）南无跋啰诃摩泥（十四）南无因陀啰耶（十五）南无婆伽婆帝（十六）嚧陀啰耶（十七）乌摩般帝（十八）娑醯夜耶（十九）南无婆伽婆帝（二十）那啰野拏耶（二十一）槃遮摩诃三慕陀啰（二十二）南无悉羯唎多耶（二十三）南无婆伽婆帝（二十四）摩诃迦罗耶（二十五）地唎般剌那伽啰（二十六）毗陀啰波拏迦啰耶（二十七）阿地目帝（二十八）尸摩舍那泥婆悉泥（二十九）摩怛唎伽拏（三十）南无悉羯唎多耶（三十一）南无婆伽婆帝（三十二）多他伽哆俱啰耶（三十三）南无般头摩俱啰耶（三十四）南无跋阇啰俱啰耶（三十五）南无摩尼俱啰耶（三十六）南无伽阇俱啰耶（三十七）南无婆伽婆帝（三十八）帝唎茶输啰西那（三十九）波啰诃啰拏啰阇耶（四十）跢他伽多耶（四十一）南无婆伽婆帝（四十二）南无阿弥多婆耶（四十三）跢他伽多耶（四十四）阿啰诃帝（四十五）三藐三菩陀耶（四十六）南无婆伽婆帝（四十七）阿刍鞞耶（四十八）跢他伽多耶（四十九）阿啰诃帝（五十）三藐三菩陀耶（五十一）南无婆伽婆帝（五十二）鞞沙阇耶俱卢吠柱唎耶（五十三）般啰婆啰阇耶（五十四）跢他伽多耶（五十五）南无婆伽婆帝（五十六）三补师毖多（五十七）萨怜捺啰剌阇耶（五十八）跢他伽多耶（五十九）阿啰诃帝（六十）三藐三菩陀耶（六十一）南无婆伽婆帝（六十二）舍鸡野母那曳（六十三）跢他伽多耶（六十四）阿啰诃帝（六十五）三藐三菩陀那（六十六）南无婆伽婆帝（六十七）剌怛那鸡都啰阇耶（六十八）跢他伽多耶（六十九）阿啰诃帝（七十）三藐三菩陀耶（七十一）帝瓢南无萨羯唎多（七十二）翳昙婆伽婆多（七十三）萨怛他伽都瑟尼钐（七十四）萨怛多般怛嚂（七十五）南无阿婆啰视耽（七十六）般啰帝扬歧啰（七十七）萨啰婆部多揭啰诃（七十八）尼羯啰诃揭迦啰诃尼（七十九）跋啰毖地耶叱陀你（八十）阿迦啰蜜唎柱（八十一）般唎怛啰耶儜揭唎（八十二）萨啰婆槃陀那目叉尼（八十三）萨啰婆突瑟吒（八十四）突悉乏般那你伐啰尼（八十五）赭都崩娑失帝喃（八十六）羯啰诃娑诃萨若阇（八十七）毗多崩娑那羯唎（八十八）阿瑟吒冰舍帝南（八十九）那叉刹怛啰若阇（九十）波啰萨陀那羯啰（九十一）阿瑟吒南（九十二）摩诃揭啰诃若阇（九十三）毗多崩萨那羯啰（九十四）萨婆舍都嚧你婆啰若阇（九十五）呼蓝突悉乏难遮那舍尼（九十六）毖沙舍悉怛啰（九十七）阿吉尼乌陀迦啰若阇（九十八）阿般啰视多具啰（九十九）摩诃般啰战持（一百）摩诃叠多（一百一）摩诃帝阇（一百二）摩诃税多阇婆啰（一百三）摩诃跋啰槃陀啰婆悉你（一百四）阿唎耶多啰（一百五）毗唎俱知（一百六）誓婆毗阇耶（一百七）跋阇啰摩礼底（一百八）毗舍嚧多（一百九）勃腾罔迦（一百十）跋阇啰制喝那阿遮（一百十一）摩啰制婆般啰质多（一百十二）跋阇啰擅持（一百十三）毗舍啰遮（一百十四）扇多舍鞞提婆补视多（一百十五）苏摩嚧波（一百十六）摩诃税多（一百十七）阿唎耶多啰（一百十八）摩诃婆啰阿般啰（一百十九）跋阇啰商羯啰制婆（一百二十）跋阇啰俱摩唎（一百二十一）俱蓝陀唎（一百二十二）跋阇啰喝萨多遮（一百二十三）毗地耶乾遮那摩唎迦（一百二十四）啒苏母婆羯啰跢那（一百二十五）鞞嚧遮那俱唎耶（一百二十六）夜

啰菟瑟尼钐(一百二十七) 毗折蓝婆摩尼遮(一百二十八) 跋阇啰迦那婆啰婆(一百二十九) 噜阇耶跋阇啰顿稚遮(一百三十) 税多遮迦摩啰(一百三十一) 刹奢尸波啰婆(一百三十二) 翳帝夷帝(一百三十三) 母陀啰羯拏(一百三十四) 娑鞞啰忏(一百三十五) 掘梵都(一百三十六) 印兔那么么写(一百三十七) 〇诵咒者至此句称弟子某甲受持

第二会

乌𬽦(一百三十八) 唎瑟揭拏(一百三十九) 般剌舍悉多(一百四十) 萨怛他伽都瑟尼钐(一百四十一) 虎𬽦(一百四十二) 都卢雍(一百四十三) 瞻婆那(一百四十四) 虎𬽦(一百四十五) 都卢雍(一百四十六) 悉耽婆那(一百四十七) 虎𬽦(一百四十八) 都卢雍(一百四十九) 波罗瑟地耶三般叉拏羯啰(一百五十) 虎𬽦(一百五十一) 都卢雍(一百五十二) 萨婆药叉喝啰刹娑(一百五十三) 揭啰诃若阇(一百五十四) 毗腾崩萨那羯啰(一百五十五) 虎𬽦(一百五十六) 都卢雍(一百五十七) 者都啰尸底南(一百五十八) 揭啰诃娑诃萨啰南(一百五十九) 毗腾崩萨那啰(一百六十) 虎𬽦(一百六十一) 都卢雍(一百六十二) 啰叉(一百六十三) 婆伽梵(一百六十四) 萨怛他伽都瑟尼钐(一百六十五) 波啰点阇吉唎(一百六十六) 摩诃娑诃萨啰(一百六十七) 勃树娑诃啰室唎沙(一百六十八) 俱知娑诃萨帝隶(一百六十九) 阿弊提视婆唎多(一百七十) 咤咤罂迦(一百七十一) 摩诃跋阇卢陀啰(一百七十二) 帝唎菩婆那(一百七十三) 曼茶啰(一百七十四) 乌𬽦(一百七十五) 莎悉帝薄婆า(一百七十六) 么么(一百七十七) 印兔那么么写(一百七十八) 〇至此句准前称名若俗人称弟子某甲

第三会

啰阇婆夜(一百七十九) 主啰跋夜(一百八十) 阿祇尼婆夜(一百八十一) 乌陀迦婆夜(一百八十二) 毗沙婆夜(一百八十三) 舍萨多啰婆夜(一百八十四) 婆啰斫羯啰婆夜(一百八十五) 突瑟叉婆夜(一百八十六) 阿舍你婆夜(一百八十七) 阿迦啰蜜唎柱婆夜(一百八十八) 陀啰尼部弥剑波伽波陀婆夜(一百八十九) 乌啰迦婆多婆夜(一百九十) 剌阇坛茶婆夜(一百九十一) 那伽婆夜(一百九十二) 毗条怛婆夜(一百九十三) 苏波啰拏婆夜(一百九十四) 药叉揭啰诃(一百九十五) 啰叉私揭啰诃(一百九十六) 毕唎多揭啰诃(一百九十七) 毗舍遮揭啰诃(一百九十八) 部多揭啰诃(一百九十九) 鸠槃茶揭啰诃(二百) 补丹那揭啰诃(二百一) 迦吒补丹那揭啰诃(二百二) 悉乾度揭啰诃(二百三) 阿播悉摩啰揭啰诃(二百四) 乌檀摩陀揭啰诃(二百五) 车夜揭啰诃(二百六) 醯唎婆帝揭啰诃(二百七) 社多诃唎南(二百八) 揭婆诃唎南(二百九) 卢地啰诃唎南(二百十) 忙娑诃唎南(二百十一) 谜陀诃唎南(二百十二) 摩阇诃唎南(二百十三) 阇多诃唎女(二百十四) 视比多诃唎南(二百十五) 毗多诃唎南(二百十六) 婆多诃唎南(二百十七) 阿输遮诃唎女(二百十八) 质多诃唎女(二百十九) 帝钐萨鞞钐(二百二十) 萨婆揭啰诃南(二百二十一) 毗陀耶阇嗔陀夜弥(二百二十二) 鸡啰夜弥(二百二十三) 波唎跋啰者迦讫唎担(二百二十四) 毗陀夜阇嗔陀夜弥(二百二十五) 鸡啰夜弥(二百二十六) 茶演尼讫唎担(二百二十七) 毗陀夜阇嗔陀夜弥(二百二十八) 鸡啰夜弥(二百二十九) 摩诃般输般怛夜(二百三十) 卢陀啰讫唎担(二百三十一) 毗陀夜阇嗔陀夜弥(二百三十二) 鸡啰夜弥(二百三十三) 那啰夜拏讫唎担(二百三十四) 毗陀夜阇嗔陀夜弥(二百三十五) 鸡啰夜弥(二百三十六) 怛埵伽卢茶西讫唎担(二百三十七) 毗陀夜阇嗔陀夜弥(二百三十八) 鸡啰夜弥(二百三十九) 摩诃迦啰摩怛唎伽拏讫唎担(二百四十) 毗陀夜阇嗔陀夜弥(二百四十一)

夜弥(二百四十二) 迦波唎迦讫唎担(二百四十三) 毗陀夜阇嗔陀夜弥(二百四十四) 鸡啰夜弥(二百四十五) 阇耶羯啰摩度羯啰(二百四十六) 萨婆啰他娑达那讫唎担(二百四十七) 毗陀夜阇嗔陀夜弥(二百四十八) 鸡啰夜弥(二百四十九) 赭咄啰婆耆你讫唎担(二百五十) 毗陀夜阇嗔陀夜弥(二百五十一) 鸡啰夜弥(二百五十二) 毗唎羊讫唎知(二百五十三) 难陀鸡沙伽拏般帝(二百五十四) 索醯夜讫唎担(二百五十五) 毗陀夜阇嗔陀夜弥(二百五十六) 鸡啰夜弥(二百五十七) 那揭那舍啰婆拏讫唎担(二百五十八) 毗陀夜阇嗔陀夜弥(二百五十九) 鸡啰夜弥(二百六十) 阿罗汉讫唎担毗陀夜阇嗔陀夜弥(二百六十一) 鸡啰夜弥(二百六十二) 毗多啰伽讫唎担(二百六十三) 毗陀夜阇嗔陀夜弥(二百六十四) 鸡啰夜弥跋阇啰波你(二百六十五) 具醯夜具醯夜(二百六十六) 迦地般帝讫唎担(二百六十七) 毗陀夜阇嗔陀夜弥(二百六十八) 鸡啰夜弥(二百六十九) 啰叉冈(二百七十) 婆伽梵(二百七十一) 印兔那么么写(二百七十二) 〇至此依前称弟子名

第四会

婆伽梵(二百七十三) 萨怛多般怛啰(二百七十四) 南无粹都帝(二百七十五) 阿悉多那啰剌迦(二百七十六) 波啰婆悉普吒(二百七十七) 毗迦萨怛多钵帝唎(二百七十八) 什佛啰什佛啰(二百七十九) 陀啰啰陀啰啰(二百八十) 频陀啰频陀啰嗔陀啰陀(二百八十一) 虎𬽦(二百八十二) 虎吽(二百八十三) 泮吒(二百八十四) 泮吒泮吒泮吒泮吒(二百八十五) 娑诃(二百八十六) 醯醯泮(二百八十七) 阿牟迦耶泮(二百八十八) 阿波啰提诃多泮(二百八十九) 婆啰波啰陀泮(二百九十) 阿素啰毗陀啰波迦泮(二百九十一) 萨婆提鞞弊泮(二百九十二) 萨婆那伽弊泮(二百九十三) 萨婆药叉弊泮(二百九十四) 萨婆乾闼婆弊泮(二百九十五) 萨婆补丹那弊泮(二百九十六) 迦吒补丹那弊泮(二百九十七) 萨婆突狼枳帝弊泮(二百九十八) 萨婆突涩比㹚讫瑟帝弊泮(二百九十九) 萨婆什婆唎弊泮(三百) 萨婆阿播悉摩唎弊泮(三百一) 萨婆舍啰婆拏弊泮(三百二) 萨婆地帝鸡弊泮(三百三) 萨婆怛摩陀继弊泮(三百四) 萨婆毗陀耶啰誓遮唎弊泮(三百五) 阇夜羯啰摩度羯啰(三百六) 萨婆啰他娑陀鸡弊泮(三百七) 毗地夜遮唎弊泮(三百八) 者都啰缚耆你弊泮(三百九) 跋阇啰俱摩唎(三百十) 毗陀夜啰誓弊泮(三百十一) 摩诃波啰丁羊乂耆唎弊泮(三百十二) 跋阇啰商羯啰夜(三百十三) 波啰丈耆啰阇耶泮(三百十四) 摩诃迦啰夜(三百十五) 摩诃末怛唎迦(三百十六) 南无娑羯唎多夜泮(三百十七) 毖瑟拏婢曳泮(三百十八) 勃啰诃牟尼曳泮(三百十九) 阿耆尼曳泮(三百二十) 摩诃羯唎曳泮(三百二十一) 羯啰檀迟曳泮(三百二十二) 蔑怛唎曳泮(三百二十三) 唠怛唎曳泮(三百二十四) 遮文茶曳泮(三百二十五) 羯逻啰怛唎曳泮(三百二十六) 迦般唎曳泮(三百二十七) 阿地目质多迦尸摩舍那(三百二十八) 婆私你曳泮(三百二十九) 演吉质(三百三十) 萨埵婆写(三百三十一) 么么印兔那么么写(三百三十二) 〇至此句依前称弟子某人

第五会

突瑟吒质多(三百三十三) 阿末怛唎质多(三百三十四) 乌阇诃啰(三百三十五) 伽婆诃啰(三百三十六) 卢地啰诃啰(三百三十七) 婆娑诃啰(三百三十八) 摩阇诃啰(三百三十九) 阇多诃啰(三百四十) 视毖多诃啰(三百四十一) 跋略夜诃啰(三百四十二) 乾陀诃啰(三百四十三) 布史波诃啰(三百四十四) 颇啰诃啰(三百四十五) 婆写诃啰(三百四十六) 般波质多(三百四十七) 突瑟吒质多(三百四十八) 唠陀啰质多(三百四十九) 药叉揭啰诃(三百五十) 啰刹娑揭啰诃(三百五十一) 闭隶多揭啰诃(三百五十二) 舍多揭啰诃(三百五十三) 部多揭啰诃(三百五十四) 鸠槃茶揭啰诃(三百五十五) 悉乾陀揭啰诃

诃(三百五十六)乌怛摩陀揭啰诃(三百五十七)车夜揭啰诃(三百五十八)阿播萨摩啰揭啰诃(三百五十九)宅袪革茶耆尼揭啰诃(三百六十)唎佛帝揭啰诃(三百六十一)阇弥迦揭啰诃(三百六十二)舍俱尼揭啰诃(三百六十三)姥陀啰难地迦啰诃(三百六十四)阿蓝婆揭啰诃(三百六十五)乾度波尼揭啰诃(三百六十六)什伐啰堙迦醯迦(三百六十七)坠帝药迦(三百六十八)怛隶帝药迦(三百六十九)者突托迦(三百七十)昵提什伐啰毖钐摩什伐啰(三百七十一)薄底迦(三百七十二)鼻底迦(三百七十三)室隶瑟蜜迦(三百七十四)娑你般帝迦(三百七十五)萨婆什伐啰(三百七十六)室卢吉帝(三百七十七)末陀鞞达卢制剑(三百七十八)阿绮卢钳(三百七十九)目怯卢钳(三百八十)羯唎突卢钳(三百八十一)揭啰诃揭蓝(三百八十二)羯拏输蓝(三百八十三)惮多输蓝(三百八十四)迄唎夜输蓝(三百八十五)末么输蓝(三百八十六)跋唎室婆输蓝(三百八十七)毖栗瑟吒输蓝(三百八十八)乌陀啰输蓝(三百八十九)羯知输蓝(三百九十)跋悉帝输蓝(三百九十一)邬卢输蓝(三百九十二)常伽输蓝(三百九十三)喝悉多输蓝(三百九十四)跋陀输蓝(三百九十五)娑房盎伽般啰丈伽输蓝(三百九十六)部多毖跢茶(三百九十七)茶耆尼什婆啰(三百九十八)陀突卢迦建咄卢吉知婆路多毗(三百九十九)萨般卢诃凌伽(四百)输沙怛啰娑那羯啰(四百一)毗沙喻迦(四百二)阿耆尼乌陀迦(四百三)末啰鞞啰建跢啰(四百四)阿迦啰蜜唎咄怛敛部迦(四百五)地栗剌吒(四百六)毖唎瑟质迦(四百七)萨婆那俱啰(四百八)肆引伽弊揭啰唎药叉怛啰刍(四百九)末啰视吠帝钐娑鞞钐(四百十)悉怛多钵怛啰(四百十一)摩诃跋阇卢瑟尼钐(四百十二)摩诃般赖丈耆蓝(四百十三)夜波突陀舍喻阇那(四百十四)辫怛隶拏(四百十五)毗陀耶槃昙迦卢弥(四百十六)帝殊槃阇迦卢弥(四百十七)般啰毗陀槃昙迦卢弥(四百十八)跢侄他(四百十九)唵(四百二十)阿那隶(四百二十一)毗舍提(四百二十二)鞞啰跋阇啰陀唎(四百二十三)槃陀槃陀你(四百二十四)跋阇啰谤尼泮(四百二十五)虎𤙖都卢瓮泮(四百二十六)莎婆诃(四百二十七)

六十六、诸佛用咒

阿难!是佛顶光聚悉怛多般怛啰秘密伽陀微妙章句,出生十方一切诸佛,十方如来因此咒心。得成无上正遍知觉。十方如来执此咒心。降伏诸魔,制诸外道。十方如来乘此咒心,坐宝莲华应微尘国。十方如来含此咒心,于微尘国转大法轮。十方如来持此咒心,能于十方摩顶授记;自果未成,亦于十方蒙佛授记。十方如来依此咒心,能于十方拔济群苦;所谓地狱、饿鬼、畜生、盲、聋、瘖、痖、怨憎会苦,爱别离苦,求不得苦,五阴炽盛,大小诸横同时解脱。贼难、兵难、王难、狱难、风、火、水难,饥渴贫穷,应念销散。十方如来随此咒心。能于十方事善知识,四威仪中供养如意;恒沙如来会中,推为大法王子。

十方如来行此咒心,能于十方摄受亲因,令诸小乘闻秘密藏不生惊怖。十方如来诵此咒心,成无上觉,坐菩提树入大涅槃。十方如来传此咒心,于灭度后,付佛法事究竟住持。严净戒律,悉得清净。

六十七、众生奉咒

若我说是佛顶光聚般怛啰咒,从旦至暮,音声相联,字句中间亦不重叠,经恒沙劫终不能尽。亦说此咒,名如来顶。汝等有学未尽轮回,发心至诚,取阿罗汉。不持此咒而坐道场,令其身心远诸魔事,无有是处。

阿难!若诸世界,随所国土所有众生,随国所生桦皮、贝叶纸素、白氎,书写此咒贮于香囊,是人心昏未能诵忆,或带身上,或书宅中,当知是人,尽其生年,一切诸毒所不能害。

阿难!我今为汝更说此咒,救护世间得大无畏,成就众生出世

间智。若我灭后,末世众生,有能自诵,若教他诵,当知如是诵持咒生。火不能烧,水不能溺,大毒小毒所不能害,如是乃至天龙,鬼神、精祇、魔魅所有恶咒,皆不能著,心得正受。一切咒诅、厌蛊、毒药、金毒、银毒,草木虫蛇万物毒气,入此人口成甘露味。一切恶星、并诸鬼神,磣心毒人,于如是人不能起恶。频那夜迦诸恶鬼王,并其眷属,皆领深恩,常加守护。

阿难!当知是咒,常有八万四千那由他恒河沙俱胝金刚藏王菩萨种族,一一皆有诸金刚众而为眷属。昼夜随侍。设有众生于散乱心非三摩地,心忆口持,是金刚王常随从彼诸善男子,何况决定菩提心者?此诸金刚菩萨藏王,精心阴速发彼神识,是人应时心能记忆八万四千恒河沙劫,周遍了知得无疑惑。从第一劫乃至后身,生生不生药叉、罗刹及富单那、迦咤富单那、鸠槃茶、毗舍遮等,并诸饿鬼,有形无形、有想无想,如是恶处。是善男子若读、若诵、若书、若写、若带、若藏,诸色供养,劫劫不生贫穷下贱不可乐处。此诸众生,纵其自身不作福业,十方如来所有功德,悉与此人。由是得于恒河沙阿僧祇不可说不可说劫,常与诸佛同生一处。无量功德如恶叉聚,同处熏修永无分散。是故能令破戒之人戒根清净,未得戒者令其得戒,未精进者令得精进,无智慧者令得智慧,不清净者速得清净,不持斋戒自成斋戒。

阿难!是善男子持此咒时,设犯禁戒于未受时,持咒之后,众破戒罪无问轻重,一时销灭。纵经饮酒,食啖五辛,种种不净,一切诸佛、菩萨、金刚、天仙、鬼神,不将为过。设著不净破弊衣服,一行一住,悉同清净。纵不作坛、不入道场,亦不行道、诵持此咒,还同入坛,行道功德无有异也。若造五逆无间重罪,及诸比丘、比丘尼、四弃八夷。诵此咒已,如是重业,犹如猛风吹散沙聚,悉皆灭除,更无毫发。

阿难!若有众生,从无量无数劫来所有一切轻重罪障,从前世来未及忏悔,若能读诵书写此咒,身上带持,若安住处、庄宅、园馆,如是积业犹汤销雪,不久皆得悟无生忍。

复次,阿难!若有女人未生男女,欲求孕者,若能至心忆念斯咒,或能身上带此悉怛多般怛啰者。便生福德智慧男女。求长命者即得长命,欲求果报速圆满者速得圆满。身命色力,亦复如是。命终之后,随愿往生十方国土。必定不生边地下贱,何况杂形?阿难!若诸国土州县聚落,饥荒、疫疠,或复刀兵贼难斗诤,兼余一切厄难之地,写此神咒,安城四门,并诸支提或脱阇上,令其国土所有众生奉迎斯咒,礼拜恭敬一心供养,令其人民各各身佩,或各各安所居宅地,一切灾厄悉皆销灭。

阿难!在在处处国土众生,随有此咒,天龙欢喜,风雨顺时,五谷丰殷,兆庶安乐。亦复能镇一切恶星,随方变怪,灾障不起人无横夭。杻械、枷锁不著其身,昼夜安眠常无噩梦。阿难!是娑婆界有八万四千灾变恶星,二十八大恶星而为上首,复有八大恶星以为其主,作种种形出现世间,能生众生种种灾异;有此咒地,悉皆销灭。十二由旬成结界地,诸恶灾祥永不能入。

是故,如来宣示此咒,于未来世,保护初学诸修行者入三摩提。身心泰然,得大安隐。更无一切诸魔鬼神,及无始来冤横宿殃,旧业陈债,来相恼害。汝及众中诸有学人,及未来世诸修行者,依我坛场如法持戒,所受戒主逢清净僧,持此咒心不生疑悔。是善男子,于此父母所生之身,不得心通,十方如来便为妄语。

六十八、会众密护

说是语已,会中无量百千金刚,一时佛前合掌顶礼而白佛言:"如佛所说,我当诚心保护如是修菩提者。"

尔时,梵王并天帝释、四天大王,亦于佛前,同时顶礼而白佛言:"审有如是修学善人,我当尽心至诚保护,令其一生所作如愿。"复有无量药叉大将、诸罗刹王、富单那王、鸠槃茶王、毗舍遮王、频那夜迦,诸大鬼王及诸鬼帅,亦于佛前合掌顶礼:"我亦誓愿护持是人,令

菩提心速得圆满。"复有无量日月天子，风师、雨师、云师、雷师并电伯等，年岁巡官、诸星眷属，亦于会中顶礼佛足而白佛言："我亦保护是修行人，安立道场得无所畏。"复有无量山神、海神、一切土地、水、陆、空行，万物精衹，并风神王、无色界天，于来世前，同时稽首而白佛言："我亦保护是修行人，得成菩提，永无魔事。"

尔时，八万四千那由他恒河沙俱胝金刚藏王菩萨，在大会中即从座起，顶礼佛足而白佛言："世尊！如我等辈所修功业，久成菩提不取涅槃，常随此咒，救护末世修三摩提正修行者。世尊！如是修心求正定人，若在道场及余经行，乃至散心游戏聚落，我等徒众当随从侍卫此人。纵令魔王大自在天，求其方便终不可得。诸小鬼神，去此善人十由旬外，除彼发心乐修禅者。世尊！如是恶魔，若魔眷属，欲来侵扰是善人者，我以宝杵殒碎其首，犹如微尘。恒令此人，所作如愿。"

六十九、悬示修路

阿难即从座起，顶礼佛足而白佛言："我辈愚钝，好为多闻，于诸漏心，未求出离；蒙佛慈诲，得正熏修，身心快然，获大饶益。世尊！如是修证佛三摩提，未到涅槃，云何名为干慧之地。四十四心，至何渐次。得修行目。诣何方所名入地中，云何名为等觉菩萨。"作是语已，五体投地。大众一心，伫佛慈音，瞪瞢瞻仰。

尔时，世尊赞阿难言："善哉！善哉！汝等乃能普为大众，及诸末世一切众生修三摩提求大乘者，从于凡夫，终大涅槃，悬示无上正修行路。汝今谛听！当为汝说。"阿难、大众，合掌刳心，默然受教。

佛言："阿难当知！妙性圆明离诸名相，本来无有世界、众生，因妄有生，因生有灭，生灭名妄，灭妄名真，是称如来无上菩提及大涅槃二转依号。"

七十、二颠倒因

阿难。汝今欲修真三摩地，直诣如来大涅槃者，先当识此众生、世界二颠倒因。颠倒不生，斯则如来真三摩地。

（一）众生颠倒

阿难！云何名为众生颠倒？阿难！由性明心，性明圆故，因明发性，性妄见生，从毕竟无成究竟有。此有所有，非因所因；住所住相，了无根本。本此无住，建立世界及诸众生。迷本圆明是生虚妄，妄性无体，非有所依。将欲复真，欲真已非真真如性；非真求复，宛成非相。非生、非住、非心、非法，辗转发生，生力发明。熏以成业，同业相感，因有感应，灭相、相生，由是故有众生颠倒。

（二）世界颠倒

阿难！云何名为世界颠倒？是有所有，分段妄生，因此界立。非因所因，无住所住，迁流不住，因此世成。三世、四方和合相涉，变化众生成十二类。是故，世界因动有声，因声有色，因色有香，因香有触，因触有味，因味知法。六乱妄想成业性故，十二区分由此轮转。

七十一、十二类生

是故世间声、香、味、触，穷十二变为一旋复。乘此轮转颠倒相故，是有世界，卵生、胎生、湿生、化生、有色、无色、有想、无想、若非有色、若非无色、若非有想、若非无想。

阿难！由因世界虚妄轮回，动颠倒故，和合气成八万四千飞沉乱想；如是故有卵羯逻蓝，流转国土，鱼、鸟、龟、蛇，其类充塞。

由因世界杂染轮回，欲颠倒故，和合滋成八万四千横竖乱想；如是故有胎遏蒲昙流转国土，人、畜、龙、仙，其类充塞。

由因世界执著轮回，趣颠倒故，和合暖成八万四千翻覆乱想；如是故有湿相蔽尸，流转国土，含蠢蠕动，其类充塞。

由因世界变易轮回，假颠倒故，和合触成八万四千新故乱想；如是故有化相羯南，流转国土，转蜕飞行，其类充塞。

由因世界留碍轮回，障颠倒故，和合着成八万四千精耀乱想；如

是故有色相羯南，流转国土，休咎、精明，其类充塞。

由因世界销散轮回，惑颠倒故，和合暗成八万四千阴隐乱想；如是故有无色羯南，流转国土，空散、销沈，其类充塞。

由因世界罔象轮回，影颠倒故，和合忆成八万四千潜结乱想；如是故有想相羯南，流转国土，神鬼、精灵，其类充塞。

由因世界愚钝轮回，痴颠倒故，和合顽成八万四千枯槁乱想；如是故有无想羯南，流转国土，精神化为土、木、金、石，其类充塞。

由因世界相待轮回，伪颠倒故，和合染成八万四千因依乱想；如是故有非有色相成色羯南，流转国土，诸水母等以虾为目，其类充塞。

由因世界相引轮回，性颠倒故，和合咒成八万四千呼召乱想；由是故有非无色相无色羯南，流转国土，咒咀厌生，其类充塞。

由因世界合妄轮回，罔颠倒故，和合异成八万四千回互乱想；如是故有非有想相成想羯南，流转国土，彼蒲卢等异质相成，其类充塞。

由因世界怨害轮回，杀颠倒故，和合怪成八万四千食父母想；如是故有非无想相无想羯南，流转国土，如土枭等附块为儿，及破镜鸟以毒树果抱为其子，子成，父母皆遭其食，其类充塞。

是名众生十二种类。

卷八

七十二、三种渐次

阿难！如是众生，一一类中亦各各具十二颠倒。犹如捏目，乱花发生。颠倒妙圆真净明心，具足如斯虚妄乱想。汝今修证佛三摩提，于是本因元所乱想，立三渐次方得除灭。如净器中除去毒蜜，以诸汤水并杂灰香洗涤其器，后贮甘露。云何名为三种渐次？一者修习，除其助因。二者真修，刳其正性。三者增进，违其现业。

（一）除其助因

云何助因？阿难！如是世界十二类生，不能自全，依四食住。所谓段食、触食、思食、识食，是故佛说，一切众生皆依食住。阿难！一切众生，食甘故生，食毒故死。是诸众生求三摩提。当断世间五种辛菜。是五辛，熟食发淫，生啖增恚。如是世界食辛之人，纵能宣说十二部经，十方天仙嫌其臭秽，咸皆远离。诸饿鬼等，因彼食次，舐其唇吻。常与鬼住，福德日销，长无利益。是食辛人修三摩地，菩萨、天仙、十方善神不来守护。大力魔王得其方便，现作佛身来为说法，非毁禁戒，赞淫、怒、痴，命终自为魔王眷属。受魔福尽，堕无间狱。阿难！修菩提者永断五辛，是则名为第一增进修行渐次。

（二）刳其正性

云何正性？阿难！如是众生入三摩地，要先严持清净戒律：永断淫心，不餐酒肉，以火净食，无啖生气。阿难！是修行人，若不断淫及与杀生出三界者，无有是处。当观淫欲犹如毒蛇，如见怨贼。先持声闻四弃、八弃，执身不动。后行菩萨清净律仪，执心不起。禁戒成就，则于世间永无相生相杀之业。偷劫不行，无相负累，亦于世间不还宿债。是清净人修三摩地，父母肉身不须天眼，自然观见十方世界，睹佛闻法，亲奉圣旨，得大神通，游十方界，宿命清净，得无艰险。是则名为第二增进修行渐次。

（三）违其现业

云何现业？阿难！如是清净持禁戒人，心无贪淫，于外六尘不多流逸，因不流逸旋元自归。尘既不缘，根无所偶，反流全一，六用不行，十方国土皎然清净。譬如琉璃，内悬明月，身心快然，妙圆平等，获大安隐。一切如来密圆净妙皆现其中，是人即获无生法忍。从是渐修，随所发行，安立圣位。是则名为第三增进修行渐次。

七十三、干慧地

阿难！是善男子，欲爱干枯，根境不偶，现前残质不复续生。执心虚明，纯是智慧。慧性明圆，莹十方界。干有其慧，名干慧地。

七十四、十信

欲习初干，未与如来法流水接。即以此心中中流入，圆妙开敷。从真妙圆，重发真妙，妙信常住。一切妄想灭尽无余，中道纯真，名信心住。

真信明了一切圆通，阴、处、界三不能为碍。如是乃至过去、未来无数劫中，舍身、受身一切习气，皆现在前。是善男子皆能忆念，得无遗忘，名念心住。

妙圆纯真，真精发化，无始习气通一精明，唯以精明进趣真净，名精进心。

心精现前，纯以智慧，名慧心住。

执持智明，周遍寂湛，寂妙常凝，名定心住。

定光发明，明性深入，唯进无退，名不退心。

心进安然，保持不失，十方如来气分交接，名护法心。

觉明保持，能以妙力，回佛慈光，向佛安住。犹如双镜光明相对，其中妙影重重相入，名回向心。

心光密回，获佛常凝无上妙净，安住无为得无遗失，名戒心住。

住戒自在，能游十方，所去随愿，名愿心住。

七十五、十住

阿难！是善男子，以真方便发此十心。心精发晖，十用涉入，圆成一心，名发心住。

心中发明，如净琉璃内现精金，以前妙心履以成地，名治地住。

心地涉知，俱得明了。游履十方得无留碍，名修行住。

行与佛同，受佛气分，如中阴身自求父母，阴信冥通入如来种，名生贵住。

既游道胎，亲奉觉胤，如胎已成，人相不缺，名方便具足住。

容貌如佛，心相亦同，名正心住。

身心合成，日益增长，名不退住。

十身灵相一时具足，名童真住。

形成出胎，亲为佛子，名法王子住。

表以成人，如国大王以诸国事分委太子，彼刹利王世子长成，陈列灌顶，名灌顶住。

七十六、十行

阿难！是善男子，成佛子已，具足无量如来妙德。十方随顺，名欢喜行。

善能利益一切众生，名饶益行。

自觉觉他，得无违拒，名无嗔恨行。

种类出生穷未来际，三世平等，十方通达，名无尽行。

一切合同，种种法门得无差误，名离痴乱行。

则于同中显现群异。一一异相各各见同，名善现行。

如是乃至十方虚空满足微尘，一一尘中现十方界，现尘、现界不相留碍，名无着行。

种种现前，咸是第一波罗蜜多，名尊重行。

如是圆融，能成十方诸佛轨则，名善法行。

一一皆是清净无漏，一真无为，性本然故，名真实行。

七十七、十回向

阿难！是善男子，满足神通，成佛事已。纯洁精真，远诸留患，当度众生，灭除度相，回无为心，向涅槃路，名救护一切众生离众生相回向。

坏其可坏，远离诸离，名不坏回向。

本觉湛然，觉齐佛觉，名等一切佛回向。

精真发明，地如佛地，名至一切处回向。

世界如来互相涉入，得无挂碍，名无尽功德藏回向。

于同佛地，地中各各生清净因，依因发挥，取涅槃道，名随顺平等善根回向。

真根既成，十方众生皆我本性，性圆成就，不失众生，名随顺等观一切众生回向。

即一切法，离一切相，唯即与离二无所著，名真如相回向。

真得所如，十方无碍，名无缚解脱回向。

性德圆成，法界量灭，名法界无量回向。

七十八、四加行

阿难！是善男子，尽是清净四十一心，次成四种妙圆加行，即以佛觉用为己心，若出未出，犹如钻火欲然其木，名为暖地。

又以己心成佛所履，若依非依，如登高山，身入虚空，下有微碍，名为顶地。

心佛二同，善得中道，如忍事人，非怀非出，名为忍地。

数量销灭，迷觉、中道二无所目，名世第一地。

七十九、十地

阿难！是善男子，于大菩提善得通达，觉通如来，尽佛境界，名欢喜地。

异性入同，同性亦灭，名离垢地。

净极明生，名发光地。

明极觉满，名焰慧地。

一切同异所不能至，名难胜地。

无为真如性净明露，名现前地。

尽真如际，名远行地。

一真如心，名不动地。

发真如用，名善慧地。

阿难！是诸菩萨，从此已往修习毕功，功德圆满。亦目此地，名修习位，慈阴妙云覆涅槃海，名法云地。

八十、等觉

如来逆流，如是菩萨顺行而至，觉际入交，名为等觉。

八十一、妙觉

阿难！从干慧心至等觉已，是觉始获金刚心中初干慧地。如是重重，单复十二，方尽妙觉，成无上道。

八十二、修证总结

是种种地，皆以金刚观察如幻十种深喻，奢摩他中，用诸如来毗婆舍那清净修证，渐次深入。阿难！如是皆以三增进故，善能成就五十五位真菩提路。作是观者，名为正观；若他观者，名为邪观。

八十三、说经名义

尔时，文殊师利法王子，在大众中即从座起，顶礼佛足而白佛言："当何名是经？我及众生云何奉持？"佛告文殊师利："是经名《大佛顶悉怛多般怛啰无上宝印十方如来清净海眼》，亦名《救护亲因度脱阿难及此会中性比丘尼得菩提心入遍知海》，亦名《如来密因修证了义》，亦名《大方广妙莲华王十方佛母陀罗尼咒》，亦名《灌顶章句诸菩萨万行首楞严》，汝当奉持。"

八十四、精研七趣

说是语已，即时阿难及诸大众，得蒙如来开示密印般怛啰义，兼闻此经了义名目，顿悟禅那，修进圣位，增上妙理，心虑虚凝，断除三界修心六品微细烦恼。即从座起，顶礼佛足，合掌恭敬而白佛言："大威德世尊！慈音无遮，善开众生微细沉惑，令我今日身心快然，得大饶益。世尊！若此妙明真净妙心本来遍圆，如是乃至大地草木，蠕动含灵本元真如，即是如来成佛真体，佛体真实，云何复有地狱、饿鬼、畜生、修罗、人、天等道？世尊！此道为复本来自有？为是众生妄习生起？世尊！如宝莲香比丘尼，持菩萨戒，私行淫欲，妄言行淫非杀、非偷、无有业报。发是语已，先于女根生大猛火，后于节节猛火烧然，堕无间狱。琉璃大王、善星比丘，琉璃为诛瞿昙族姓，善星妄说一切法空，生身陷入阿鼻地狱，此诸地狱。为有定处？为复自然彼彼发业，各各私受？唯垂大慈，发开童蒙，令诸一切持戒众生闻决定义，欢喜顶戴，谨洁无犯！"

八十五、内分外分

佛告阿难："快哉，此问！令诸众生不入邪见。汝今谛听，当为汝说。阿难！一切众生实本真净，因彼妄见，有妄习生，因此分开内分、外分。"

（一）内分本因

阿难！内分即是众生分内。因诸爱染发起妄情，情积不休，能生爱水，是故众生心忆珍羞，口中水出，心忆前人，或怜、或恨，目中泪盈；贪求财宝，心发爱涎，举体光润，心著行淫，男女二根自然流液。阿难！诸爱虽别，流结是同。润湿不升，自然从坠，此名内分。

（二）外分本因

阿难！外分即是众生分外。因诸渴仰，发明虚想，想积不休，能生胜气，是故众生心持禁戒，举身轻清；心持咒印，顾盼雄毅；心欲生天，梦想飞举；心存佛国，圣境冥现；事善知识，自轻身命。阿难！诸想虽别，轻举是同。飞动不沉，自然超越，此名外分。

八十六、临终现相

阿难！一切世间生死相续，生从顺习，死从变流。临命终时，未舍暖触，一生善恶俱时顿现。死逆、生顺二习相交。

八十七、升堕根由

纯想即飞，必生天上。若飞心中，兼福兼慧及与净愿，自然心开，见十方佛，一切净土随愿往生。情少想多，轻举非远，即为飞仙、大力鬼王、飞行夜叉、地行罗刹，游于四天，所去无碍。其中若有善愿、善心护持我法；或护禁戒，随持戒人，或护神咒，随持咒者，或护禅定，保绥法忍，是等亲住如来座下。情想均等，不飞、不坠，生于人间，想明斯聪，情幽斯钝。情多想少，流入横生，重为毛群，轻为羽族。七情、三想，沉下水轮，生于火际，受气猛火，身为饿鬼，常被焚烧，水能害己，无食无饮，经百千劫。九情一想，下洞火轮，身入风火二交过地，轻生有间，重生无间二种地狱。纯情即沉，入阿鼻狱。若沉心中，有谤大乘、毁佛禁戒、诳妄说法、虚贪信施、滥膺恭敬、五逆十重，更生十方阿鼻地狱。循造恶业，虽则自招，众同分中，兼有元地。

（一）地狱趣

1. 造十习因

阿难！此等皆是彼诸众生自业所感，造十习因，受六交报。

云何十因？阿难！一者，淫习交接，发于相磨、研磨不休，如是故有大猛火光于中发动，如人以手自相摩触，暖相现前。二习相然，故有铁床、铜柱诸事。是故十方一切如来，色目行淫，同名欲火。菩萨见欲如避火坑。

二者，贪习交计，发于相吸，吸揽不止，如是故有积寒坚冰于中冻冽，如人以口缩风气，有冷触生。二习相陵，故有吒吒、波波、罗罗、青、赤、白莲、寒冰等事。是故十方一切如来，色目多求，同名贪水，菩萨见贪如避瘴海。

三者，慢习交陵，发于相恃，驰流不息，如是故有腾逸奔波，积波为水；如人口舌自相绵味，因而水发。二习相鼓，故有血河、灰河、热沙、毒海、融铜、灌吞诸事。是故十方一切如来，色目我慢，名饮痴水，菩萨见慢如避巨溺。

四者，嗔习交冲，发于相忤，忤结不息，心热发火，铸气为金，

如是故有刀山、铁橛、剑树、剑轮、斧钺、枪锯；如人衔冤，杀气飞动。二习相击，故有宫割、斩斫、剉刺、槌击诸事。是故十方一切如来，色目嗔恚，名利刀剑，菩萨见嗔如避诛戮。

五者，诈习交诱，发于相调，引起不住，如是故有绳木绞校；如水浸田，草木生长。二习相延，故有杻械、枷锁、鞭杖、杖棒诸事。是故十方一切如来，色目奸伪，同名谗贼，菩提见诈，如畏豺狼。

六者，诳习交欺，发于相罔，诬罔不止，飞心造奸，如是故有尘土、屎、尿、秽污不净；如尘随风，各无所见。二习相加，故有没溺、腾掷、飞坠、漂沦诸事。是故十方一切如来，色目欺诳，同名劫杀，菩萨见诳，如践蛇虺。

七者，怨习交嫌，发于衔恨，如是故有飞石投砾、匣贮车槛、瓮盛囊扑；如阴毒人，怀抱畜恶。二习相吞，故有投掷、擒捉、击射、抛撮诸事。是故十方一切如来，色目怨家，名违害鬼，菩萨见怨如饮鸩酒。

八者，见习交明，如萨迦耶，见戒禁取，邪悟诸业，发于违拒，出生相反，如是故有王使、主吏、证执、文藉；如行路人，来往相见。二习相交，故有勘问、权诈考讯、推鞫察访、披究照明，善恶童子手执文簿辞辩诸事。是故十方一切如来，色目恶见，同名见坑，菩萨见诸虚妄遍执，如临毒壑。

九者，枉习交加，发于诬谤，如是故有合山、合石、碾硙、耕磨，如谗贼人，逼枉良善。二习相排，故有押捺、捶按、蹙漉、衡度诸事。是故十方一切如来，色目怨谤同名谗虎，菩萨见枉，如遭霹雳。

十者，讼习交喧，发于藏覆，如是故有鉴见、照烛；如于日中，不能藏影。二习相陈，故有恶友、业镜、火珠，披露宿业，对验诸事。是故十方一切如来，色目覆藏同名阴贼，菩萨观覆，如戴高山，履于巨海。

2. 受六交报

云何六报？阿难！一切众生六识造业，所招恶报从六根出。

云何恶报从六根出？一者，见报招引恶果：此见业交，则临终时，先见猛火满十方界，亡者神识飞坠乘烟，入无间狱。发明二相：一者明见，则能遍见种种恶物，生无量畏。二者暗见，寂然不见，生无量恐。如是见火，烧听，能为镬汤、洋铜；烧息，能为黑烟、紫焰；烧味，能为焦丸、铁糜；烧触，能为热灰、炉炭；烧心，能生星火迸洒，煽鼓空界。

二者，闻报招引恶果：此闻业交，则临终时，先见波涛没溺天地，亡者神识降注乘流，入无间狱。发明二相：一者开听，听种种闹，精魄愁乱。二者闭听，寂无所闻，幽魄沈没。如是闻波：注闻，则能为责、为诘；注见，则能为雷、为吼、为恶毒气；注息，则能为雨、为雾，洒诸毒虫，周满身体；注味，则能为脓、为血、种种杂秽；注触，则能为畜、为鬼、为粪、为尿；注意，则能为电、为雹，摧碎心魄。

三者，嗅报招引恶果：此嗅业交，则临终时，先见毒气充塞远近，亡者神识从地涌出，入无间狱。发明二相：一者通闻，被诸恶气熏极心扰。二者塞闻，气掩不通，闷绝于地。如是嗅气，冲息，则能为质、为履；冲见，则能为火、为炬；冲听，则能为没、为溺、为洋、为沸；冲味，则能为馁、为爽；冲触，则能为绽、为烂、为大肉山，有百千眼，无量咂食；冲思，则能为灰、为瘴、为飞砂砾，击碎身体。

四者，味报招引恶果：此味业交，则临终时，先见铁纲猛焰炽烈，周覆世界。亡者神识下透挂网，倒悬其头，入无间狱。发明二相：一者吸气，结成寒冰，冻裂身肉。二者吐气，飞为猛火，焦烂骨髓。如是尝味，历尝，则能为承、为忍；历见，则能为然金石；历听，则能为利兵刃；历息，则能为大铁笼，弥覆国土；历触，则能为弓、为箭、为弩、为射；历思，则能为飞热铁，从空雨下。

五者，触报招引恶果：此触业交，则临终时，先见大山四面来

合，无复出路。亡者神识见大铁城，火蛇、火狗、虎、狼、狮子，牛头狱卒、马头罗刹，手执枪矟，驱入城门，向无间狱。发明二相：一者合触，合山逼体，骨肉血溃。二者离触，刀剑触身，心肝屠裂。如是合触，历触，则能为道、为观、为厅、为案；历见，则能为烧、为爇；历听，则能为撞、为击、为剚、为射；历息，则能为括、为袋、为考、为缚；历尝，则能为耕、为钳、为斩、为截；历思，则能为坠、为飞、为煎、为炙。

六者，思报招引恶果：此思业交，则临终时，先见恶风吹坏国土。亡者神识被吹上空，旋落乘风，堕无间狱。发明二相：一者不觉，迷极则荒，奔走不息。二者不迷，觉知则苦，无量煎烧，痛深难忍。如是邪思：结思，则能为方、为所；结见，则能为鉴、为证；结听，则能为大合石、为冰、为霜、为土、为雾；结息，则能为大火车、火船、火槛；结尝，则能为大叫唤、为悔、为泣；结触，则能为大、为小。为一日中万生、万死、为偃、为仰。

3. 地狱总结

阿难！是名地狱十因、六果，皆是众生迷妄所造。若诸众生恶业同造，入阿鼻狱，受无量苦，经无量劫。六根各造，及彼所作兼境、兼根，是人则入八无间狱。身、口、意三，作杀盗淫，是人则入十八地狱。三业不兼，中间或为一杀、一盗，是人则入三十六地狱。见见一根，单犯一业，是人则入一百八地狱。由是众生别作别造，于世界中人同分地。妄想发生，非本来有。

（二）鬼趣

复次，阿难！是诸众生，非破律仪，犯菩萨戒，毁佛涅槃，诸余杂业，历劫烧然。后还罪毕，受诸鬼形。若于本因贪物为罪，是人罪过遇物成形名为怪鬼。贪色为罪，是人罪毕，遇风成形，名为魃鬼。贪惑为罪，是人罪毕遇畜成形，名为魅鬼。贪恨为罪，是人罪毕遇虫成形，名蛊毒鬼。贪忆为罪，是人罪毕遇衰成形，名为疠鬼。贪傲为罪，是人罪毕遇气成形，名为饿鬼。贪罔为罪，是人罪毕遇幽为形，名魇鬼。贪明为罪，是人罪毕遇精为形，名魍魉鬼。贪成为罪，是人罪毕遇明为形，名役使鬼。贪党为罪，是人罪毕遇人为形，名传送鬼。阿难！是人皆以纯情坠落，业火烧干，上出为鬼。此等皆是自妄想业之所招引。若悟菩提，则妙、圆、明，本无所有。

（三）畜生趣

复次，阿难！鬼业既尽，则情与想二俱成空。方于世间，与元负人怨对相值。身为畜生，酬其宿债。物怪之鬼，物销报尽生于世间，多为枭类。风魃之鬼，风销报尽，生于世间，多为咎征，一切异类。畜魅之鬼，畜死报尽，生于世间，多为狐类。虫蛊之鬼，蛊灭报尽，生于世间，多为毒类。衰疠之鬼，衰穷报尽生于世间，多为蛔类。受气之鬼，气销报尽，生于世间，多为食类。绵幽之鬼，幽销报尽生于世间，多为服类。和精之鬼，和销报尽生于世间，多为应类。明灵之鬼，明灭报尽。生于世间，多为休征一切诸类。依人之鬼，人亡报尽，生于世间多于循类。

阿难！是等皆以业火干枯，酬其宿债，傍为畜生。此等亦皆自虚妄业之所招引。若悟菩提，则此妄缘本无所有。如汝所言宝莲香等，及琉璃王、善星比丘，是诸恶业本自发明，非从天降，亦非地出，亦非人与；自妄所招，还自来受。菩提心中，皆为浮虚妄想凝结。

（四）人趣

复次，阿难！从是畜生酬偿先债，若彼酬者分越所酬，此等众生还复为人，反征其剩。如彼有力兼有福德，则于人中不舍人身，酬还彼力。若无福者，还为畜生，偿彼余直。阿难当知：若用钱物，或役其力，偿足自停。如于中间杀彼身命，或食其肉，如是乃至经微尘劫相食相诛，犹如转轮，互为高下，无有休息。除奢摩他及佛出世，不可停寝。

汝今应知：彼枭伦者，酬足复形，生人道中，参合顽类。彼咎征者，酬足复形，生人道中，参合异类。彼狐伦者，酬足复形，生人道中，于于庸类。彼毒伦者，酬足复形，生人道中，参合狠类。彼蛔伦者，酬足复形，生人道中，参合微类。彼食伦者，酬足复形，生人道中，参合柔类。彼服伦者，酬足复形，生人道中，参合劳类。彼应伦者，酬足复形，生人道中，于文类。彼休征者，酬足复形，生人道中，参合明类。彼循伦者，酬足复形，生人道中，于于达类。

阿难！是等皆以宿债酬毕，复形人道。皆无始来业计颠倒，相生相杀。不遇如来，不闻正法，于尘劳中法尔轮转，此辈名为可怜愍者。

（五）仙趣

阿难！复有从人，不依正觉修三摩地，别修妄念，存想固形；游于山林人不及处，有十种仙。

阿难！彼诸众生，坚固服饵而不休息，食道圆成，名地行仙。坚固草木而不休息，药道圆成，名飞行仙。坚固金石可不休息，化道圆成，名游行仙。坚固动止而不休息，气精圆成，名空行仙。坚固津液而不休息，润德圆成，名天行仙。坚固精色而不休息，吸粹圆成，名通行仙。坚固咒禁而不休息，术法圆成，名道行仙。坚固思念而不休息，思忆圆成，名照行仙。坚固交遘而不休息，感应圆成，名精行仙。坚固变化而不休息，觉悟圆成，名绝行仙。

阿难！是等皆于人中炼心，不修正觉，别得生理，寿千万岁，休止深山或大海岛，绝于人境。斯亦轮回妄想流转。不修三昧，报尽还来，散入诸趣。

（六）天趣

1. 欲界六天

阿难！诸世间人不求常住，未能舍诸妻妾恩爱，于邪淫中心不流逸，澄莹生明，命终之后邻于日月，如是一类名四王天。

于己妻房淫爱微薄，于净居时不得全味。命终之后超日月明，居人间顶，如是一类名忉利天。

逢欲暂交，去无思忆，于人间世动少静多，命终之后，于虚空中朗然安住；日月光明上照不及，是诸人等自有光明，如是一类名须焰摩天。

一切时静，有应触来，未能违戾，命终之后上升精微；不接下界诸人天境，乃至劫坏三灾不及，如是一类名兜率陀天。

我无欲心，应汝行事，于横陈时，味如嚼蜡，命终之后生越化地，如是一类名乐变化天。

无世间心，同世行事，于行事交，了然超越，命终之后，遍能出超化无化境，如是一类名他化自在天。

阿难！如是六天，形虽出动，心迹尚交，自此已还，名为欲界。

卷九

2. 色界十八天

初禅三天

阿难！世间一切所修心人，不假禅那，无有智慧。但能执身不行淫欲，若行若坐想念俱无，爱染不生无留欲界；是人应念身为梵侣，如是一类名梵众天。欲习既除，离欲心现。于诸律仪爱乐随顺，是人应时能行梵德，如是一类名梵辅天。身心妙圆，威仪不缺，清净禁戒加以明悟，是人应时能统梵众，为大梵王，如是一类名大梵天。阿难！此三胜流，一切苦恼所不能逼。虽非正修真三摩地，清净心中诸漏不动，名为初禅。

二禅三天

阿难！其次梵天。统摄梵人圆满梵行，澄心不动寂湛生光，如是一类名少光天。光光相然，照耀无尽，映十方界遍成琉璃，如是一类名无量光天。吸圆圆光，成就教体，发化清净，应用无尽，如是一类名光音天。阿难！此三胜流，一切忧悬所不能逼。虽非正修真三摩地，清净心中粗漏已伏，名为二禅。

三禅三天

阿难！如是天人，圆光成音，披音露妙，发成精行，通寂灭乐，如是一类名少净天。净空现前，引发无际，身心轻安，成寂灭乐，如是一类名无量净天。世界身心一切圆净，净德成就，胜托现前，归寂灭乐，如是一类名遍净天。阿难！此三胜流，具大随顺，身心安隐得无量乐。虽非正得真三摩地，安隐心中欢喜毕具，名为三禅。

四禅四天

阿难！复次天人，不逼身心，苦因已尽，乐非常住，久必坏生，苦乐二心俱时顿舍。粗重相灭，净福性生，如是一类名福生天。舍心圆融，胜解清净，福无遮中，得妙随顺，穷未来际，如是一类名福爱天。阿难！从是天中有二歧路：若于先心，无量净光，福德圆明，修证而住，如是一类名广果天。若于先心双厌苦乐，精研舍心相续不断，圆穷舍道身心俱灭，心虑灰凝经五百劫，是人既以生灭为因，不能发明不生灭性，初半劫灭，后半劫生，如是一类名无想天。阿难！此四胜流，一切世间诸苦乐境所不能动。虽非无为真不动地，有所得心功用纯熟，名为四禅。

五不还天

阿难！此中复有五不还天，于下界中九品习气，俱时灭尽，苦乐双亡；下无卜居，故于舍心众同分中，安立居处。阿难！苦乐两灭，斗心不交，如是一类名无烦天。机括独行，研交无地，如是一类名无热天。十方世界妙见圆澄，更无尘象、一切沉垢，如是一类名善见天。精见现前，陶铸无碍，如是一类名善现天。究竟群几，穷色性性如无边际，如是一类名色究竟天。阿难！此不还天，彼诸四禅四位天王，独有钦闻，不能知见。如今世间旷野深山、圣道场地，皆阿罗汉所住持故，世间粗人所不能见。阿难！是十八天独行无交，未尽形累。自此已还名为色界。

3. 无色界四天

复次，阿难！从是有顶色边际中，其间复有二种歧路：若于舍心发明智慧，慧光圆通便出尘界，成阿罗汉，入菩萨乘。如是一类，名为回心大阿罗汉。若在舍心舍厌成就，觉身为碍，销碍入空，如是一类名为空处。诸碍既销，无碍无灭，其中唯留阿赖耶识，全于末那半分微细，如是一类名为识处。空色既亡，识心都灭，十方寂然回无攸往，如是一类名无所有处。识性不动，以灭穷研，于无尽中发宣尽性，如存不存，若尽非尽，如是一类名为非想非非想处。此等穷空，不尽空理，从不还天圣道穷者，如是一类名不回心钝阿罗汉。若从无想外道天穷空不归，迷漏无闻，便入轮转。

4. 诸天总结及四空通结

阿难！是诸天上各各天人，则是凡夫业果酬答，答尽入轮。彼之天王，即是菩萨。游三摩提，渐次增进，回向圣伦所修行路。阿难！是四空天身心灭尽，定性现前，无业果色，从此逮终，名无色界。此皆不了妙觉明心，积妄发生，妄有三界，中间妄随七趣沉溺。补特伽罗，各从其类。

（七）阿修罗趣

复次，阿难！是三界中，复有四种阿修罗类：若于鬼道，以护法力乘通入空，此阿修罗从卵而生，鬼趣所摄。若于天中降德贬坠，其所卜居邻于日月，此阿修罗从胎而出，人趣所摄。有修罗王执持世界，力洞无畏，能与梵王及天帝释、四天争权，此阿修罗因变化有，天趣所摄。阿难！别有一分下劣修罗，生大海心，沉水穴口，旦游虚空，暮归水宿，此阿修罗因湿气有，畜生趣摄。

（八）七趣总结

阿难！如是地狱、饿鬼、畜生、人及神仙，天洎修罗，精研七趣，皆是昏沉诸有为相。妄想受生，妄想随业，于妙圆明无作本心，皆如空华，元无所著。但一虚妄，更无根绪。阿难！此等众生不识本心，受此轮回，经无量劫不得真净。皆由随顺杀、盗、淫故，反此三种，又则出生无杀、盗、淫。有名鬼伦，无名天趣。有无相倾，起轮回性。若得妙发三摩提者，则妙常寂。有、无、二无，二无亦灭，尚无不杀、不偷、不淫，云何更随杀、盗、淫事？阿难！不断三业，各各有私，因各各私，众私同分，非无定处。自妄发生，生妄无因，无可寻究。汝勖修行，欲得菩提，要除三惑。不尽三惑，纵得神通，皆是世间有为功用，习气不灭，落于魔道。虽欲除妄，倍加虚伪，如来说为可哀怜者。汝妄自造，非菩提咎。作是说者，名为正说；若他说者，即魔王说。

八十八、五阴魔障

即时如来将罢法座，于师子床揽七宝几，回紫金山，再来凭倚，普告大众及阿难言："汝等有学缘觉、声闻，今日回心趣大菩提无上妙觉，吾今已说真修行法。汝犹未识修奢摩他、毗婆舍那微细魔事；魔境现前，汝不能识，洗心非正，落于邪见。或汝阴魔，或复天魔，或著鬼神，或遭魑魅；心中不明，认贼为子。又复于中得少为足，如第四禅无闻比丘妄言证圣，天报已毕衰相现前，谤阿罗汉身遭后有，堕阿鼻狱。汝应谛听，吾今为汝仔细分别。"阿难起立，并其会中同有学者，欢喜顶礼，伏听慈诲。

佛告阿难及诸大众："汝等当知，有漏世界十二类生，本觉妙明觉圆心体，与十方佛无二无别。由汝妄想迷理为咎，痴爱发生，生发遍迷，故有空性；化迷不息，有世界生。则此十方微尘国土，非无漏者，皆是迷顽妄想安立。当知虚空生汝心内，犹如片云点太清里。况诸世界在虚空耶？汝等一人发真归元，此十方空皆悉销殒；云何空中所有国土而不振裂？汝辈修禅，饰三摩地，十方菩萨及诸无漏大阿罗汉，心精通吻，当处湛然。一切魔王及与鬼神、诸凡夫天，见其宫殿无故崩裂，大地振坼；水陆飞腾，无不惊慑。凡夫昏暗，不觉迁讹。彼等咸得五种神通，唯除漏尽，恋此尘劳，如何令汝摧裂其处？是故鬼神及诸天魔、魍魉、妖精，于三昧时佥来恼汝。然彼诸魔虽有大怒，彼尘劳内，汝妙觉中，如风吹光，如刀断水，了不相触。汝如沸汤，彼如坚冰。暖气渐邻，不日销殒。徒恃神力，但为其客。成就破乱，由汝心中五阴主人。主人若迷，客得其便。当处禅那觉悟无惑，则彼魔事无奈汝何。阴销入明，则彼群邪咸受幽气。明能破暗，近自销殒，如何敢留扰乱禅定？若不明悟被阴所迷，则汝阿难必为魔子，成魔人。如摩登伽，殊为眇劣，彼唯咒汝破佛律仪，八万行中只毁一戒，心清净故尚未沦溺。此乃隳汝宝觉全身，如宰臣家忽逢籍没，宛转零落，无可哀救。"

（一）色阴禅境魔事

阿难当知：汝坐道场销落诸念，其念若尽，则诸离念一切精明，动静不移，忆忘如一。当住此处入三摩提，如明目人处大幽暗，精性妙净心未发光；此则名为色阴区宇。若目明朗，十方洞开，无复幽黯，名色阴尽，是人则能超越劫浊。观其所由，坚固妄想以为其本。

1. 精明外溢

阿难！当在此中精研妙明，四大不织，少选之间身能出碍。此名精明流溢前境，斯但功用暂得如是，非为圣证。不作圣心，名善境界；若作圣解，即受群邪。

2. 精明内流

阿难！复以此心精研妙明，其身内彻，是人忽然于其身内拾出蛲蛔，身相宛然亦无伤毁。此名精明流溢形体，斯但精行暂得如是，非为圣证。不作圣心，名善境界；若作圣解，即受群邪。

3. 精魄离合

又以此心内外精研，其时魂、魄、意、志、精、神，除执受身，余皆涉入互为宾主；忽于空中闻说法声，或闻十方同敷密义。此名精魄递相离合成就善种，暂得如是，非为圣证。不作圣心、名善境界；若作圣解，即受群邪。

4. 心魂悟染

又以此心澄露皎彻，内光发明，十方遍作阎浮檀色，一切种类化为如来。于时忽见毗卢遮那踞天光台，千佛围绕，百亿国土与莲花俱时出现。此名心魂灵悟所染，心光研明照诸世界，暂得如是，非为圣证。不作圣心，名善境界；若作圣解，即受群邪。

5. 抑按逾分

又以此心精研妙明，观察不停，抑按降伏，制止超越，于时忽然十方虚空成七宝色，或百宝色，同时遍满不相留碍。青、黄、赤、白各各纯现。此名抑按功力逾分，暂得如是，非为圣证。不作圣心，名善境界；若作圣解，即受群邪。

6. 密见洞幽

又以此心研究澄彻，精光不乱，忽于夜半在暗室内，见种种物不殊白昼，而暗室物亦不除灭。此名心细密澄其见，所视洞幽，暂得如是，非为圣证。不作圣心，名善境界；若作圣解，即受群邪。

7. 四大入纯

又以此心圆入虚融，四体忽然同于草木，火烧、刀斫曾无所觉。又则火光不能烧爇，纵割其肉犹如削木。此名尘并，排四大性，一向入纯，暂得如是，非为圣证。不作圣心，名善境界；若作圣解，则受群邪。

8. 凝想化成

又以此心成就清净，净心功极，忽见大地十方山河皆成佛国，具足七宝光明遍满。又见恒沙诸佛如来，遍满空界，楼殿华丽。下见地狱，上观天宫，得无障碍。此名欣厌凝想日深，想久化成，非为圣证。不作圣心，名善境界；若作圣解，即受群邪。

9. 逼迫飞出

又以此心研究深远，忽于中夜遥见远方市井街巷，亲族眷属，或闻其语。此名迫心逼极飞出，故多隔见，非为圣证。不作圣心，名善境界；若作圣解，即受群邪。

10. 含受魑魅

又以此心研究精极，见善知识形体变移，少选无端种种迁改。此名邪心含受魑魅，或遭天魔入其心腹，无端说法，通达妙义，非为圣证。不作圣心，魔事销歇；若作圣解，即受群邪。

11. 色阴通结

阿难！如是十种禅那现境，皆是色阴用心交互，故现斯事。众生顽迷，不自忖量，逢此因缘，迷不自识，谓言登圣，大妄语成，堕无间狱。汝等当依如来灭后，于末法中宣示斯义；无令天魔得其方便，保持覆护，成无上道。

(二) 受阴禅境魔事

阿难！彼善男子修三摩提，奢摩他中色阴尽者，见诸佛心。如明镜中显现其像。若有所得而未能用，犹如魇人手足宛然，见闻不惑，心触客邪而不能动；此则名为受阴区宇。若魇咎歇，其心离身，返观其面，去住自由，无复留碍，名受阴尽，是人则能超越见浊。观其所由，虚明妄想，以为其本。

1. 啼泣悲魔

阿难！彼善男子，当在此中得大光耀，其心发明内抑过分。忽于其处发无穷悲。如是乃至观见蚊蚋犹如赤子，心生怜愍，不觉流泪。此名功用抑摧过越：悟则无咎，非为圣证；觉了不迷，久自销歇。若作圣解，则有悲魔入其心腑，见人则悲，啼泣无限。失于正受，当从沦坠。

2. 夸诞狂魔

阿难！又彼定中诸善男子，见色阴销，受阴明白。胜相现前，感激过分，忽于其中生无限勇。其心猛利，志齐诸佛，谓三僧祇一念能

越。此名功用陵率过越：悟则无咎，非为圣证；觉了不迷，久自销歇。若作圣解，则有狂魔入其心腑。见人则夸，我慢无比。其心乃至上不见佛，下不见人，失于正受，当从沦坠。

3. 悬念忆魔

又彼定中诸善男子，见色阴销，受阴明白，前无新证，归失故居。智力衰微，入中隳地，迥无所见。心中忽然生大枯渴，于一切时沉忆不散，将此以为勤精进相。此名修心无慧自失：悟则无咎，非为圣证。若作圣解，则有忆魔入其心腑，旦夕撮心悬在一处，失于正受，当从沦坠。

4. 易知足魔

又彼定中诸善男子，见色阴销，受阴明白，慧力过定，失于猛利，以诸胜性怀于心中，自心已疑是卢舍那，得少为足。此名用心亡失恒审，溺于知见：悟则无咎，非为圣证。若作圣解，则有下劣易知足魔入其心腑，见人自言，我得无上第一义谛，失于正受，当从沦坠。

5. 常忧愁魔

又彼定中诸善男子，见色阴销，受阴明白，新证未获，故心已亡，历览二际自生艰险，于心忽然生无尽忧。如坐铁床，如饮毒药，心不欲活，常求于人令害其命，早取解脱。此名修行失于方便：悟则无咎，非为圣证。若作圣解，则有一分常忧愁魔入其心腑。手执刀剑自割其肉，欣其舍寿，或常忧愁。走人山林，不耐见人。失于正受，当从沦坠。

6. 好喜乐魔

又彼定中诸善男子，见色阴销，受阴明白，处清净中，心安隐后，忽然自有无限喜生，心中欢悦不能自止。此名轻安无慧自禁：悟则无咎，非为圣证。若作圣解，则有一分好喜乐魔入其心腑，见人则笑。于衢路旁自歌自舞，自谓已得无碍解脱。失于正受，当从沦坠。

7. 大我慢魔

又彼定中诸善男子，见色阴销，受阴明白，自谓已足，忽有无端大我慢起。如是乃至慢与过慢，及慢过慢或增上慢，或卑劣慢，一时俱发。心中尚轻十方如来，何况下位声闻、缘觉。此名见胜无慧自救：悟则无咎，非为圣证。若作圣解，则有一分大我慢魔入其心腑，不礼塔庙，摧毁经像。谓檀越言："此是金、铜，或是土、木，经是树叶，或是氍华。肉身真常不自恭敬，却崇土木，实为颠倒。"其深信者，从其毁碎埋弃地中，疑误众生，入无间狱。失于正受，当从沦坠。

8. 好轻清魔

又彼定中诸善男子，见色阴销，受阴明白，于精明中圆悟精理，得大随顺，其心忽生无量轻安，已言成圣得大自在。此名因慧获诸轻清：悟则无咎，非为圣证。若作圣解，则有一分好轻清魔入其心腑，自谓满足，更不求进。此等多作无闻比丘，疑误众生，堕阿鼻狱。失于正受，当从沦坠。

9. 谤戒空魔

又彼定中诸善男子，见色阴销，受阴明白，于明悟中得虚明性，其中忽然归向永灭，拨无因果，一向入空。空心现前，乃至心生长断灭解：悟则无咎，非为圣证。若作圣解，则有空魔入其心腑，乃谤持戒名为小乘，"菩萨悟空有何持犯？"其人常于信心檀越、饮酒、啖肉，广行淫秽，因魔力故，摄其前人不生疑谤。鬼心久入，或食屎尿与酒肉等，一种俱空。破佛律仪，误人入罪。失于正受，当从沦坠。

10. 行淫欲魔

又彼定中诸善男子，见色阴销，受阴明白，味其虚明深入心骨，其心忽有无限爱生，爱极发狂，便为贪欲。此名定境安顺入心，无慧自持，误入诸欲：悟则无咎，非为圣证。若作圣解，则有欲魔入其心腑，一向说欲为菩提道，化诸白衣平等行欲，其行淫者名持法子。神

鬼力故，于末世中摄其凡愚，其数至百，如是乃至一百、二百、或五或六百，多满千万。魔心生厌，离其身体，威德既无，陷于王难；疑误众生，入无间狱。失于正受，当从沦坠。

11. 受阴通结

阿难！如是十种禅那现境，皆是受阴用心交互，故现斯事。众生顽迷，不自忖量，逢此因缘，迷不自识。谓言登圣，大妄语成，堕无间狱。汝等亦将如来语，于我灭后传示末法，遍令众生开悟斯义。无令天魔得其方便，保持覆护，成无上道。

（三）想阴禅境魔事

阿难！彼善男子，修三摩提受阴尽者，虽未漏尽，心离其形，如鸟出笼，已能成就从是凡身上历菩萨六十圣位，得意生身随往无碍。譬如有人熟寐呓言，是人虽则无别所知。其言已成音韵伦次，令不寐者咸悟其语，此则名为想阴区宇。若动念尽，浮想销除，于觉明心如去尘垢，一伦生死首尾圆照，名想阴尽，是人则能超烦恼浊。观其所由，融通妄想以为其本。

1. 怪鬼成魔

阿难！彼善男子受阴虚妙，不遭邪虑，圆定发明；三摩地中，心爱圆明，锐其精思，贪求善巧。尔时，天魔候得其便，飞精附人，口说经法。其人不觉是其魔著，自言谓得无上涅槃。来彼求巧善男子处，敷座说法。其形斯须或作比丘令彼人见，或为帝释，或为妇女，或比丘尼，或寝暗室，身有光明。是人愚迷，惑为菩萨。信其教化，摇荡其心，破佛律仪，潜行贪欲。口中好言灾祥变异，或言如来某处出世，或言劫火，或言刀兵，恐怖于人，令其家资无故耗散。此名怪鬼，年老成魔，恼乱是人。厌足心生，去彼人体，弟子与师俱陷王难。汝当先觉，不入轮回；迷惑不知，堕无间狱。

2. 魃鬼成魔

阿难！又善男子受阴虚妙，不遭邪虑，圆定发明；三摩地中，心爱游荡，飞其精思，贪求经历。尔时，天魔候得其便，飞精附人，口说经法。其人亦不觉知魔著，亦言自得无上涅槃。来彼求游善男子处，敷座说法。自形无变，其听法者忽自见身坐宝莲花，全体化成紫金光聚。一众听人，各各如是，得未曾有。是人愚迷，惑为菩萨。淫逸其心，破佛律仪，潜行贪欲。口中好言诸佛应世；某处某人当是某佛化身来此；某人即是某菩萨等来化人间。其人见故，心生倾渴，邪见密兴，种智销灭。此名魃鬼，年老成魔，恼乱是人。厌足心生，去彼人体；弟子与师俱陷王难。汝当先觉，不入轮回；迷惑不知，堕无间狱。

3. 魅鬼成魔

又善男子受阴虚妙，不遭邪虑，圆定发明；三摩地中，心爱绵㳷，澄其精思，贪求契合。尔时，天魔候得其便，飞精附人，口说经法。其人实不觉知魔著，亦言自得无上涅槃。来彼求合善男子处，敷座说法。其形及彼听法之人，外无迁变，令其听者，未闻法前心自开悟。念念移易，或得宿命，或有他心，或见地狱，或知人间好恶诸事，或口说偈，或自诵经。各各欢娱，得未曾有。是人愚迷，惑为菩萨。绵爱其心。破佛律仪，潜行贪欲。口中好言佛有大小，某佛先佛，某佛后佛。其中亦有真佛、假佛、男佛、女佛，菩萨亦然。其人见故，洗涤本心，易入邪悟。此名魅鬼，年老成魔，恼乱是人。厌足心生，去彼人体；弟子与师，俱陷王难。汝当先觉，不入轮回；迷惑不知，堕无间狱。

4. 蛊毒成魔

又善男子受阴虚妙，不遭邪虑，圆定发明；三摩地中，心爱根本，穷览物化性之终始，精爽其心，贪求辨析。尔时，天魔候得其便，飞精附人，口说经法。其人先不觉知魔著，亦言自得无上涅槃。来彼求元善男子处，敷座说法。身有威神摧伏求者，令其座下虽未闻法自然心伏。是诸人等，将佛涅槃、菩提、法身，即是现前我肉身上。父父

子子递代相生，即是法身常住不绝。都指现在即为佛国，无别净居及金色相。其人信受，亡失先心，身命归依，得未曾有。是等愚迷，惑为菩萨。推究其心，破佛律仪，潜行贪欲，口中好言：眼、耳、鼻、舌皆为净土，男女二根即是菩提涅槃真处。彼无知者，信是秽言。此名蛊毒魔胜恶鬼，年老成魔，恼乱是人。厌足心生，去彼人体；弟子与师，俱陷王难。汝当先觉，不入轮回；迷惑不知，堕无间狱。

5. 疠鬼成魔

又善男子受阴虚妙，不遭邪虑，圆定发明；三摩地中，心爱悬应，周流精研，贪求冥感。尔时，天魔候得其便，飞精附人，口说经法。其人元不觉知魔著，亦言自得无上涅槃。来彼求应善男子处，敷坐说法。能令听众，暂见其身如百千岁，心生爱染，不能舍离。身为奴仆，四事供养不觉疲劳。各各令其座下人，心知是先师本善知识，别生法爱，黏如胶漆，得未曾有。是人愚迷，惑为菩萨。亲近其心，破佛律仪，潜行贪欲，口中好言"我于前世，于某生中先度某人，当时是我妻妾兄弟，今来相度；与汝相随归某世界，供养某佛"。或言别有大光明天，佛于中住，一切如来所休居地。彼无知者，信是虚诳，遗失本心。此名疠鬼，年老成魔，恼乱是人。厌足心生，去彼人体；弟子与师，俱陷王难。汝当先觉，不入轮回；迷惑不知，堕无间狱。

6. 大力鬼魔

又善男子受阴虚妙，不遭邪虑，圆定发明；三摩地中，心爱深入，克己辛勤，乐处阴寂，贪求静谧。尔时，天魔候得其便，飞精附人，口说经法。其人本不觉知魔著，亦言自得无上涅槃。来彼求阴善男子处，敷座说法。令其听人各知本业；或于其处语一人言：汝今未死已作畜生。敕使一人于后踏尾，顿令其人起不能得。于是一众倾心钦伏。有人起心，已知其肇。佛律仪外，重加精苦。诽谤比丘，骂詈徒众，讦露人事，不避讥嫌。口中好言未然祸福，及至其时，毫发无失。此大力鬼，年老成魔，恼乱是人。厌足心生，去彼人体；弟子与师俱陷王难。汝当先觉，不入轮回；迷惑不知，堕无间狱。

7. 鬼神成魔

又善男子受阴虚妙，不遭邪虑，圆定发明；三摩地中，心爱知见，勤苦研寻，贪求宿命。尔时，天魔候得其便，飞精附人，口说经法。其殊不觉知魔著，亦言自得无上涅槃。来彼求知善男子处，敷座说法。是人无端于说法处，得大宝珠。其魔或时化为畜生，口衔其珠及杂珍宝，简册符牍诸奇异物，先授彼人，后著其体。或诱听人藏于地下，有明月珠照耀其处。是诸听者得未曾有。多食药草，不餐嘉馔。或时日餐一麻一麦，其形肥充，魔力持故。诽谤比丘，骂詈徒众，不避讥嫌。口中好言他方宝藏，十方圣贤潜匿之处。随其后者，往往见有奇异之人。此名山林、土地、城隍、川岳鬼神，年老成魔。或有宣淫破佛律仪，与承事者潜行五欲，或有精进纯食草木，无定行事，恼乱是人。厌足心生，去彼人体；弟子与师，俱陷王难。汝当先觉，不入轮回；迷惑不知，堕无间狱。

8. 精魅成魔

又善男子受阴虚妙，不遭邪虑。圆定发明；三摩地中，心爱神通，种种变化，研究化元，贪取神力。尔时，天魔候得其便，飞精附人，口说经法。其人诚不觉知魔著，亦言自得无上涅槃。来彼求通善男子处，敷座说法。是人或复手执火光，手撮其光，分于所听四众人上，是诸听人，顶上火光皆长数尺，亦无热性，曾不焚烧。或水上行如履平地；或于空中安坐不动。或入瓶内，或处囊中，越牖透垣曾无障碍。唯于刀兵不得自在。自言是佛，身着白衣，受比丘礼，诽谤禅律，骂詈徒众，讦露人事，不避讥嫌。口中常说神通自在，或复令人傍见佛土，鬼力惑人非有真实。赞叹行淫，不毁粗行。将诸猥媟以为传法。此名天地大力山精、海精、风精、河精、土精、一切草木积劫精魅，或复龙魅，或寿终仙再活为魅，或仙期终年应死，其形不化，他怪所附，年老成魔，恼乱是人。厌足心生，去彼人体；弟子与师，多陷王难。汝当先觉，不入轮回；迷惑不知，堕无间狱。

9. 长灵成魔

又善男子受阴虚妙，不遭邪虑，圆定发明；三摩地中，心爱入灭，研究化性，贪求深空。尔时天魔候得其便，飞精附人，口说经法。其人终不觉知魔著，亦言自得无上涅槃。来彼求空善男子处，敷座说法。于大众内其形忽空，众无所见，还从虚空，突然而出，存没自在。或现其身洞如琉璃，或垂手足作栴檀气，或大小便如厚石蜜。诽毁戒律，轻贱出家。口中常说无因无果。一死永灭，无复后身。及诸圣凡。虽得空寂，潜行贪欲，受其欲者，亦得空心，拨无因果。此名日月薄蚀精气、金玉芝草、麟凤龟鹤，经千万年不死为灵，出生国土。年老成魔；恼乱是人。厌足心生，去彼人体；弟子与师，多陷王难。汝当先觉，不入轮回；迷惑不知，堕无间狱。

10. 住世天魔

又善男子受阴虚妙，不遭邪虑，圆定发明；三摩地中，心爱长寿，辛苦研几，贪求永岁，弃分段生，顿希变易细相常住。尔时，天魔候得其便，飞精附人，口说经法。其人竟不觉知魔著，亦言自得无上涅槃，来彼求善男子处，敷座说法。好言他方往还无滞，或经万里瞬息再来，皆于彼方取得其物。或一处在一宅中数步之间，令其从东诣至西壁，是人急行，累年不到。因此心信，疑佛现前。口中常说十方众生皆是吾子，我生诸佛，我出世界，我是元佛，出世自然不因修得。此名住世自在天魔，使其眷属如遮文荼，及四天王毗舍童子未发心者。利其虚明，食彼精气，或不因师，其修行人亲自观见，称执金刚与汝长命。现美女身，盛行贪欲，未逾年岁，肝脑枯竭。口兼独言，听若妖魅。前人未详，多陷王难。未及遇刑，先已干死。恼乱彼人，以至殂殒。汝当先觉，不入轮回，迷惑不知，堕无间狱。

11. 想阴通结

阿难！当知：是十种魔，于末世时在我法中出家修道，或附人体，或自现形。皆言已成正遍知觉。赞叹淫欲，破佛律仪。先恶魔师与魔弟子，淫淫相传。如是邪精，魅其心腑，近则九生，多逾百世，令真修行总为魔眷。命终之后，必为魔民，失正遍知，堕无间狱。汝今未须先取寂灭，纵得无学，留愿入彼末法之中，起大慈悲，救度正心，深信众生；令不著魔，得正知见。我今度汝已出生死，汝遵佛语，名报佛恩。

阿难！如是十种禅那现境，皆是想阴用心交互，故现斯事。众生顽迷，不自忖量，逢此因缘，迷不自识，谓言登圣，大妄语成，堕无间狱，汝等必须将如来语，于我灭后传示末法。遍令众生开悟斯义。无令天魔得其方便，保持覆护，成无上道。

卷十

（四）行阴禅境魔事

阿难！彼善男子修三摩提想阴尽者，是人平常梦想销灭，寤寐恒一。觉明虚静犹如晴空，无复粗重前尘影事。观诸世间大地山河，如镜鉴明，来无所黏，过无踪迹。虚受照应，了罔陈习，唯一精真；生灭根元，从此披露。见诸十方十二众生，毕殚其类。虽不通其各命由绪，同生基，犹如野马熠熠清扰，为浮根尘究竟枢穴；此则名为行阴区宇。若此清扰熠熠元性，性入元澄，一澄元习，如波澜灭化为澄水，名行阴尽，是人则能超众生浊。观其所由，幽隐妄想以为其本。

1. 本末无因

阿难！当知是得正知奢摩他中诸善男子，凝明正心，十类天魔不得其便，方得精研，穷生类本，于本类中生元露者，观彼幽清圆扰动元，于圆元中起计度者，是人坠入二无因论：一者，是人见本无因。何以故？是人既得生机全破，乘于眼根八百功德，见八万劫所有众生，业流湾环，死此生彼，只见众生轮回其处。八万劫外，冥无所观，便作是解：此等世间十方众生，八万劫来无因自有。由此计度，亡正遍知，堕落外道，惑菩提性。二者，是人于生既见其根，知人生人，悟鸟生鸟，乌从来黑，鹄从来白，人天本竖，畜生本横，白非洗成，黑非染造；从八万劫无复改移。今尽此形，亦复如是。而我本来不见菩提，云何更有成菩提事！当知今日一切物象，皆本无因。由此计度，亡正遍知，堕落外道，惑菩提性。是则名为第一外道：立无因论。

2. 计度遍常

阿难！是三摩中诸善男子，凝明正心，魔不得便；穷生类本，观彼幽清扰动元，于圆常中起计度者，是人坠入四遍常论：一者，是人穷心境性，二处无因；修习能知二万劫中十方众生所有生灭，咸皆循环不曾散失，计以为常。二者，是人穷四大元，四性常住；修习能知四万劫中十方众生所有生灭，咸皆体恒不曾散失，计以为常。三者，是人穷尽六根、末那、执受、心、意、识中本元由处，性常恒故；修习能知八万劫中一切众生循环不失，本来常住，穷不失性，计以为常。四者，是人既尽想元，生理更无流止运转，生灭想心今已永灭，理中自然成不生灭；因心所度，计以为常。由此计度，亡正遍知，堕落外道，惑菩提性。是则名为第二外道：立圆常论。

3. 起颠倒见

又三摩中诸善男子，坚凝正心，魔不得便；穷生类本，观彼幽清常扰动元，于自他中起计度者，是人坠入四颠倒见。一分无常，一分常论：一者，是人观妙明心遍十方界，湛然以为究竟神我。从是则计我遍十方，凝明不动；一切众生，于我心中自生自死。则我心性，名之为常，彼生灭者真无常性。二者，是人不观其心，遍观十方恒沙国土。见劫坏处，名为究竟无常种性；劫不坏处，名究竟常。三者，是人别观我心，精细微密犹如微尘，流转十方，性无移改。能令此身即生即灭，其不坏性，名我性常；一切死生从我流出，名无常性。四者，是人知想阴尽，见行阴流，行阴常流计为常性；色、受、想等уже灭尽，名为无常。由此计度一分无常，一分常故，堕落外道，惑菩提性。是则名为第三外道：一分常论。

4. 妄立有边

又三摩中诸善男子，坚凝正心，魔不得便；穷生类本，观彼幽清常扰动元，于分位中生计度者，是人坠入四有边论：一者，是人心计生元，流用不息，计过未者，名为有边；计相续心，名为无边。二者，是人观八万劫，则见众生，八万劫前寂无闻见。无闻见处，名为无边；有众生处，名为有边。三者，是人计我遍知，得无边性。彼一切人现我知中，我曾不知彼之知性；名彼不得无边之心，但有边性。四者，是人穷行阴空，以其所见心路筹度，一切众生一身之中，计其咸皆半生半灭。明其世界一切所有，一半有边，一半无边。由此计度有边无边，堕落外道，惑菩提性。是则名为第四外道：立有边论。

5. 矫乱虚无

又三摩中诸善男子，坚凝正心，魔不得便；穷生类本，观彼幽清常扰动元，于知见中生计度者，是人坠入四种颠倒，不死矫乱遍计虚论：一者，是人观变化元，见迁流处，名之为变，见相续处，名之为恒；见所见处，名之为生；不见见处，名之为灭。相续之因，性不断处，名之为增；正相续中，中所离处，名之为减；各各生处，名之为有；互互亡处，名之为无。以理都观，用心别见。有求法人来问其义，答言：我今亦生亦灭，亦有亦无，亦增亦减。于一切时皆乱其语，令彼前人遗失章句。二者，是人谛观其心，互互无处，因无得证。有人来问，唯答一字，但言其无。除无之余，无所言说。三者，是人谛观其心，各各有处，因有得证。有人来问，唯答一字，但言其是。除是之馀，无所言说。四者，是人有、俱见，其境枝故其心亦乱。有人来问，答言：亦有即是亦无，亦无之中不是亦有。一切矫乱，无容穷诘。由此计度矫乱虚无，堕落外道，惑菩提性。是则名为第五外道：四颠倒性不死矫乱遍计虚论。

6. 执色有相

又三摩中诸善男子，坚凝正心，魔不得便；穷生类本，观彼幽清常扰动元，于无尽流生计度者，是人坠入死后有相发心颠倒；或自固身，云色是我；或见我圆含遍国土，云我有色；或彼前缘随我回复，云色属我；或复我依行中相续，云我在色。皆计度言死后有相；如是循环有十六相。从此或计毕竟烦恼，毕竟菩提，两性并驱，各不相触。由此计度死后有故，堕落外道，惑菩提性。是则名为第六外道：立五阴中死后有相心颠倒论。

7. 执空无相

又三摩中诸善男子，坚凝正心，魔不得便；穷生类本，观彼幽清常扰动元，于先除灭、色、受想中生计度者，是人坠入死后无相发心颠倒：见其色灭形无所因，观其想灭心无所系，知其受灭无复连缀，阴性销散。纵有生理而无受、想、与草木同。此质现前犹不可得，死后云何更有诸相？因之勘校死后相无。如是循环有八无相。从此或计涅槃因缘一切皆空，徒有名字，究竟断灭。由此计度死后无故，堕落外道，惑菩提性。是则名为第七外道：立五阴中死后无相心颠倒论。

8. 有无俱非

又三摩中诸善男子，坚凝正心，魔不得便；穷生类本，观彼幽清常扰动元，于行存中，兼受想灭，双计有无，自体相破；是人坠入死后俱非起颠倒论：色、受、想中见有非有；行迁流内观无不无。如是循环，穷尽阴界，八俱非相；随得一缘，皆言死后有相无相。又计诸行性迁故，心发通悟，有无俱非，虚实失措。由此计度死后俱非，后际昏昧无可道故，堕落外道，惑菩提性。是则名为第八外道：立五阴中死后俱非心颠倒论。

9. 弃计断灭

又三摩中诸善男子，坚凝正心，魔不得便；穷生类本，观彼幽清常扰动元，于后后无生计度者，是人坠入七断灭论：或计身灭，或欲尽灭，或苦尽灭，或极乐灭，或极舍灭。或是循环穷尽七际，现前销灭，灭已无复。由此计度死后断灭，堕落外道，惑菩提性。是则名为第九道：立五阴中死后断灭心颠倒论。

10. 迷现涅槃

又三摩中诸善男子，坚凝正心，魔不得便；穷生类本，观彼幽清常扰动元，于后后有生计度者，是人坠入五涅槃论：或以欲界为正转依，观见圆明生爱慕故；或以初禅，性无忧故；或以二禅，心无苦故；或以三禅，极悦随故；或以四禅，苦乐二亡不受轮回生灭性故。迷有漏天，作无为解，五处安隐为胜净依。如是循环，五处究竟，由此计度五现涅槃，堕落外道，惑菩提性。是则名为第十外道：立五阴中五现涅槃心颠倒论。

11. 行阴通结

阿难！如是十种禅那狂解，皆是行阴用心交互，故现斯悟。众生顽迷，不自忖量，逢此现前以迷为解，自言登圣，大妄语成，堕无间狱。汝等必须将如来语，于我灭后传示末法，遍令众生觉了斯义。无令心魔自起深孽，保持覆护，销息邪见，教其身心，开觉真义，于无上道不遭枝歧。勿令心祈得少为足，作大觉王清净标指。

（五）识阴禅境魔事

阿难！彼善男子修三摩提，行阴尽者，诸世间性幽清扰动同分生机倏然隳裂，沈细纲纽补特伽罗酬业深脉感应悬绝。于涅槃天将大明悟，如鸡后鸣；瞻顾东方已有精色。六根虚静，无复驰逸，内外湛明，入无所入，深达十方十二种类受命元由。观由执元，诸类不召，于十方界已获其同，精色不沉，发现幽秘，此则名为识阴区宇。若于群召已获同中，消磨六门合开成就，见闻通邻，互用清净，十方世界及与身心如吠琉璃，内外明澈，名识阴尽，是人则能超越命浊。观其所由，罔象虚无，颠倒妄想以为其本。

1. 成所归果

阿难！当知：是善男子，穷诸行空，于识还元，已灭生灭，而于寂灭精妙未圆。能令己身根隔合开，亦于十方诸类通觉，觉知道溜，能入圆元。若于所归立真常因生胜解者，是人则堕因所因执，娑毗迦罗所归冥谛，成其伴侣。迷佛菩提，亡失知见，是名第一立所得心，成所归果；违远圆通，背涅槃城生外道种。

2. 成能事果

阿难！又善男子穷诸行空，已灭生灭，而于寂灭精妙未圆，若于所归览为自体，尽虚空界十二类内所有众生。皆我身中一类流出，生胜解者，是人则堕能非能执，摩醯首罗现无边身，成其伴侣。迷佛菩提，亡失知见。是名第二立能为心，成能事果，违远圆通，背涅槃城，生大慢天我遍圆种。

3. 成妄计果

又善男子穷诸行空，已灭生灭，而于寂灭精妙未圆。若于所归有所归依，自疑身心从彼流出，十方虚空咸其生起。即于都起所宣流地，作真常身无生灭解，在生灭中早计常住。既惑不生，亦迷生灭，安住沉迷生胜解者，是人则堕常非常执，计自在天成其伴侣。迷佛菩提，亡失知见。是名第三立因依心，成妄计果，违远圆通，背涅槃城，生倒圆种。

4. 成虚谬果

又善男子穷诸行空，已灭生灭，而于寂灭精妙未圆。若于所知知遍圆故，因知立解：十方草木皆称有情，与人无异；草木为人，人死还成十方草树，无择遍知生胜解者，是人则堕知无知执，婆吒霰尼执一切觉，成其伴侣。迷佛菩提，亡失知见，是名第四计圆知心，成虚谬果；违远圆通，背涅槃城，生倒知种。

5. 求妄冀果

又善男子穷诸行空，已灭生灭，而于寂灭精妙未圆。若于圆融根互用中，已得随顺，便于圆化一切发生，求火光明，乐水清净。爱风周流，观尘成就，各各崇事。以此群尘发作本因，立常住解，是人则堕生无生执，诸迦叶波并婆罗门，勤心役身，事火崇水，求出生死，成其伴侣。迷佛菩提，亡失知见，是名第五计著崇事，迷心从物，立妄求因，求妄冀果；违远圆通，背涅槃城，生颠化种。

6. 成空亡果

又善男子穷诸行空，已灭生灭，而于寂灭精妙未圆。若于圆明计明中虚，并灭群化，以永灭依为所归依，生胜解者，是人则堕归无归执，无想天中诸舜若多成其伴倍。迷佛菩提，亡失知见，是名第六圆虚无心，成空亡果；违远圆通。背涅槃城，生断灭种。

7. 趣长劳果

又善男子穷诸行空，已灭生灭，而于寂灭精妙未圆。若于圆常固身常住，同于精圆长不倾逝，生胜解者，是人侧堕贪非贪执，诸阿斯陀求长命者成其伴侣。迷佛菩提，亡失知见，是名第七执着命元，立固妄因，趣长劳果；违远圆通，背涅槃城，生妄延种。

8. 立炽尘果

又善男子穷诸行空，已灭生灭，而于寂灭精妙未圆。观命互通，却留尘劳，恐其销尽，便于此际坐莲华宫，广化七珍，多增宝媛，恣纵其心，生胜解者，是人则堕真无真执，吒枳迦罗成其伴侣。迷佛菩提，亡失知见，是名第八发邪思因，立炽尘果，违远圆通，背涅槃城，生天魔种。

9. 成趣寂果

又善男子穷诸行空，已灭生灭，而于寂灭精妙未圆。于命明中分别精粗，疏决真伪，因果相酬，唯求感应。背清净道。所谓见苦断集，证灭。修道，居灭已休，更不前进，生胜解者，是人则堕定性声闻，诸无闻僧增上慢者，成其伴侣。迷佛菩提，亡失知见，是名第九圆精应心，成趣寂果，违远圆通，背涅槃城，生缠空种。

10. 成湛明果

又善男子穷诸行空，已灭生灭，而于寂灭精妙未圆。若于圆融清净觉明发研深妙，即立涅槃，而不前进，生胜解者，是人则堕定性辟支，诸缘独伦不回心者成其伴侣。迷佛菩提，亡失知见，是名第十圆觉溶心，成湛明果；违远圆通，背涅槃城，生觉圆明不化圆种。

11. 识阴通结

阿难！如是十种禅那，中途成狂，因依迷惑，或未足中生满足证。皆是识阴用心交互，故生斯位。众生顽迷，不自忖量，逢此现前，各以所爱，先习迷心而自休息；将为毕竟所归宁地，自言满足无上菩提。大妄语成，外道邪魔所感业终，堕无间狱。声闻、缘觉不成增进，汝等存心秉如来道，将此法门，于我灭后传示末世，普令众生觉了斯义。无令见魔自作沉孽，保绥哀救，消息邪缘，令其身心入佛知见。从始成就不遭歧路。

（六）魔销总结

如是法门，先过去世恒沙劫中，微尘如来乘此心开，得无上道。识阴若尽，则汝现前诸根互用。从互用中，能入菩萨金刚乾慧。圆明精心于中发化，如净琉璃内含宝月。如是乃超十信、十住、十行、十回向、四加行心、菩萨所行金刚十地、等觉圆明，入于如来妙庄严海，圆满菩提，归无所得！

此是过去先佛世尊奢摩他中，毗婆舍那觉明分析微细魔事魔境现前，汝能识别，心垢洗除，不落邪见，阴魔销灭，天魔摧碎，大力鬼神褫魄逃逝，魑魅、魍魉无复出生。直至菩提，无诸乏少。下劣增进，于大涅槃，心不迷闷。若诸末世愚钝众生，未识禅那，不知说法，乐修三昧；汝恐同邪，一心劝令持我佛顶陀罗尼咒。若未能诵，写于禅堂，或带身上，一切诸魔所不能动。汝当恭钦十方如来究竟修进最后垂范！

八十九、五阴起灭

阿难即从座起，闻佛示诲，顶礼钦奉，忆持无失。于大众中重复白佛："如佛所言：五阴相中，五种虚妄为本想心。我等平常，未蒙如来微细开示。又此五阴为并销除？为次第尽？如是五重诣何为界？惟愿如来发宣大慈，为此大众清净心目，以为末世一切众生作将来眼！"

九十、五阴妄想

佛告阿难：精真妙明本觉圆净，非留死生及诸尘垢，乃至虚空皆因妄想之所生起，斯元本觉妙明真精，妄以发生诸器世间。如演若多迷头认影。妄元无因。于妄想中立因缘性，迷因缘者，称为自然。彼虚空性犹实幻生，因缘、自然，皆是众生妄心计度。阿难！知妄所起，说妄因缘，若妄元无，说妄因缘元无所有，何况不知推自然者！是故如来与汝发明，五阴本因同是妄想！

（一）色阴妄想

汝体先因父母想生，汝心非想，则不能来想中传命。如我先言：心想醋味，口中涎生；心想登高，足心酸起；悬崖不有，醋物未来，汝体必非虚妄通伦，口水如何因谈醋出？是故当知汝现色身，名为坚固第一妄想。

（二）受阴妄想

即此所说临高想心，能令汝形真受酸涩。由因受生，能动色体。汝今现前顺益、违损，二现驱驰，名为虚明第二妄想。

（三）想阴妄想

由汝念虑使汝色身，身非念伦，汝身何因随念所使种种取像？心生形取，与念相应，寤即想心，寐为诸梦，则汝想念摇动妄情，名为融通第三妄想。

（四）行阴妄想

化理不住，运运密移，甲长发生，气销容皱，日夜相代，曾无觉悟。阿难！此若非汝，云何体迁？如必是真，汝何无觉？则汝诸行念念不停，名为幽隐第四妄想。

（五）识阴妄想

又汝精明湛不摇处名恒常者。于身不出见、闻、觉、知，若实精真，不容习妄，何因汝等曾于昔年睹一奇物，经历年岁，忆忘俱无；于后忽然覆睹前异，记忆宛然曾不遗失，则此精了湛不摇中，念念受熏，有何筹算？阿难当知：此湛非真，如急流水，望如恬静，流急不见，非是无流。若非想元，宁受妄习？非汝六根互用合开，此之妄想无时得灭。故汝现在见、闻、觉、知中串习几。则湛了内罔象虚无，第五颠倒微细精想。

九十一、五阴边际

阿难！是五受阴，五妄想成。汝今欲知因界浅深，唯色与空，是色边际；唯触及离，是受边际；唯记与忘，是想边际；唯灭与生，是行边际；湛入合湛，归识边际。此五阴元重叠生起，生因识有，灭从色除。理则顿悟，乘悟并销；事非顿除，因次第尽。我已示汝劫波巾结，何所不明再此询问？汝应将此妄想根元心得开通，传示将来末法之中诸修行者，令识虚妄深厌自生，知有涅槃不恋三界。

九十二、开示未学（经益分）

阿难！若复有人遍满十方所有虚空盈满七宝，持以奉上微尘诸佛，承事供养，心无虚度，于意云何？是人以此施佛因缘得福多不？"阿难答言："虚空无尽，珍宝无边，昔有众生施佛七钱，舍身犹获转轮王位，况复现前虚空既穷，佛土充遍皆施珍宝，穷劫思议尚不能及，是福云何更有边际？"

佛告阿难："诸佛如来语无虚妄，若复有人身具四重、十波罗夷。瞬息即经此方他方阿鼻地狱，乃至穷尽十方无间靡不经历，能以一念将此法门于末劫中开示未学，是人罪障应念销灭。变其所受地狱苦因，成安乐国，得福超越前之施人，百倍、千倍、千万亿倍，如是乃至算数譬喻所不能及。阿难！若有众生，能诵此经，能持此咒，如我广说穷劫不尽。依我教言，如教行道，直成菩提，无复魔业。"

佛说此经已，比丘，比丘尼、优婆塞、优婆夷，一切世间天、人、阿修罗及诸他方菩萨、二乘、圣仙童子，并初发心大力鬼神，皆大欢喜，作礼而去。

图书在版编目（CIP）数据

图说楞严经 / 石见明编著. -- 兰州：敦煌文艺出版社, 2018.8
　ISBN 978-7-5468-1584-8

Ⅰ. ①图… Ⅱ. ①石… Ⅲ. ①大乘 - 佛经②《楞严经》- 译文 Ⅳ. ① B942.1

中国版本图书馆 CIP 数据核字 (2018) 第 161173 号

图说楞严经

石见明 / 编著

责任编辑：赵静
装帧设计：紫图图书 ZITO®

敦煌文艺出版社出版、发行
地址：（730030）兰州市城关区读者大道 568 号
邮箱：dunhuangwenyi1958@163.com
0931-8773348（编辑部）
0931-8773112　8773235（发行部）

艺堂印刷（天津）有限公司印刷
开本 787 毫米 ×1092 毫米 1/16　印张 20.5　字数 355 千　插页 4
2018 年 8 月第 1 版　2018 年 8 月第 1 次印刷
印数：1~15 000

ISBN 978-7-5468-1584-8
定价：89.90 元

———————————————————————————————
如发现印装质量问题，影响阅读，请与出版社联系调换。

本书所有内容经作者同意授权，并许可使用。
未经同意，不得以任何形式复制。